中国语言文学论丛

（第二辑）

谭德兴　陈 龙／主编

社会科学文献出版社
SOCIAL SCIENCES ACADEMIC PRESS (CHINA)

本辑作者简介

（以文章先后为序）

林　早　中国人民大学哲学博士，贵州大学人文学院中文系副教授
罗绂文　西南大学哲学博士，贵州大学人文学院中文系教授
丁筑兰　扬州大学文艺学博士，贵州大学人文学院中文系副教授
黎　平　南京大学古代汉语博士，贵州大学人文学院中文系副教授
李　蕊　华中科技大学大学语言学与应用语言学博士，贵州大学人文学院中文系副教授
范朝康　贵州大学人文学院中文系副教授
盘晓愚　贵州大学人文学院中文系教授
熊　娟　浙江大学语言学博士，贵州大学人文学院中文系副教授
王　伟　西北师范大学文献学博士，贵州大学人文学院中文系副教授
闫平凡　清华大学文献学博士，贵州大学人文学院中文系副教授
胡晓军　四川大学文新学院古代文学博士，贵州大学人文学院中文系副教授
郑国周　浙江大学古代文学博士，贵州大学人文学院中文系副教授
陈　龙　四川大学道教与宗教文化研究所2013级宗教学博士生，贵州大学人文学院中文系讲师

谭德兴　复旦大学古代文学博士，贵州大学人文学院中文系教授
郭付利　贵州大学人文学院中文系讲师
胡继琼　贵州大学人文学院中文系教授
黄　海　浙江大学古代文学博士，贵州大学人文学院中文系教授
李　青　苏州大学古代文学博士，贵州大学人文学院中文系副教授
吕　维　广西师范大学2012级古代文学博士生，贵州大学人文学院中文系讲师
林　洁　浙江大学2013级古代文学博士生，贵州大学人文学院中文系讲师
张　军　中山大学古代文学博士，贵州大学人文学院中文系教授
赵永刚　南京大学古代文学博士，贵州大学人文学院中文系副教授
明月熙　四川大学文新学院古代文学博士，贵州大学人文学院中文系副教授
李　敏　贵州大学人文学院中文系讲师
魏家文　武汉大学现当代文学博士，贵州大学人文学院中文系副教授
杨世海　湖南师范大学比较文学与世界文学博士，贵州大学人文学院中文系副教授
吴　畏　贵州大学人文学院中文系教授
刘振宁　上海师范大学比较文学与世界文学博士，贵州大学人文学院中文系教授，贵州大学中国文化书院（阳明文化研究院）副院长
王　桢　贵州大学人文学院中文系副教授
张业强　贵州大学人文学院中文系副教授
杨　兰　贵州大学人文学院中文系副教授

目 录

前　言 ……………………………………………… /1

文艺学

"美术"在东方文化历史语境中的生成 ……………… 林　早 /3
文化转向与生活转向 …………………………………… 林　早 /13
试论李泽厚"情本体"哲学的逻辑起点与
　　思想归宿 …………………………………………… 罗绂文 /21
当代审美文化中"涌现"现象机理探究 ……………… 丁筑兰 /49

语言学

《论衡》假设复句的假设关系 ………………………… 黎　平 /59
《脉望馆钞校本古今杂剧》中元杂剧用韵研究 ……… 李　蕊 /67
"酸汤话"研究述略 …………………………………… 李　蕊 /74
"喇叭人"述略 ………………………………………… 范朝康 /79
幼儿声母习得案例研究 ………………………………… 盘晓愚 /88
《佛说盂兰盆经》相关考查 …………………………… 熊　娟 /97

中国古典文献学

《楚辞》所载汉人作品校证（二十五则）………… 王　伟 / 131
干宝《晋纪总论》记"吴先主"考辨 ………… 闫平凡 / 145
《归去来兮辞》"僮仆欢迎"之"僮仆"新解 …… 胡晓军 / 152
隋炀帝"烝母""弑父"考辨……………………… 郑国周 / 161
国内藏传佛教量论因明学相关文献目录
　辑要（1933～2013）………………………… 陈　龙 / 176

中国古代文学

试论共工神话传说的历史和文化内涵 …………… 谭德兴 / 219
《邶风·简兮》本义述评 ………………………… 郭付利 / 235
《任氏传》与《琵琶行》
　——唐诗与唐传奇的深层契合及相互影响 …… 胡继琼 / 242
对一窗凉月，灯火青荧
　——"吴蔡体"的解读 ………………………… 黄　海 / 251
论姜夔诗、词之互动及原因 ……………………… 黄　海 / 264
唐宋词对楚文化的接受 …………………………… 李　青 / 279
试论宋人的反"诗史"说 ………………………… 吕　维 / 291
以送别诗为例看《瀛奎律髓》的归类 …………… 吕　维 / 306
论《花间集》中的道教巫山意象 ………………… 林　洁 / 317
贵州影戏流传情况探考 …………………………… 张　军 / 331
刘大櫆与时文 ……………………………………… 赵永刚 / 339
《四库全书总目》中的《四书》批评 …………… 赵永刚 / 352
"以才学为注"：中国古代诗歌阐释的传统模式 … 明月熙 / 364
司空图诗歌中的生机 ……………………………… 李　敏 / 374

中国现当代文学

毛泽东文艺思想的现代性新探 …………………… 魏家文 / 385
王小波"时代三部曲"中的性 ………………… 魏家文 / 394
启蒙视角与蹇先艾乡土世界的审美构成 ………… 罗绂文 / 403
非基督教运动对中国现代文学的影响 …………… 杨世海 / 418
新时期文学批评反思及新世纪文学批评期待 …… 吴 葨 / 434

比较文学与世界文学

相似的镜像　别异的风情
　　——贾宝玉与奥涅金形象比较窥要 ………… 刘振宁 / 443
权力诱惑下的罪与罚
　　——从亚里士多德的悲剧观看《麦克白》的
　　悲剧性 ……………………………………… 王 桢 / 454

贵州地域文化及其他

明清诗歌与黔东古驿道 …………………… 谭德兴 / 467
石韫玉而山晖，水怀珠而川媚
　　——论清代贵州妇女的诗歌创作 ………… 谭德兴 / 484
地方政府在集中资源办学过程中的作用
　　分析 ………………………………… 张业强　杨 兰 / 504
试析"宗教"概念与宗教政策 …………………… 陈 龙 / 528

前 言

贵州大学中文系成立于1942年。昔日贵州大学的校训是"坚毅笃实"。而"坚毅笃实"这四个字也正是20世纪40年代贵州大学中文系的精神写照。1942年，中国抗战进行到了最为困难与艰苦的阶段，那是国家与民族生死存亡的关键时刻。而在这个关键时刻，贵州大学中文系在西南僻壤呱呱坠地。贵州大学中文系的诞生，无疑是抗日救亡的需要，为当时的社会输送了大批急需人才。

人才的培养离不开教师，当年的贵大中文系聚集了一大批来自全国各地、充满强烈爱国热情的教授。据1948年编《国立贵州大学概况》记载，那时的中文系教授有：钱堃新（江苏人，南京高师毕业），张汝舟（合肥人，中央大学毕业），田君亮（贵州人，日本早稻田大学毕业），赵伯愚（贵州人，北平大学毕业），蹇先艾（贵州人，北平大学毕业），汤炳正（四川人，北平民国大学中文系毕业），王佩芬（贵州人，日本早稻田大学毕业），李独清（贵州人，贵州大学毕业）。之后，谢六逸、谭戒甫、姚奠中等著名学者也加入贵大中文系。

昔日的贵大，没有城市的繁华，没有优厚的待遇，而一大批国内著名学者会聚花溪河畔，每日从事平凡的教书育人工作，如果没有一种"坚毅"的精神，那是绝对不可能做到的。也正是从那时起，贵大中文系逐渐形成了"笃实"的学风。"坚毅笃实"也成为贵大中文系的精神内核，一直延续至今。这种精神特质在贵大中文系的《中国语言文学论丛》中得到了充分体现。

《中国语言文学论丛》的作者多为博士、教授，与当年的贵州大学中文系一样，如今的贵大中文系教师，他们来自山东、河南、湖南、湖北、江西、四川、贵州等五湖四海，他们毕业于北京大学、清华大学、复旦大学、中国人民大学、浙江大学、南京大学、武汉大学、中山大学等国内著名学府。有这么一大批淡泊名利、安心从事教学科研的学者会聚贵大中文系，重铸昔日的辉煌似乎正变得可能。今日的贵大，依然缺乏都市的繁华，照旧没有优厚的待遇，而这些博士、教授之所以能静心地在花溪河畔教书育人，秉承的正是当年贵大中文系前辈的那种"坚毅笃实"的精神。

地域偏僻不可怕，经济落后亦不可畏，最可怕的是在学术界发不出自己的声音。如何方能发出自己有特色的声音？求时髦、赶风潮、终日躁动不安，想在学术界立足可能比登天还难。唯一可行的恐怕还是耐得住寂寞、坐得住冷板凳。也只有在不懈的坚持与努力中，贵大中文系才能形成自己的研究特色。

近年来，随着中国语言文学一级学科硕士点的不断发展，伴随贵大品牌特色专业建设项目汉语言文学的进一步展开，贵大中文系逐渐明确了自己的发展特色，也开始在学术界拥有了一定的话语权。我们在文艺学、汉语言文字学、中国古典文献学、中国古代文学、现当代文学、比较文学与世界文学等研究方向上，除努力保持原有的特色与优势外，也逐步开拓了一些新的研究领域。诸如将传统的研究理论和手段，运用到贵州地方文学与文化研究中，形成了较具特色的贵州地域文化研究中心；立足传统基础研究，在中古语音、近代汉语词汇等领域不断拓展，在传统小学的基础上推陈出新；关注地方文化建设的需要和学科发展的新动向、学术研究的新手段，在贵州少数民族语言研究，贵州方言语音、词汇、语法研究，贵阳及周边地区方言地图制作以及审美文化、音乐、戏剧、影视美学理论研究等方面均取得了一定的成绩，也为当前社会文化的发展做出了一点点贡献。

《中国语言文学论丛》（第二辑）是贵大中文系教师在部分研究领域取得的新成果的汇编。我们编辑《中国语言文学论丛》（第二辑）的目的，即在于展示西南僻壤一个历史悠久的中文系在当代学术文化背景下的所思、所想与所做，同时也向学术界发出我们自己的声音。其中难免错误与不足，敬请海内外学术界同仁批评指正。

中国语言文学论丛编委会
2015 年 5 月

贵州大学人文学院中文系
中国语言文学论丛第二辑

文艺学

"美术"在东方文化历史语境中的生成

林 早

20世纪之初才出现在汉语语境中的"美术"一词,从其界定生成上可说是典型的"跨文化历史语境"的产物。"美术"一词对应着西文中的"fine art"(美的艺术),但在外延上"美术"小于"fine art"(美的艺术)、小于"art"(艺术),汉语中的"美术"专指造型艺术、视觉艺术。这种对译上的非一对一状态,暗示着中国在"跨文化历史语境"实践中发生了误读。

"文化'影响'的真正发生,并不单纯取决于'影响者'一方,'影响者'并不能主导整个'影响'的全过程,因为接受者一方也具有'主体性'……'接受者'如何转述、翻译、描述和解释异文化的'他者',就更深地依赖于自身的主体性。在'跨文化历史语境'中,根本不存在对异文化'他者'绝对客观、毫厘不爽的叙述、翻译和解释。"①

根据"影响研究"方法予以我们的启示,中国在跨语境实践中所发生的"误读"实际上包含着一种文化上的"合理性"。并

---

① 牛宏宝:《"跨文化历史语境"与"影响研究"的方法论规定》,《江汉论坛》,2004年7月。

且，通过对这种跨语境实践的呈现，有助于我们了解彼时的中国文化主体性状态，从而进一步认识和反思现代中国的艺术主体性问题。

一　"美术" 生成的西学东渐背景

19世纪末，整个中国都处于被西方的坚船利炮震惊的状态中。中国的有识之士们开始自动自觉地思考中国的现代性命运，几千年以来超稳定的中国文化受到了反思和质疑。随着轴心时代的结束，"西学东渐"蔚然成风。然而从文化输入的方向上看，近代中国文化历史语境中发生的"西学东渐"并不是一种纯粹两极的西方——（东方）中国直接文化对接。事实上，在中国的西方文化输入中，我们的邻国日本扮演了一个相当重要的角色。自中日甲午海战之后，深受日本刺激的中国政府意识到邻国"明治维新"的卓越成效，遂把"取经"的重心从英美等国转换到了距离自己更近一些的邻国日本，于1896年向日本派出了13名留学生，此后逐年增加。到1906年，中国留学日本的人数竟达8000之众。①如此一来，发生在中国"跨文化历史语境"实践中的"西学东渐"，西方文化对应的是一个"大东方"概念。从中国本位出发，在"西学东渐"的文化输入中，除了西方——中国的两极状态之外，还同时存在着一个西方——日本——中国的"二度转手"状态。如今，中国的人文社会科学中有一半以上的术语来自日文对西文的翻译就是这种"二度转手"的物证。据相关考证，梁启超是东渡日本向中国输入日译名词的第一人②——1898年，戊戌变法失败之后梁启超东渡日本。当时并不懂日文的他借助假名和汉字的组合接触了日文书籍，并在不懂外文的情况下，

---

① 〔日〕实藤惠秀：《中国人留学日本史》，生活·读书·新知三联书店，1983，第36～39页。
② 王彬彬：《隔在中西之间的日本——现代汉语中的日语外来语问题》，《九十年代文存：1990－2000》（下卷），中国社会科学出版社，2001，第206～215页。

于 1898~1899 年之际，借《清议报》向国人输入了诸如民主、科学、政治、经济、自由、法律、哲学、美学等日语汉语。相对于西方原典来说，梁启超当时所从事的翻译是标准的"二度转手"。用今天"翻译"专业的眼光看，梁启超当时引进中国的"民主、科学、政治、经济、自由、法律、哲学、美学……"等词汇，在翻译上是不免有失轻率。这就在客观上给中国日后的人文学科发展带来了许多困惑，比如我们所熟悉的围绕"美学"学科合法性的争论。

由上述背景，我们要追溯"美术"概念在中国的生成，就不可不考察"美术"概念在日本的生成。

二　"美术"在日本的生成

"美术"在东方语言中的首次亮相是与艺术展览密切相关的。"在日本，'美术'一词的起源，一般说是明治六年（1873 年）参加维也纳万国博览会时，将参展规则中的德语词汇 Schöne Kunst（英文对译 fine art），译成日文而产生的。但是，当时所谓的'美术'一词，却是意指包含音乐和诗在内的所有艺术。"[①] 1871 年，日本接到了奥地利维也纳万国博览会的邀请，并收到了一份德文的展览分类分项说明附件。1872 年，将参加万国博览会作为维新之举的明治政府下发了动员、组织参加博览会的分类分项说明日文译文，在日文译文中"美术"一词首次出现：

"第 22 区　作为美术的展览场所使用。

第 24 区　展出古美术品及爱好美术者的作品。又，第二种：各种美术品比如青铜器与烧画陶器各类形象等。

第 25 区　今世美术品。"[②]

[①]〔日〕并木诚士：《日本现代美术馆学——来自日本美术馆现场的声音》，五观艺术管理有限公司，2003，第 45 页。

[②] 转引自陈振濂《"美术"词源考——"美术"译语引进史研究》，《美术研究》2003 年第 4 期。

值得关注的是,在"西学东渐"的大背景下,"美术"译文生成于"展示"(需要/空间/机遇)并不是一种翻译上的机缘巧合。因为西方现代意义上的"艺术""美术",乃是与公共领域的艺术制度紧密相连的。其中对艺术品的公开展示可谓现代艺术社会学意义上的表征之一。从这个意义上看,西方对东方的"美术"输出不仅是以"油画"为代表的"画种"、以"美学"为代表的艺术理论,同时在一个具有现代意义的、相对独立的"艺术"观念之下还潜伏着一套西方现代的文化体制模式。这样说起来颇有些当下"视觉研究"所关注的"视觉政体"意味,但彼时日本明治政府对西方博览会的重视和效仿所反映出来的利用视觉传达进行社会启蒙的文化措施,却足以证明我们对"美术"与公共性"展示"的强调并不是一种行文上的"过度阐释"。

日本"美术"一词在产生之初,其含义是与西方的 fine art 十分吻合的。然而,日本在将"美术"融入本土的现代性文化建构过程中,却使"美术"与 fine art 的原意发生了一些偏离。

"日本引进西方工业文明和技术,是在'明治维新'时期,比中国早三十多年,当时'明治维新'时期的历史背景与中国非常相像。由于当时图画类的科目完全从属于工业技术,是为了培养产业后备军所需要的技能。日本人把本来属于西方艺术科目下的视觉艺术表现称为'美术'则不足为奇了。"[①]刘剑虹的叙述为我们呈现了日本在设立"美术"科目过程中对"术"的倚重,以及其中表露出的功利的文化建构心理。而这种"功利"色彩无疑是有悖于西文中 fine art 的现代美学意义的。然而结合当时日本具体的文化历史境遇来看,日本人对于"fine art"的偏离并不是出自一种文化翻译上的轻率,而是一种文化选择的结果,这也从另一个方面说明了"跨文化历史语境"实践中不存在被动的接受者。

---

① 刘剑虹:《"美术"对艺术一百年历史的误读与偏离》,《艺术·生活》2005年第1期。

结合日本人将"美术"科目设立在工科之下的学科建制,以今天的眼光来看,"美术"是被工具化和功利化了。但是从振兴民族国家的角度出发,在民族自立、自强成为整个社会主要矛盾的前提下,这种文化功利心态在当时不仅是合理的,甚至是必需的。从这个意义上看,这也正是当时中国迫不及待地接受了包括"美术"在内的一系列日本式西方外来词汇的深层原因。在张之洞的《劝学篇·外篇·游学》中,这种文化功利心态表露无遗:"游学之国,西洋不如东洋。一、路近省费,可多遣。二、去华近,易考察。三、东文近于中文,易通晓。四、西书甚繁,凡西学不切要者,东人已删节而酌改之。中东情势风俗相近,易仿行,事半功倍,无过于此。"①

三 "美术"在中国的生成

根据邵宏的考证,清末民初的大学者王国维是向中国引进"美术"日文译语的第一人——"1902 年,王国维出版了他的译著《伦理学》,书后所附的术语表上便有'fine art'美术一词。这是日语译词'美术'首次在汉语出版物中出现。"②

1904 年,王国维在其连载文章《〈红楼梦〉评论》中,开始频繁地使用"美术"一词。王国维主要在三个层面来使用"美术",一是接近于西方的"fine art"——"而美术中以诗歌、小说、戏曲为顶点";二是艺术、艺术表现——"不求之于实行,犹将求之于美术","美术之务,在描写人生之苦痛以及解脱之道";三是美学——"美术之价值,存于使人离生活之欲,而入于纯粹之知识"。③而在王国维发表的以"美术"为话题的《论哲学家与美术家之天职》文中有:"天下有最神圣、最尊贵而无与

---

① 陈山榜:《张之洞劝学篇评著》,大连出版社,1990。
② 邵宏:《西学"美术史"东渐一百年》,《文艺研究》2004 年第 4 期。
③ 陈振濂:《"美术"词源考——"美术"译语引进史研究》。

于当世之用者,哲学与美术是已。天下之人嚣然谓之曰'无用',无损于哲学、美术之价值也。"①可见,"美术"在学者身份的王国维那里尚处于一种含混使用的状态,并且在这种含混中更偏向于"美术"的"美学"意义。值得注意的是,虽然王国维是从日文译词中接受了"美术",但是在对"美术"一词的使用上却更多地吸收了叔本华哲学的美学意味。这里就又给我们呈现出了"跨文化历史语境"实践中接受者的主体性——"美术"一词在日文中一开始便被用于艺术(品)的器物层面,而在中文中一开始则偏向于艺术(品)的精神层面。

1905年秋,李叔同在日本东京撰文《图画修得法》,其中有"图画者,美术工艺之源本",并称法国为"世界大美术国"。②画家身份的李叔同在对"美术"一词的使用上与作为造型艺术的美术要相对接近一些。但在文章中,对于什么是"美术",李叔同并没有做出明确的界定。王国维与李叔同在使用"美术"一词上的不同倾向,反映了学者与艺术家在"美术"认知、体验上的不同侧重。

在中国,作为艺术而非美学的"美术"认知是由刘师培来促成的。1907年,刘师培发表的《中国美术学变迁论》从中国本土的艺术出发,第一次明确地界定了"美术"及其范畴。

"夫音乐、图画诸端,后世皆视为美术。皇古之世则仅为实用之学,而实用之学即寓于美术之中。舞以适体,以强民躯。歌以和声,以宣民疾。而图画之作,以为行军考地所必需,推之书契既作,万民以昭,衣裳即垂,尊卑乃别,则当此之时,舍实用而外固无所谓美术之学也。"又有,"汉印、汉碑,所图之物,不外指事象形……汉代美术,至此可窥"。另,在刘师培的《论美术与征实之学不同》一文中,提出"美术"是"乃以饰观为主者

---

① 王国维:《论哲学家与美术家之天职》,《王国维学术经典集》(上),江西人民出版社,1997,第105页。
② 转引自刘曦林《20世纪初年的美术革命与论争(一)》,西苑出版社,2001,第116页。

也"的原则,这已经相当接近我们今天所谓的"造型艺术"了。①

在此,刘师培通过金石、水墨、书法、印章等中国传统艺术来讨论"美术"的文化自觉与同期日本将传统的水墨画排除在"美术"外延之外的做法,又形成了接受主体在"跨文化历史语境"实践中的一个比照。

作为舶来品的"美术"在中国的真正普及是在1919年的"五四"新文化运动前后。其中,鲁迅对现代"美术"观念的普及起到极大的推动作用。

1912年,鲁迅为刚成立的"美术调查处"在拟定的工作中清楚地表明了"美术"是指雕刻、绘画的现代立场。1913年2月,鲁迅以周树人本名在《教育部编纂处月刊》第一卷第一册发表了在中国现代美术史上具有里程碑意义的《拟播布美术意见书》。其中,"美术"既泛指"艺术",又专指"造型艺术",在用法上与fine art的原意非常接近。《拟播布美术意见书》共分四段,分别阐释了"何为美术""美术之类别""美术之目的与致用""播布美术之方"。在讨论美术的普及中,鲁迅在"美术"的"造型艺术"意义上提出了"美术馆"与"美术展览会",并对二者做出了区分——"所列物品,为旧时中国固有之美术品"(美术馆)与"陈列私人所藏,或美术家新造之品"(美术展览会)。②

四 "美术"的生成与文化操作

在将"美术"与"美术馆""美术展览会"放到一起来阐释的意义上看,"美术"在中国历经王国维、李叔同、刘师培等先贤的阐释,其内涵逐渐从一种美术之"道"落实到了实物的层

---

① 转引自陈振濂《"美术"词源考——"美术"译语引进史研究》。
② 鲁迅著、唐弢编《鲁迅全集补遗续编》,顾森、李树声主编《百年中国美术经典·1896—1949》第3卷,海天出版社,1998,第8页。

面。从"美术"的"西学东渐"历程上看,"美术"在东方语境中的首次亮相是伴随着博览会上的艺术品公共展示而来的。而当"美术"在中国开始"播布"(普及),美术又一次显示了与"展示"的联系。在中国的"跨文化历史语境"实践中,"美术"从哲学意味、艺术学意味转而进入实物层面并得到最终的确证,这一过程不仅展现出中国的民族思维特点,同时也显示出"美术"的"西学东渐"背后隐含着的文化体制模式输出。在这种文化体制模式中,"美术"与对美术(品)的公共"展示"具有强烈的"互文"性——设想一下,只有西方"油画",而无对西方"油画"所做的公共"展示",作为一个外来画种的"油画"如何能在中国现代性历程中取得"先进性"和"合法性"。并且从文化体制模式的输出上看,只有将"美术"做实物层面解,一个具有"可操作性"的文化艺术体制模式才能真正借此展开——关于这一点,我们可以结合美术在"五四"新文化运动中的功能来进行理解。

1911年,编著第一套《美术丛书》。1912年,国民政府设立"美术调查处"。同年,上海图画美术院成立,苏州创办苏州美术会。1916年,中国留日学生在东京创办"中华独立美术协会"。1917年,撰写第一部美术著作。1918年,第一本美术杂志发行……虽然同期,音乐、文学并没有完全从"美术"中脱离,狭义的"美术"与"图画"并存,"画会"与"美术协会"并存,但是一套相对完整的现代意义上的包括艺术家、艺术品、艺术展示空间、艺术批评、艺术院校、艺术机构和公众的艺术世界体制已经在中国文化的语境中显现。

1919年,紧随"文学革命"之后,吕澂在《新青年》上发表了《美术革命》:"窃为今日之诗歌、戏曲固宜改革,与二者并列于艺术之美术〔凡物象为美之所寄者,皆为艺术(art)〕,其中绘画、雕塑、建筑三者,必具一定形体于空间,可别称为美术(fine art),此通行之区别也……尤亟宜革命……文学与美术,皆所以发表思想与感情,为其根本主义者惟一,势自不容偏有枯荣也。"同刊同期,陈独秀撰文《美术革命——答吕澂》:"现在得了足下的来函,对于美术——特于绘画一项——议论透辟,不胜大喜欢迎之至。说起美术革命来……若想把中国画改良,首先要革王画的命。因为改良中国画,断不能不采用洋画写实的精神。"①

在吕澂与陈独秀关于"美术"的讨论中,有两点值得特别注意的:一是"美术革命"的紧迫性,二是将"美术"与"文学"并举。并且这两点又共同指向了"美术"的"写实性",而"美术"的"写实性"是对应当时文化传播中的"可操作性"的。可以肯定的是,彼时文学和美术对"写实性"的热烈追求并不出于一种理想状态的纯粹审美判断。同时,撇开新文化运动的具体历史背景不谈,当"美术"界定经由刊物的发表在民众中形成了普遍认知这样一个事实成立的时候,就意味着现代性的文化(美术)机制在中国开始发挥作用了。据此,我们也可以尝试去理解,何以"美术"在中国会缩小了外延并最终界定于造型艺术甚至绘画——这背后的依据就是民族国家主体在文化体制操作中的理念。这个理念在20世纪初的中国,就是"革命",争取民族独立、自强的革命——"我中国欲独立,不可不革命;我中国欲与世界列强并雄,不可不革命;我中国欲长存于二十世纪新世界上,不可不革命。"(邹荣《绪言·革命军》)

"美术"在东方民族国家最终被界定为"造型艺术"的专指,乃是出自一种功利的文化建构考虑。此前,我们已经知道"美术"在传入中国之初,虽然在概念上与美学、艺术表现等混生,但外延上与 fine art 是基本吻合的。使得专指"造型艺术"的"美术"从泛"美术"中独立出来的,是附带在"造型艺术"身上的最能适应文化建构需要的"展示""传播"功能。其中,造型艺术的公共"展示"特别暗示出了现代中国史无前例的"公共领域"。因此"展示"是"传播"的基础。

---

① 原载《新青年》第6卷,1919年1月15日。

中国的艺术批评一般认为20世纪30年代的左翼木刻家们是中国最早的一批前卫艺术家——"前卫"在这里做对艺术现代性的追求解,然而联系左翼木刻家联盟的倡导者鲁迅提倡新木刻运动的初衷——"当革命时,版画之用最广,虽极匆忙,顷刻能办",不难见出艺术现代性追求背后为革命所"用"的功利目的。再进一步联系"美术"在中国文化现代性进程中的基本分类——国画、油画、版画、年画、连环画、宣传画,其中版画、连环画、宣传画这三个画种由于媒介上的"工具"意味,都暗示着强烈的文化传播功能以及文化普及意识。这种美术分类思路同时也成为中国美术馆的展览组织原则之一。

明了"美术界定"历史生成的"跨历史文化语境"实践,明了民族国家主体在"跨文化历史语境"实践中的困顿和选择,我们就不难理解中国艺术现代性从一开始呈现出来的推动国家现代性历程的文化自觉。无须讳言,中国历史文化语境中的"美术"生成在艺术实践中既包含有强烈的"体制化",甚或政治文化体制化的诉求,而这也正是中国的艺术发展在20世纪长期笼罩在饱受当代艺术家诟病的向国家意识形态投诚的历史根源所在。

文化转向与生活转向

林 早

20世纪末以来，与文学边缘化的现实相应，在如何有效建构现代中国文艺理论的题域中出现了越来越强的"文化转向"研究趋势。这种以西方文化研究作为理论支撑的"文化转向"非常典型地体现了现代中国文艺学研究中问题意识的持续追问与更新，同时也反映出对中国文艺学研究范式的反思与构想。这种追问、反思、更新与构想的过程，为我们勾勒了当代文化背景下文艺理论研究的一条有效路径。在这样的研究路径中，整个社会生活进入了文艺研究的视域。与传统的文艺研究透过文本表征生活内容不同，文化研究强调直面复杂的社会生活本身，打破文本与生活之间的表征与被表征的逻辑关系，直接使生活本身成为具有表征性的多声部的文本。

一 文化的话语构成

文化研究，从学科意义上说主要指的是英国伯明翰的学术传统。以霍加特、威廉斯、霍尔为代表的伯明翰文化研究通过对时代背景下文化观念及文化实践的反思与探讨，推倒了精英文化与大众文化之间的壁垒，使精英的、精神的、文艺的文化还原到了社会生活的日常层面，使文化转变成一种极富运动张力的过程。在这一充满运动张力的"文化"过程中，政治、经济、社会、艺术、精神……各种声音往来其间，形成了一个"相互交叉的话语空间"（interdiscursive space）。在这种相互交叉的话语空间中，"提倡那些强调文化的重叠、混合属性的理论，把文化看做是网络而不是拼凑物"。①

在网络状貌的文化中，文化研究倾向于提出和解决社会生活中富有社会关怀的实践主题。相应于社会实践的复杂性构成，文化研究提出用一种单一的意义去衡量以及从一种单一的角度出发进行研究是不能真正解决文化的实践问题的。因此，重要的并不是阐释意义及研究角度的之一、之二或者之三，而是围绕一个核心议题，通过对不同层面意义的揭示和阐释来构成"文化的"反思与批判。从这个意义上说，文化研究区别于讲究疆域、体系的传统学术研究的一大特征就是直面社会生活实践进行生成性、批判性、开放性研究。

西方的"文化"（culture）最早指的是作物的培育，后引申为心灵的培育。根据英国文化研究的奠基人之一雷蒙·威廉斯（Raymond Williams）对文化的现代用法进行的梳理，文化有三种主要定义：其一，指向对理想人类经验的普遍价值的追求；其二，指向人类的各种精神产品的存在；其三，指向一种特定的生活方式及其意义。在这三种定义中，雷蒙·威廉斯最为肯定的是第三种定义。正如他在1958年发表的《文化是普通平常的》一文中所述："文化是普通平常的：这是首要的事实。每一个人类社会有自己的形态、自己的目的、自己的意义。每一个社会在制度习俗、艺术和知识里表达了这些内容。社会的形成即在于发现共同的意义和方向……社会是在发展，可是它也是由每一个个人

---

① 〔英〕阿雷恩·鲍尔德温、布莱恩·朗赫斯特等：《文化研究导论》（修订版），高等教育出版社，2004，第44页。

的心灵造就和再造就的。个人心灵的形成首先就在于对形态、目的、意义的潜移默化的学习，据此工作、观察、交流才变得可能。"①当我们认可"文化是普通平常"的命题时，我们不难发现，理想人类经验的普遍价值以及人类的各种精神产品的存在就融化在普通平常的生活之中，显现为人类社会的某一特殊的文化的表达。因此，当我们寻求解决文化发展中的各种困惑时，最好的方式也许并不是对人类理想经验或精神产品做孤本式的探析，而是回归形成某一特定形态、目的、价值的社会生活本身，去发现隐含于每一个个体和每一个社会中的坚韧的文化动力如何推动社会生活实践的生成。在这样一种立场之下，我们理应在最普通平常的文化意义与理想的文化意义之间建立辩证关联，将我们的反思与批判变得更为开放。

鉴于文化研究对于社会生活实践生成性过程的格外关注，当我们将文化研究带入中国文艺研究领域，首先需要的就是从中国的文化语境中探讨作为文化研究关键词的"文化"的生成，从中现出"文化"的意义创造过程。"文化"一词，在中国古代语言中早已存在。"文"从最早的指各色交错的纹理，后引申出装饰、象征符号、文物典籍、礼乐制度、美、善、德行等义。而"化"，本义为生成、造化，指事物形态或性质的改变，后引申为教行迁善之义。将"文""化"从意义上联结使用，最早可溯自《易经·贲卦·象传》："刚柔交错，天文也；文明以止，人文也。观乎天文以察时变，观乎人文以化成天下。"在这段文字中，"文""化"联用已经具有后来汉代刘向在《说苑·指武》中"凡武之兴，为不服也，文化不改，然后加诛"的"文治教化"之意。《旧唐书·音乐志》三有云："经纬两仪文化洽，削平万域武功成""又既荐羽旌文化启，还呈干镟武威扬。"《旧唐书·李纾传》诏曰："帝德广运，乃武乃文，文化武功，皇王之二柄，祀

---

① Raymond Williams, "Culture is Ordinary", Ann Gray ed., *Studying Culture: An Introductory Reader*, London: Arnold, 2002, p. 6.

礼教敬，国章孔明。"可见，文化一词在中国的古义往往与武功、武威相对，突出的是"以文化之"的文德教化之意。及至清末民初，在西方文化输入的背景下，文化一词的旧词新释在与西方词汇 culture 的对照中延伸出了新的含义。与西学东渐潮流相应，"文化"在彼时中国文献中出现的频率大大提高。以民国初年北洋政府设馆编修的《清史稿》为例，《清史稿·曾国藩传》中有"礼聘名儒为书院山长，其幕府亦极一时之选，江南文化遂比隆盛时"，又《清史稿·饶应祺传》中有"又规复丰登书院，创修府志，文化蔚兴，士民为立生祠"。其中"文化"一词一方面脱胎于中国文化古有的教化之意，另一方面也指向了学习、教育建制等现代性观念。同时，《清史稿·属国传一·朝鲜传》中"琉球自入清代以来，受中国文化颇深，故慕效华风如此"，以及《清史稿·文苑传三·林纾传附严复传》中"穷无所之，日人聘讲东方文化，留东数年，归"所使用的"文化"含义几乎与西方词汇 culture 指向物质财富和精神财富的总和，以及作为人类精神产品的社会意识形态的含义无异。从文化研究的角度出发，我们完全可以将上述文化含义的生成历程抽丝剥茧为一种"话语构成"（discursive formation）的分析。

就文化意义的历史性生成而言，在中国现代"文化"意义的"话语构成"中，文化并非"普通平常"的。在中国近现代社会发展中，无论从文艺学层面，还是从社会学层面，表征宏大叙事的文化观念最为显著。试看毛泽东在《新民主主义论》中的表述："一定的文化（当作观念形态的文化）是一定社会的政治和经济的反映，又给予伟大影响和作用于一定社会的政治和经济。"①联系文化古有的文德教化之意，可见中国文化语境中"文化"意义的阐发大抵植根于正统的社会意识形态，偏爱的是宏大叙事。与文化的宏大意义阐发相对，普通个体在文化中的经验、力量、身份的意义自然黯淡下来，因此这种文化的话语构成无疑

---

① 《毛泽东选集》第二卷，人民出版社，1991，第 664 页。

在某种程度上抑制着普通个体在文化意义创造中的活力。

二 生活的形塑

遵循文化研究的理路,当我们对文化意义的实践生成投以更多的社会关怀时,生活,尤其是普通个体居于其中的生活在文化意义创造中的价值无论如何是必须被正视的。

英国学者本·海默(Ben Highmore)在《日常生活与文化理论》(Everyday Life and Cultural Theory: An Introduction)一书中谈及了对日常生活的认识:"作为一个概念的'日常生活'披着许多平常不过的外观弥散于西方文化中,一个随之而现的难题是:'日常生活'意味着矛盾。一方面,它无需判断地指向那些日复一日、逐字逐句组成的重复率最高的行为、旅程、居住空间。这是最靠近我们的生活景观,是我们即时相遇的世界。但这种可以计量的意义从未落后地向另一方面蔓延:作为日常价值与品质的日常性……日常生活的日常性被体验为一处避难所,或使人迷惑,或使人开心,或使人振奋,或使人沮丧。或许它的特殊品质就是它在特征方面的匮乏。确切地说,它被忽视、不显眼、不突出。"然而,对于我们来说无可逃逸(There is no escape)的正是这种在特征方面似乎显得格外匮乏的日常生活。如何理解这种无淡无奇又意味着矛盾的日常生活?在这里,日常生活所暗示的"矛盾"恰是日常生活在文化意义生成方面的动力所在。"这种矛盾生动地记录了现代性的效应。如果日常是最熟悉和最可辨知的,那么当世界被陌生扰乱和分裂时将会发生什么?如果'新生事物的震撼'将震颤传送到日常的内核,那么熟悉的、可辨的日常感知将会遭遇什么?"海默将这种矛盾非常生动地描绘为一种制造不熟悉的熟悉、努力兼容新生事物、协调不同生存之道的动态过程,而日常的存在就标示着这一过程的成功或失败,"它目击了最具革命性的发明向世俗景观的渗透。生活中激进的改革步伐形成了'第二自然'。新生事物渐成传统,而旧有的残渣变得过时,并供应流行的复兴。但是失败的印记无处不在。日常的语言并不是新生事物的乐观代言。它带着对希望破败的失望发出挫败的回声。"①如是思考,日常生活便不应被简单理解为一种机械的、日常的复制过程,在日常生活平淡无奇的外观之下涌动的是各种社会意识形态力量的较量,而我们的日常性及日常感知对这一切并非无动于衷。事实上,我们日常生活的形塑就是切实参与到种种较量过程的结果。

中国文化语境中"生活"的形塑,可以通过"生活"的种种释义一窥究竟。中国语境的"生活"大约有如下含义:生存;使活命;恤养活人;为生存发展而进行各种活动及其经验;衣食住行等方面的情况;境况;生长;家产、生计;活儿、工作;生活费用;用品、器物等。在诸多释义中,生活最主要的内涵对应的就是人的生存发展状态,如《孟子·尽心上》:"民非水火不生活";《汉书·萧望之传》:"人情,贫穷,父兄囚执,闻出财得以生活,为人子弟者将不顾死亡之患、败乱之行以赴财利,求救亲戚";《文子·道德》:"老子曰,自天子以下,至于庶人,各自生活,然其活有厚薄";陆龟蒙《奉酬袭美先辈吴中苦雨一百韵》:"所贪既仁义,岂暇理生活。纵有旧田园,抛来亦芜没"……结合中国近现代以来对"生活"的文艺表达②,纵观中国语境中"生活"一词的使用,中国人对生活的理解似乎总是弥散着一种焦虑的情绪,因而"生活"的形塑似乎离不开寻求生存发展所做的种种努力与挣扎。而像杨万里《春晓》诗中"一年生活是三春,二月春光尽十分"这种将"生活"做"美事、美好的事物"解的释义并未能在中国语境的"生活"形塑中占据主色。

生活既然是无可逃逸的,则我们对待生活的态度与理解就显得尤为紧要。如果"焦虑",或说日常语言对希望破败的失望总

---

① Ben Highmore, *Everyday Life and Cultural Theory*: *An Introduction*, London: Routledge, 2002, pp. 1 – 2.
② 张未民:《想起一些跟"生活"有关的短语和诗句》,《文艺争鸣》2010 年第 5 期。

是一再回响，则从理论的角度出发，解决这种焦虑，回应这种回响就无可回避。值得一提的是，中国语境中的生活"焦虑"并非意味着悲观，它对应着对生活的深层体验。因此焦虑的生成与舒解，对应的恰恰是海默所描绘的那种以日常生活为背景的动态过程。

三 文化研究的生活维度

如前所述，中国文化语境中"文化"意义的阐发大抵植根于正统的社会意识形态，偏爱的是宏大叙事。而普通个体在文化中的经验、力量、身份的意义在这种宏大意义光耀之下自然黯淡下来。因此，中国文化的话语构成在某种程度上抑制着普通个体在文化意义创造中的活力。而要解开这种抑制，关键就是要正视普通个体在文化意义创造中的价值。这种正视并非对个人主义的强调，而是一种对普通个体价值的重新评估与恢复。这种重新评估与恢复，具体要落实到对普通个体生活的理解与阐发中。而这正是文化研究相较传统学术研究来说最有魅力之处。文化研究总是试图摆脱理论的宏大叙事，并自觉地以普通个体的日常经验及个体日常经验的交叉话语为研究文本，从而实现文化的实践。

正如文化研究所强调的"文化是普通平常的"，生活的真实存在本身亦是普通平常的。普通平常的文化意味着文化不是少数人的专利，而是属于每一个普通的个体。因此文化的话语构成应落实到普通人的平常生活之中，这种话语构成无疑应是以普通个体的日常生活为表征的。当日常生活与文化之间形成一种表征的关系时，日常生活的场域作为一个各种力量角力的空间就将得到确立。这一确立，意味着生活不仅是文化研究的对象，而且也是文化研究不可或缺的一个空间维度。据此，我们可以尝试将文化的话语构成在生活的维度上表述为普通个体与各种意识形态力量的日常相遇、碰撞与融和。在这种相遇、碰撞、融和的动态过程中，普通个体有效地参与了文化意义的生成，从这个意义上说，普通个体面对生活的焦虑与乐观可视作这种参与的真实情绪反应。

中国是一个理论消费国，而文化研究作为一种学术范式，其学术价值的最大化就体现在始终怀抱着社会关怀、世俗关怀积极参与文化实践。当我们把文化研究的社会关怀落实到日常生活及身份认同方面时，"能否走入真实的生活"就成为中国文化研究深化发展的试金石。据此，我们也可以尝试建构文化研究在中国文艺理论研究中的价值。在当代中国的文化语境中，开展文化研究对中国文艺理论研究最大的意义就在于对生活文本的开拓，并通过这种"开拓"将中国的文艺理论研究引向更富有现实性的文艺批判，更有效地实现普通个体日常生活与文艺之间的互动关系，并在这种关系的实现中进一步促进中国文化意义生成的开放性与批判性。

试论李泽厚"情本体"哲学的逻辑起点与思想归宿

罗绂文

学界大部分人都将李泽厚作为一个美学家来看待。其实李泽厚自己认为，他首先是一个思想者，其次是哲学家，最后才是自己所不愿意被称呼的"美学家"。这给李泽厚本人从事学术研究带来极大便利（当然，这也受到部分同行、专家的诟病与嘲讽）：在李泽厚的学术生涯中，其论著常常把历史分期意识和思想内在理路相结合，将自己的思想观念——一种宏阔视野、横决亘古和追根究底的哲学思想大开大合地呈现出来，如《人类起源提纲》《美的历程》《中国古代思想史论》《中国美学史》《中国近代思想史论》，乃至有在极高要求之下提出"韩愈算老几"[①]而招致讥讽之说。在这些论著、观点之中，其视野都是以长时段的"史"乃至人类整体发展史为论说指向，具有明确的时代意识和经世目的：在著作中，如李泽厚的夫子自道："自己不写五十年前可写的书，不写五十年后可写的书。"[②]1986年李泽厚在《中国现代思

[①] 李泽厚、陈明：《浮生论学》，华夏出版社，2002，第230页。
[②] 李泽厚：《中国古代思想史论》，人民出版社，1985，第324页。

想史论》的后记中,将近百年的中国近现代知识分子划分为六代——辛亥一代、五四一代、北伐一代、抗战一代、解放一代、红卫兵一代,在这六代中国人的思想旅程中,就其思想本身的敏锐性、原创性和复杂性以及在历史上所起的作用而言,以第一代的康有为、第二代的鲁迅、第三代的毛泽东三位最为重要,他们是中国近现代思想史上的伟大人物,但还达不到世界性的大思想家高度。①当然这种思想论说模式在他的论文中也不例外,1955年踏上学术生涯的《中国古代抒情诗中的人民性问题》,就通过古代抒情诗的分析,论述了艺术的时代性与永恒性、阶级性与人民性之间的关系问题。这种运思模式最为明显和突出的体现是1999年的《已卯五说》,在其中的《说儒学四期》,李泽厚批驳了现代新儒家牟宗三、杜维明等人以心性为道统的"儒学三期说",提出了以"工具本体"和"心理本体"为根本基础的"儒学四期说"②,其最大的区别就在于李泽厚不但注重"心理本体"的"内圣"修为,而且更为强调"工具本体"的"外王"决定作用。这是李泽厚基于人类历史发展基本事实和马克思主义唯物史观学说而得出结论的,然而在建构其哲学思想——"人类学历史本体论"所反复申述、论证的却不是"工具本体"而是"心理本体"——"情本体",这仍然要在李泽厚的运思模式中寻找答案。

那么,作为李泽厚"人类学历史本体论"哲学最后皈依的"情本体"思想是面对什么时代的挑战,又有何依据呢?或许是更为永恒的问题。这就需要我们对李泽厚的"人类学历史本体论"哲学思想做一个全面的考察与分析。李泽厚对"人类学历史本体论"哲学有三种基本分法。第一种,在2011年出版的《哲学纲要》中李泽厚将其哲学分为"伦理学纲要""认识论纲要"和"存在论纲要"三个部分,其中尤其值得注意的是将有关"人

---

① 李泽厚:《中国现代思想史论》,东方出版社,1987,第343~345页。
② 李泽厚:《中国现代思想史论》,第1~31页。

活着"及"某些宗教——美学论议"摘录汇编成为"存在论纲要"部分而没有我们期待的"美学纲要"①。第二种,在"1991年春写定,1994年春改毕"的《哲学探寻录》的后记中,提出"虽不满意而无可如何,只好以后再改再写了","加上《人类起源提纲》和四个主体性提纲,这算是'提纲之六'",这六个提纲"讲来讲去,仍是那些基本观念,像一个同心圈在继续扩展而已"②,也就是说其哲学思想是由这六个提纲即《人类起源提纲》《关于主体性的哲学提纲》《主体性的哲学提纲之二》《主体性的哲学提纲之三》《主体性的哲学提纲至四》和《哲学探寻录》构成的。第三种,2001年在给《历史本体论》一书作序时,强调"人类学历史本体论"的"论"其实就是三句话:"经验变先验,历史建理性,心理成本体",这三句话早在1991年的《哲学探寻录》中提出而经过十年的思索才得以确定下来的。李泽厚在前后三十年的三种自我界定中,都没有"美学"二字,似乎与平素主要给我们作为美学家之印象的李泽厚的"期待视野"较为遥远。而李泽厚的挚友、邻居、研究者和李泽厚学术的传播者刘再复,除了正式出版《李泽厚美学概论》详细阐述李泽厚是"中国现代美学的第一小提琴手"的观点之外③,2010年8月23日,刘再复冒着"危险"在常熟工学院的"东吴讲坛"以"李泽厚哲学体系的门外描述"为题的讲演中,主要以"现代中国"的问题意识为中心,将李泽厚的哲学思想体系分为六大板块,即"纯粹哲学""历史哲学""伦理哲学""文化哲学""政治哲学"和"美学哲学"。④这虽然显得庞杂与凌乱,但也说明李泽厚作为思想者所思范围之广和所思"问题"之复杂,因此我们在研究作为哲学家的李泽厚之前,有必要先将作为思者的李泽厚所思问题的逻辑起点与理论归宿给予澄清,以明确其理论指向与论说目的。

---

① 李泽厚:《哲学纲要》,北京大学出版社,2011,第209页。
② 李泽厚:《李泽厚哲学文存》,安徽文艺出版社,1999,第525页。
③ 刘再复:《李泽厚美学概论》,生活·读书·新知三联书店,2009,第95页。
④ 刘再复:《李泽厚哲学体系的门外描述》,《当代作家评论》2010年第6期。

一　"人活着"：李泽厚的人类学哲学

　　李泽厚"人类学历史本体论"哲学思想的理论基础，借用康德的说法就是李氏的"纯粹人类历史批判哲学"，也就是刘再复所谓李氏"形而上的最玄妙、最高深"的"纯粹哲学"的理论出发点是什么，这是我们首先必须明确的问题。李泽厚在《哲学探寻录》中完整地阐释了"人类学历史本体论"哲学的"形而上"理论，出发点是"人活着"，其次是人"如何活"的人类主体性问题，进而我们每个人到底"为什么活"的个人主体性问题，最后是我们每个人"活得怎样"的人生归宿问题。①李泽厚的这个哲学思想最直接的就是继承了康德的理论，康德认为其一生的工作主要是为了解决这四个问题：①我能知道什么？（形而上学）②我应该做什么？（道德学）③我可以希望什么？（宗教学）④最后一个问题：人是什么？（人类学）②要解决这些问题首先要确定"我能知道什么？"（形而上学），也就是康德批判哲学体系中最重大的难题"认识如何可能"，在《纯粹理性批判》中具体表述为"先天综合判断如何可能"的问题，李泽厚的"形而上学"面对的也正是最难理解的大问题，只不过李泽厚将人的"认识如何可能"转变为"人类如何可能"。

　　　　我将康德与马克思连接了起来。我以"主体性实践哲学"又称"人类学本体论"（这个世纪初我简称之为"历史本体论"，意义未变），我以"人类如何可能"来回应康德的"认识如何可能"（先天综合判断如何可能），认为社会性的物质生产活动是人类的本质和基础，认为认识论放入本体论

---

① 李泽厚：《人类学历史本体论》，天津社会科学院出版社，2010，第1~26页。
② 〔德〕伊曼努尔·康德：《实用人类学》，邓晓芒译，上海人民出版社，2010，第2页。

(关于人的存在论)中才能有合理的解释。①

"人类学历史本体论"哲学体系的根本出发点正是康德的终点:康德最后一问"人是什么?"成为李泽厚哲学的起点。李泽厚的"人类学历史本体论"恰好从"人是什么"开始进而提出"人活着""如何活""为什么活"以及"人生归宿"等"理性内化"与"理性凝聚"的问题,把最具"形而上"特征的"人是什么"的认识论问题转变为"人类如何可能"人类学问题,这是李泽厚哲学思想体系的理论出发点,也是作为思想者李泽厚最为"纯粹"的哲学问题,也是"人类学历史本体论"哲学最为根本、最为宏观的哲学问题。"人类如何可能"这个大问题由中国学人提出有其深层次之原因。因为这个问题在西方似乎已经不存在:西方智慧(包括西方哲学)关于"人类如何可能"有两个基本答案,第一种是宗教式的答案"上帝造人",即上帝使人类成为可能;第二种是科学式的答案"猴子变人",即生物进化使人类成为可能。而李泽厚则否定这两种答案,将马克思主义和"人类历史本体论"给出了第三种答案:"天生人成"②,即人类的"自我建造"使人类成为可能。李泽厚认为,不是上帝造人,而是人造上帝。因为人太弱小,才造出一个安慰自己的上帝。人属于"有","神"——"上帝"属于"无"。是"有"生"无",不是"无"生"有"。李泽厚既否定神造人,也否定自然进化造人。他认为,自然(动物)不可能自行演化为人,而是人通过自身(主体)的物质性历史实践实现从自然(动物)到人的转变。也就是说,人类是通过"历史积淀""主体社会实践""自然的人化""人的自然化"等过程才使人成为人。李泽厚独创的这些命题都是在说明人类通过历史实践而从生物(自然)变成人,概括

---

① 李泽厚:《人类学历史本体论》,第365页。
② 强调"天生人成"是论者对李泽厚哲学思想的概括,其来源于《荀子·富国》篇《天地生之,圣人成之》,参见王天海《荀子校释》,上海古籍出版社,2005,第435页。

地说，都是在回答"人类如何可能"的大问题。

李泽厚认为既然从"人活着"出发，那么人要做的第一件事情就是维持肉体存活，也就是说人首先得有食、衣、住、行之后，其他一切才成为可能性，正如恩格斯强调人们必须"首先吃、喝、住、穿，然后才能从事政治、科学、艺术、宗教等等"①，由此而来的李泽厚之"人类学历史本体论"在《马克思主义在中国》发表之后也被人冠以"吃饭哲学"之称谓，同时也说明其重心所在即作为"本体论"最后依据或者说"最终实在"就在于"使用——制造工具的实践活动"，也就是说"人"一旦"活着"之后的第一件事必须依靠"生产物质生活本身"以及"现实生活的生产和再生产"才得以可能继续"活着"。因此，李泽厚认为"食衣住行、物质生产对人类生存——存在本具有绝对性"，但是当下"许多学人却轻视、忽视、蔑视这个基本史实"，在"人活着"的前提条件下用"食衣住行"和"物质生产"来解释"人类如何可能"具有很强的现实意义和历史及理论依据："'生'——人类的生存、生活、生命及其延续很不容易""人们的吃饭（食衣住行性健寿娱）很不容易"；从"这个角度"来理解"孔老夫子的'未知生，焉知死'"，来诠释中国传统的"生生之谓易""天地之大德曰生"，对于这些李泽厚以为"更为合理而准确"。②

李泽厚将自己对"人类如何可能"的回答在哲学上归结为"人类学历史本体论"（"历史本体论"）或"主体性实践哲学"，其中"本体"和"主体"这两个概念有其特殊的界定，所谓"本体"就是"根本""本原""最后的实在"。③"主体"则是指"人和人类"。所谓"人类学历史本体论"乃是认定历史为根本，

---

① 《马克思恩格斯选集》第三卷，人民出版社，1972，第574页。
② 李泽厚：《历史本体论·己卯五说》，生活·读书·新知三联书店，2005，第21页。
③ 李泽厚：《实用理性与乐感文化》，生活·读书·新知三联书店，2005，第55页。

通过人类的历史实践，自然变成人，自然人性化。从20世纪50年代的《人类起源提纲》至今近60年，李泽厚之道"一以贯之"的是"人"，是"历史"，是"以人为本"。因此李泽厚的"人类学历史本体论"哲学把"人看成历史的存在"[①]，而人类则是历史"积淀"之结果。这就是李泽厚的"循着康德、马克思前进"，在康德强调人的"先天综合判断如何可能"的文化心理的基础上，加入马克思主义的晚年经典论述的"人类学"纬度，强调"人性"的历史性生成。因此，李泽厚的这部分哲学思想我们就按"逻辑"和"内容"相一致的原则将之命名为"李泽厚的人类学哲学"，而不遵循人类学界已有的、约定俗成的"哲学人类学"（philosophical anthropology）叫"李泽厚的哲学人类学"。

二 "双螺旋"与"度"：李泽厚的历史哲学

人类历史文化"双螺旋"生成结构与"人生""在世"状态中对"度"的艺术把握，是李泽厚的历史哲学诸多思想观念如"巫史传统""一个世界""吃饭哲学""实用理性""乐感文化""自然人化"之中最具始源性的"概念"，乃至成为"人类学历史本体论"哲学最为核心的思想而具有"本体"之地位。

李泽厚既然认为"人是历史的存在"，而人类是历史发展过程中积淀之成果，两者的核心思想就是人在历史进程中生成，那么"人类学历史本体论"哲学必然是一种历史哲学，历史哲学也必然成"人类学历史本体论"的"第一哲学"。如果说李泽厚的"形而上学"的理论出发点是"人活着"，那么"人类学历史本体论"的历史哲学就是备受争议的历史"积淀说"。李泽厚认为"生活——历史"有两个基本特性：一是历史的偶然性，二是历

[①] 在《与李泽厚的美学对话录》中李泽厚对刘再复提出"人是什么"一问的回答。参见刘再复《李泽厚美学概论》，第105页。

史的积累性。①人类通过长期的不断进行主体实践活动，"积淀"成为"内""外"两种历史性成果：外在的"工具本体"和内在的"心理本体"，从而形成"人类学历史本体论"所谓的"主体性"历史性存在，它包含两个双重、四个层面的意义。

> 第一个"双重"是：它具有外在的即工艺——社会的结构面（即"工具本体"——引者注）和内在的即文化——心理的结构面（即"心理本体"——引者注）。第二个"双重"是：它具有人类群体（又可区分为不同社会、时代、民族、阶级、阶层、集团等等）的性质和个体身心的性质这四者相互交错渗透，不可分割，而且每一方又都是某种复杂的组合体。②

在这"组合体"中"两重""四面""互相交错渗透"形成美妙的"双螺旋结构"，但"人类群体"的"工艺——社会的结构"层面起着根本性的决定作用，究其原因就是人首先要维持自己的生命存在，即保持"人生"的"在世"状态才能从事其他事务活动，从而社会群体性的"生产实践是人类的第一个历史事实"。因此，李泽厚始终坚持"实践"先于"感知"、"社会存在"决定"社会意识"的唯物史观。但李泽厚所研究的重点却是"人性"的"文化——心理结构"层面，形成了"人类学历史本体论"之历史哲学的"积淀说"，即"人性"结构来源——由"理性的内化"建立的智力结构、由"理性的凝聚"建立的意志结构以及由"理性的积淀"建立的审美结构三者的有机统一，在这三者之中最为关键的就是历史之"积淀"，而且只有历史之"积淀"才得以形成"人类学历史本体论"的"论"："经验变先验，历史建理性，心理成本体。"

---

① 李泽厚：《人类学历史本体论》，第366页。
② 李泽厚：《实用理性与乐感文化》，第218页。

对"历史建理性"的研究诸如《中国古代思想史论》《中国近代思想史论》和《中国现代思想史论》，在李泽厚的学术论著中占了很大的比重，并造成了很大的社会影响。在某种意义上，20世纪80年代的"李泽厚热""青年导师"或者说"精神领袖"，李泽厚思想史的研究更多就是来源于此。而李泽厚历史哲学提出，除了"积淀"之外的另一个核心思想"度"反而知音寥寥。"度"作为"人类学历史本体论"哲学的基本概念之一，与黑格尔讲"质""量"抽象的逻辑范畴不同，李泽厚"度"的艺术具有很强的历史内容与现实性实践：首先，"度"是指"人在物质生产的操作活动中所把握的尺度"，即"制造——使用工具"物质生产实践活动的技艺。正因为生产实践的操作过程中的技艺，即对"恰到好处"的"度"的把握，才使人类得以"活着"并继续"活"下去。其次，"度"也是"人在社会生活关系中所把握的尺度，以协调各种人际交往和关系，使人类生存获得秩序和稳定"。[①]最后，"度"是一种永远处于"动态性的结构比例"[②]当中，并随着"时""空"之"情"的变化不断改变，并不总是永远地位于"中间""平和""不偏不倚"。总之，正是"度"才使"人活着"得以实现。而"度"在"历史建构理性"即在"人活着"的历史过程中主要体现为"历史主义"与"伦理主义"之间的"二律背反"，即所谓的历史主义讲"发展"而伦理主义讲"善"之间的悖论问题。人类历史的发展总是悲剧性地前行，前行中总是要付出巨大代价，两者一定是矛盾的，"中国现代化道路中的历史主义与伦理主义的二律背反，正以惊心怵目的形态展现在今日人们的面前"[③]，如何解决这个"二律背反"——悖论所产生的当下很多现实乱象和历史问题，成为李泽厚"人类学历史本体论"哲学中最为精彩的论述之一。历史主义

---

① 李泽厚：《实用理性与乐感文化》，第289页。
② 李泽厚：《伦理学纲要》，人民日报出版社，2010，第191页。
③ 李泽厚：《历史本体论·己卯五说》，第223页。

要求"发展"是硬道理,就必然肯定"欲望"——"恶"的动力作用而强调其合理性,恩格斯在《路德维希·费尔巴哈和德国古典哲学的终结》中就认为:"恶是历史发展的动力的表现形式。这里有双重意思,一方面每一种新的进步都必然表现为对某一神圣事物的亵渎,表现为对陈旧的、日渐衰亡的、但为习惯所崇奉的秩序的叛逆,另一方面自从阶级对立产生以来,正是人的恶劣的情欲——贪欲和权势欲成了历史发展的杠杆,关于这方面,例如封建制度和资产阶级的历史就是一个独一无二的持续不断的证明。"他也认同黑格尔的"恶"是历史发展之杠杆,所谓"恶"也就是个人之"欲望"、之"私欲",这是人类历史发展的原动力。刘再复就认为"邓小平的功劳是打开潘多拉的魔盒,把魔鬼放出来,使中国变成了有动力的社会"①,打破了传统"大锅饭"的"一大二公","让一部分人先富起来",从而使中国 30 多年来在经济发展方面取得了迅猛进步和巨大成就。但这显然只符合"历史主义"的"欲望"之要求而不符合"伦理主义"的"善"之公平正义,也就是说"有动力的社会和有秩序的社会"在某一特定历史时期存在着悖论,当我们强调历史主义之"欲望"的绝对优先时会带来社会的巨大发展,如果忽视或没有完成"伦理主义"之"善"的使命,将导致现实社会的失衡,"历史主义"之"发展"必将是要付出代价的,诸如道德价值之沦丧、伦理规范之失格、精神理想之溃败、宗教信仰之迷狂,这是明显的既往历史之事实和当下现实之乱象。因此,社会不可能不发展,也不可能不会为此付出代价,为了解决其中的悖论,"人类学历史本体论"认为这就是在"历史主义"与"伦理主义"之间的"度"之把握问题,某个特定历史时段将"历史主义"之"欲望"即"恶"优先发展,它的现实就要求把"伦理主义"之"善"即"公平正义"优先伸张。因此,李泽厚的"人类学历史本体论"之"度"是一个重大的历史哲学范畴。李泽厚认为中国当下历史

---

① 刘再复:《李泽厚哲学体系的门外描述》。

处境是在"伦理主义"的"大锅饭"式"公平正义"付出代价与"历史主义"极度张扬之后所带来种种问题,目前中国的出路应该在"历史主义"的"发展"基础上强调"伦理主义"的"善"——公平与正义,就此,李泽厚以"吃饭哲学"为基础或者说在其"经济决定论"思想为前提所反复重申中国现代化进程中"告别革命"的"四顺序"说①,即首先是"经济发展",其次是"个人自由",再次是"社会正义",最后才是"政治民主"。这就是李泽厚式中国发展道路。

三 "公德"与"私德":李泽厚的伦理哲学

"公德"与"私德"这可以说是"人类学历史本体论"之伦理哲学中最为核心的要义。

李泽厚认为从康德开始,哲学研究的中心就已经由认识论"转移到伦理学"②,他也认为自己的"伦理哲学比美学更重要"③。2010年李泽厚出版了专门阐释"人类学历史本体论"的伦理哲学思想的个人学术生涯的"封山之作"——"承蔡元培《中国伦理学史》之余绪,启伦理学研究之新篇"的《伦理学纲要》④,而2011年出版的《哲学纲要》中李泽厚将"伦理学纲要"列于"认识论纲要"和"存在论纲要"之前,似乎也是在说明伦理哲学在"人类学历史本体论"哲学中的地位和重要性。究其"人类学历史本体论"伦理哲学"所以称它为伦理学纲要,即哲学伦理学",就是因为"它不涉及伦理学许多具体问题,它不是规范伦理学,不是德性伦理学,也不是元伦理学";而其主要内容,"总的说来,就是在中国传统情本体的人类学历史本体论哲学视角下,从'人之所以为人'出发,将道德、伦理作内外二

---

① 李泽厚:《历史本体论·己卯五说》,第231页。
② 李泽厚:《人类学历史本体论》,第38页。
③ 刘再复:《李泽厚哲学体系的门外描述》。
④ 参见《伦理学纲要》封面外作为宣传广告用之护封。

分,道德作宗教性与社会性二分,人性作能力、情感、观念三分,提出'共同人性'、'新一轮儒法互用'等来讨论伦理学的一些根本问题"。①

由此我们可以看出,李泽厚的伦理哲学是非常清楚的"纲举目张",而且在其"人类学历史本体论"哲学体系中的地位和重要性,其要义,首先要区分"伦理"和"道德"两个伦理学的基本范畴。李泽厚将"伦理"界定为"外在社会对人的行为的规范和要求,从而通常指社会的秩序、制度、法制等等"②,因而属于外在之"伦理"研究的重心往往是研究对象分类、伦理制度如何建设、伦理规范与文化异同、伦理学说变迁史等等,通常意义的伦理学也是着眼于这种外在之"伦理"研究。

其次是关于内在之"道德"思想,"与伦理的外在规范不同,我将道德界定为人的内在规范,即个体的行为、态度及其心理状态"。③相对于通常的伦理学研究,"人类学历史本体论"哲学的创造性在于其将伦理学的研究重心放在探究个体内在道德性质的差异,李泽厚将内在道德分为"社会性道德"与"宗教性道德",也就是他经常说的另一对概念"公德"与"私德"。所谓"社会性道德"主要是指"在现代社会的人际关系和人群交往中,个人行为活动中所应遵循的自觉原则和标准"④,其根本是以个人(体)为基本单位的社会契约论思想,呈现于现代经济政治体制中对个人要求的各种法律形式,体现在人们日常社会生活中的基本道德规范和基本法律风习。如果说"社会性道德"是相对主义伦理学,即不同时代、人群、社会、民族、阶层等有不同外在道德之要求;那么,"宗教性道德"则"以绝对形式出现,要求'放之四海而皆准,历时古今而不变',而为亿万人群所遵守和履

---

① 李泽厚:《伦理学纲要》,第 1~2 页。
② 李泽厚:《伦理学纲要》,第 102 页。
③ 李泽厚:《伦理学纲要》,第 102 页。
④ 李泽厚:《伦理学纲要》,第 33 页。

行"①,是一种"绝对主义伦理学"而具有更高的内在心理要求,是外在"社会性道德"之根基与前提,它是朱熹之"天理"、王阳明之"良知"、康德之内心"绝对律令"、宗教之各种形式的"天国""真主""上帝"乃至各种科学的和非科学的"普遍必然性";其来源于"一定时空内的某种社会性道德,被提升为'普遍必然性'的信仰、情感的最终依托,成为敬畏崇拜的神圣对象"。②李泽厚在阐释关于"社会性道德"和"宗教性道德"的关系中,将"人类学历史本体论"的伦理哲学思想精要给予呈现:"'宗教性道德'和'社会性道德'之作为道德,其相同点是,两者都是自己给行为立法,都是理性对自己的感性活动和感性存在的命令和规定,都表现为某种'良知良能'的心理主动形式:不容分说,不能逃避,或见义勇为,或见危授命。其区别在于,'宗教性道德'是自己选择的终极关怀和安身立命,它是个体追求的最高价值,常与信仰相关系,好像是执行'神'(其实是人类总体)的意志。'社会性道德'则是某一时代社会中群体(民族、国家、集团、党派)的客观要求,而为个体所必须履行的责任、义务,常与法律、风习相关联。前者似绝对,却未必每一个人都能履行,它有关个人修养水平。后者似相对,却要求该群体的每个成员的坚决履行,而无关个体状况。对个体可以有'宗教性道德'的期待,却不可强求;对个体必须有'社会性道德'的规约,而不能例外。一个最高纲领,一个最低要求;借用康德认识论的术语,一个是范导原理(regulative principle),一个是构造原理(constitutive principle)。"③"宗教性道德"作为一种"伦理绝对主义",是人一出生就应当担负的绝对道德"义务"。李泽厚认为任何人一旦出生,就一定是生在某一个没法选择,也无法逃避的"人类总体"的历史长河中,而这个"人类总体"所遗留下

---

① 李泽厚:《伦理学纲要》,第33页。
② 李泽厚:《伦理学纲要》,第25页。
③ 李泽厚:《实用理性与乐感文化》,第178~179页。

来的文明、文化将"你"抚育成人,"从而你就欠债,就得随时准备献身于它,包括牺牲自己,这就是没有什么道理可说,只有绝对服从,坚决执行"①,这就是"宗教性"的"私德",对个体来说也就是"绝对""道德律令"。但是,历史的发展过程总是具体而实在的——"人类总体"是无法离开某一时某一地即"特定时代、社会的人群集体",因此,"宗教性道德"这种个人"私德"——"绝对律令""天理""灵明""良知""天国""上帝"都只是某种形式性的建构,其具体内容则常常来源于特定的具体时代、民族、阶层、集体、社会等背景、环境,从而便与"特定群体"的"社会性道德"即"公德"相互关联而带有极大的时代相对性和个体可变性。反之,"社会性道德"作为现实存在而由法律、规约、习惯、风俗等形式表现出来的"公德"——"伦理法则"和"道德原则",虽然常常是外在的强制要求,但往往经过长久的历史"积淀"而化为内在的自觉要求,乃至成为"宗教性"的"私德"。也就是说"社会性""公德"与"宗教性""私德"的关系是极为错综复杂的,"有时判然有别,并不沟通;有时互相重合,似为一体"②,尤其是在没有强烈宗教信仰的中国式的"政教合一"的传统中,表现尤为突出。

　　"人类学历史本体论"的伦理哲学的第三个重要内容就是提出"人性"的"能力""情感""观念""一体三分"的道德哲学思想以及随之而来的"权力"与"善"孰为优先的问题。"一体三分"的逻辑结构是这样的:"首先是制造——使用工具使外在环境与人的关系产生根本变化,然后产生理性,使人的内在身心也发生了根本变化"③,经过不断"积淀"而形成人类道德行为的"一体""共同人性",而其内在的逻辑结构三分为"人性能力作为道德行为的理性主宰""人性情感作为道德行为的感性

---

① 李泽厚:《实用理性与乐感文化》,第 177 页。
② 李泽厚:《实用理性与乐感文化》,第 179 页。
③ 李泽厚:《伦理学纲要》,第 163 页。

动力""善恶观念则是这主宰和动力的具体内容"。①其理论直接来源于休谟,构架于康德,比肩于罗尔斯:李泽厚认为"人性情感"作为感性是在所有道德行为中具有始源性"原始动力"作用和外在表现形式的,这明显来源于休谟的"情感主义的伦理学"②,尤其是非常明显地来源于"同情是我们对一切人为的德表示尊重的根源"③;另外,当李泽厚将西方哲人对其建构"人类学历史本体论"哲学的重要性进行排名时,把休谟列为仅次于康德的第二④,也可以看到休谟的"同情"对其道德学说乃至美学的重要性。而其"人性能力"的哲学思想建构来自康德"实践理性"的选择与转化:"康德称之为先验实践理性。我称之为以'理性凝聚'为特征的'人性能力',它区别于理性内构(认识)和理性融化(审美)。"⑤也就是说李泽厚的"人类学历史本体论"是用作为"理性凝聚"的"人性能力"去把握康德的"实践理性"的,这其中既有继承关系的"同"又有创新之处的"异"。首先,所谓继承关系的"同"就是两者都认为对于某一时、某一地的经验实践来说,"实践理性"或者"自由意志"和"人性能力"都是先验的"绝对律令",而不受任何经验的环境因素、功利愿欲、生死威吓而按自己"立""志"或"意"进行活动,在中国如孟子之"富贵不能淫,贫贱不能移,威武不能屈"而是一种先天之"良知""良能";在康德看来人之"道德是最纯粹的实践理性,它的根基是纯粹的自由意志"⑥,即"实践理性"则只听从人的欲望能力中最高级的意志能力在内在心里的绝对命令,即内心的绝对道德律令,正如其墓碑所镌刻的"位我上者,灿烂星空;道德律令,在我心中"。这样的"绝对律令"使道德

---

① 李泽厚:《伦理学纲要》,第 150 页。
② 周晓亮:《休谟哲学研究》,人民出版社,1999,第 277~286 页。
③ 〔英〕休谟:《人性论》,关文运译,商务印书馆,1980,第 620 页。
④ 李泽厚:《李泽厚近年答问录》,天津社会科学院出版社,2006,第 3 页。
⑤ 李泽厚:《伦理学纲要》,第 103 页。
⑥ 邓晓芒:《康德哲学讲演录》,广西师范大学出版社,2006,第 71 页。

具有绝对自律性：假设一个人掉到水里，先不管是什么人或有无价值，作为道德行为我们首先是毫不犹豫救之，这与孟子的"见嫂溺于井"是相通的，这是道德的绝对性。其次，李泽厚创新之处的"异"则主要体现在这种"先验"的绝对性的来源问题。康德认为"纯粹实践理性""自由意志"或者"道德律令"即李泽厚所谓的"人性能力"是先验的纯粹理性，不能从经验事实中得来；而"人类学历史本体论"则认为这种"先验的纯粹理性"是来自经验即所谓的"经验变先验"，是"由人类极其漫长的历史积累和沉淀（即积淀），通过文化而产生出来的人的内在情感——思想的心理形式"，所以道德的"人性能力"或者"纯粹实践理性"对个体来说是先验的，对"人类总体"来说则是由经验"积淀"而成的，并具有这样的特征——"理性对感性的行为、欲望以及生存的绝对主宰和支配"。①

而在"善恶观念"上，"人类学历史本体论"主要是承续"社会性道德"（公德）与"宗教性道德"（私德）相区分而来的"对错"与"善恶"即"权利"与"价值"分家的思想，当然这个理论见解直接来源于罗尔斯的启示："将现代世界各社会、各地域、各国家、各文化中人们基本的行为规范、生活准则，与各种传统的宗教、'主义'所宣扬的教义、信仰、情感、伦理区分开，割断它们的历史的或理论的因果联系"。②这种区分的第一个方面是"对错"问题，诸如我们现在所要做的不是将现代社会生活中的"人权""自由""民主"等"社会性道德"归功于或追溯到古希腊文化或基督文明，而是明确这些是现代人与人之间共同遵守的政治、法律的基本要求，是解决"社会性道德"中的"对错"、权利、义务问题，是现代社会生活中的普世价值和理念而无论中外与种族。反之，这种区分的第二个方面是"善恶"问题，其实就是"宗教性道德"问题，不同文化和宗教对"善"

---

① 李泽厚：《伦理学纲要》，第103页。
② 李泽厚：《伦理学纲要》，第45页。

"恶"都有不同的观点与教义,乃至关于"善""恶"的起源、关系、形态等皆有大相径庭的看法,甚至由此而发生不同的文明与宗教之间的冲突以及战争。这样,"对错"与"善恶"分家,也就是"使政治、法律所处理的日常生活与宗教、意识形态、文化传统所处理的精神世界有一定的分工和疏离,从而使后者既不过分干预前者,也使个体对后者具有更大的选择自由"。在李泽厚看来这两者的关系应该是"权利(对错)优先于善恶":作为现代"社会性道德"就不应该干涉人性善恶、人生意义、终极价值之类的宗教性问题,而是"保证每个个体有在不违反公共基本生活规范下去选择、追求信仰任何一种价值、意义、主义、交易的自由,亦即个体在现代社会生活中的基本权利"①,因为"无须天使,就是魔鬼为了各自的利益也可以订出共同遵守的美德"②即"社会性道德"来。

总之,由"人性情感"的动力出发,经过"善恶观念"的裁定,再由"人性能力"执行,才能构成"人类学历史本体论"一个完整而复杂的伦理道德行为。

四 从"告别革命"到"和谐高于正义": 李泽厚的政治哲学

李泽厚"人类学历史本体论"的政治哲学思想,主要是秉承他一贯的主张"自己不写五十年前可写的书,不写五十年后可写的书"③而直接对当下现实问题发表具有很强现实针对性的观点——其实是某种意义上其历史哲学观点的延续,这些观点散见《马克思主义在中国》和对话录《告别革命——回望二十世纪中国》中,由于这两本书不在大陆出版而传播不广,引起了不少质

---

① 李泽厚:《伦理学纲要》,第47~48页。
② 李泽厚:《伦理学纲要》,第110页。
③ 李泽厚:《中国古代思想史论》,第324页。

疑、批驳、谩骂，当然也有赞扬与欢呼的声音，但无论质疑还是赞扬，在读者中引起了不少误会，尤其是"告别革命"与"和谐高于正义"等理解错位较多，很有引申介绍之必要。

首先是萌芽于20世纪50年代而在20世纪90年代中期历经"凡四十年"才正式提出的以"要改良不要革命"的"告别革命"政治主张。在李泽厚看来，所谓"革命"，"主要是指用群众性的暴力活动来破坏、打倒、推翻、摧毁现存的事物（包括人和物）、制度、秩序、程式等等，所谓'造反有理'、'无法无天'，非程序，用暴力者是也，并不包括科技文化以及社会生活各方面迅速而巨大的变革，也不包括用暴力或武装抵抗外辱和侵略"。[①]因此，有关李泽厚的"告别革命"论是极为复杂的，无论从其理论本身还是所涉及的问题在此都难以解释清楚，何况这与本文所设定论域关系不大，故而在此就其发展过程及其主要观点给予陈述出来，其中有所失当在所难免。李泽厚"告别革命"思想流变过程的第一阶段是20世纪50年代初到20世纪50年代末，以1958年在上海人民出版社出版的《康有为谭嗣同思想研究》为代表，以康有为、谭嗣同等人为代表的晚清改良派的变法维新思想为研究对象，书中虽然对改良派的思想给予了相当程度的赞扬和肯定，但基本思想还是认同于当时既定之结论，即认为在20世纪初，以康有为为主要代表的戊戌变法的改良主义观点由于反对"革命"而日益成为"反动"并"阻碍历史前进"东西了；相反，也只有"革命"才是推动中国政治、社会和历史前进的动力。可以这样说这个时期的李泽厚学术观点与当时的时代潮流并无多大差异，只能说其学术生涯是以研究"改良派"作为起点而已。第二阶段是20世纪70年代到20世纪80年代末，以三大"思想史论"为代表，尤其是以1987年的《中国现代思想史论》

---

① 李泽厚、刘再复：《告别革命——回望二十世纪中国》，天地图书有限公司，2004，第287~288页。

中的两篇名文为代表，其中在《启蒙与救亡的双重变奏》①中李泽厚初步提出和论证了两个"双重变奏"：①"启蒙"与"救亡"，作为现代中国和现代中国思想史的主题，"开始时相辅相成，而后是救亡压倒启蒙"；②"激情"与"理性"，开始也是"热情与理性"相结合而发出"对传统文化的彻底批判"，但随后则是"激情与革命的结合形成了巨大的行动力量"，认为"好一切都好，坏一切都坏"的激情思维模式占上风，"将以激情为内容的一切经验被当作革命的圣物，要求无条件地去继承去发扬光大"而导致"理性完全失落，人似乎陷在癫狂中"。②另一篇则是《试谈马克思主义在中国》，李泽厚所提出与论证的中国所接受马克思主义哲学思想重心由"阶级斗争"（当然包括"阶级斗争为纲"）的"革命的哲学"到"人道主义"（包含"以人为中心""人是马克思主义的出发点"）的"建设的哲学"的转变的详细过程和历史语境，尤其是重视"唯物史观""才是马克思主义的基本理论"，而与当时的其他马克思主义者的重视角度有所区隔，为进入下一阶段明确提出"告别革命"做了预告。③第三阶段是"要改良不要革命"的"告别革命"正式提出，1994年刘再复为李泽厚与其的对谈集《告别革命——回望二十世纪中国》写的序《用理性的眼睛看这个——李泽厚和他对中国的思考》中提出"我们决心'告别革命'，既告别来自'左'的革命，也告别来自'右'的革命。二十一世纪不能再革命了，不能再把革命当作圣物那样憧憬、讴歌、膜拜"了，这其实是李泽厚"一以贯之"的"要改良不要革命"的刘氏概括。④李泽厚在其中的论题除了前两个阶段所申论的之外，主要增加：①明确"改良"优于并难于"革命"：要英国式"改良"不要法国式"革命"，要"改良"

---

① 李泽厚：《中国现代思想史论》，第7~49页。
② 李泽厚：《走我自己的路——杂著集》，中国盲文出版社，2004，第273~277页。
③ 李泽厚：《中国现代思想史论》，第143~208页。
④ 李泽厚、刘再复：《告别革命——回望二十世纪中国》，第244页。

的建构不要"革命"的解构,主张"和平进化"反对所谓苏联、东欧式的"和平演变";②"唯物史观才是马克思主义的基本理论"经过恩格斯的"人们首先必须吃、喝、住、穿,然后才能从事政治、科学、艺术、宗教",进一步将"马克思主义的道理千头万绪,归根结底一句话:造反有理"论证为"马克思主义千条万条,最基本的一条还是真理,即人首先要吃要穿,才能谈其他"的"吃饭哲学";③中国各方面发展的轻重缓急的先后"四顺序"说"经济发展—个人自由—社会正义—政治民主";④既不是"革命"也不是新儒家的"道德形而上学",而是"法治才是走向民主的关键"。

"要改良不要革命"自从1995年在香港初版的《告别革命——回望二十世纪中国》提出之后招致各方诘难之强烈,这从批判者的阵容名单中如杨天石、李文海、金冲及、耿云志等就可见一斑①,但归纳起来主要有三个方面:①当李泽厚"反省一百年来激进主义思潮并做出'告别革命'的结论",在部分人看来是"要取消主流意识形态,即马克思主义";在另外一部分人看来则认为"我们仍坚守'马克思主义的幽灵','迷恋马克思主义','为邓小平改革提供马克思主义根据'",因而感到"惊讶与失望";②"改良比革命好"——这种基本价值判断仍然是"脱离历史实际"的"历史唯心主义":"革命具有不同的模式,不应笼统否定,特别是当统治者连最起码的改良主张都不接受的时候,革命便是历史的必由之路";③认为李泽厚目前大陆发展应该走"经济发展—个人自由—社会正义—政治民主"四个逻辑先后顺序"乃是机械的对历史的主观规划"。②

同时,随着"告别革命"而来的李泽厚政治哲学的另一观点是"和谐高于正义",在某种意义上也可以说是"人类学历史本

---

① 梁景和:《中国近代史基本线索的论辩》,百花洲文艺出版社,2004,第347页。
② 李泽厚、刘再复:《告别革命——回望二十世纪中国》,第244页。

体论"之"度"在政治哲学中"合情"与"合理"之价值选择与艺术把握。李泽厚的"政治哲学首先区分了中西文化不同的政治理想。西方文化的政治理想是追求正义,中国文化的政治理想是追求和谐"。①由于文化观念的不同,在当下世界上的确存在着中、西两种不同的政治理想类型:以基督文明和希腊文化之"合理"为基础的西方的政治理想是追求"正义",而以儒、道两家思想之"合情"为根基的中国的政治理想则是追求"和谐",在这两者之间,李泽厚在2009年提出"和谐高于正义"②政治哲学思想。作为西方政治哲学最高范畴的"正义"就是"理性的是非判断",李泽厚认为"理性、言语(语言)占据西方哲学形而上学和本体论的核心地位",即便在情感领域中,由基督文明和希腊文化合力影响而成的"最后审判"和"道成肉身"之"爱"也充满了"理性"精神和logos特点,故而以"合理"——符合"理性"为指归,当然"正义"也概莫能外。而中国由于以"理性化的自然本性为基础,强调'道出于情',不以'理'而以'情理'为基本准则,形成'天人合一''乐与政通'为最高理想的方向和心理"③,所谓"情理"就是"合情合理,情理和谐",在中国古代主要是以"合情"为主导,往往是"法网"(理、礼)也需"柔情","听讼,吾犹人也;必也,使无讼乎"④(《论语·颜渊》),这就使得"讼"的正义诉求在中国传统文化中退居到次要的地位,甚至在"儒法互用"中出现"屈法伸情"呈现司法者公正的一面。就此,也有法学界学者认为中国古代社会司法公正是由"吏""臣""君"即"司法官吏严格执法、大臣经义决狱、皇帝屈法伸情以实现司法公正",从而实现"合理"又"合情";而在西方司法公正思想中,概而言之"最为核心的

---

① 刘再复:《李泽厚哲学体系的门外描述》。
② 李泽厚:《伦理学纲要》,第188页。
③ 李泽厚:《伦理学纲要》,第178页。
④ 杨伯峻:《论语译注》,中华书局,1980,第128页。

是两大观念,即程序公正和实体公正"。①"人类学历史本体论"之"和谐高于正义"就是既诉求于西方"合理"之正义原则又追求中国传统"合情"之现实经验以期实现"实质公正",达到"人际关系的和谐、人与自然关系的和谐、人的身心和谐",这样的"和谐"既"合情"也"合理",因此可以说李泽厚所提倡的是一种"和谐哲学":"因为我们讲的哲学核心是和谐。我们并不否定以往暴力革命的历史合理性,只是认为,暴力革命未必是唯一的圣物。"②

总之,按李泽厚的说法,"世界有三种哲学":"一种是'斗争哲学',一种是'和谐哲学',一种是'死亡哲学'。斗争哲学讲的是'你死我活',和谐哲学讲的是'你活我也活',死亡哲学讲的是'你死我也死'。最后这种哲学导致同归于尽,'与汝皆亡',导致滥杀无辜。"③李泽厚虽然说"我不是搞政治学的",但我们通过对其学术生涯的粗略梳理之后,发现李泽厚始终关心政治,热衷于政治学的研究,在其研究中由"革命"到"要改良不要革命",乃至"和谐高于正义"的主张,正是这样"你活我也活"的和谐哲学。

五 "情本体":李泽厚的美学思想

在刘再复看来,李泽厚作为"中国现代美学的第一小提琴手"乃至"中国大陆人文科学领域中的第一小提琴手",其在"中国现代美学史上获得了最高成就"④;李泽厚本人则将"美学作为第一哲学"⑤给予定位,其对美学的研究所关注的时间、所花

---

① 高其才、肖建国、胡玉鸿:《司法公正观念源流略论》,《清华大学学报》(哲学社会科学版) 2003 年第 2 期。
② 刘再复:《李泽厚哲学体系的门外描述》。
③ 刘再复:《李泽厚哲学体系的门外描述》。
④ 刘再复:《李泽厚哲学体系的门外描述》。
⑤ 李泽厚:《实用理性与乐感文化》,第 52 页。

费的精力在其整个学术研究中均占有很大的比重。某种意义上说李泽厚的哲学思想就是以"情本体"为中心的美学思想，是其哲学思想的最终指向和要义所在。

　　李泽厚的学术生涯开始于 20 世纪 50 年代初期关于对谭嗣同、康有为的思想史研究，而其为人所熟知的则是在那场从 20 世纪 50 年代中期到 60 年代中期的"美学大讨论"中，这也是李泽厚美学思想的形成期。这场讨论缘起于毛泽东"双百方针"的提出：1951 年就戏曲革新问题毛泽东提出"百花齐放，推陈出新"；1953 年就历史研究中存在的争论毛泽东则主张"百家争鸣"；1956 年 4 月在中共中央政治局扩大会议上，毛泽东直接提出艺术问题上要"百花齐放"而学术问题上要"百家争鸣"的方针。自从毛泽东的"双百方针"提出后文艺界与学术界纷纷响应，美学界当然也不例外：1956 年 6 月朱光潜在《文艺报》第 12 期上发表了《我的文艺思想的反动性》一文，同时也被加上编者按："为了展开学术思想的自由讨论，我们将在本刊继续发表关于美学问题的文章，其中包括批评朱光潜先生的美学观点及其他讨论美学问题的文章。我们认为，只有充分的、自由的、认真的互相探讨和批判，真正科学的、根据马克思列宁主义原则的美学才能逐步地建设起来"①，目的很明显即号召大家批判唯心主义的美学观点，建设马克思主义唯物主义美学。受此影响，同年 10 月李泽厚在第 5 期的《哲学研究》上发表其所谓的美学"研究提纲"《论美感、美和艺术——兼论朱光潜的唯心主义美学思想》一文，提出了美感的矛盾二重性即美感具有个人心理的主观直觉性和社会生活的客观功利性，二者互相对立但又互相依存、不可分割；与此相对应，提出美具有两个基本特征：客观社会性和具体形象性；值得注意的是，李泽厚在这篇文章中以马克思的唯物史观和社会实践观点为基础，引用当时在中国学界尚未引起重视的马克

---

① 1956 年 6 月《文艺报》第 12 期的编者在朱文前的按语，转引自薛富兴《分化与突围：中国美学 1949~2000》，首都师范大学出版社，2006，第 12 页。

思《1844年经济学哲学手稿》中的内容，尤其是"人化的自然"的观点来阐释"美"的本质、根源以及艺术的一些基本原理。在这场争论中，李泽厚认为朱光潜的"美是主客观的统一"在审美的现象层面，即美感上讲是正确的，但是不能用来说明美的本质。因为在李泽厚以"历史唯物主义"的观点即后来他所谓的"唯物史观"为基点看来，"美的本质"只能从人类的客观物质实践中找根源：在社会实践中，人类按照客观事物的规律来对其进行改造，从而人类的符合客观必然性的主观目的得到实现，这就是美产生的根源；由于"具有主观目的、意识的人类主体的实践，实际上正是一种客观的物质力量"①，因而美是客观的社会存在。虽然"50年代我那些美学文章是相当幼稚、不能再看的，特别是文字嚣张浅陋，用词激烈，自己看来都觉得汗颜之至"②，但这种"主客观统一"的"客观社会说"是李泽厚美学思想的基础，规约了其一生的学术思想路径，1962年的《美学三题议》、1981年的《美的历程》和1989年的《美学四讲》《华夏美学》都只不过是这一观点的延续与深化，"我现在观点跟五十年代那时争论的观点一点变化也没有"。③同样也极为重要的是，这场论争使他脱颖而出，成为当时声名赫赫的美学四派之一，奠定了中国马克思主义实践美学的雏形，然而作为这一流派的宗师与主将，直到2004年9月李泽厚才在主题为"实践美学的反思与展望"④的研讨会上承认并接受自己的美学思想属于实践美学。

20世纪70年代末80年代初，从十年"文化大革命"的思想禁锢中走出来的人们，在全国展开了关于"人道主义""人性论"和"异化"问题的讨论。李泽厚结合自己对康德哲学的研究，20世纪80年代写了自己的哲学第二个"研究提纲"《康德哲学与建立主体性论纲》，在文中李泽厚批判了将人性看作纯粹社会性或

---

① 李泽厚：《美学三题议》，《美学论集》，上海文艺出版社，1979，第153页。
② 戴阿宝：《美的历程——李泽厚访谈录》，《文艺争鸣》2003年第1期。
③ 李泽厚、陈明：《浮生论学》，第66页。
④ 李泽厚：《李泽厚近年答问录》，第39页。

自然性的思想而提出自己的"主体人性心理结构"观点，认为人性是理性和感性的统一："相对于整个对象世界，人类给自己建立了一套既感性具体拥有现实物质基础（自然）又是超生物族类、具有普遍必然性质（社会）的主体力量结构（能量和信息）……他通过漫长的历史实践终于全面地建立了一整套区别于自然界而又可以作用于它们的超生物族类的主体性，这才是我所理解的人性。"李泽厚认为这个"主体性"理论是用马克思主义实践论来回答康德的先验体系中的"人性"问题，而不是唯意志论，所以将之命名为"主体性的实践哲学"即后来的"人类学历史本体论"哲学。在这个哲学体系中，"美的本质是人的本质最完满的展现，美的哲学是人的哲学的最高级的峰巅；从哲学上说，这是主体性的问题，从科学上说，这是文化心理结构问题"[①]，因此，美学的地位就很高了。李泽厚的这个美学思想体系主要有两个根本特征：首先，是体系的完整性，它涵盖了"美的本质""美感论""艺术论"，而具体表现形态则展现为1989年出版的《美学四讲》：这套美学体系充分重视人类的社会物质实践活动和主体性，认为美的本质等于美的根源，它来自"自然的人化"；美感则来自"内在自然的人化"并向"人的自然化"延伸，从主体性实践哲学的角度来看，这是一个建立人类心理本体特别是其中的"情感本体"的问题，李泽厚称它为"建立新感性"；艺术则是"情感本体的物化对应物"，显示了"艺术本体"与"心理（情感）本体"的密切联系。其次，在这个体系中是以"情"为本。李泽厚历来重视艺术中的"情感"和哲学（美学）中的"感性"因素。一方面，在他关于"形象思维"的系列文章中就将形象思维的特征归结为："以情感为中介，本质化与个性化的同时进行"；在《形象思维再续谈》中，他批评了把艺术简单地看作认识这种流行已久的文艺理论，指出形象思维遵循的是

---

① 李泽厚：《康德哲学与建立主体往论纲》，中国社会科学院哲学研究所编《论康德黑格尔哲学》，上海人民出版社，1981，第1~16页。

"情感的逻辑",他强调说:"艺术如果没有情感,就不成其为艺术……艺术的情感性常常是艺术生命之所在。"①另一方面,随着他对中国文化的深入研究和对自己哲学理论的修正,"心理""情感""情感本体"成了他越来越重视的哲学、美学范畴:在《华夏美学》里,他认为中国传统美学建立在一种"心理主义"的基础上,而这种"心理主义"则是"以情感为本体"的;到了《美学四讲》中则直接使用"情感本体"这个词语——"所谓'建立新感性'也就是建立起人类心理本体,又特别是其中的情感本体",在书的最后,他深情地呼唤:"回到人本身吧,回到人的个体、感性和偶然吧。从而,也就回到现实的日常生活中来吧!……艺术是你的感性存在的心理对映物,它就存在于你的日常经验中,这即是心理——情感本体……于是,情感本体万岁,新感性万岁,人类万岁!"②李泽厚认为,在西方海德格尔之后呈现出后现代的彻底虚无主义,各派哲学不同程度地以"反历史、毁人性为特征"③,如何活,成了困惑很多人的问题;在中国以牟宗三为代表的"现代新儒家",则将人的心性作为本体,依然是设立一个外在的"权力/知识结构",容易形成对人的压迫,因而不能为时代发展提供正确的理论资源。而在他的"人类学历史本体论"哲学看来,儒家思想真正的深层结构是"实用理性"和"乐感文化","以情为本体",重视生命,肯定日常生存,在"一个世界"中乐观进取,使审美代宗教成为可能,并将人的感性生命推向极致,达到新的"天人合一"的审美境界。

纵观李泽厚关于哲学的六个提纲,可以看出李泽厚的哲学思想大致的发展轨迹:从西到中——从马克思主义、康德等向中国哲学智慧倾斜;从外向内——从强调"社会实践""工具本体"到"心理本体""情感本体",乃至到最后对"情本体"审美形

---

① 李泽厚:《美学论集》,上海文艺出版社,1979,第563页。
② 李泽厚:《美学四讲》,生活·读书·新知三联书店,1999,第210~211页。
③ 李泽厚:《实用理性与乐感文化》,第111页。

而上学思想不断完善。对此,李泽厚也多次夫子自道:"我自认为是承续着康德、马克思晚年的 step(脚步),结合中国本土的传统,来展望下个世纪。"①"我的哲学将历史与心理结合起来,从马克思开始,经过康德,进入中国传统,马克思、康德、中国传统在我的哲学中融成了一个'三位一体'。"②这里的"一体"的最后就是"情本体"。这我们从李泽厚对第二提纲《康德哲学与建立主体往论纲》修改过程中也可以看出其中的端倪。李泽厚在1985年湖南人民出版社的《李泽厚哲学美学文选》、1999年安徽文艺出版社的《李泽厚哲学文存》和2005年生活·读书·新知三联书店的《实用理性与乐感文化》对这个哲学提纲的结论部分修改过程展现出了其美学思想的变迁:初版时在文章指出,"只有在美学的人化自然中,人与自然,理性与感性,人类与个体,才得到真正内在的、具体的、全面的交融合一",并强调这种"交融合一""当然是最高的统一";1999年和2005年的修订版中,是在"最高的统一"后面又加上了两句话:"也是中国古代哲学讲的'天人合一'的人生境界。这是能够替代宗教的审美境界,它是超道德的本体境界。"③这体现了李泽厚将中国传统智慧创造性地转化来完善自己的哲学思想过程,尤其是"情本体"。同时,这也在几大提纲中可以看到相近的思路,在1983年第三个提纲《关于主体性的补充说明》即《主体性的哲学提纲之二》中,他集中概括了"主体性的结构",并指出主体性系统的最终归宿是审美,其最高境界即是"天(自然)人合一",体现了李泽厚力图将自己的主体性实践哲学与中国传统哲学智慧相融合的努力;1985年第四个提纲《主体性的哲学提纲之三》中提出了"心理本体"论;1989年第五个提纲《主体性的哲学提纲之三》中提出了"情感本体"思想;1994年在第六个提纲《哲学探寻

---

① 李泽厚:《李泽厚哲学文存》,第504页。
② 李泽厚:《课虚无以责有》,《读书》2003年第7期。
③ 李泽厚:《李泽厚哲学文存》,第631页。

录》中直接简称为"情本体"并在哲学思想中加以论述完善,形成了对中国传统哲学智慧越来越重视的倾向。最终,李泽厚提出以"情本体"为中心的"儒学四期说",并将美学作为其"人类学历史本体论"的第一哲学。

当代审美文化中"涌现"现象机理探究

丁筑兰

现代科技对审美文化具有强大的驱动能力,它不但促进了审美技术化转向,还重构了审美文化的内核。这里主要阐述和分析现代科技如何促发审美文化的涌现。

所谓"涌现",是指复杂行为并非出自复杂的结构本身,而是从极为简单的元素间相互作用产生的,在一定的前提条件下原来组成元素依据各种规则进行重构进而产生出许多新型的组成形式,广度和深度远大于这些元素的简单组合,其分析和研究的着眼点主要放在这些前提条件和规则集合。[1]涌现理论的创始人霍兰曾说,"尽管涌现是普遍存在的现象,而且相当重要,但它至今仍是一个奇妙的令人难以理解的问题,人们对它更多的还是感到好奇,而没有进行过细致的分析"。[2]同样,对于当代审美文化中的"涌现"现象,及其产生的机理、发展趋势等问题,仍然有必

---

[1] 〔美〕沃尔德罗普:《复杂——诞生于秩序与混沌边缘的科学》,陈玲译,生活·读书·新知三联书店,1997,第115页。

[2] 〔美〕霍兰:《涌现》,陈禹译,上海科学出版社,2001,第3~4页。

要进行深入的探讨。

　　涌现贯穿文化艺术发展始终，具备自然规律特性。以文学为例，其本意是言情达意，如何将事物"更好"地描述出来是其矢志不渝的目标。"更好"的内涵随时而变，主题可以不限，明星神话、英雄崇拜等都可以成为文学描述的主题，描述工具可以是图像、图形、象形文字、现代汉字等。上述创作的内容、方式、手段以及承载对象变化，在后来的印刷、影音广播以及网络技术中得到了更大规模的扩张，通过它们涌现出繁多的文学形式。各种技术手段可以加快或迟滞文学形式的繁衍，但文学的本体并不会因此受到节制。包括文学在内的文化形态，它们之间的交互行为符合自然规律，即对象为了延续发展、降低不稳定性，需要不断吸收其他对象的加入，从而能够普适各种需求、分担承载的压力。由此观之，"更好"只能说明它与文学对象的契合度，无法禁绝文学形式之间的"自由配对"。一方面文学需要通过配对增强体质，另一方面科技将影响配对的限制逐一取缔，内外环境的同时满足促进了文学形式的不断涌现。特别是在互联网的语境下，其提供的弱控制性和强交互性对诸多限制的消解，将文学涌现提升到新的高度：原本严谨规范的诗词韵律不仅"相互借鉴"，甚至尝试"自定义"；报刊中的内容可以图文兼备；网络文学中的逻辑关系可以非线性发展；讴歌长江的诗歌可以在电视中颂唱；"接龙"游戏中的文学创作实现创作者、修改者和阅读者三者合一；"拇指"文学打造新新语言；还有那些与各种欲望、情感相勾连的文学形式也得以解禁或新建，包括与情色相连的情色小说，与情感相连的言情小说，与青春相连的青春文学，与鬼幻相连的魔幻小说，与大众相连的草根文学等。类似文学组合不胜枚举，面对如此涌现，大众的意识形态只能左右"热度"，力求将其传播速度降低至线性范围，整体上阻止这种爆发趋势是不太可能的，毕竟尾随社会快速发展而来的是不断强化的外界压力，利用文化类型的相互匹配可以满足大众的不同欲望，有效地满足压力消解的要求。所以，只要社会压力不断增大同时科技又持续进步，当代审美文化的涌现仍将高速发展。

网络传播具有强交互性和弱可控性，正是它们导致了审美文化涌现。其一，强交互性提高了文化信息交流的频率和速度。强交互性避免口耳交流的缓慢和效率低下的同时，拒绝常规电子媒介的思维导引，为新思想的存在保留了空间。由于网络媒介中交互的深度化，司空见惯的事物或某个偶然事件都可能在没有明显事发征兆的前提下突现出来，引起一系列连锁反应，传播速度快而深远，世界的各个角落都可能在第一时间受到影响，进而在各个信息源之间进行结果与原始信息的二次交互，产生更多的变异结果。如此过程反复进行，信息交互震荡不止。比如，传统文学经网络打造后，衍生出博客等网络文学形式，博客一方面又回归影响传统文学，另一方面与其他元素组合新生出播客、WIKI、虚拟博物馆等新型文化形态。经过信息的多次交互，就文学这一分支而言，网络文学新衍生出诸如青春写作、美女写作、梨花体诗、身体写作、新生代写作以及故事接龙等多种文学形式。其二，弱可控性卸下了文化传播者的心理包袱，营造出一个文化诞生的虚拟"自由港"。它拥有和现实社会相类似的复杂系统，许多的社会现实、物质领域甚至是消费符号都可以在虚拟环境中找到相应的替代，同时还有许多的虚拟化内容被创建出来。这个空间中的"居民"具有极大的自由度，可以实现许多现实社会难以企及的梦想，那些原来只能隐藏于内心深处的非理性思想或灵光一闪的念头，可以轻易地通过网络传递。也许，这些思想原来的含义是质朴而简单的，但是经过互动参与者往复、多极的相互作用后，仍然可以涌现出大量新的审美文化形态。

涌现效应之所以能在当代审美文化中强劲爆发，是与其特定的结构特性密不可分的。从构成上看，当代审美文化是一个文化体系结构，包含有许多文化个体，它们的变异性和选择性等特质是审美文化涌现后规律性发展的关键。变异性主要表现在审美文化对于事物的接纳程度。相比其他文化形态，审美文化能够更为开明地接纳新鲜元素，甚至对已存在的传统元素也可以在稍加改造后纳入自己的文化体系中。一旦占有引导地位的文化元素发生变化,整个审美文化的组织结构和功能都可能会发生重构,进而造成发展方向产生变更。选择性是交互性得以保证后的结果。在众多的文化形态的背后,都离不开人们有选择的支持,不同的支持力度决定相应文化传播的范围、时效和深度。以往文化以高高在上的姿态俯瞰大众,被迫接受往往是唯一的选择,然而互联网的深度交互特性推翻了传统文化传播的单向性,随之而来的是海量资讯,这使如何选择资讯成为大众面对的一道新难题。由于大众的知识结构、专业背景、年龄层次甚至是性格与性别都可能造成文化选择上的差异,文化选择上的不同就显得极其平常。

由于审美文化比其他文化具有更深层次的变异性和选择性,它的涌现表现出很强的规律性特征,如整体大于部分之和,由简入繁,限定性趋势预测等。通过对它们的认识可以让我们更好地把握审美文化的规律,明确研究的方法、手段和切入点。

第一,整体大于部分之和。审美文化是大量文化个体利用各种规则相互耦合作用的结果,由于其中的信息量呈几何级数增长,涌现出许多新的文化特性,从而造成审美文化整体构成远大于这些文化个体的内容总和。需要明确的是,审美文化涌现是对复杂体系结构整体观察的结果,它所具有的特征、行为、功能以及属性可能在下一层结构或简单堆砌的系统中并不存在,只有通过文化个体的强耦合关联才能缔造出如此复杂的涌现结构。这些文化个体在一定的条件下会产生"聚集"效应,即彼此接受对方组成一个新的个体,一个更大、更高级的个体,而它们正是审美文化发生宏观形态变化的关键。当然,这些"聚集"不是随意进行的,而是具有一定的层次性和区域性,在既有结构的基础之上,可以生成更多具有组织层次的文化结构。有鉴于此,一种形式的审美涌现可以触发更高层次的审美涌现。

第二,由简入繁。当代审美文化作为大众文化主体具有比原来文化形态复杂得多的外在表现。文化形态中含有大量相互关联、相互影响的文化单元,它们共同缔造出一个复杂的网络结构，文化单元间并不都遵守线性关系。较低层次的文化积累，文化个体之间的关联，以及文化个体根据其他个体的行为采取相应的行动等，都可能影响文化形态的未来走向。这些关联和影响常常是隐性和非线性的，并带有各种类型的反馈连接，在一定的前提条件下，一个微小变化可能导致难以预见的巨大变化，如《一个人的战争》引起身体写作的狂潮，一个短小的踩猫视频掀起人肉搜索的高峰，一条简单的汶川帖子激起人们对终极关怀的重新认识。

由此，为了避免被审美文化的非线性发展轨迹造成的复杂外表所迷惑，我们应该更多从其基本构成展开分析，认识当代审美文化为何拥有其他对象缺乏的创新性、开放性和自主学习能力。其一，审美文化的核心任务就是知识创新。当前社会正处于转型阶段，审美文化中的文化构成、体系结构、运作机制以及宣传模式都在不断地发生变迁，不停顿地创新成为审美文化赖以生存基本要求。其二，审美文化与其他文化形态相比表现得更为开放，经常会有文化的"流入"和"流出"。当某种文化形态适合当前社会的发展需要，审美文化就有意将其纳入自己的发展快车，实现两个文化形态发展的双赢。这种开放性促使现代社会出现"当代审美泛化"的质变。同理，如果在审美文化中有某种文化形态对社会发展起阻碍作用，则审美文化会通过文化重组行为取消与其共同发展的关系。这种系统开放性保证了审美文化即使出现文化涌现，仍然能够保证先进性并继续沿着社会发展轨道前进。以恶搞为例，由于其具有突出的消解崇高能力，因而"流入"审美文化的体系架构中作为反抗精英文化的有力武器，但是随着恶搞的极端化，大众逐渐对其行使否决权，审美文化也随即边缘化恶搞行为并在相应条件下实施"流出"操作。其三，审美文化可以在没有外部"支援"的前提下实现内部重组、相互学习以及元素间磨合。这样审美文化一方面与其他文化不断进行交流和借鉴，另一方面在内部通过建立学习型组织不断与外部环境相适应，成为一个动态学习的自适应性主体（adaptive agent），从而具备感知能力，可以主动地向某个目的"努力"，并在与环境和其他主体进行交互的过程中，自动调整自身状态以适应环境，或与其他主体进行合作或竞争①，以应对文化快速发展的需要。

第三，审美文化的涌现在一定程度上进行限定性趋势预测。它具有重复性、动态性和规律性等特征。审美文化在涌现后会出现大量新的文化形态、构成以及作用规则，同时衍生出许多规则和相互作用关系。虽然，当参与模块的数量达到一定量后，非线性程度得到强化，同时也加大了认识审美文化的困难程度，不过，有许多基础模块仍根源于传统文化艺术，是审美文化的原始动力，由于它们的文化形态和发展规律为大众熟知，即使许多新潮的审美形式出现，我们仍然可以从中找到许多熟悉的影子，通过固化在大脑中的映像，对审美文化实现有限定的趋势预测。在这里，我们可以通过"流""标识"和"积木"等三个方面来认识那些新生成的文化模块。其一，审美文化中存在各种"流"的运动。文化个体与个体之间、个体与群体之间以及个体与环境之间存在着各种"流"，如信息流、知识流、数据流、规则流和关系流等等，这些流的运动在审美文化中同样存在。通过对流的内容、方向、流量、分支、回馈以及参与元素的仔细分析，包括对显性知识和隐性知识的理解，可以对审美文化的发展态势有理性的认识。其二，审美文化中的文化个体有自己的标识。文化个体与其他个体、环境的相互作用是通过其标识来相互识别和交互的，一方面便于它们实现上面所说的"流"的传递，包括知识交流和资源共享；另一方面标识出的模块可以加强信息搜索、融合和聚集的能力。通过这些标识，大众可以看清审美文化中参与个体的种类、特性以及可能的发展动向等，同时也有利于审美文化提高自组织、自学习和自适应行为时的效率。其三，审美文化的主体架构是通过搭积木方式构建的。虽然审美文化中的许多个体可以通过现代科技的强大功效实现非线性变迁，产生出许多原本

---

① 许国志：《系统科学》，上海科技教育出版社，2000，第252页。

不存在或"不完全存在"的文化个体，但是其主体构成仍然是各个文化个体以搭积木的形式建构而成。从外表看，审美文化由于其复杂性而难以观测，但是如果仔细观察其中的文化个体，仍然可以较为明确地找到它们之间的边界，通过它们就能够清晰地圈出文化积木的形状，为整体认识审美文化提供帮助。

我们需要辩证对待审美文化涌现现象，虽然其涌现的外部表现多种多样，但有序化是它们发展的必然目标。我们可以预言，审美文化涌现并没有如不可知论所言趋向于"混沌"，由小变化跳成大变化，且不能为外界认识和掌握，即常说的"蝴蝶效应"。这是因为，从效果上看，审美文化涌现的确具备这种以小博大的能力，但是其参与个体仍然是具备自主性的审美大众，随着对涌现运作机理的认识加深，他们的选择能力及其对文化发展的反作用力也随之提升，促使涌现后的审美文化由混沌边缘走向有序。

贵州大学人文学院中文系
中国语言文学论丛第二辑

语 言 学

《论衡》假设复句的假设关系

黎 平

假设复句前后分句之间抽象的语义关系,一般称为"假设关系"。①具体分析"假设关系"时,人们常常认为它和因果复句中的"因果关系"在本质上是一样的。只是在语用上,假设复句是前后两句皆"虚","理论的、一般的,泛论因果",而因果复句是前后两句皆"实","实际的、个案的,说明因果"。②近年来有人针对现代汉语的复句提出:"每种直言复句,从大类上说都有相应的假设复句。'如果……,……'格式并不只限于条件关系。"③我们对《论衡》④假设复句的假设关系进行归纳分析后,也发现其关系类型并不只限于因果(或条件)类。为给假设复句这方面的研究提供一些历时专书方面的材料,下面就向大家报告我们初步分析的结果。

---

① 董为光:《句势在复句分类中的地位》,《语言研究》1999年第1期。
② 吕叔湘:《中国文法要略》,商务印书馆,1956,第433页。
③ 条件关系在本质上也是因果关系。参见郭志良《现代汉语转折词语研究·前言》,北京语言文化大学出版社,1999。
④ 程湘清等:《论衡索引》,中华书局,1994;刘盼遂:《论衡集解》,中华书局,1957;黄晖:《论衡校释》,中华书局,1990。

为了避免假设复句界定问题的困扰，本文只讨论有形式标志的假设复句。这种形式标志，我们称之为"关联标志"。假设复句的关联标志包括两个部分：一是假设连词或对假设句义有一定显示作用的其他类的词语；二是承接连词或与其作用大致相当的其他类的词语。前者本文称作"假设义类词"①，简称"假设词"；后者称作"承接义类词"，简称"承接词"。《论衡》假设复句的关联格式，可归纳成三大类。

第一类：假设词……，□□□②……

例：如未成就，自谓已足，不能自知，知不明耳，非行恶也。（《论衡·问孔》）

第二类：假设词……，承接词……

例：如用击折者为怒，不击折者为喜，则夫隆隆之声，不宜同音。（《论衡·雷虚》）

第三类：□□□……，承接词……

例：娃徒用口调谐娃族，则《礼》买妾何故卜之？（《论衡·诘术》）

以上三类之外的无任何形式显现的假设复句，我们暂不考虑。

（一）《论衡》假设复句的假设关系可以分为几种基本类型，这几种类型是：因果类、隐含类、同理类、视角类、按断类、让步类。我们先来看"因果类"。

1.《现代汉语词典》（1996年版）对"原因"的解释是"造成某种结果或引起另一件事情发生的条件"，我们所说的"因果关系"（或"因果联系""条件关系"）就是这种"条件"和"后果"间的关系。下面一组假设复句的"假设关系"在本质上就是这种"因果关系"。例如：

（1）如不干暴，闸喋之虫，生如云烟。（《论衡·商虫》）

---

① 王克仲：《意合法对假设义类词形成的作用》，《中国语文》1990年第2期。
② 这里我们用"□"代表零形式。

（2）如不知见，则遭狂夫之刃，犯猛虎之牙矣。（《论衡·知实》）

（3）不能尽得其精，则后稷不能成人。（《论衡·奇怪》）

这类假设复句一般是前句假设一种情况，后句推测该情况出现后的结局。假设的情况与推测的结局在事理上有一定的因果联系。这一类假设复句的语义关系，我们称为"因果类"。人们就是根据这种类型，将"假设关系"归结为"因果关系"的。但实际上，《论衡》中有很多假设复句并不能划到"因果类"中。例如：

（4）如谓圣臣乎？当与圣同时。（《论衡·刺孟》）

（5）如命有短长，则亦有善恶矣。（《论衡·问孔》）

（6）如以云雨论之，雨谷之变，不足怪也。（《论衡·感虚》）

（7）如千世之后，读经书不见汉美，后世怪之。（《论衡·须颂》）

（8）此非实事也。假使真然，不能至天。（《论衡·变虚》）

这些复句，我们认为其"假设关系"与我们上面所说的"因果关系"并不一致。例（4）中，"[是]圣臣"①并不是"与圣同时"的条件，而"与圣同时"也不是"[是]圣臣"的结果。其后四例也是如此。这些复句，其"假设关系"既不是"因果类"，那又是什么呢？我们认为：它们分别是隐含类、同理类、视角类、按断类、让步类。下文将分别讨论。

2. 例（4）是隐含类。这类复句，前句假设一种情况，后句并不是推测该情况出现后的结局，而是揭示这一假设中所隐含的另一种情况。我们知道，自然语言在传递信息时，其言语除了传递未知信息②外，还隐含了一些其他的信息。③例（4）中，只有

---

① 自然语句常常依托上下文，有所省略（或隐含）。为使文意显豁，我们用方括号做适当补充。
② 即想让听话人了解的信息。
③ 即字面上没有显现，对方也能从中揣测到的信息。

"与圣同时"才有可能"［是］圣臣",所以"［是］圣臣"这一表述,显然就隐含着"与圣同时"这一信息。后者所表述的情况就隐含在前一假设之中,只是后者把这一信息从字面上显现出来。当然,对于这种"隐含"与"被隐含"关系的理解,是建立在某种常识之上的。例如:

(9) 审骑龙而升天,衣不离形。(《论衡·道虚》)

(10) 如审可推引,则是物也。(《论衡·雷虚》)

这两例也是隐含类。例(9)中,"衣不离形"隐含在"骑龙而升天"这一假设中,就是以这样的常识为基础的,即一般情况下,人们总不会光着身子出门。例(10)也是这样。不依据一定的常识就无所谓"隐含"与"被隐含"的关系。基于以上所说特点,这一类假设复句的假设关系,我们也就称为"隐含类"。

3. 例(5)是同理类。这类复句的特点在于:前句以虚拟的语气提出一个论断,后句据此类推出另一论断。例(5)中,这种类推性,可以通过一个表类同的副词"亦"①体现出来;有的虽然没用"亦",我们也能依据上下文体味出来。例如:

(11) 如师延能鼓琴,则屈原能复书矣。(《论衡·纪妖》)

(12) 如岁月终竟者宜有神,则四时有神,统元有神。(《论衡·谰时》)

另外,前后两个论断之所以能够类推,是因为说话人认为这两个论断有着某种相似的"理据",基于这种"理据"而要么同"真"要么同"假"。因此,这一类假设复句的假设关系,我们称为"同理类"。也正由于这种"同理"性,前句与后句在逻辑上是可以互推的,如果不考虑表达上的需要,可以互换。如例(11),完全可以说成"如屈原能复书,则师延能鼓琴矣"。

4. 例(6)是视角类。这类复句的特点是:前句以虚拟语气提出一个视角(或一种方式),后句从这个视角(或以这种方式)做出某种结论。它的表达重心在后句上,去掉前句,整个句义不

---

① 王海棻:《古汉语虚词词典》,北京大学出版社,1996,第420页。

受影响。如例（6），就可直接说成"雨谷之变，不足怪也"。因此，这一类假设复句的假设关系，我们称为"视角类"。我们这里所说的"视角"包括看问题的角度和方法。例（6）的"如以云雨论之"就是交代看问题的角度。例如：

（13）如从儒堂订之，则儒生在上，文吏在下矣。（《论衡·程材》）

（14）以子弟论之，则文吏晓于儒生，儒生暗于文吏。（《论衡·程材》）

这两例，后句所做的结论恰好相反，就是因为前句所交代的角度不一样，前者"从儒堂"，后者"以子弟"。下面几例，前句是交代看问题的方法。

（15）如原省之，殆虚言也。（《论衡·书虚》）

（16）如验之葬历，则天子、诸侯葬日常奇常耦也。（《论衡·讥日》）

（17）如考实之，虚妄迷也。（《论衡·谰时》）

（18）如考实之，虚妄言也。（《论衡·龙虚》）

5. 例（7）是按断类。这类复句，前句假设一种情况，后句针对假设的情况发表看法。这和按断复句前后句间的语义关系相当，只不过按断复句的前句是叙述而不是虚拟。①因此，这一类假设复句的假设关系，我们称为"按断类"。其后句往往用"也"表达论断语气。例如：

（19）如自知未足，倦极昼寝，是精神索也。（《论衡·问孔》）

（20）如问安吉之利，而孟子答以货财之利，失对上之指，违道理之实也。（《论衡·刺孟》）

（21）使汉有弘文之人经传汉事，则《尚书》、《春秋》也。（《论衡·宣汉》）

6. 例（8）是让步类。为何叫"让步类"？因为这类复句的

---

① 杨伯峻：《古今汉语词类通解》，北京出版社，1998，第593页。

语义关系和现代汉语中的让步复句相当。它也是,前句假设一种情况,后句指出一种不受所设情况影响的结局。通常,所设情况对结局存在着负面影响,而这时却又不影响结局的成立。这样就反衬出该结局具有某种必然性。所不同的是,《论衡》中"让步类"与其他类的假设复句在关联词语上没有区别,而现代汉语中的让步复句与假设复句则是有区别的,不能混用。正因如此,我们必须依据一定的上下文反复体味,才能将"让步类"辨别出来。如例(8),看其上文,王充先是引出"说灾变之家"所说的话(即"人在天地之间,犹鱼在水中矣。其能以行动天地,犹鱼鼓而振水也,鱼动而水荡气变"),然后否定这一说法(即"此非实事也"),接着就是例(8)这句了。"说灾变之家"所说的话是有利于"(人言)能至天",因此王充这句的意思是:即使那种说法对,也不能证明"(人言)能至天"。下文接着对此做出进一步的解释。经过这样一番审视,我们才体味出,例(8)的前句是一个"让步"假设。

下面几例也是如此,如果不仔细审视,很容易与"因果类"混同起来:

(22)使尧、舜更生,恐无圣名。(《论衡·宣汉》)

(23)使昭公闻师己之言,修行改政为善,居高宗之操,终不能消。(《论衡·异虚》)

(24)假令审然,而不得也。(《论衡·明雩》)

(25)使汤武在唐虞,亦禅而不伐;尧舜在殷周,亦诛而不让。(《论衡·齐世》)

(二)朱德熙先生曾说:"事实上,凡是得不到形式上验证的语义分析对语法研究来说都是没有价值的。"[①]而我们把假设关系分为六类,都是根据上下文意一个一个离析出来的,并没有形式上的依据。实际上,语法形式和语法意义之间并不是一一对应的关系。如果一定要在具有同一语法形式的各种语法意义间找出形

[①] 朱德熙:《语法答问》,商务印书馆,1985,第81页。

式上的差异恐怕有些勉强。明知找不到形式上的验证，我们为什么还要做这样的分析呢？理由如下。

汉语假设复句语法形式和语法意义之间的对应关系并不是自古不变的，仅拿《论衡》和现代汉语相比，我们就会发现有很大的变化。例如，我们前面提到，《论衡》中让步类的假设关系没有形式上的体现，而在现代汉语中，这种假设关系是用一套独立的假设词语来体现的。① 又如，现代汉语中有在假设词后加"说"字的情况，《论衡》中也有相应的形式。前者见例（26）至例（28）；后者见例（29）至例（34）。

（26）倘若说，作品愈高，知音愈少，那么推论起来，谁也不懂的东西，就是世界上的绝作了。

（27）如果说，历史博物馆里珍藏的青铜器体现了我国古代的文化，但我们今天并不提倡使用那样笨重的器皿；那么，我们研究汉字中的繁体和古体，并不是反对文字的简化。

（28）如果说，南郭先生的装腔作势，只是骗了一个齐宣王的话，那么，在革命队伍里装腔作势，那就是骗取党、骗群众。（以上各例取自各种现代汉语教材）

（29）如谓七年乃自责，忧念百姓，何其迟也。（《论衡·感类》）

（30）如谓无罪人冤之，被冤者亦非一。（《论衡·死伪》）

（31）如谓冲抵为破，冲抵安能相破？（《论衡·难岁》）

（32）长卿之赋，如言仙无实效，子云之颂，言奢有害，孝武岂有仙仙之气者，孝成岂有不觉之惑哉？（《论衡·遣告》）

（33）如言高宗之徒，形体变易，其年亦增，乃可信也。（《论衡·无形》）

（34）如曰："雷击杀我，水火烧溺我，墙屋压填我。"子路颇信之。（《论衡·问孔》）

在现代汉语中，这种形式，其假设关系一般为同理类，而在

---

① 黄伯荣、廖序东：《现代汉语》，高等教育出版社，1991，第458页。

《论衡》中并不局限于同理类。这其中的变化过程就很值得我们注意。我们要研究这种对应关系的历时变化，就必须有共时平面上的语义分析，即使找不到形式上的验证也要这样做。只要语义上真有差异，即使在共时平面找不到形式上的验证，也很有可能从历时的角度得到验证。另外，我们在研究过程中，发现假设复句的语用功能丰富多彩（这方面的情况很复杂，此处不再详叙），而这或多或少与其假设关系的类型有某种对应关系。我们只看形式，就不能更好地揭示和解释这些表达功能。总之，我们的语义分析既是语法上形义对应关系历时研究的基础，也是语用研究的基础。否则，如果只从形式上研究，我们所看到的不过是关联形式上的词汇兴替而已，我们的研究就会停留于表面现象而无法深入下去。

（三）限于篇幅，本文仅对《论衡》假设复句的假设关系进行定性的归纳。下一步，我们将对之做穷尽性的定量分析，为进一步的研究奠定基础。另外，我们这种研究尚在摸索阶段，本文就是在白兆麟先生[①]尝试之后的又一次探索。起步若有一点差错，后面的研究将会"谬以千里"。因此，笔者将初步的结果先拿出来，在此祈请方家不吝赐教。

[①] 白兆麟：《左传假设复句研究》，郭锡良编《古汉语语法论集》，语文出版社，1998。

《脉望馆钞校本古今杂剧》中元杂剧用韵研究*

李 蕊

　　《脉望馆钞校本古今杂剧》（以下简称脉本），又称《也是园旧藏古今杂剧》，明赵琦美钞校，收录元明杂剧约 340 种（现存 242 种），是流传至今收录杂剧最多的元曲选本，且其中颇多孤本，是研究元曲的重要文献资料。1958 年，郑振铎先生将其收入《古本戏曲丛刊》第四集中。学术界至今尚无人对脉本杂剧的用韵做过深入系统的研究，本文就此试作分析。为谨慎起见，我们仅把作者明确标为元代作品的杂剧作为我们的研究材料，共计 92 种。

　　脉本 92 种元杂剧共有 367 折、54 个楔子，计 3796 支曲子，用了 10 个宫调、249 个曲牌、466 个韵段。经系联得 17 部：东钟、江阳、支思、齐微、鱼模、皆来、真文、寒山、先天、萧豪、歌戈、家麻、车遮、庚青、尤侯、监咸、廉纤，少《中原音

---

* 本文为贵州大学引进人才科研项目"全元曲用韵研究"、贵州省社会科学规划 2010 年青年项目"全元曲用韵与《中原音韵》比较研究"（10GHQN028）成果。

韵》的桓欢、侵寻二部。限于篇幅，略去韵谱，下面分部讨论。

1. 东钟

韵字来自中古的东冬锺庚耕清登（以平赅上去，下同）韵。共有16个韵段、107支曲子，其中庚青押入本部10个韵段共28支曲子，如王晔《桃花女》四（注：四，指第四折，下同）【梅花酒】逢同童空胧通星容。元曲中东钟、庚青通押的频率较高，此外，这一时期的部分庚青字正向东钟转变，但还不够稳定[①]，故元曲中两部兼押。另外，真文押入本部2例，如史九敬先《蝴蝶梦》一【油葫芦】京永锺动梦臣冢中；江阳押入本部2例，如无名氏《博望烧屯》四【醉春风】熊龙冈冗性；寒山押入本部1例，关汉卿《单鞭夺槊》三【斗鹌鹑】龙赶风宁勇。

2. 江阳

韵字来自中古的江阳唐三韵及"胖"字。共有42个韵段、362支曲子，其中东钟押入3例，入韵字均为"凤"，如郑光祖《翰林风月》三【收尾】凤相上郎党。笔者按："凤"，全元曲中共入韵56次，其中押入东钟52次，押入江阳3次，押入庚青1次，《中原音韵》收在东钟，与元曲用韵的实际情况相符，这里当为偶合。庚青押入3例，如关汉卿《玉镜台》一【混江龙】望傍墙章成像王；（桓欢）押入1例，王实甫《丽春堂》四【金字经】长肠光肠上端；尤侯押入1例，马致远《陈抟高卧》四【川拨棹】唐娘游扬上旁，据曲谱"游"当入韵，查《元刊杂剧三十种》（以下简称元刊本）亦作"游"，这里当为作者失韵。

3. 支思

韵字来自中古的之支脂栉缉韵。共有17个韵段、126支曲子，其中齐微押入8个韵段共16支曲子，如关汉卿《谢天香》一【醉中天】士而你视儿次之；鱼模押入2例，萧德祥《杀狗劝夫》四【石榴花】师时食私厮儿至之事虚。

---

① 王力：《汉语史稿》，中华书局，2004，第224~226页。

4. 齐微

韵字来自中古的支之脂齐微灰缉质祭职昔锡德迄废泰陌韵。共有 98 个韵段、715 支曲子，其中 38 支曲子有支思押入，如马致远《青衫泪》三【小将军】日说鬼事得底。11 支曲子有车遮押入，如郑光祖《三战吕布》三【红绣鞋】器蜺旗勒披者。9 支曲子有鱼模押入，如关汉卿《救风尘》一【鹊踏枝】脾为愚皮迷。与支思、齐微相押的鱼模字多为中古的鱼、虞韵字，兰茂《韵略易通》把鱼模分为呼模和居鱼，这些用例反映了这一趋势。4 支曲子有皆来押入，如白朴《墙头马上》一【那咤令】薹底里鞋佩西；寒山押入 2 例，郑廷玉《后庭花》四【粉蝶儿】浈寐题吏提计；（侵寻）押入 1 例，郑廷玉《疏者下船》四【折桂令】息皮日齐德随离回心宜。

5. 鱼模

韵字来自中古的鱼模虞烛屋尤物没术侯沃缉韵。共有 43 个韵段、312 支曲子，其中齐微押入 3 例，王实甫《破窑记》三【普天乐】觑夫肚聚的湖；皆来押入 2 例，关汉卿《鲁斋郎》三【红绣鞋】去蹰猜吾□；真文押入 1 例，郑廷玉《后庭花》二【哭皇天】妇女簇伏住人福。

6. 皆来

韵字来自中古的皆咍佳泰麦夬陌黠灰职脂术韵。共有 32 个韵段、259 支曲子，只有齐微押入 3 例，如马致远《黄粱梦》二【醋葫芦】赖来扢贼抬。

7. 真文

韵字来自中古的真文魂痕谆欣臻清侵登蒸韵。共有 40 韵段、296 支曲子，其中庚青押入 9 例，杨梓《不伏老》一【鹊踏枝】军生人滚喷；（侵寻）押入 5 例，费唐臣《贬黄州》四【折桂令】春君坤凛彬臣人。另，东钟押入 1 例，萧德祥《杀狗劝夫》一【寄生草】容趁您闷问；鱼模押入 1 例，秦简夫《东堂老》四【沉醉东风】身珠心恨奔哏本。

8. 寒山

韵字来自中古的□山韵及凡仙韵的个别字。共有 13 个韵段、110 支曲子，其中先天押入 15 例，如马致远《三醉岳阳楼》二【哭皇天】案竿攀挽边竿诞懒；监咸押入 5 例，白朴《梧桐雨》二【红绣鞋】看看寒南罕；（桓欢）押入 2 例，戴善夫《风光好》一【混江龙】年番关山盘惮残；真文押入 1 例，关汉卿《中秋切鲙》一【后庭花】间闲安看赞闲犇安兰。另外，"犇"在脉本中入韵 2 次，全部押入寒山，如关汉卿《绯衣梦》一【油葫芦】番拣弯按扮烦犇环。《篇韵》音"妥"，"广厚也，垂下也。"《正字通》："犇"字之讹。根据音理，当归入歌戈，《中原音韵》收入歌戈，该字在元代是否有寒山一读，有待进一步考证。

9. 先天

韵字来自中古的先仙元删桓盐韵。共有 27 个韵段、220 支曲子，其中寒山押入先天 19 例，杨梓《不伏老》四【甜水令】健边战鞍；（桓欢）押入 6 例，关汉卿《中秋切鲙》四【得胜令】面言言船缠年团；廉纤押入 4 例，白朴《东墙记》五【驻马听】坚仙贱檐源眷选践；监咸押入 3 例，费唐臣《贬黄州》二【四煞】鉴悬千天；庚青押入 1 例，无名氏《龙济山野猿听经》四【沉醉东风】显清现渊言典；真文押入 1 例，无名氏《龙济山野猿听经》四【沽美酒】鳞见前莲见。

10. 萧豪

韵字来自中古的萧宵肴豪药觉铎尤末韵。共有 49 个韵段、408 支曲子，只有尤侯押入 1 例，高文秀《襄阳会》二【圣药王】祷袍兜挑梢蛟。另外，"揉"，《中原音韵》收入尤侯，笔者认为应兼收入萧豪。①

11. 歌戈

韵字来自中古的歌戈合曷药铎没末觉谆物韵。共有 8 个韵段、62 支曲子，只有齐微押入本部 1 例，无名氏《货郎旦》一

---

① 李蕊:《元曲里几个单字的读音》，《南阳师范学院学报》2009 年第 4 期。

【金盏儿】唆被火罗呵婆。

12. 家麻

韵字来自中古的麻佳歌盍月黠合乏洽狎曷青鎋模戈末韵。共有 22 个韵段、209 支曲子，其中歌戈押入 2 例，如白朴《梧桐雨》三【川拨棹】匣娥麻茶下打；皆来押入 2 例，如曾瑞《留鞋记》三【十二月】帕鞋枷巴家；萧豪押入 1 例，如白朴《梧桐雨》三【太平令】骂爪押謔呀他咱下；齐微押入 1 例，如罗本《风云会》一【混江龙】霸沙伐华牙麻废加乏化涯。"洒煞"，《中原音韵》收入皆来，笔者认为应兼收入家麻。①

13. 车遮

韵字来自中古的薛屑月麻叶业怗缉曷戈鱼韵。共有 12 个韵段、103 支曲子。真文押入 2 例，如无名氏《马陵道》四【上小楼】昏斜贴热夜；皆来押入 1 例，如无名氏《百花亭》一【醉扶归】舍杰倸谢怪谒；家麻押入 1 例，如白朴《墙头马上》三【太平令】烈枷榭舍妾截月。"咽"，《中原音韵》收入先天，笔者认为应兼收入车遮。②

14. 庚青

韵字来自中古的庚耕清青蒸登冬韵。共有 24 个韵段、204 支曲子，其中东钟押入 12 例，如关汉卿《绯衣梦》三【调笑令】声情青楞承中灵；真文押入 8 例，如李文蔚《燕青博鱼》三【叫声】情精民逞行；（侵寻）押入 2 例，如萧德祥《杀狗劝夫》三【感皇恩】声成疔虫襟城成。

另外，无名氏《锁魔镜》第二折：【一枝花】令庭停郡紧巡根【梁州】君尽伦星睛生精兵赢行命辰名情【隔尾】令听镜名轻整【牧羊关】嗔尽身精名【骂玉郎】徇停阵病【感皇恩】生勋神君兵【采茶歌】神灵惊宁【尾声】阵行功争尽门身本。真文与庚青完全混在一起，疑作者用韵受了方音的影响。

---

① 李蕊：《元曲里几个单字的读音》。
② 李蕊：《元曲里几个单字的读音》。

15. 尤侯

韵字来自中古的尤侯幽屋烛韵。共有 39 个韵段、283 支曲子，其中萧豪押入 1 例，如杨梓《不伏老》二【满庭芳】首逃就熟手头斗忧；先天押入 1 例，如无名氏《货郎旦》二【殿前欢】流舟就沤头流袖浅。"浅"，曲尾字，当入韵。笔者按：《元曲选》此处作"流"，合韵。庚青押入 1 例，如郑廷玉《疏者下船》二【尾声】救留等。"等"，曲尾字，当入韵。笔者按：元刊本此处作"走"，合韵。

16. 监咸

韵字来自中古的覃谈咸衔凡韵，只有 2 个韵段、10 支曲子。廉纤押入 1 例，如高文秀《遇上皇》四【乔牌儿】三探陷淹。

另外，"参"，《中原音韵》收入侵寻，按"参"在《广韵》有 5 个读音：侵韵所今切、侵韵楚簪切、覃韵仓含切、谈韵苏甘切、勘韵七绀切。脉本中入韵 2 次，全部押入监咸，全元曲中共入韵 24 次，21 次押入监咸，2 次押入侵寻，1 次押入寒山。根据切语并元曲的实际用韵情况，当侵寻、监咸两部兼收，《中原音韵》监咸部漏收。

17. 廉纤

韵字来自中古的盐添凡韵，只有 1 个韵段、9 支曲子，其中 4 支与先天混押，如无名氏《独角牛》三【滚绣球】口闪传专言健前口廉；1 支先天、监咸混押，如【伴读书】羡掩鉴善喘甜。因剩下 4 支曲子独用廉纤，我们还是将廉纤独立为一部。

纵观脉本中元杂剧的用韵，除个别出韵现象及少数韵字的归属，基本与《中原音韵》相符，至于桓欢、侵寻二部，因它们为险韵，曲家鲜有使用。因此，可以说，脉本中元杂剧的用韵反映了元代语音的实际情况。

除脉本外，流传至今的比较重要的元曲选本还有元刊本和《元曲选》等，我们将三者的用韵进行了比较，发现《元曲选》的用韵最接近《中原音韵》，通押和出韵的比例也是最小的。臧懋循曾对元曲做了一番"删抹繁芜"的工作，对"不合作者"，

"以己意改之"①，故《元曲选》看似用韵严整，其实无形中可能抹杀了许多重要的语言现象，学术界对此也是多有诟病。②而元刊本虽为现存唯一元代选本，但其中错讹极多，同样也不利于学者们用于语音史研究，三者之中，它的用韵也是与《中原音韵》差距最大的。因此从这个意义看，对于汉语语音史的研究，脉本元杂剧比元刊本及《元曲选》更具语料使用价值，值得我们重视。

---

① 见《负苞堂文选》卷之四，转引自邓绍基《臧懋循"笔削"元剧小议》，《阴山学刊》（社会科学版）1998年第3期。
② 邓绍基：《臧懋循"笔削"元剧小议》。

"酸汤话"研究述略*

李 蕊

一 引 言

"酸汤话"是指生活在贵州省黔东南州天柱县境内清水江沿岸各乡镇及湖南省会同县的蒲稳、炮团等地的苗族所说的话。据当地人解释,因这一带的苗族人喜欢吃酸,故称他们为"酸汤苗",他们讲的话与当地汉族人讲的方言不同,当地汉族人觉得他们讲的话不顺耳、很酸,故称他们讲的话为"酸汤话"。尽管当地人认为它是一种少数民族语言,但从语音特征上看,它实际上是一种汉语方言。①"酸汤话"处在西南官话和湘语包围之中,但又不同于西南官话和湘语,具有自己独特的语音特点,是一种带有方言岛性质的特色方言。对它进行研究,无论是对湘语及西南官话这两大方言还是对汉语史的研究都有重要意义。自20世纪八九十年代以来,间有学者对它进行调查研究,并有相关成果问世,我们现将前人的研究成果综述如下,并就"酸汤话"的研

---

* 本文为贵州大学人文学院2010年院级课题"黔东南酸汤话研究"项目成果。
① 李蓝:《六十年来西南官话的调查与研究》,《方言》1997年第4期;马学良:《汉藏语概论》,民族出版社,2003,第510页。

究提出自己的思考，以期引起更多学者的关注。

二 "酸汤话"的研究情况

20世纪90年代，杨学军先生发表了《黔湘边界"酸汤话"音系记略》，是迄今我们看到的研究"酸汤话"的最早论文（据李蓝先生《六十年来西南官话的调查与研究》介绍，原贵州大学硕士研究生张力甫于1987年调查过"酸汤话"，但笔者未见相关成果发表，因此不做评述），该文主要对"酸汤话"进行了静态描写，列出了"酸汤话"的声母、韵母、声调系统，最后附同音字汇。他认为"酸汤话"的声母共有22个，与普通话相比，没有舌尖后音，而多出舌面中清塞音、舌面中浊鼻音、舌根浊鼻音和唇齿浊擦音，韵母系统也有"四呼"，共34个韵母，声调有5个，分别为阴平、阳平、上声、阴去、阳去。文章没有进行历时层面的探讨，但它首次为我们展示了"酸汤话"的语音系统。其后，涂光禄先生在《贵州省志·汉语方言志》中，对"酸汤话"的音系也做了大致的描述与研究。

进入21世纪，杨学军先生又发表了《"酸汤话"音系记略（续）》一文，以白市、蒲稳的发音为主要依据对"酸汤话"的音韵特征进行了简要描述，认为"酸汤话"的古入声字主要归入上声和阴去，接着列举了"酸汤话"中的变调情况、声韵调的配合关系表及"酸汤话"中的常见词汇，实际上该文的讨论还停留在静态描写的范畴，没有真正涉及音韵特点及历时层面的描写。

现有的成果中，对"酸汤话"调查研究最为深入的当属贵州大学2007届研究生张雄，其硕士论文《酸汤话内部差异研究》，主要描写和分析了"酸汤话"的内部语音差异。他首先对黔东南州天柱县远口镇"酸汤话"进行了全面描写，认为"酸汤话"共有20个声母，比杨文少舌面中浊鼻音和唇齿浊擦音，韵母41个，调类5个，调值与杨文稍有不同。然后，文章重点讨论了天柱县境内"酸汤话"的地理差异和新老差异，通过比较认为"酸汤话"内部地理差异的成因与早期移民迁徙时间、路线的不同以及"酸汤苗"地区封闭的环境相关,新老差异明显。相比于前人的静态描写,张文在大量田野调查的基础上对"酸汤话"的语音系统、音韵特点进行了较为深入的分析探讨,比如"酸汤话"中知庄章组声母的演变以及讨论了"酸汤话"今音中的古音遗迹等,此外,张文还另辟章节专门探讨"酸汤话"的系属问题,认为"酸汤话"当属湘语长益片的一个特殊土语。系属问题是方言研究中一个重要的也是不可回避的问题,"酸汤话"的语言成分复杂,对于它的系属难于断定,故虽然张文对于"酸汤话"系属问题的论述还不够成熟,但它在这方面首先做了有益的尝试,也为后人的研究提供了很好的基础。另外,张文的静态描写也更为全面、细致,是一篇不错的硕士论文。但我们认为,张文对"酸汤话"音韵特点的探讨尚嫌单薄,对"酸汤话"的历史源流及历时语言层次的比较几乎未有涉及。张雄还发表有《湘黔边界酸汤话今读中的古音遗迹》,实为其硕士论文中的一部分,不再赘述。

"酸汤话"的最新研究成果有谢玲的《靖州大堡子乡酸汤话韵母的今读情况》,该文对湖南省境内靖州自治县大堡子乡"酸汤话"的韵母系统进行了描写,认为大堡子乡"酸汤话"共有34个韵母,主要特点有入声字的塞韵尾消失,阳声韵尾中的前鼻音尾和后鼻音尾较为完整地保留下来,韵母无鼻化现象。

就笔者所见,就"酸汤话"专门讨论的论文仅限于上述几种。

三 关于"酸汤话"研究的一些思考

近年来,汉语方言岛的研究越来越受到学界的重视,相关成果也是层出不穷,这无论是对汉语史的研究还是对中国移民史等历史学问题的研究都具有重要意义。

在"酸汤话"所在的黔湘交界处,汉、苗、侗等多民族聚居,再加上历史上的多次移民,这里的语言和方言情况复杂多样，这些民族在长期的接触和交往过程中，各自所操的语言也相互影响，因此"酸汤话"在形成过程中势必会受到苗、侗、西南官话、湘语等语言或方言的多重影响。另外，"酸汤苗"的形成缘起江西人大量迁入湖广地区，因此从历史源流上看，"酸汤话"还与赣语关系密切。一般来说，方言岛中的方言比常规方言更具特殊性和复杂性，因此方言岛的研究可以为历史语言学、描写语言学、社会语言学、文化语言学等学科的结合和沟通提供典型模型。①而"酸汤话"无疑是方言岛中尤为特殊和复杂的一种方言，因此，对它进行研究，可以为这种结合和沟通提供更为典型的标本。此外，"酸汤话"的研究还可丰富和补充贵州省的方言调查成果，对"酸汤苗"这一族群的研究也可从语言学方面提供一些材料和证据。

纵观上述研究情况，"酸汤话"的研究还未引起学界的足够重视，还有许多问题值得我们继续研究。结合前人的研究成果，笔者就"酸汤话"的研究有以下思索。

（1）"酸汤话"的声、韵、调系统的调查。前人在从事方言调查时，多是凭借个人的经验和听力来记音，因此不同的学者对同一种方言的记音往往不能完全相合。从上面的综述中我们不难看出，目前几家对"酸汤话"语音系统的描写各不相同，且彼此差异很大，这或许与各家选取的方言调查点的不同有一定的关系，但应不是主要原因。随着计算机技术的发展，一批专业的语音录制、分析软件问世，如 praat，cool edit 等，在进行方言调查时，我们应将自己的记音与软件分析结果相互印证，力求语音描写的客观、真实。

（2）"酸汤话"的语言层次研究。上文中我们提到，"酸汤话"在形成过程中，受到多种语言和方言的影响，那么"酸汤话"的语言叠置层次是怎样的呢？其方言底层成分又是怎样的？

---

① 吴伟军：《汉语方言岛研究综述——兼及贵州汉语方言岛研究的思考》，《贵州大学学报》（社会科学版）2010年第1期。

这些问题都值得我们去思考、研究。何大安先生在《方言接触与语言层次——以达县长沙话三类去声为例》一文中所使用的研究方法可为我们提供很好的借鉴。

（3）"酸汤话"的系属问题。方言的系属是方言学研究中的重要问题，也是必定讨论的问题。游汝杰先生指出，"介于两种或两种以上方言之间的方言不算方言岛"，"酸汤话"应该系属于哪种方言？这个问题还有待于学者们进一步的研究探讨。

"喇叭人"述略

范朝康

在贵州省黔西南布依族苗族自治州的西北面，北盘江上游两岸，有一地处两县（晴隆县、普安县）三特区（六盘水市的六枝特区、水城特区、盘县特区）交界的山区，那里聚居的人群有着他们自己的语言，他们的服饰独具一格，他们的风情习俗既不同于周边的其他少数民族，也有别于当地的汉族。在当地，他们被称为"喇叭人"。史料记载和传说表明，这一群体的先祖还不全是贵州的土著，而且，他们还有着一个独特的族称——"喇叭苗"。

由于"喇叭人"居住的地区多是深山峡谷，山岭崎岖，重峦叠嶂，交通十分不便。数百年来，这里形成了一个相对独立的社会群体，至今仍然基本保持了他们自己独特的社会历史、语言和文化。对"喇叭人"的社会历史、语言和文化进行深入细致的调查和研究，不但可以进一步弄清他们的历史渊源及其在贵州的发展情况，而且还可以为贵州的史学、民族学、语言学、民俗学等学科的研究提供颇有价值的资料。

一　"喇叭人"的形成

　　根据史料记载和民间传说，"喇叭人"的形成可追溯到六百多年前，明太祖朱元璋创建的明朝政权还没有统一中国时。洪武十四年（1381年），朱元璋在其统治区域内实行三丁抽一、五丁抽二的兵役法，征募北上进取中原、南下平服诸蛮的兵力。在南京、江西、湖广等地募集的兵丁中分拨三十万，派遣颍川侯傅友德为征南将军、永昌侯蓝玉为左副将军、西平侯沐英为右副将军，统帅兵马，平定贵州黑羊大箐"叛苗"。到了湖广宝庆府（今湖南邵阳、洞口、武冈、城步一带），傅友德分兵五万，由都督郭英、胡海、陈桓率领，取道永宁（治所在今四川叙永、古蔺一带）去平乌撒（治所即今贵州威宁），自督其余大军由辰（辰水）、沅（沅江）趋贵州。西行至普安路，"叛苗"酋长出城交战，被沐英斩于马下。收复普安后不久，又攻克了曲靖，继续前进准备攻打昆明。兵至杨林时，获报普安路东北的让里龙场已经归附的"叛苗"又发生叛乱，占据了普纳山等地，并自封皇帝。傅友德遂命兵部侍郎武德将军黄迁仕为都骑校尉，统领从湖广招募的四千五百兵士，取原道回普安路让里龙场，围剿普纳山的"叛苗"。①

　　普安路的"叛苗"是自称为"红苗仡佬"的土著部落。"……肃清后，湖广兵不思还乡，赘苗妇为室，遂家焉。数百年来，男之服饰与汉人同，妇女仍守祖风，服饰、衣物、饮食犹然苗派，实则汉种也。"②普纳山战役胜利后，留下来屯兵戍守的湖广兵就在当地择其未杀害的"红苗仡佬"妇女，配为妻室，建立家庭，世居在那里。在20世纪80年代初期，对"喇叭人"族别

---

①　（清）张廷玉等：《明史·列传》卷一百二十九，《明实录·太祖实录》卷一百四十、卷一白八十七，民国《普安县志》卷十八。
②　民国《普安县志》卷十五。

问题进行调查时,很多家谱和传说里都有一共同点,即始祖公是"调北征南"来的,始祖婆是当地的"红苗仡佬"。①在当地至今还传唱着这样的歌谣:"大包头,红裹脚,仡佬气气没的脱。"

从普纳山战役到现在,已有了六百多年历史的"喇叭人"形成了以今普安县龙吟乡为居住中心,随着人丁的发展逐渐扩展到其他地方的一个社会群体。现在的"喇叭人"主要分布在黔西南布依族苗族自治州晴隆县的中云、鲁打、长流、新民、花贡、纳屯、河塘七个乡,普安县的龙吟、丫口、石古、毛坪四个乡以及六盘水市六枝特区的郎岱乡等,面积约三百平方公里,人口有十数万。除此之外,在该地区还有为数不多汉族以及苗族、布依族、彝族、回族、仡佬族等少数民族杂居。

"喇叭人"形成的历史过程,正如费孝通先生所说:"那是由于以广大的国土为活动空间,众多民族集团经过长期的、广泛的接触,兴亡消长、分离融合的复杂的历史过程而逐渐形成的。"②

二 族称 "喇叭苗" 的来历

"喇叭人"原无自称。③清乾隆十四年(1749年)的《黔南识略》(普安县)卷二十八有"兴让里有老巴子亦苗类,由湖南移居于此"④,这是最早关于"喇叭人"称谓的文献记载,迄今已有二百五十多年的历史。而"喇叭苗"一词,初见于清宣统元年(1909年)《安南乡土志》:"苗人世系多不可考,各以服装别

---

① 晴隆县民族识别工作队文化组:《喇叭人族别问题调查资料·文化部分附件》,1982年11月打印稿。
② 费孝通:《中华民族的多元格局》,《北京大学学报》(哲学社会科学版)1989年第4期。
③ 居住在六盘水一带的"喇叭人",有的自称为"湖广族"。
④ 《黔南识略》(普安县)卷二十八。另清咸丰三年(1853年)《兴义府志·风土志》、民国《贵州通志·土民志》、民国《普安县志·苗蛮志》里亦称"老巴子"。

其种类，衣花者曰花苗……其种别有喇叭苗，居长流、六甲。"①亦有称"喇巴苗"的，"试考苗族之种类，约在百种之上。在贵州实际可以调查者约有——黑苗、白苗……喇巴苗"。②此外，也有"湖广人"之称，"湖广人：湖广人约有四千五百人，即古之荆蛮，亦于明初移居来之楚地人"。③作为一个民族共同体的"喇叭人"，在贵州历史文献及地方志书中，先后有了"老巴子""攮巴""那巴""喇叭苗""喇巴苗"等称谓。在历史资料和民间传说里，这些称谓都与"喇叭人"的祖先入黔平叛的一场战役——普纳山战役有直接关系。

普纳山，位于普安县龙吟乡境内，山势陡峭。据民国《普安县志》记载："普纳大山，在城北七十五里，山高十余里，纵横各五六十里，成霄凤形，为北区群山之望。四面巉崖，仅一小径可通步，不能容骑。山顶宽平，可容万余人。明时苗民叛，筑营于山腰，据险负固。调湖广兵攻之，三年乃破。"④由于"叛苗"在普纳山利用险要地形构筑工事，堆积了大量的滚木檑石，积蓄了多年的粮草物资，采用只是防守而不出击的战术。"屡攻不克，调湖广兵来攻。山高而险，悬崖壁立，兵欲登山，山上之贼以滚石击。围攻年余，无术抵御。乃扎竹为巴，攀藤附葛，直捣贼巢。贼呼曰'攮笆贼'，土人误呼曰'老巴子'。"⑤官兵最终取胜，使用了一种"扎竹为笆"以抵御滚石檑木的武器，这种武器就叫作"攮笆"。另有一种说法认为，"攮笆"是在湖南城步苗族中常用的一种武器，前方装有梭镖刀头，左右有弓形挡把，挡把上有耙齿，战斗时能起到矛和盾的作用，可攻可守，能撑叉滚石檑木，并将其抛开。

尽管"攮笆"究竟为何种武器，至今尚无定论，但这些使用

---

① 《安南乡土志》。
② 民国《咸同贵州军事史》，《晴隆县志》第四章第一节。
③ 民国《郎岱县访稿·民族》卷二。
④ 民国《普安县志》卷一。
⑤ 民国《普安县志》卷十五。

该武器的"湖广兵"就被当地土著称为"攘笆贼"。"湖广人……亦明初移居来之楚地人,初到与苗族争,用竹巴折护身,当时人谓之攘巴折,后多呼为那巴子,盖转音也。"①而后的"老巴子""攘巴""那巴""喇叭苗""喇巴苗"可能都由此音变而来。

20世纪80年代初,贵州省民族识别办公室成立了民族识别领导小组和工作组,对"喇叭人"的社会历史、语言、文化、经济生活特征和民族意识等方面,进行了反复调查和综合对比研究,最终认定"喇叭人"为苗族的一支,即"喇叭苗"。②

三 "喇叭人"的文化特征

六百多年来,湖广官兵从原籍(据考证为宝庆府一带)带来的文化与当地土著民族的文化相融合,形成并保留了大量属于自己的独特文化——"喇叭"文化。这些独特的文化现象,是我们认识和研究"喇叭人"的重要依据。"喇叭人"具有典型识别意义的文化特征,如村落民居、宗教信仰、服饰、语言、婚丧习俗、节日和禁忌、文学艺术等。

村落民居:"喇叭人"一般几姓一个寨子,多住单一民族,形成大聚居、小杂居的特点。与苗族住在高山,布依族住在水边不同,"喇叭人"的村寨、住房一般在山腰,因此有"高山苗子水仲家(布依族),不高不矮是'喇叭'"的民谣。新中国成立前的建筑形式多是木柱吊脚楼,楼上住人,楼下养牲畜。新中国成立后一般是三间木柱石墙瓦房。

宗教信仰:"喇叭人"信仰佛教、道教,崇巫尚鬼。特别是信奉"三洞桃源",这在周围民族中最为独特。"三洞桃源",又叫庆坛,用三节竹子打通,上节叫"金刚",中节叫"银刚",下节叫"人马流灵定"(也分别称为"天霄""云霄""洞霄"等诸

---

① 民国《郎岱县访稿·民族》卷二。
② 《贵州民族识别工作简报》第二十一期。

号），里面装入大米、黄豆、茶叶、白银等，用五色布线密封，外面用白纸裹糊，再用红、黄纸装饰，安插在家神上。如遇不吉利的事，就要杀猪"庆坛""勾愿"，重新择吉日"安坛"。传说"喇叭人"的祖先是在湖南西部的桃源洞里，后来因调北征南，远离桃源洞，就用三节竹子来代替，称为"三洞桃源"，以此祭祀祖先。

服饰： 男的包青布头帕，穿青布长衫、青布裤（裤脚宽一尺二寸）。女的穿青、蓝色布衫（长及膝），袖短口大（一尺二寸），排领和怀面排领、袖口等均用红、蓝两色布条镶边，订花边或绣瓜米心、狗牙、万字格、水波式花纹；系青布或蓝布腰带，结前尾后；穿青色摆裆裤（裤脚宽一尺二寸），无花边，用白布或蓝布做裤腰（现在的青年妇女一般改穿小裤脚）。妇女历来不缠小脚，其脚穿勾心花鞋，有线花、满脸花等，鞋尖呈鼻尖样；戴的首饰有耳环（分吊吊环、竹节环、扒扒环等）、手镯（银制、骨制或玉石）和戒指。女性是否已结婚，在装扮上亦有分别：女青年包白布帕，长辫绕头缠于头帕外，以此表示未婚；已婚妇女在头顶挽一锥型发髻，高约三寸，罩以青布头巾，留两尾于脑后，成飞蛾形状。小孩戴狗头帽，留两尾于后，帽前额镶有瓜米心式花边和有"福、禄、寿、喜"字样的罗汉小人头银饰。

语言： "喇叭人"称他们自己所操的语言为"喇叭话"，称周边汉族所操的西南官话为"白话"。"喇叭话"与"白话"在语感上差异较大，与当地的布依族、苗族等少数民族的语言也完全不同，相互之间都不能用各自的语言交流沟通。"喇叭人"在内部交流时使用"喇叭话"，与外界交流时则主要使用"白话"。

从语音系统上看，现在的"喇叭话"有声母二十九个（包括零声母），保留了一套完整的浊音声母；韵母三十一个（包括自成音节的鼻音），没有撮口呼韵母；声调有阴平、阳平、上声、去声、入声五个。①"喇叭话"内部有一些差异，但均能相互通

---

① 参见范朝康《喇叭话的语音系统》，《贵州大学学报》（社会科学版）2002年第4期。

话,大致可分为以鲁打、长流、丫口、石古等乡为主的老派语音和以龙吟、中营、新民、花贡等乡为主的新派语音。根据对比研究,"喇叭话"与湖南城步县一带(元、明时属宝庆府)通用的汉语湘方言里的湘西次方言比较接近,城步县的苗族(青衣苗)和广西资源县的苗族都操这种语言,"喇叭人"基本上可以和他们直接通话。这也与"喇叭人"的来源相吻合。

婚丧习俗:"喇叭人"的婚姻多是一夫一妻制,同姓不通婚,一般不与外族通婚,多由父母选配。婚姻的形式是对开亲或背带亲。父母选定后,要请媒求亲,有开八字、认亲、挑酒、选日子、结亲、发担等程序。婚期男家要请端公用大磨石一扇,在家神前收邪把誓。新娘坐花轿,轿至男家要打煞(退喜神、回车马),然后拜堂、吃合卺酒、入洞房。

人死后,要给逝者洗澡,逝者口里要含大米、银子、茶叶,按佛教常规"绕灵半夜"超度亡人。念经诵典使亡人灵魂升天,然后打灵房、灵马、灵轿、灵伞等,给亡人上西天安居。此外还有"随灵脱化""缴灵""做斋填还"等程序,最后择吉日抬棺上山,择吉日安葬。

节日和禁忌:"喇叭人"的主要节日有:二月初二龙抬头,不动土,传说此日龙冬眠初醒,土地神生日,要杀鸡谢土,以保安泰。三月三是百龙会,要宰猪杀羊祭山神、龙神,以求风调雨顺,不落白雨(冰雹)降喜雨。四月八吃黄饭(用黄布露花同糯米绘糕而成),如有人是立夏这天的生日,就得披蓑衣、戴斗笠,悄悄躲在棕树下去吃黄饭,传说如不这样,这人夏天就会疾病多端。六月六做秧苗会,祭田公田母,并于田边地角用树枝搭成一个小棚当作粮仓,以求地脉龙神消除虫害,保佑五谷丰登。过七月半时,一般是初十接祖宗神灵回家团聚,十四日烧包送祖回地府。每年收新粮后,在旧历的七月"辰日"(吃龙)、八月"巳日"(吃蛇),要"吃新"接谷,从家里带些谷子去田里接新谷回家,煮熟后要先给狗吃。正月初一至十五和端午节是男女青年集会唱歌、相互交往的日子,各地有自己固定的约会地点。

传统上,"喇叭人"不吃狗肉和牛肉。传说很久以前,洪水登天,是狗用尾巴夹了三粒谷子,经过千辛万苦,给"喇叭"先人带来了谷种,才有了今天的五谷。为了报答狗的功劳,每年三十夜(除夕)和吃新时,都要先用大米饭和肉敬狗后,人才进食。牛死了要埋起来,如果吃了牛肉,就会得罪玉皇大帝。传说牛是玉皇大帝派来为人类种地的,是人的养身父母,对人类有功。在立冬之日,还要舂粑粑挂在牛角上,以示酬劳。

文学艺术:"喇叭人"的文学艺术丰富多彩,有古歌、情歌、庆坛歌、神话故事等等。如正月初一至十五以及端午节,是青年男女集会唱歌、相互交际的日子。男女青年对唱的情歌情调高昂,悦耳动听,随口成歌,对答如流,唱几天几夜歌词可以不重复。歌词一般是四句七字,二、四句句末押韵。其他如庆坛歌《狗带谷种的故事》《张兆二郎与三教王母成亲的故事》《石氏祖婆的故事》等都具有浓厚的民族色彩。

四 "喇叭"文化的存因初探

"喇叭人"的先祖来黔已有六百多年的历史,在这六百多年里,形成和发展为苗族的一支——"喇叭"苗族,也形成了自己独特的"喇叭"文化。"喇叭"文化能够较系统和完整地保留至今,具有独特的区域性特征,有以下两方面的因素。

(1)相对封闭的自然环境构成了"喇叭"文化留存的外部环境因素。"喇叭人"聚居在海拔600米至1700米之间的山区,这里山岭崎岖、重峦叠嶂,地势高低悬殊,与外界交通十分不便。至今仍有部分乡村不通公路。数百年来,长期与外界隔绝的"喇叭人""男耕女织""男逸女劳,好猎尚勇"[1],过着耕织为主、辅以打猎的农家生活。从事农业生产的工具粗制简陋,对外交通全靠人背马驮。且随着朝代的更迭,屯田卫所制的废弛,社会的

---

[1] 民国《普安县志》卷十五。

动荡，使"喇叭人"带入的文化要素与当地土著文化交融后，封闭在这一地区，为其文化的历史遗存创造了条件。

（2）社区结构的相对封闭性是"喇叭"文化保存和传递的基础。在"喇叭人"居住的区域内，尽管也有布依族、仡佬族、彝族等少数民族杂居，但"喇叭人"的通婚范围在历史上有着明确的界定，即不与外族通婚，同姓不通婚，姑表不通婚。这种婚姻结构的单一性和封闭性，从社区内部阻隔了"喇叭人"与其他民族的交融，抑制了"喇叭"文化同周边文化的相互交流与影响，为保持"喇叭"文化的纯洁提供了可能。"喇叭人"在这一区域内的群聚而居，世代相守，再加上群体的文化背景和语言的一致性，从而提供了文化认同的方便，为"喇叭"文化的保存、传递奠定了坚实的文化基础。

自20世纪80年代以来，由于改革开放，社会和经济的迅猛发展，"喇叭人"与外界的交往与日俱增，传统的"安坛""庆坛"等祭祀活动很少举行。很多年轻人不说，甚至听不懂"喇叭话"了。民风习俗也在发生变化，逐渐远离自己的传统。因此，对"喇叭"文化的抢救性调查和研究已经刻不容缓，而且这些调查和研究对民族学、民俗学、语言学以及贵州的历史研究都有着重大的意义。

附记：本文作者前往普安、晴隆两县实地调查时，曾得到了普安县民族宗教事务局局长杨廷奉，普安县龙吟乡政府徐雄，晴隆县杨启彬（时任县民委副主任）、李宠等同志的热心帮助，在此表示衷心的感谢。

幼儿声母习得案例研究

盘晓愚

一 绪 论

(一) 意 义

幼儿掌握语音,就是会发音并把某种语音形式跟特定的意义结合起来,亦即掌握音系。对幼儿掌握音系的过程,研究者的注意力多集中在说出来的词和语言的结构上,并已取得了相当的成绩。对幼儿发音的错误,即他实际运用的音系与目标音系(母语的音系)的差异,研究相对薄弱。汉语音系由声母、韵母、声调三部分组成,本文研究一名幼儿目标音系声母的形成过程,优点是材料完整、自足,可以成为一个供参考的案例;缺点是不同的人之间存在个体差异,结论未必具有周遍性。

(二) 上下限

儿童的语音系统大致是在幼儿期(1~3岁)形成的。[1]此前

---

[1] 李宇明:《儿童语言的发展》,华中师范大学出版社,1995,第69页。

的语音发展，主要是为音系的获得进行发音准备，虽然从发音的角度看，母语语音系统的音基本都能发出，却不能与意义有效地结合，也就是还不能讲真正的词，这一时期通常被称为"前言语期"。① 从能讲出真正的词开始，幼儿进入音系形成期，幼儿完全掌握母语的音系是这一时期的结束。

音系的形成，是一个较长的过程，这个过程中，幼儿基本能懂大人的话，基本能表达自己的意思，并且能稳定一段时间（从形成到超越有较长过程）。

本文观察的女孩 JD 的"前言语期"到 13 月龄结束，比婴儿阶段略长。② 本文的研究，从她 13 月龄开始，到 2 岁半左右基本掌握母语音系结束。

（三）材料取舍

语言材料，主要采用记录自然语言的方法。观察者与 JD 生活在一起，只要她一开口就随时记录，特别留意新出现的语音、词汇和语法现象，被遗漏的有价值的材料应该很少。记录下的话语，要明确是 JD 已经会说的，跟着大人单纯地语音模仿、偶尔的词不达意地乱讲，不在记录之列。必要时辅以测试和实验。进入音系形成期后，幼儿的发音逐渐向目标音系靠拢，非目标音系的音慢慢减少，这类音也不讨论。

（四）语言环境和目标音系

JD 的语言环境普通话和贵阳话夹杂，贵阳话成分稍重，而贵阳话又主要是新派。贵阳话属北方方言西南官话区，声母主要特点是：[n] [l] 不分，没有翘舌音。

JD 的目标音系实际上就是新派贵阳话，但这个"新派"受

---

① 陈帼眉：《学前心理学》，人民教育出版社，1995，第 251 页。
② 金颖若、盘晓恩：《婴儿语音发展研究》，《贵州大学学报》（社会科学版）2002 年第 3 期。

语言环境的影响有自己的特点。JD 同时也学会了普通话，实际是"贵普话"，即声母、韵母体系仍然是贵阳话的，声调是普通话的。两套音系分得比较清楚，一般不会混淆。

（五）记音工具

本文记音采用国际音标。音标符号使用"蓝蝶国际音标输入法"录入。

二 目标音系声母习得

JD 从 13 月龄到 30 月龄学会的声母有：

p 爸 饼	pʰ 排 片	m 煤 摸	f 肥 服
t 戴 多	tʰ 听 桃	n 泪 鸟	
k 钙 个	kʰ 可 哭	x 虎 汗	ŋ 挨 按
tɕ 鸡 见	tɕʰ 去 枪	ɕ 写 新	
ts 渣 字	tsʰ 脆 穿	s 湿 酸	
z 若 人	○ 一 碗		

共 19 个，包括了贵阳方言的全部声母。

（一）唇音 [P p m f]

双唇是幼儿最早运动的发音器官，塞音和鼻音也是幼儿先发展的发音方法。①JD 对三个双唇声母 [p] [pʰ] [m] 的掌握很出色，送气与不送气的区分也很清楚，决不相混，没有记录到错发的音。只有否定副词"不"的发音很有趣，1 岁半时首次出现独词句"不睡"，不 [pu] 说得很好，但两个月后，却陆续衍生出一堆音：[u] [m'] [mu] [ɲə]，相当长一段时间 [pu] 与这些音并存，而使用频率最高的仍是 [pu]，其次是 [u]。

对 [f] 的掌握要逊色些。大部分 [f] 发得很好，如（为了

---

① 李宇明：《儿童语言的发展》，第 83~85 页。

简省，只举单字，意思容易误会的举复音词，后同）发、服、肥、风、饭、方、粉等。应该说 JD 掌握了 [f] 的发音部位和发音方法，但有局部的错音。最明显的例子是"放"，有时会很清晰地发为 [xɑŋ]。记录到的 JD 第一次说"放"是在 1 岁 5 个月，是最早的独词句之一，发的是正确的 [f]，过了 1 个月左右却出现 [xɑŋ] 了，在"放"这个音节里 [f] [x] 混用，但 1 岁 11 个月后再也不发 [xɑŋ]，而是 [fɑŋ] 了。"飞"也有一个从错到对的过程，开始的读音五花八门，1 岁 8 个月时说"飞机"是 [ɕiɛ ɕi]，后"飞"不再发 [ɕiɛ]，变成了 [ʃue] 或 [xuei] 或 [fei]，2 岁后发的都是正确的 [fei]。JD 错发的"放"和"飞"都在 2 岁之前，而且都在朝着正确的方向进步，可视为掌握正确读音过程中的插曲。

（二）舌尖中音 [t tʰ n] 和舌根音 [k kʰ x ŋ]

[t tʰ] 是舌尖中音、塞音，需要的技巧不高，幼儿较容易掌握。这两个声母 JD 学得较快，而且在其音位系统中担负的任务最重，那些后学会的音、难发的音往往先由它们代替，符合儿童发音的替代策略。①

[k kʰ]（主要变体有 [c cʰ]）是 JD 最晚学会的声母，在此之前，JD 基本上是以发音方法相同，但发音部位较好把握的 [t tʰ] 替换（例子见后面关于 [k kʰ] 的讨论）。擦音、塞音比塞擦音发展快②，JD 有时也用 [t tʰ] 替代 [ts tsʰ] 和 [tɕ tɕʰ]，如走 [tou]、做 [to]、这 [tɛ]、摘 [tai]、解 [τiɛ]（放军）、厕 [tʰo] / [tʰiɛ]（所）。但这样的例子不多，不像那样 [k kʰ] 成系统性地替代，而且两种音并存，用哪一个是随意的。

[n] 与 [l]，贵阳话不分，具体的词究竟发成哪个音各人不同，

---

① 李宇明：《儿童语言的发展》，第 74~75 页。
② 李宇明：《儿童语言的发展》，第 83 页。

有的人固定发某一个音，有的人自由变体。JD 在"前言语期"［l］就非常少，本阶段［n］［l］声母多发成［n］，原因在于 JD 的语言环境中，［n］［l］既然不别义，她就选择了相对容易一些的［n］，并且和很多贵阳人一样，表现出鼻音边音化、边音鼻音化的特点。

［k　kʰ］是 JD 在"前言语期"出现最早、最常见的音之一，经过沉默期后开始学词时都不会发了。① 在 1 岁半前后，还偶尔有［kʰa］音（如卡卡），后来就再也未见出现，连学鸡叫"咕咕"也成了［tu　tu］，而多半以发音方法相同的舌尖中音［t　tʰ］来替代，送气与不送气决不相混。

比如，姑［tu］、哥［to］／［tuo］、过［tuo］／［to］（来）、给［tei］／［te］／［tɕiɛ］、贵［tei］／［tuei］、盖［tai］、乖［tai］／［tuai］、挂［tɑ］／［tuɑ］、搞［tɑu］、狗［tou］、感［tan］、关［tan］／［tuan］、羹［tən］、根［tən］、滚［tuən］、钢［tɑŋ］、光［tuɑ］、公［to］、卡［tʰɑ］、可［tʰo］／［tʰuo］、哭［tʰu］、开［tʰai］／［xai］、快［tʰai］、tʰuai］、烤［tʰɑu］、扣［tʰou］、看［tʰan］、狂［tʰuɑŋ］、控［tʰoŋ］。

［k　kʰ］不以［t　tʰ］替代而发成其他音的情况很少，只观察到两例："给"有时是［tɕiɛ］，"开"有时是［xai］（"头"偶尔也说成［xou］）。

发不出［k　kʰ］而代之以［t　tʰ］持续到 2 岁 4 个多月，此后才又重新学会发［k　kʰ］，但成绩很不理想。其表现，一是发音很吃力，不自然，部位没有完全到达舌根，因此当和舌位靠后的韵母（即合口呼和韵腹是［o］［ɑ］的韵母）相拼时，常换成舌位靠前的韵母或加韵头，如个［to］→［ki］、哥［to］→［ki］、滚［tuən］→［kyən］、控［tʰoŋ］→［kʰioŋ］或［kʰoŋ］；有时又是由圆唇音变展唇音，如果［to］→［kɤ］、可［tʰo］→［kʰɤ］。二是对［k　kʰ］的掌握不巩固，［k　kʰ］和［t　tʰ］并存，二者

---

① 金颖若、盘晓愚：《婴儿语音发展研究》。

的使用频率大致相当。

实际上 JD 在从 [t tʰ] 到 [k kʰ] 转换中，不是一步到位，而是经历了发音部位逐步后移的过程，相当长一段时间使用了 [c cʰ]，然后才过渡到 [k kʰ]（但发音显然未完全到位），过程漫长，异常艰难。但对这两组音的听辨没有问题，并且可以辨义。JD 1 岁 11 个月时，曾做过小测验，大人说："杯子里的水太多 [ko] 了。"JD 愣了一下马上说："锅 [to] 在这里，煮饭的。"大人学她说："裤 [tʰu] 子破了。"她试图纠正，但说成"是 [tʰu]（[tʰ] 极度圆唇），不是 [tʰu]"。

另一个舌根音 [x] 没有障碍，多数开始就是正确的音，如哈（语气词）[xA]、下 [xA]、荷 [xo] / [xuo]、会 [xei] / [xuei]、汗 [xan]、换 [xuan]、黄 [xuaŋ] 等。只有短暂时期部分音有时发成 [f] 或零声母，这样的音节有：话 [fA] / [uA]、花 [fA]、喝 [fu]、回 [fei]，1 岁 7 个月左右就改过来了。

JD 除了 2 岁前有些音节 [f][x] 相混外（参见前关于 [f] 的讨论），对二者的区分还是很清晰的。受普通话影响，呼、胡、虎、护这些贵阳话都是 [f] 的词，JD 统统是 [x]。

声母 [ŋ]，贵阳话的音节不多，JD 音系里我们只记录到 3 例：屙 [ŋo] / [ŋuo]、爱 [ŋai]、挨 [ŋai]，但都有重复，"屙"的重复次数最多。

（三）舌面音 [tɕ tɕʰ ɕ] 和舌尖前音 [ts tsʰ s]

这两组辅音是 JD 在"前言语期"会发了的[①]，JD 顺利地完成了由单纯的会发音到会语音的过渡。[tɕ] 组和 [ts] 组声母，从 13 月龄到 2 岁半先后学会了许多词，多数一开头就可以正确发出。但有以下两类错误：一类是塞擦音发塞音或擦音，这类较少，只出现在 [ts] 组：[ts] → [t]、[tsʰ] → [tʰ]、[ts] →

[①] 金颖若、盘晓愚：《婴儿语音发展研究》。

[s]、[tsʰ]→[s]，如走[tou]、摘[tai]、这[tɛ]、厕[tʰiɛ]、嘴[suei]、船[san]／[suan]、床[saŋ]／[suaŋ]等。另一类是[tɕ]组和[ts]组相混，这一类较多。由于这两组声母发音方法相同，发音器官都是舌，而幼儿对器官的运用又不自如，因此在发音器官具体部位把握上不准确、不稳定，就很容易导致这两组声母的相混。但明显的[tɕ]组成绩要好于[ts]组，大量的错误是舌尖前音变成舌面音：嘴[tɕyei]、这[tɕiɛ]、针[tɕin]、自[tɕi]、虫[tɕʰioŋ]、少[ɕiau]、扫[ɕiau]、视[ɕi]、手[ɕiou]、睡[ɕyei]、上[ɕiaŋ]。只有家[tsʰ]这一例舌面音混入了舌尖前音，这个词多有重复，但多数时候发音正确，2岁左右就不发错音了。发舌尖前音时，舌尖要抵住上齿背，发舌面音时，舌面拱起，舌头成自然下垂状态，比发舌尖前音自然些、容易些，因此JD常常选择[tɕ tɕʰ ɕ]来替代[ts tsʰ s]。

受方言的影响，JD的声母没有[tʂ tʂʰ ʂ z]，普通话上述声母分别归[ts tsʰ s z]。曾经有意识地教过她发卷舌音，但她不能听辨与平舌音的区别，发音中也无区别。这是因为她的语言环境主要是贵阳话，普通话较少，而[ts]类音显然比[tʂ]类音发音更容易。

另外[s]还有个条件变体[ʃ]，在与合口呼拼合时会发成[ʃ]。这可能是为了发好圆唇音，发声母时就进入圆唇状态，因此发成舌页音[ʃ]。这类音不多，观察到3例：鼠、水、睡。

如前所述，塞音的[pʰ]和[tʰ]，送气音能正确发出，没有与不送气音相混的情况，但塞擦音的送气音有时不能正确发出，或发成不送气音，如球[tɕiou]、欠[tɕiɛn]，或变成擦音，如去[ɕy]、球[ɕiou]、吃[sʅ]。可见，塞擦音的送气音学会晚于塞音的送气音。

（四）舌尖前音[z]和零声母

JD在2月龄到4月龄间学会[z]，但出现频率不高，音节组合能力也不强。① 1 岁 9 个月时首次出现 [z] 声母的词，但却发成零声母："然然 [iɛn]（人名），喝奶。"过了 1 个多月后，出现第一例 [z] 声母："好热 [zɛ] 噢。"后陆续又有：人 [zən]、肉 [zu]、揉 [zou]、若（人名用字）[zo]、茸 [zoŋ]。肉、若偶尔会发成零声母 [iu] [io]。JD 音系里 [z] 的出现较晚，使用的次数也不多，这与贵阳话 [z] 声母音节本身也不多有关。

JD 多数时候能正确运用零声母，有问题的情况有：一是有时丢掉辅音声母变成零声母：不 [pu] → [u]、电 [tiɛn] → [i~]、肉 [zu] → [iu]、话 [xɑu] → [ɑu]；二是开始丢掉辅音声母变成零声母，后（接近 3 岁时）慢慢改正：（项）链 [i~]、里 [i]；三是零声母变辅音声母：阿 [nˈ] / [na]（姨）、耳 [nˈ] / [nɣ] 朵、一二 [nˈ] / [na] 一（喊口令）、二 [nˈ] / [nɣ] 块粑（一种食品），但数数时"二"却是零声母 [ɣ]。以上三种情况都很少，例子全部列出。

我、饿、硬等词，贵阳话有声母 [ŋ]，JD 受普通话影响发为零声母。

三　小结

通过上述对 JD 声母形成过程的讨论和分析，总结出以下特点。

（1）发音的替代策略和音素省略策略。学说话总是先掌握那些容易发的音，而且还会用这些音来替代后学会的音和难发的音，这一幼儿发音的替代策略被 JD 广泛使用②，主要有：以舌尖中音、塞音 [t tʰ] 替代舌根音 [k kʰ]，舌尖前音、塞擦音 [ts tsʰ]，舌面音、塞擦音 [tɕ tɕʰ]；以舌面音 [tɕ tɕʰ ɕ] 替代舌尖前音 [ts tsʰ s]；以擦音 [s] 替代塞擦音 [ts

---

① 金颖若、盘晓愚：《婴儿语音发展研究》。
② 李宇明：《儿童语言的发展》，第 74 页。

[tsʰ]；以不送气的 [tɕ] 替代送气的 [tɕ]　[ts]。音素省略策略，对于结构较复杂、较难发的音节，JD 常采用省略某一音素的策略使难发的音变得较为简单。这主要有：省略辅音声母变为零声母。

　　(2)"fis"现象。幼儿在学说话的过程中，听辨能力的发展往往先于发音能力的发展；由于对发音部位未能准确把握，发音方法未能正确运用，使得想发的音和发出的音不一致，这就是伯科和布朗所说的"fis"现象。① 这一现象 JD 在学习声母 [k　kʰ] 中较明显地得到了体现。

　　(3)"假失"现象。儿童对于过去能够发出的音又出现发音障碍的现象称为"假失"现象。②[k　kʰ] 是 JD 在"前言语期"出现最早、最常见的音之一③，但在学说话阶段却不会发了，是最后掌握的声母。

　　(4) 从发音部位看，双唇音、舌尖中音掌握最好，其次是唇齿音和舌面音，再次是舌尖前音，最难的是舌根音。从发音方法看，对鼻音、塞音、擦音的掌握早于边音和塞擦音，塞擦音的送气音难于塞音的送气音。

---

① 李宇明：《儿童语言的发展》，第 79 页。
② 李宇明：《儿童语言的发展》，第 80 页。
③ 金颖若、盘晓愚：《婴儿语音发展研究》。

《佛说盂兰盆经》相关考查[*]

熊 娟

《佛说盂兰盆经》（简称《盂兰盆经》）又名《盂兰经》，历代雕印大藏经依据一些经录记载[①]均以"西晋竺法护译"为题署

---

[*] 本文为教育部人文社会科学一般项目（青年项目）（12YJC740121）成果。本论文的研究还得到日本学术振兴会2011年科学研究费补助金·特别研究员奖励费课题"日本古写本佛典による汉语史研究"（课题番号：23·01305；研究代表者：松江崇）的资助。

① 历代经录关于《盂兰盆经》的记载胪列如下，以备参考：最早著录《盂兰盆经》的是（梁）僧祐《出三藏记集》（简称《祐录》），其卷4《新集续撰失译杂经录》收录《盂兰经》一部，曰："新集所得，今并有其本，悉在经藏。"其后，（隋）法经《众经目录》（简称《法经录》）卷3收录一部小乘失译经，名曰《盂兰盆经》，并指出它与《灌腊经》《报恩奉盆经》三者同本异译。（隋）彦琮《众经目录》（简称《仁寿录》）、（唐）静泰《众经目录》（简称《静泰录》）同此记载。（隋）费长房《历代三宝记》（简称《长房录》）卷14将《盂兰盆经》归入小乘失译经，指出它与《灌腊经》、《报恩奉盆经》三者同本异译。这一点与《法经录》等相同。但同时卷6又以《盂兰经》一部归入西晋竺法护译经，（唐）道宣《大唐内典录》（简称《内典录》）同此记载。（唐）靖迈《古今译经图纪》的记载仅与《长房录》卷6相同，将《盂兰经》归入西晋竺法护译经，未言及其他。（唐）明佺《大周刊定众经目录》（简称《大周录》）卷9指出《盂兰盆经》"晋代竺法护译，出《长房录》"，且与《灌腊经》《报恩奉盆经》三者同本异译。（唐）智昇《开元释教录》（简称《开元录》）卷2将《盂兰盆经》归入西晋竺法护译经，指出《盂兰盆经》（转下页注）

将其收录，近现代以来刊刻的《大正藏》《中华大藏经》也是如此。因为经文内容的关系，举凡讨论冥间地狱文学、目连救母相关的通俗文学、孝道文学、农历七月十五的民俗节庆等，都会提及此经。而专门以此经为本体，就此经的真伪、题署、异译、经文内容、宗教思想、文中词语等问题进行的探讨，姑且不提唐宋以来佛教界高僧大德的注释，也有将近百年的历史了。目前来看，中国学界对此经的关注度不高，且基本集中于外围研究；而日本学界对此经则保持着持续的高度热情，无论是外围研究还是本体研究都走得很远，其本体研究触及到了此经的所有问题，遗憾的是有些地方让人难以信服。这里拟对以往的研究稍作总结，在此基础上从语言学角度进行考查，试对此经相关问题作补充论证或重新思考。

一 《盂兰盆经》的真伪

此经的性质到底是确有原典的翻译佛经，还是中国人假借翻译佛经的形式自己编撰的疑伪经呢？一些比较模糊的判定这里不多讨论，比如梅乃文认为包括《盂兰盆经》在内的18部佛经《祐录》列入失译，而《大正藏》把它们收录在竺法护名下是受了后期经录家如费长房、智昇等的影响，鉴于《祐录》产生时间最早且最可靠，因此不把它们当作竺法护的译作。[①]暂且不说仅仅

（接上页注①）"亦云《盂兰经》，与《报恩奉盆经》同本，见《长房录》"。并在卷12进一步明确重申：《盂兰盆经》又名《盂兰经》，西晋竺法护译，《报恩奉盆经》，失译附东晋录，此二者同本异译；而《灌腊经》则为竺法护另一部单译经，"《大周》等录皆为重译，云与《盂兰盆经》等同本异译者，误也。今寻文异，故为单本"。（唐）元照《贞元新定释教目录》（简称《贞元录》）同此记载。
① 梅乃文：《竺法护的翻译初探》，杨曾文、杜斗城主编《中国敦煌学百年文库·宗教卷》（一），甘肃文化出版社，1999，第312~313页。
这18部佛经具体如下：《离睡经》《受岁经》《乐想经》《受新岁经》《尊上经》《意经》《应法经》《四未曾有法经》《太子刷护经》《般泥洹后灌腊经》《八阳神咒经》《申日经》《无垢贤女经》《法观经》《身观经》《盂兰盆经》《分别经》《四辈经》。

依靠经录记载来判定佛经语料可能失于武断，只是这个暧昧的"非竺法护所译"的判定完全不能明确其身份的真伪。

最具代表性的观点是根据奉施僧人来救济饿鬼（死去的父母及祖先）的经文内容及其表达的孝道报恩思想判定此经是疑伪经。比如牧田谛亮认为此经是调和佛教与中国传统思想的产物，指出佛教传入中国在教义宣传上最大的障碍在于，以舍家离亲、抛妻弃子为必要条件的僧人的生活与以思考父母恩情、不断绝祖先祭祀为重大事情的儒家伦理相违背，而《盂兰盆经》证明了僧人也有尽孝的方法，如果和《佛说孝子经》等一同从主要内容来判断，那么很可能是中国撰述的疑伪经。①

学界对此存在针锋相对的反面意见。比如辛岛静志认为孝道并不是中国特有的传统思想，还提及在印度和巴基斯坦发现一些佉留文字书写的碑铭文，它们表明是为了死去的父母把寺院或雕像供奉给佛教教团，并重点详细介绍了南传饿鬼故事集 Petavatthu 之《舍利弗饿鬼事》和《撰集百缘经》卷5，《饿鬼品》45《目连入城见五百饿鬼缘》，以此证明在巴利语、梵语文献中都可以看到奉施僧人来救济饿鬼（死去的父母及祖先）的内容。明确指出这些内容和思想深深扎根于印度，在印度佛教文献中得到了很好的证明，所以此经是翻译佛经。②

辛岛静志提出的证据说服力很强，通过这些碑铭和佛教文献尤其是《撰集百缘经·目连入城见五百饿鬼缘》可以看出，即使是在佛教的发源地印度，奉施僧人来救济饿鬼（死去的父母及祖先）也并非如想象的那样与佛教一般理论格格不入。就像入泽崇

---

① 〔日〕牧田谛亮：《疑经研究》，临川书店，1989，第47~50页。文中所参考引用的日语、英语研究成果为笔者翻译，不当之处，笔者承担责任。

② 〔日〕辛岛静志：*The Meaning of Yulanpen*（盂兰盆）——"*Rice Bowl*" on *Pravāraṇā Day*，《创价大学国际佛教学高等研究所年报》2013年第16号。

〔日〕入泽崇：《〈佛说盂兰盆经〉成立考》，龙谷大学佛教学会《佛教学研究》1990年第45·46号。在论述南北两传都有通过奉施僧人来转移功德救济饿鬼（死去的父母及祖先）的文献时，也是以《舍利弗饿鬼事》和《目连入城见五百饿鬼缘》为例证。

所说:"主张自业自得的佛教确实不可能把功德转向救济他者,但不能说印度没有这样的思想观念。根据碑文,印度土俗信仰中通过功德转移实行救济是确定的,佛教吸收了这一点。不能忘记佛教在印度的暗流。"①但这里有两个非常重要的问题。第一,碑铭和佛教文献虽然都证明了奉施僧人来救济饿鬼(死去的父母及祖先)的事实,却显然没有把它与孝道报恩思想联系起来,辛岛静志自己对这两点也是分开叙述的。但是《盂兰盆经》中这两点却是紧密联系在一起的,文中两次明确强调奉施僧人来救济饿鬼(死去的父母及祖先)就是行孝报恩。第二,论证出此经的孝道思想并非中国独有、经文内容来源于印度佛教,这也只能反驳以此为论据判定它是疑伪经的观点,并不能因此就完全肯定它是翻译佛经。原因在于,疑伪经一般而言总是出于某些特殊目的编撰出来的,所以大多数疑伪经的内容、思想与原典或翻译佛经多多少少会有所出入,泄露出中国人自己编撰的踪迹,但是的确也有少数一些疑伪经在这些方面与原典或翻译佛经不相违背,因此虽然此经的内容和思想扎根于印度,也不能完全排除它是疑伪经的可能。

有学者把它与《报恩奉盆经》相比较,根据文句判定此经是疑伪经或部分经文伪妄。比如池田澄达认为在印度确实存在没有继嗣的祖先受倒悬之苦的信仰,"盂兰盆"三字表示倒悬之义,如此看来"以百味饮食安盂兰盆中"等语句应该是中国人附加的。特别是,与《报恩奉盆经》结尾相当的语句此经作"此大会大菩萨皆大欢喜,而目连悲啼泣声释然除灭,是时目连其母即于此日得脱一劫鬼之苦",至此《盂兰盆经》的故事大致结束了,接下来的部分基本是前文的重复,而且在此重复文中出现了"安盂兰盆中"之句。因此《报恩奉盆经》所缺失的后半部分是中国

---

① 〔日〕入泽崇:《〈佛说盂兰盆经〉成立考》。

人自己编撰的。①〔日〕本田义英完全赞成这个结论。②又如藤野立然认为此经行文杂乱无章,不是由连续的梵文翻译而来。如果是翻译,"往饷其母""化成火炭""尽世甘美"等与《孟子》相关的语句译者不容易做到,此经即使不能说与《孟子》有直接的关系,至少也和孟学有一些关系。现在所见到的《盂兰盆经》由三个文献杂糅而成,最初的文献是目连救母传说,作者受到了儒家、孝道思想的影响,其次是类似《灌腊经》的文献,作者熟悉翻译佛经的语句,并目睹了当时的盂兰盆行事,最后的文献仿效翻译佛经的形式试图集大成。③

前一种观点以《报恩奉盆经》确实是翻译佛经和"盂兰盆"这个词语表示倒悬之义为必要前提,但问题在于这二者尤其是"盂兰盆"的语义一直都是颇有争议没有定论的议题,由此得出的结论可信度实在不高。而藤野立然的观点却给人一种似是而非的感觉,我们认为此经确实是在其他文献的基础上发展起来的,但并不是由三个文献杂糅而成,另外把此经与《孟子》或孟学联系起来好像有些勉强。

还有学者根据道教中元日及其思想判定此经是疑伪经。比如萧登福认为此经沿袭中土祭祖及道教荐亡影响而杜撰,提出的 7 个理由与道教相关的有四:七月十五是道教中元节,属地官赦罪救赎先人之日;佛教自业自得,不像道教重孝道;借众力以荐拔,和汉世三张饭贤借高道来消灾解厄相同;此经与唐初中元节诵念的道经《太上洞玄灵宝三元玉京玄都大献经》(简称《大献经》)相似。④又如吉冈义丰虽然没有明确指出此经是疑伪经,但

---

① 〔日〕池田澄达:《〈盂兰盆经〉に就いて》,宗教研究发行所《宗教研究》1926 年新第 3 卷第 3 号。
② 〔日〕本田义英:《〈盂兰盆经〉と〈净土盂兰盆经〉》,《佛典の内相と外相》,弘文堂书房,1934,第 559~561 页。
③ 〔日〕藤野立然:《〈盂兰盆经〉读后》,龙谷学会《龙谷大学论集》1956 年第 353 号。
④ 萧登福:《道家道教影响下的佛教经籍》(上),新文丰出版公司,2005,第 326~331 页。

他认为此经立足于道教三元（特指中元）祭祖思想，推测先有道教《三元品戒经》成立，随之为《三元品戒经》增修了把三元与祭祖联系起来的"功德轻重"这部分内容，然后在此内容的基础上做成《盂兰盆经》《大献经》。①

萧登福的论证基本上没有力度，他提到的4个理由看起来与道教相关，但都不能深究。比如说到此经与《大献经》的关系，其实唐代的玄嶷在其《甄正论》卷3就已提到"道士刘无待又造《大献经》以拟《盂兰盆》"；吉冈义丰把《大献经》的敦煌本和道藏本进行比较，分析敦煌本的全文内容指出《大献经》应该是模仿此经而作的②，这才算把两经的关系讲明白，而萧登福却用"相似"一词点到为止。另外关于中元日及其思想也说得很含糊，事实上如同佛教的自恣日与祭祀祖先没有关系一样，道教的三元、三官是指天神在当日降至人间分别善恶罪福，为人增减寿算，也与祭祀祖先完全没有关系，岩本裕③、吉冈义丰④都提到了这一点。而吉冈义丰对此经的判定虽然论证很严谨，但其立论前提却让我们颇有疑惑。如前所述，佛教的自恣日、道教的中元日本来都与祭祖没有关系，那么，既然道教中元日可以与祭祖的内容相结合，从理论上来讲佛教自恣日也同样可以直接与祭祖的内容结合起来，而未必一定像吉冈义丰论证的那样——先有中元日与祭祖的结合，再与自恣日产生联系。也就是说，《三元品戒经》"功德轻重"这部分内容和《盂兰盆经》完全有可能是分别把中元日或自恣日与祭祖的内容相结合、各自独立形成的。

以上各位学者的论证过程或许存在一些缺失，但认为此经是疑伪经的结论我们完全同意。关于这个结论，入泽崇根据佛教的

---

① 〔日〕吉冈义丰：《中元盂兰盆の道教的考察》，《道教と佛教》二，丰岛书房，1970，第265~266、277~278页。
② 〔日〕吉冈义丰：《中元盂兰盆の道教的考察》，第237~243页。
③ 〔日〕岩本裕：《"盂兰盆"の原语について》，金仓博士古稀纪念《印度学佛教学论集》，平乐寺书店，1966，第393~394页。
④ 〔日〕吉冈义丰：《中元盂兰盆の道教的考察》，第265~266页。

行事和戒律进行的论证难以驳斥、令人信服。他认为佛教中存在报恩思想，但佛教的报恩以对父母的教化为中心，而此经的主题却是"盂兰盆的布施＝报恩"，这是立足于《报恩奉盆经》"奉盆＝报恩"的原型形成的，此经（包括《报恩奉盆经》）所说的报恩的非佛教化显而易见。七月十五日向僧人施食就是报恩从来没有讲到过。另外还指出翻译佛经中原样记载先受食后咒愿的印度佛教传统的文献很多，但在中国也产生了先咒愿后受食的说法，义净《南海寄归内法传》提及印度完全没有食前咒愿一事，也说明何时咒愿在当时的中国和印度是不同的，《四分律行事钞》卷下3《计请设则篇》谈到食前咒愿是道安规定的，此经所言先咒愿后受食沿袭了这一规定。①

对于此经是疑伪经的判定，我们还可以从以下语言现象（这里主要是指用词）来补充论证。

第一，文中出现了能够帮助我们判定其疑伪经身份的传统文化词语——"三公"。

　　国王太子王子、大臣宰相、三公百官、万民庶人行孝慈者。②

三公，古代中央三种最高官衔的合称。周以太师、太傅、太保为三公；西汉以丞相（大司徒）、太尉（大司马）、御史大夫（大司空）为三公；东汉以太尉、司徒、司空为三公；唐宋沿东

---

① 〔日〕入泽崇：《〈佛说盂兰盆经〉成立考》。
② 《盂兰盆经》共有7号敦煌写本，分别是S.2540、S.3171、S.4264、S.5959、S.6163、P.2055、北0460，其中首尾俱全的完整写本是S.2540和P.2055。另据日本国际佛教学大学院大学古写经数据库，日本现存4种写本，其中圣语藏、石山寺、兴圣寺3种写本完好无损，七寺写本有破损，不过目前仅有圣语藏写本图像资料公开。本文以P.2055为研究版本，所有引文均出自P.2055，并同时参考S.2540、圣语藏写本和大正藏本，如有文字上的差异，脚注说明。

汉制，但已非实职；明清沿周制，唯只用作大臣的最高荣衔。①

这个指称中国古代官制的传统文化词语不应该也不可能出现在翻译佛经中。查检汉文佛典情况确实如此。除此经一见之外，其他表示此义的"三公"都见于中土撰著类佛典文献。②比如："滥死者普加褒赠，三品以上赠三公，五品以上赠令仆。"［（元魏）杨衒之《洛阳伽蓝记》卷一］"柳下惠不以三公之位易其行，段干木不以其身易魏文之富。"［（梁）僧祐《弘明集》卷一］"至年高大，以绢一尺真朱闭气书符佩臂上，三公大贵敬来问之。"（疑伪经《龙树五明论》）"或付天子国王三公，令欲不弘此经于国。"（疑伪经《大梵天王问佛决疑经》）

第二，文中使用了一个非常可疑的佛教词语——"欢喜日"。

　　　　于七月十五日佛欢喜日、僧自恣日，以百味饭食安盂兰盆中。

看起来"欢喜日"与"自恣日"一样是个佛教词语，特指农历七月十五日。近现代以来比较有影响力的佛学辞书大都也收录了"欢喜日"这个条目，解释也基本相同，即七月十五日是结夏安居圆满之日，其间有多人证果，佛欢喜之，故称为欢喜日。有的辞书还指出后世凡十五日皆谓欢喜日。③但实际上无论是翻译佛经，还是玄奘《大唐西域记》、义净《南海寄归内法传》这些亲

---

① 罗竹风主编《汉语大词典》第1卷，上海辞书出版社，1986，第184页。
② 另有3例，具体如下："国王及大臣仆从、皇后宫人、三公王子公主等唤人坛作。"（《西方陀罗尼藏中金刚族阿蜜哩多军咤利法》）"宰相从东门入，百官从西门入，三公军将从南门入。"（同上）"王子群臣三公百官，上下和穆不行非法。"（《北斗七星护摩秘要仪轨》）《西方陀罗尼藏中金刚族阿蜜哩多军咤利法》和《北斗七星护摩秘要仪轨》历代藏经不载，近代从日本搜集而来，《大正藏》收于密教部，没有题署，真伪尚待考察，因此这3例暂时不予考虑。
③ 慈怡主编《佛光大辞典》，佛光出版社，1988，第6900页；〔日〕冢本善隆等编纂《望月佛教大辞典》，世界圣典刊行协会，1974，第782页；丁福保编纂《佛学大辞典》，文物出版社，1984，第1484页。

历印度后的实录撰述著作，都从未提及关于欢喜日的任何说法或仪式，更从未提及七月十五日是佛欢喜日。

查检汉文佛典，"欢喜日"出现频率较低，此经（包括对此经文句的引用）除外，其使用情况可分为三种：①见于此经的相关注疏，各家对"欢喜日"的解释大致相同，但都没有指出它的佛教来历或佛经依据。比如："佛欢喜日者，如来应世本为度生，今自恣日众僧如法相教相谏，展转相成，能令正法久住；又檀越得因此修供作福，广行孝慈，畅佛本怀，故名佛欢喜日也。"[（明）智旭《盂兰盆经新疏》]"欢喜日，比丘九旬加行日满，倍更恳诚，称佛本意，宁不欢喜？"[（清）元奇《盂兰盆经略疏》]②见于明清其他中土撰著类文献，继承《盂兰盆经》的说法，多用在序跋中题记日期。比如："岁在甲午孟秋佛欢喜日，鼓山比丘元贤稽首和南序。"[（明）元贤《般若心经指掌序》]"光绪丙戌年七月佛欢喜日，观如书于扬州藏经院。"[（清）观如《莲修必读自序》]"惟七月之望为佛欢喜日，普天下尽演瑜伽施食法，大士亲领众囚赴食。"[（清）彭际清《居士传》卷50《徐成民》]③见于提示"欢喜日"佛教渊源的文献，仅共4例，具体如下：

（1）（净饭）王言："我子虽舍转轮圣王，今得法转轮王，定得大利，无所失也。"王①心大欢喜。是时斛饭王家使来，白净饭王言："贵弟生男。"王心欢喜言："今日大吉，是欢喜日！"语来使言："是儿当字为阿难。"[（后秦）鸠摩罗什《大智度论》卷三]

（2）阿难者，此云欢喜，一者形容端正见者欢喜；二者佛得道夜生，谓欢喜日生，名欢喜。三者过去发愿，愿名欢喜。[（隋）吉藏《法华义疏》卷一]

（3）阿难者，此云无染，支道林云博闻，旧翻欢喜，凡

---

① 据校勘记，"王"，宋、元、明、宫、圣本均无。

有三义。一者释迦过去发愿，愿我成佛，持①者名曰欢喜。二者阿难是佛得道夜生，净饭王云："今是欢喜日，可络②此儿以为欢喜。"三者阿难形容端正，见者欢喜，故名欢喜。
[（隋）吉藏《维摩经义疏》卷三]

(4)"乔答摩不死，今在菩提树下证得无上正遍知道。"时净饭王及宫人国臣忽闻此言踊跃欢喜。当此之时甘露饭王诞生一子，以诸众人欢喜日生故，因号此儿名曰阿难陀。
[（唐）义净《根本说一切有部毘奈耶破僧事》卷十三]

通过分析"欢喜日"的使用情况可知，只有（3）的四个用例能够揭示这个词语的佛教根据。这二例翻译佛经和二例中土撰著讲述了同一个内容：阿难诞生于释迦牟尼成道之日，于是取名阿难，义为欢喜。因此，如果硬是勉强把"欢喜日"看作佛教术语，那么这个日子所指应该是释迦牟尼成道之日，虽然释迦牟尼成道之日有二月八日、三月八日或三月十五日、四月八日、十二月八日各种说法，但却从来没有与七月十五日扯上过关系，所以我们认为此经"七月十五日佛欢喜日"的叙述毫无佛教依据，释迦牟尼成道之日是佛教极为重要的基本常识，此经如果确实存在据以翻译的原典，应该不会出现如此大的误差吧。佛学辞书中仅仅源于此经而被收录的所谓的佛教词语"欢喜日"及其解释也因此变得非常可疑了。

二 《盂兰盆经》的成立时间

对此经何时成立这个问题，学者们没有像对待真伪那样既摆事实又讲道理地进行热烈讨论，大多是顺带提上一句。比如冈部和雄根据文献记载推测它成立于东晋末（400年前后），理由是

---
① 据校勘记，"持"，大日本续藏经作"侍"，当从。
② 据校勘记，"络"，龙谷大学藏写本作"给"，当从。

《道安录》中不见记载，而如《荆楚岁时记》所见6世纪盂兰盆供已经流行。①吉冈义丰推测如果《三元品戒经》成立于5世纪初，那么此经最早可能成立于5世纪中期。然而根据对三元的成立、《三元品戒经》的出现等问题的解释不同，大致回溯半个世纪也是可能的，即认为它成立于4世纪末或5世纪初可能也无可非议。②萧登福、辛岛静志对此经的真伪判定完全相反，但对其成立时间的认识却基本一致，萧登福③认为是竺法护杜撰，辛岛静志认为此经的词语及用法比起鸠摩罗什译经更为古老，与竺法护译经很相似，应该是竺法护或鸠摩罗什之前的其他人所翻译。④

这里稍微说一下辛岛静志的观点，任何一部文献的词汇都分为两部分，一是沿用自前代的词语及用法，二是它所处时代的词语及用法，无论是自然而然无意识地沿用还是刻意为之都是正常且普遍的事情，因此除非经过穷尽性考察证实每一个词语及用法都见于鸠摩罗什之前的译经，否则绝不能根据那么几个词语就下此结论。相反却可以利用文献中出现的前代所没有的词语及用法来鉴别它的时代，这也正是语言学方法鉴别语料的理论依据。下面我们也运用语言学方法（这里主要指词汇证据）来考订此经的成立时间。

耶 魔

　　天神、地神、耶魔、外道、道士、四天王神亦不能奈何。⑤

---

① 〔日〕冈部和雄：《盂兰盆经类の译经史的考察》，日本宗教学会《宗教研究》1964年第37卷第3辑。
② 〔日〕吉冈义丰：《中元盂兰盆の道教の考察》，第266、281页。
③ 〔日〕萧登福：《道家道教影响下的佛教经籍》（上），第326页。
④ 〔日〕辛岛静志：The Meaning of Yulanpen（盂兰盆）——"Rice Bowl" on Pravāraṇā Day。作者在文中提到了"道眼""道士""孝慈""孝顺""闻如是""四辈弟子"这几个词语，指出它们经常出现于鸠摩罗什之前的译经，竺法护译经中也有使用。
⑤ S.2540"能"后多一"救"。

耶魔即邪魔，佛教术语，指妨碍菩提道之邪法恶魔。①中古汉文佛典"耶（邪）魔"一词出现很少，看起来自后秦即有使用。②比如："从发心不生倒，不起邪魔破菩提心故，名童真住。"〔（后秦）竺佛念《菩萨璎珞本业经》卷二〕"十三者菩萨不得信邪魔道，十四者菩萨不得持恶行教人。"〔（刘宋）求那跋摩《佛说菩萨内戒经》〕"四十者菩萨不得卖经法，四十一者菩萨不得至邪魔道家。"〔（刘宋）求那跋摩《佛说菩萨内戒经》〕

但学界对这两部佛经的题署有所质疑，吕澂、蓝吉富、望月信亨等都认为《菩萨璎珞本业经》是假托题署的疑伪经；③且吕澂认为《佛说菩萨内戒经》是失译经，误题求那跋摩译。④据此而言该词的产生时间目前尚无法确知。不过《菩萨璎珞本业经》首见于《祐录》卷四《新集续撰失译杂经录》，并有其本，所以该词在梁代之前应该已经产生。

此后"耶（邪）魔"都出现在南北朝末、隋代及以后。比如："足广百步头柱天，主食邪魔口容山，朝食五百，暮啖三千。"（《全后周文》卷二十甄鸾《戒木枯死》）"邪者魔也，正者圣也。邪魔多种，谓邪恶、邪俗、邪偏、邪渐。"〔（隋）灌顶《大般涅槃经疏》卷十一〕"邪魔虽多，不出九十五种，故偈云：命终生鬼趣九十五眷属也。"〔（隋）灌顶《观心论疏》卷一〕"为诸邪魔所扇惑故，使愚痴者谤毁如是甚深般若波罗蜜多。"

---

① 慈怡主编《佛光大辞典》，第 3035 页。
② 〔日〕辛岛静志：*The Meaning of Yulanpen*（盂兰盆）——"*Rice Bowl*" on *Pravāraṇā Day*。作者指出 "邪魔" 见于竺法护译《佛说海龙王经》，据查有误。此处经文实际当为："初未曾闻如此偈经，是佛说邪？魔所云乎？" 是选择问句，后文又重述此内容，云 "未从如来闻此偈教，不审佛所叹乎？魔所说耶？" 可资参证。
③ 吕澂：《新编汉文大藏经目录》，齐鲁书社，1980，第 91 页；蓝吉富：《佛教史料学》，东大图书股份有限公司，1997，第 278 页；〔日〕望月信亨：《佛教经典成立史论》，法藏馆，1946，第 471～484 页。
④ 吕澂：《新编汉文大藏经目录》，第 60 页。

[（唐）玄奘《大般若波罗蜜多经》卷一八一]

自恣日

于七月十五日佛欢喜日、僧自恣日，以百味饭食安盂兰盆中。

自恣日，佛教术语，一般说是夏安居的竟日，即最后一天，如果夏安居从四月十六日开始，自恣日为七月十五日；如果夏安居从五月十六日开始，自恣日为八月十五日。①也有说是夏安居竟日的第二天。自恣又云随意，众僧在这一天反省夏安居中的行为，随他人之意举发自己所犯的罪，而后忏悔。②

汉文佛典"自恣日"一词都出现在东晋及以后。③较早的用例比如："若比丘聚落中安居，闻城中自恣日种种供养竟夜说法，众欲往者，应十四日自恣已得去。"[（东晋）佛陀跋陀罗、法显《摩诃僧祇律》卷二十七]"尔时有众多比丘，于自恣日在非村阿练若未结界处道路行。"[（后秦）佛陀耶舍、竺佛念《四分律》卷三十七］"以僧自恣日，忆本所习，即以香花供养此塔。"

---

① 慈怡主编《佛光大辞典》，第2529页。此据东晋佛陀跋陀罗、法显译《摩诃僧祇律》卷二十七，具体经文如下，以备参考："前安居从四月十六日至七月十五日，后安居从五月十六日至八月十五日。若安居众中有一人前安居者，至七月十五日，举众应同此一人受自恣。自恣讫，坐至八月十五日。若一切后安居，一切应八月十五日自恣。"
② 慈怡主编《佛光大辞典》，第2399、2529页。
③ 另有3例，具体如下："布萨日及自恣日在道行，若不和合，结坐处小界。"（《昙无德律部杂羯磨》）"彼尼即比丘僧中自恣日便自恣，而比丘疲极。"（同上）"彼比丘僧自恣日便自恣，而皆疲极。"（《羯磨》），虽然《昙无德律部杂羯磨》《羯磨》分别题名为"曹魏康僧铠译""曹魏昙谛译"，但学界对此二经的题署多有质疑。吕澂《新编汉文大藏经目录》指出二者都抄自《昙无德律》（《四分律》），颜洽茂、卢巧琴《失译、误题之经年代的考证——以误题曹魏昙谛译〈昙无德羯磨〉为例》[《浙江大学学报》（人文社会科学版）2009年第5期]综合文献学、词汇学、文化学三方面的情况，认为《羯磨》极有可能是刘宋昙谛所撰。因此这3例排除在外。

[（元魏）吉迦夜、昙曜《杂宝藏经》卷五］"世尊自恣日与诸比丘前后围绕，露地而坐。"［（刘宋）佛陀什、竺道生《五分律》卷十九］

从佛教的戒律和行事来看情况也正好吻合，自恣的仪式和活动举行于夏安居结束之时，而"我国行安居之制始于姚秦时代，其时由于《十诵律》《广律》等之传译，皆详细解说安居之作法，我国僧人乃依之而行结夏。"①因此，夏安居结束之时举行的仪式和活动肯定是伴随着《十诵律》等律部经典的翻译、夏安居之制的产生而产生的，"自恣日"的出现应该不可能早于这些律部经典的翻译以及夏安居之制的实行。

还有一个与"自恣日"相关的词语——"自恣僧"。

其有供养此等自恣僧者，现在父母、七世父母、六种亲属得出三途之苦。

汉文佛典"自恣僧"一词用例不多，除此经二见之外，其他都出现在姚秦及以后。较早的用例比如："诸六群比丘懈怠懒惰，说戒自恣僧羯磨时不来。"［（后秦）弗若多罗、鸠摩罗什《十诵律》卷十五］"有衣与自恣僧，自恣僧应分；若施现前僧，现前僧应分。"［（刘宋）僧伽跋摩《萨婆多部毗尼摩得勒伽》卷七］"若檀越施此自恣僧物回与彼自恣僧者，物应还此。"［（唐）道宣《四分律删繁补阙行事钞》卷二]

四道果

一切圣众或在山间禅定，或得四道果，或树下经行。②

---

① 慈怡主编《佛光大辞典》，第2399页。
② S.2540"四道果"后多一"者"，"树下"前多一"在"。

四道果，佛教术语，同"四果"，指声闻乘修行所得的四种证果，依阶段分别为须陀洹果（预流果）、斯陀含果（一来果）、阿那含果（不还果）、阿罗汉果。①

汉文佛典"四道果"一词都出现在后秦及以后。②较早的用例比如："于四道果中必当证成须陀洹果，若斯陀含果，若阿那含果，若阿罗汉果。"〔（后秦）佛陀耶舍、竺佛念《四分律》卷10〕"破是重禁，现身不得四道果。"〔（后秦）鸠摩罗什《大智度论》卷76〕"若言四倒异四果者，是亦名为诳于如来，何以故？四倒即是四道果故。"〔（北凉）昙无谶《大方等大集经》卷13〕"若女人出家受具足戒，能得沙门四道果不？"〔（刘宋）佛陀什、竺道生《五分律》卷29〕

年年

年年七月十五日，常以孝顺慈忆所生父母乃至七世父母。③

中土文献"年年"一词最早用例如下：

近世有人居海滨者，年年八月有浮槎去来不失期。〔旧

---

① 目前所见佛学辞书都只有"四果"，未见"四道果"，可补。
② 另有7例，具体如下："超度欲流，越生死海，获得三明六通，具四道果。"（《大方便佛报恩经》卷三）其他6例见于《佛说灌顶经》，比如："其中多诸比丘辈修四道果。"（卷一）虽然《大方便佛报恩经》和《佛说灌顶经》分别题名为"失译人名在后汉录""东晋帛尸梨蜜多罗译"，但学界对此二经的题署多有质疑。方一新《翻译佛经语料年代的语言学考察——以〈大方便佛报恩经〉为例》（《古汉语研究》2003年第3期），方一新、高列过《从疑问句看〈大方便佛报恩经〉的翻译年代》（《语言研究》2005年第3期）通过对语言现象的考察，判定前者非东汉译经。后者则被〔日〕望月信亨（《佛教经典成立史论》，法藏馆，1946，第416~424页）、〔日〕牧田谛亮（《疑经研究》复刻版，临川书店，1989，第178页）判定为疑伪经。因此这7例排除在外。
③ S.2540"乃至"作"及"。

题(西晋)张华《博物志》卷十]

据书目题解,《博物志》目前所见十卷本并非张华原书,乃后人钩稽辑佚并杂以他说拼合而成。① 如果这一见暂时不予考虑,则"年年"都出现在东晋及其以后。较早的用例比如:"以后年年大得蚕,今之作膏糜像此。"[(东晋)干宝《搜神记》卷四]"此物繁息,一种永生,蔓延滋漫,年年稍广。"[(北魏)贾思勰《齐民要术》卷三《种蒜》]"年年水旱,牛马殪踣,桑柘焦枯,饥馑相仍。"(《魏书》卷十六《京兆王列传》)"愿自今以后,赐年年奉使。今奉微物,愿垂哀纳。"(《全宋文》卷六十一诃罗陁国王堅铠《遣使奉表》)

汉文佛典中也都出现在东晋及其以后。较早的用例比如:"毘舍离人年年请僧食,食已施钵,时比丘不受用此钵。"[(东晋)佛陀跋陀罗、法显《摩诃僧祇律》卷十]"阿毘昙师者供养阿毘昙,律师者供养律,年年一供养,各自有日。"[(东晋)法显《法显传》]"彼于王舍城中有田业,年年从舍卫国至王舍城按行田业。"[(后秦)佛陀耶舍、竺佛念《四分律》卷五十]"诸比丘尼年年与弟子受具足戒,弟子众多,不能一一教诫。"[(刘宋)佛陀什、竺道生《五分律》卷十三]

盆器

具饭、百味五果、汲灌盆器、香油□烛、床枕卧众具,

---

① (清)永瑢:《四库全书简明目录》,古典文学出版社,1957,第558~559页。作者曰:"原本散佚,后人采其遗文,裒合成编,又杂取他说附益之。故证以诸书所引,或有或无,或合或不合也。"类似解说参见邵懿辰撰、邵章续录《增订四库简明目录标注》,上海古籍出版社,1979,第609页;李学勤、吕文郁主编《四库大辞典》,吉林大学出版社,1996,第2167页。余嘉锡《四库提要辨证》(中华书局,1980,第1154~1158页)考证尤为详审。

尽施甘美，以着盆中。①

中土文献"盆器"一词最早见于东晋："至五更初顿服，天明取下腰间恶血物用盆器贮。"[（东晋）葛洪《肘后备急方》卷四] 其他则出现在唐代及其以后。比如："右五味以水一石五斗煮取，米熟为度，大盆器贮于上。"[（唐）王焘《外台秘要》卷十]"以银铜沙罗或好盆器坐一金铜或木佛像，浸以香水，杨枝洒浴。"[（北宋）孟元老《东京梦华录》卷十]

汉文佛典中使用不多，也都出现在东晋及以后。较早的用例比如："比丘不得妄语，复不得示钱物处，应示釜镬盆器等。"[（东晋）佛陀跋陀罗、法显《摩诃僧祇律》卷 14]"诸有所须盆器米面盐醋之属，莫自疑难。"[（后秦）鸠摩罗什《妙法莲华经》卷二]"见卧具床榻、釜镬盆器、斗斛瓶瓮众僧生活物无所乏少。"[（后秦）弗若多罗、罗什《十诵律》卷五十九]"我今佐汝，及以种种瓮器米面与汝作食。"[（元魏）吉迦夜、昙曜《杂宝藏经》卷四]

这段文句中还有一个词语值得关注。如同脚注指出的那样，"床枕卧众具"《大正藏》作"床敷卧具"，参校的宋、元、明、宫四本也都没有异文；更重要的是，（唐）宗密《盂兰盆经疏》[包括它的子疏，比如（宋）元照《盂兰盆经疏新记》、（宋）遇荣《盂兰盆经疏孝衡钞》等]、（明）智旭《盂兰盆经新疏》、（清）元奇《盂兰盆经略疏》在复述经文时也都与《大正藏》相同。因此这里原文可能应该是"床敷卧具，尽世甘美"。

"床敷"目前未见收录于任何辞书，它的所指应该与"坐具""卧具"类似，指铺设在地上或坐席床榻之上的布帛织物，僧人用来护衣、护身或者护坐席床榻等器具。

汉文佛典"床敷"一词最早用例如下：

---

① S.2540"□"作"铤"，"床枕"作"床褥"。《大正藏》"□"作"铤"，"床枕卧众具"作"床敷卧具"，"尽施"作"尽世"。

普以供养衣被饮食、床敷卧具、病瘦医药。[（西晋）竺法护《渐备一切智德经》卷二]

这是东晋之前的唯一用例，但不甚可靠。据校记，"床敷卧具"宋、元、明、宫四本作"床卧坐具"，圣本作"床卧具"。因此这一用例暂时不予考虑。

此例除外，汉文佛典中"床敷"都出现在东晋及其以后。① 较早的用例比如："旧比丘不得令床敷处处弃捐，令虫噉食而置。"[（东晋）佛陀跋陀罗、法显《摩诃僧祇律》卷三十四] "满一亿岁施诸所安，衣服饮食床敷医药一切乐具。"[（后秦）鸠摩罗什《大树紧那罗王所问经》卷三] "彼比丘尼无病二人共同床卧，随胁着床敷——波逸提，随转——波逸提。"[（后秦）佛陀耶舍、竺佛念《四分律》卷二十六] "种种杂色床敷卧具，资生所须。"[（北凉）昙无谶《大般涅槃经》卷七] "喜患黄病，口常醶苦，床敷虽软，得坚恶触。"[（元魏）瞿昙般若流支《正法念处经》卷十三]

综上所述，通过考察《盂兰盆经》中出现的"耶（邪）魔""自恣日""自恣僧""四道果""年年""盆器""床敷"这7个词语，我们认为此经的出现应该在东晋姚秦之后，尤其是根据"自恣日""自恣僧"这两个词语，我们推测这部疑伪经的编撰可能是在律部主要经典《摩诃僧祇律》《十诵律》《四分律》《五分律》传至中国之后的事情，其成立时间最早可能是在5世纪上半叶。

---

① 另有一例，具体如下："罽宾国坐禅无诸妨难，床敷卧具最为第一，凉冷少病。"（《阿育王传》卷五）虽然《阿育王传》题名为"西晋安法钦译"，但学界对于此经的题署多有质疑。吕澂《新编汉文大藏经目录》认为《阿育王传》与《阿育王经》的题署误换了，即题名为安法钦译《阿育王传》实为梁僧伽婆罗译，而题名为僧伽婆罗译《阿育王经》实为安法钦译。因此这一例排除在外。

三 "盂兰盆"的语源、语义

明确了《盂兰盆经》的性质和成立时间,我们来说说与此经密切相关的"盂兰盆"这个词语。围绕该词的语源、语义,不仅古代佛教学家聚讼不已,近现代以来在此经的本体研究中讨论最为激烈的也是这个问题。

先回顾一下古代佛教学家的观点。

一种观点认为该词是一个梵汉合璧词,即盂兰是梵语的音译,义为倒悬或救倒悬;盆是汉语固有词,指盛食设馔的器皿。(唐)慧净《盂兰盆经赞述》、(唐)宗密《盂兰盆经疏》、(宋)志磐《佛祖统纪》、(宋)道诚《释氏要览》、(宋)法云《翻译名义集》、(明)智旭《盂兰盆经新疏》、(清)灵耀《盂兰盆经疏折中疏》、(清)元奇《盂兰盆经略疏》均持此说。比如:"盂兰是西域之语,此云倒悬;盆乃东夏之音,仍为救器。若随方俗,应曰救倒悬盆。"(《盂兰盆经疏》卷二)"盂兰乃是梵语,正云乌蓝婆拏,此翻救倒悬……盆字是华言,乃贮食之净器,一切碗钵通名为盆。"(《盂兰盆经新疏》)

另一种观点认为该词是一个完全的梵语音译词,即三个字都来自梵语的对音。持此观点的人不多,代表性的解释有两家,但两家解释稍有不同。一是(唐)玄应,他在《玄应音义》中指出"盂兰盆,此言讹也。正言乌蓝婆拏,此译云倒悬……旧云盂兰盆是贮食之器,此言误也。"二是(宋)遇荣,他在《盂兰盆经疏孝衡钞》卷一说:"盆亦讹略,旧云盆佐那,新云门佐罗,亦云门佐曩,华言救器。"即认为"乌蓝婆拏"仅与"盂兰"对音,"盂兰盆"是梵语"乌蓝婆拏盆佐那"的音译讹略。

总体而言这两种观点都以《盂兰盆经》是翻译佛经为前提,认为该词源自梵语,不过从上下文来看,认为"盆"是汉语固有词、表器皿义的观点看起来比较文通意顺。但是玄应的观点在后世影响极大,其一就是比较有影响力的佛学辞书、大型语文辞书，比如《佛光大辞典》《望月佛教大辞典》《汉语大词典》等都沿用了他的解释。①究竟这两种观点孰是孰非，让我们来看看近现代以来学界对该词的重新认识。

最早要追溯到池田澄达、荻原云来，他们立足于玄应的观点，指出该词是 ullambana 的音译，ullambana 是俗语，正确的梵语是 avalambana，avalambana 变成 olambana，接着 o 又变成 u，再加上子音重迭就变成了 ullambana。巴利语 uppīḷḷeti 梵语作 avapīḷ-ayati 就是例证。②此说很有代表性，与玄应的观点结合在一起通行于世，上面说到的那些辞书都提及该词的原语是 ullambana。

实际上查看《汉译对照梵和大辞典》可知，avalambana 汉译为垂、执、执捉，见《梵汉对照佛教辞典》《梵藏汉和四译对校翻译名义大集》；境、境界，见梵语《大方广佛华严经》。③ullambana 汉译为倒悬，见《玄应音义》。音写为盂兰盆、乌蓝婆拏，见《玄应音义》。④

据此，avalambana 虽然有悬垂之义，但释为倒悬或救倒悬就有些勉强了，ullambana 自身也很可疑，《汉译对照梵和大辞典》直接参考梵文佛典，收录的词条基本都注明了出自哪部或哪些梵文佛典，ullambana 却仅交代出自《玄应音义》，也就是说 ullambana 在梵文佛典中未见使用，这种情况在《汉译对照梵和大辞典》中很少见。当然我们可以为此做出解释：毕竟《汉译对照梵和大辞典》参考的梵文佛典数量有限，ullambana 刚好就没有出现在这些梵文佛典中也是有可能的。不过因为客观条件限制，没有

---

① 慈怡主编《佛光大辞典》，第 3454 页；〔日〕冢本善隆等编纂《望月佛教大辞典》，第 243～244 页。也有一些辞书采取不置可否的解说，比如说《佛学大辞典》，先以玄应的观点立论，但接着又摆出《盂兰盆经疏》的观点，并把宋元照《盂兰盆经疏新记》卷一"《音义》则梵言得实，疏家则一往符经，疑故两存，随人去取"这种两存其说的观点胪列其后。
② 〔日〕池田澄达：《〈盂兰盆经〉に就いて》；〔日〕荻原云来：《盂兰盆の原语に就いて》，荻原博士纪念会《荻原云来文集》，1938，第 919～920 页。
③ 〔日〕荻原云来编纂《玄应音义》，新文丰出版公司，2003，第 144 页。
④ 〔日〕荻原云来编纂《玄应音义》，第 282 页。

更多的梵文佛典可供查阅，所以想要直接反驳这个解释也没有办法。

没有办法直接反驳梵文佛典可能会存在 ullambana，我们反过来考察"乌蓝婆拏"和"倒悬"这两个词语在翻译佛经中的使用情况。

"乌蓝婆拏"在翻译佛经中未见出现。[①]"倒悬"在翻译佛经中出现频率却不低。把出现"倒悬"的翻译佛经经目和《汉译对照梵和大辞典》所参考的梵文佛典经目进行对照，我们发现题名（西晋）安法钦《阿育王传》、（后秦）弗若多罗、罗什《十诵律》、（唐）地婆诃罗《方广大庄严经》和（宋）法护《大乘集菩萨学论》这4部出现"倒悬"的翻译佛经，其梵文原典正好也是《汉译对照梵和大辞典》所参考的佛经。据此分析，梵语中肯定有一个或几个词（短语）与翻译佛经中的"倒悬"在意义上相当，但绝对不是 ullambana，否则《汉译对照梵和大辞典》就不会有 ullambana "汉译为倒悬，见《玄应音义》"这样的解说了。

概括说来就是，首先在梵文佛典中找不出 ullambana 的使用，其次对比出现"倒悬"的梵汉佛经经目可知，梵语中肯定有一个或几个词（短语）与翻译佛经中的"倒悬"在意义上相当，但绝对不是 ullambana。同时"乌蓝婆拏"也不见于翻译佛经，如果"乌蓝婆拏"确实有梵语或其他中印度的原语存在，那么就算在目前的佛经原典中找不出对应的原语，但在卷帙浩繁的翻译佛经中找到这个原语的音译词"乌蓝婆拏"的使用应该是正常的吧，但考察结果却是翻译佛经中未曾出现过这个词语。因此，目前没有证据能够证明 ullambana 和"乌蓝婆拏"这个所谓的音译词的存在，即使抛开"盂兰""盂兰盆"不提，也没有办法验证

[①] "乌蓝婆拏"在汉文佛典中仅七见，均出自唐宋及其以后的中土撰著类佛典文献，具体即《玄应音义》一见、（宋）法云《翻译名义集》一见、（唐）宗密疏、（宋）元照记《盂兰盆经疏新记》一见、（宋）遇荣《盂兰盆经疏孝衡钞》二见、（明）焦竑《楞严经精解评林》一见、（明）智旭《盂兰盆经新疏》一见，都用以指明它是"盂兰"或"盂兰盆"的梵语。

ullambana 音译作乌蓝婆拏、义为倒悬这种说法的可靠性。

池田澄达、荻原云来之后开始出现反对玄应观点的声音，高楠顺次郎指出该词的原语是巴利语 ullumpana，义为救济、帮助。井本英一指出该词的原语是伊朗语 ulavān，义为恢复了自然法则的人。伊朗语 artavān māh 经由 ahlavān māh 变成 ulavān māh，从波斯语第一个月 farvardīn māh 称作 farvardīn 来推论，māh 不用音译，通常仅用 ulavān。①岩本裕的观点最具代表性，且论证充分，这里稍作介绍。他指出经文中没有倒悬的叙述。玄应曰："案西国法，至于众僧自恣之日，盛设供具奉施佛僧以救先亡倒悬之苦。"这是没有根据的臆测，玄奘、义净在印度居留多年都没有任何相关记载；如果该词源自印度，在玄应之前没有任何人提到它是不可理解的事情，即提示该词的原语不是西域或印度诸语言能够解释的。同时也不能用汉语来解释，所以理所当然作为外来词来考虑，外来文化中佛教除外就是西亚文化，其中时代最久远的当属粟特人，于是认为该词的原语是伊朗语 urvan，义为灵魂、特别是死者的灵魂。urvan 和阿维斯陀语中义为植物，特别是有用植物和栽培植物的 urvarā 有关联，表明印度日耳曼民族很多民间信仰中死者的灵魂和农业之间有紧密联系。②

这些学者虽然不赞成玄应的说法，但他们都毫不怀疑地认定该词是一个完全源自外来语的音译词，从根本上看这仍然是玄应的观点，也就是说这些有异于玄应的观点本质上都还是以玄应的观点为立论依据的。不过这也侧面说明了玄应观点对后世的极大影响。对于这些观点（包括池田澄达、荻原云来的观点），我们完全赞同入泽崇和辛岛静志的评价。他们两位认为迄今关于"盂兰盆"原语的探索都完全无视《盂兰盆经》的上下文语境，不依

---

① 〔日〕井本英一：《盂兰盆の诸问题》，日本オリエント学会《オリエント》1967 年第 9 卷第 1 号。
② 〔日〕岩本裕：《"盂兰盆"の原语について》，第 385~396 页；〔日〕岩本裕：《地狱めぐりの文学》，《佛教说话研究》第 4 卷，开明书院，1979，第 225~232 页。

据上下文语境来对待它，而是把它从《盂兰盆经》独立摘出来任意地臆测疑似原语。另外辛岛静志还特别指出这些学者太过相信《玄应音义》，他认为玄应对中印度语没那么了解，更不用说曾经一度广泛使用于佛经但在玄应时代很久以前就已消亡的犍陀罗语，如同他解释"马脑"一样，他对"盂兰盆"的解释也是他那些古怪的解释中的一个。①

他们两位也都提出了自己的观点，入泽崇认为"盂兰"可能是中国西南少数民族的语言，指出《魏书》卷101《獠列传》有"依树积木以居其上，名曰干兰"之句，"干兰"指吊脚楼，现在西南少数民族使用的吊脚楼称为"干兰式"，别名"竹楼"，也记作干阑、干栏、阁阑、高阑、麻栏等。"盂兰盆"即贮食之器，不过可能稍微大一些，也就是现在所造的"盆棚"这样的器物。②辛岛静志认为"盆"是汉语词，指器皿；"盂兰"作为"盆"的定语可能是中印度语olana的音译，由梵语odana变化而来，因为在中印度包括巴利和犍陀罗，-d-偶尔可以变成-l-，且梵语翻译为汉语时单词末尾的元音通常都不翻译。Odana义为米饭，作为布施物在梵语和巴利语文献中随处可见。③

虽然前者认为"盂兰盆"是汉语词，后者认为它是梵汉合璧词，但两个观点有不谋而合之处，一是"盂兰"作定语，修饰限制"盆"，二是"盂兰盆"整体意义指盛食器皿，这与以宗密为代表的古代佛教学家的观点类似，尤其是辛岛静志的观点与之极为相似。这些观点至少从上下文来看是文通意顺的，但问题是辛岛静志自己也指出文献中无法证实olana的使用，从odana到olana的演变只是基于理论上的可能性推测，这使得他的立论在很大程度上变成一种猜想。而入泽崇的观点也有些牵强，假如"盂兰"

---

① 〔日〕入泽崇：《〈佛说盂兰盆经〉成立考》；〔日〕辛岛静志：" The Meaning of Yulanpen（盂兰盆）——"Rice Bowl" on Pravāraṇā Day"。
② 〔日〕入泽崇：《〈佛说盂兰盆经〉成立考》。
③ 〔日〕辛岛静志：The Meaning of Yulanpen（盂兰盆）—— "Rice Bowl" on Pravāraṇā Day"。

像"干兰"等一样是西南少数民族语言的记音词,义指吊脚楼,那么,一般而言除非此疑伪经编撰于那个地区或者作者非常熟悉那个地区的语言,否则文中突然出现这样一个词语不是很突兀吗?且用"吊脚楼"来修饰限制"盆"感觉有点奇怪。

另有田中文雄、赤松孝章像入泽崇一样也认为该词是汉语词、义为器皿。不过他们认为"盂""盆"即器物;"兰"不指具体的事物,而表芳香、美好等义。田中文雄更是直接指出"兰"修饰"盆"。①这个观点明显从语言事实上很难解释得通。按照他们两位的理解,"盂兰盆"是个一加二式三音节词语,通常来说一加二式三音节词语中"一"和"二"之间应该是偏正关系,但这里"一"和"二"之间即"盂"和"兰盆"却是并列关系,汉语中好像不存在这样的组合。

迄今为止关于"盂兰盆"语源、语义的讨论至此基本梳理完毕,②在爬梳的过程中也大致对各种观点进行了评判,下面我们将就这个问题提出自己的意见。

前文已讲过目前没有证据能够证明 ullambana 和"乌蓝婆拏"这个所谓的音译词的存在,即使抛开"盂兰""盂兰盆"不提,也没有办法验证 ullambana 音译作乌蓝婆拏、义为倒悬这种说法的可靠性。我们在这里接着来考察汉文佛典中"盂兰""盂兰盆"

---

① 〔日〕田中文雄:《"盂兰盆"语义解释考》,《道教文化への展望—道教文化研究会论文集》,平河出版社,1994,第 347、350 页; 〔日〕赤松孝章:《"盂兰盆"考》,《高松大学纪要》2000 年第 33 号。

② 另外 Stephen F. Teiser, *The Ghost Festival in Medieval China* 的中译本,侯旭东译《幽灵的节日——中国中世纪的信仰与生活》中对学界有关"盂兰盆"语源的讨论也稍有简单概括,可参考。书中指出有三种解释。一是为"盂兰盆"拟定印欧语源,推测其原型词是梵文 avalambana,或巴利文 ullampana,或伊朗文 urvan。二是遵从通行的中国理解,认为"盆"指中文词"钵","盂兰"是外来语"倒悬"的音译;或接受"盆"为"钵"之意,但却是梵文 bhājana 音译的缩写形式。三是依据汉语口语来解释,一些人认为它的读音代表另一个词,即"渍篮盆",意为浅平竹篮;另一些人认为缩短的读音 yü-lan 表示"鱼篮"或"盂篮",指一杯琼浆玉液和一篮油饼,短音 lan-pen 指玉兰盆。

的使用情况。

"盂兰"在汉文佛典中出现频率不高，共一百多见，不过无一例外都出自唐宋及以后的中土撰著类佛典文献，翻译佛经未见使用。

"盂兰盆"在汉文佛典中共有 363 见，看起来有 7 见出自翻译佛经，其他均出自中土撰著类佛典文献。这 7 见中 2 见用在《盂兰盆经》的首尾经题，因此实际上也就 5 见，① 具体如下：

（1）若未来世一切佛弟子行孝顺者是孝子，亦应奉盂兰盆，救度现在父母及至七世父母。②（《盂兰盆经》）

（2）于七月十五日佛欢喜日、僧自恣日，以百味饮食安盂兰盆中，施十方自恣僧。（《盂兰盆经》）

（3）常以孝顺慈忆所生父母乃至七世父母，为作盂兰盆施佛及僧，以报父母长养慈爱之恩。③（《盂兰盆经》）

（4）南无长者诣佛说子妇不恭敬经 南无七妇经 南无盂兰盆经（三十卷本《佛说佛名经》卷十四）

（5）或以七月十五日能造佛盘盂兰盆献佛及僧，得果无量，能报父母之恩。（《父母恩重经》）

从这些用例（尤其是《盂兰盆经》的用例）来看，我们完全同意以宗密为代表的古代佛教学家以及入泽崇、辛岛静志、田中文雄等现代学者把"盂兰盆"整体意义理解为器皿的观点。"盂

---

① 下面一例比较特殊，特此说明："是时行者即以右羽持甘露器，面向东立，泻于坛前（或净地上，或大石上，或所净瓦盆亦名盂兰盆，生台亦得），或泉池江海长流水中。"（唐不空《瑜伽集要救阿难陀罗尼焰口轨仪经》）虽然《瑜伽集要救阿难陀罗尼焰口轨仪经》是翻译佛经，但"盂兰盆"不是出现在经文之中，而是出现在译经师不空的随文注解文字之中，因此不能当作出自翻译佛经的用例，而应该是中土撰著类佛典文献的用例。

② S. 2540 "未来世"作"来世"，"盂兰盆"作"盂兰"，"及至"作"乃至"。《大正藏》"是孝子"缺，"奉"后多一"此"，"及至"作"乃至"。

③ S. 2540 "乃至"作"及"，"为作"作"为造"。

兰盆"毫无疑问应该表示盛物的器皿。虽然说词语的意义不是随文释义，需要具有一定的概括性，但是对词语的理解也绝不能脱离它所依托的文献（上下文语境）去空谈，否则"揆之本文而协，验之他卷而通"这样的精辟论说就无从谈起了，这是探求语义的一个基本原则。后来中土撰著类佛典文献又用以代指《盂兰盆经》、盂兰盆会、盂兰盆供、盂兰盆节等。比如："《胜鬘》、《仁王般若》、《温室》、《盂兰盆》、《上下生》各出要缵，盛行于世，并文义绮密，高彦推之。"［（唐）道宣《续高僧传》卷三］"夏制之始延师入景德讲《止观》，垂毕，有三沙门披纳而至，请预盂兰盆讲席，揖其坐忽不见。"［（宋）志磐《佛祖统纪》卷十］

　　不过最让人感兴趣的出现在这五个用例的三部佛经中。《盂兰盆经》前文已证是疑伪经。《父母恩重经》收于《大正藏》第八十五册《疑似部》，没有题署，从古代经录学家到现代学界都一致认为是疑伪经。①

　　三十卷本《佛说佛名经》收于《大正藏》第十四册，没有题署，经录中没有任何记载，历代大藏经好像也仅见收录于高丽藏。②高丽藏卷一之后按语曰："今捡国本大藏，彼回汉函中亦有此经十八卷者，以此三十卷本对彼校之，卷数虽异文义全同，但一样忏文此经再迭彼乃三迭，又宝达伪经此有彼无，为少异耳……隋开皇十四年敕沙门法经等所撰《众经目录》暨皇唐诸家目录并以此宝达经列为伪妄，今《佛名经》前诸录家真伪不录，《开元录》中收为伪妄，而合此宝达伪经则妄中加妄也……今欲删正，则彼十八卷者乃无宝达伪经稍正可存，然此三十卷经本朝

---

① 有关此经的记载最早见于《大周录》卷十五《伪经目录》云："古来相传皆云伪谬，观其文言冗杂、理义浇浮，虽偷佛说之名，终露人谟之状。"此后《开元录》卷十八也将其收入《伪妄乱真录》，云："经引丁兰、董黯、郭巨等，故知人造。"《贞元录》从智昇说。

② 查高丽大藏经总目，其初雕本、续藏本均没有收录三十卷本《佛说佛名经》，再雕本才将其收录入藏。

盛行，行来日久，国俗多有倚此而作福者，今忽删之彼必众怒，若俱存之理亦未可，且顺人情，存此而删彼。"可见高丽藏虽然顺应世俗人情收之入藏，却也明确指出此经乃伪妄之作。而且学界围绕《佛说佛名经》的探讨不少，一般都会略微提及此三十卷本，对于它是疑伪经这一点好像没有异议。

据上所述，因为《盂兰盆经》、三十卷本《佛说佛名经》和《父母恩重经》这三部佛经都不是翻译佛经，而是疑伪经，所以这五见都不能算是"盂兰盆"的翻译佛经用例。这也就是说"盂兰盆"和"盂兰"一样在汉文佛典中都仅见于中土撰著类佛典文献，翻译佛经未见使用。

就像我们在前文考察"乌蓝婆拏"时说过的一样，如果"盂兰""盂兰盆"确实有梵语或其他中印度的原语存在，那么在卷帙浩繁的翻译佛经中找到"盂兰""盂兰盆"这两个所谓的音译词的使用应该是正常的，但考察的结果却是翻译佛经中未曾出现过这两个词语。因此，根据这两个词语所出自的文献范围进行推测，我们认为"盂兰"和"盂兰盆"没有据以翻译的所谓的原语存在，它们应该不是源自梵语或其他中印度语的音译外来词，很可能是地地道道的汉语词或者是源自梵语及其他中印度语之外的音译词。井本英一、岩本裕等可能正是基于该词不可能音译自梵语或其他中印度语这个认知，才拟定其原语是伊朗语的，只可惜他们为了拟定原语而拟定原语，完全忽略了词语的意义及其所依托的文献。

通过文献考察该词的意义及内部结构应该可以帮助我们明确它到底是汉语词还是源自印度之外的音译词。前文已指出"盂兰"都出现于唐宋及以后的中土撰著类佛典文献，其中绝大多数见于《盂兰盆经疏》《佛祖统纪》《盂兰盆经新疏》等认为"盂兰盆"是梵汉合璧词的文献，把它作为被解释的对象提出来给予解释。其他情况下使用不多，其意义完全与"盂兰盆"等同。比如："江表钞《盂兰》而服《义疏》，斯经乃欺心，中边皆甜，实难其味。"［（宋）师会《般若心经略疏连珠记》卷一］又如

"盂兰盆会"多称作"盂兰会":"建盂兰会,说幽冥戒,普济之。"〔(明)释德清《观楞伽经记》卷八〕"为妾作一盂兰会,则感德不浅。"〔(清)弘赞《六道集》卷三〕

与"盂兰"一样,"兰盆"也仅出现于中土撰著类佛典文献,出现频率也不高,其意义也完全与"盂兰盆"等同。比如:"昔圭峰祖师发挥《金刚》《兰盆》,合而辨之。"〔(宋)净源《仁王经疏》卷一〕"必营斋讲诵如兰盆法,是可谓孝之终也。"〔(宋)契嵩《镡津文集》卷三〕"则知设兰盆者,不是专供过去圣僧,当普供现在凡僧也。"〔(明)袾宏《楞严经摸象记》卷一〕

中土文献也有一些"盂兰"和"兰盆"的用例,意义也都与"盂兰盆"完全等同。比如:"其年七月幸安国寺观盂兰会。"〔(宋)王溥《唐会要》卷二十七〕"冀穰寇戎,大作盂兰,肖祖宗像,分供寺塔。"(《新唐书》卷一八一《李蔚列传》)"道门宝盖献在中元,释氏兰盆盛于此日"。〔旧题(唐)韩鄂《岁华纪丽》卷三〕很有意思的是(唐)张读《宣室志·卢元裕》:"尝以中元设幡幢像,置盂兰于其间,俄闻盆中有唧唧之音,元裕视,见一小龙才寸许……有白云自盆中而起,其龙亦逐云而去。"前称"盂兰",后言"盆",显然"盂兰"就是盆。

据此可见,"盂兰""兰盆"与"盂兰盆"完全同义。如果"盂兰盆"是源自印度之外的音译词,那么"盂兰""兰盆"应该是"盂兰盆"的节译形式。但是,从梵语音译为汉语的实际情况来看,由于对原语元音的取舍不同,所以同一个梵语词可能会出现或全译,或节译的几个不同音译形式,但全译仅三个音节却有去头和去尾两种节译形式的情况很少见。也就是说,全译是三音节的音译词,一般都只有一个节译形式,至于如何节译却无定规,可以保留两个音节还可以只保留一个音节,比如"阿兰(练)若"节译仅有"兰(练)若","目揵连"节译仅有"目连","阿难陀"节译仅有"阿难","般涅槃(般泥洹)"节译仅有"涅槃(泥洹)","钵和罗(兰)"节译仅有"钵",等等。

以此类推，从梵语或其他中印度语之外的原语而来的音译词应该也是同样的情况吧，所以我们认为三者是同一个外来词的不同音译形式的可能性很小。排除这种可能性，那么"盂兰盆"（包括"盂兰""兰盆"）就很可能是地地道道的汉语词了。从汉语词的立场来解释，"盂兰""兰盆""盂兰盆"完全同义只能说明"盂""兰""盆"是同义或近义的并列关系，即"盂兰盆"的内部结构应该是三字分式同义并列结构。

"盂"和"盆"的并列关系不需多说，比较难以理解的是"兰"。我们认为"兰"是"篮"的音近借字，虽然中土文献未曾出现"篮"假借作"兰"的情况，不过就疑伪经而言，这种音同或音近即可假借的情况很多。就如黄征所说："正规的文言文古文献中只容忍先秦两汉通用的借音字，不是随便哪个同音字都可借代；通俗文献中，尤其是敦煌吐鲁番文献中，则完全打破此一陈规，凡是同音或二音极其相近即可互代，因此有人说敦煌文献是一种'表音文字'写成的，虽然过于肯定，却也有几分真实。"①

就我们目前所见，汉文佛典中可能还另有"篮"假借作"兰"的用例，具体如下。

（1）生堕草上，父母养育，卧则兰车、父母怀抱。（《父母恩重经》）

（2）慈母养儿，去离兰车，十指甲中食子不净，应各有八斛四斗。（《父母恩重经》）

（3）其儿遥见我来，或在兰车摇头弄脑，或复曳腹随行，呜呼向母。（《父母恩重经》）

---

① 黄征：《读〈藏外佛教文献〉第一辑》，《敦煌语言文字学研究》，甘肃教育出版社，2002，第349页。

"兰车"除此疑伪经三见之外,汉文佛典中再无其他用例。①不过此三例或有异文作"栏车"(《盂兰盆经疏孝衡钞》),或有异文作"阑车"(《盂兰盆经疏新记》)。张涌泉认为"兰"通"阑",而"栏"是"阑"的后起增旁字,"兰车"即四周有木栅栏的车。②不过我们怀疑这里"兰""栏""阑"三个同音字都是"篮"的音近借字,"篮车"应该就是摇篮,也即摇车。张涌泉的解释还是比较接近的。(唐)义净《根本说一切有部毘奈耶杂事》卷12有文如下:"凡胎生者是极苦恼,初生之时或男或女堕人手内,或以衣裹安在日中,或在阴处,或置摇车,或居床席怀抱之内。"这段文字算是对(1)的最好注解,可相对照。

　　且从奉施僧人的实际情况来看,奉施之物可能涵盖了僧人吃、穿、用日常生活的所有物品,从"具饭、百味五果、汲灌盆器、香油□烛、床枕卧众具,尽施甘美"这句经文就可窥豹一斑,这些生活物品大的、小的、干的、湿的、生的、熟的、热的、冷的……形形色色,应该也需要各种不同的盛器。也许此经的编撰者就是把"盂""篮""盆"这三种盛物之器罗列在一起创造出该词的,只不过"篮"借了"兰"来表记,于是从字面来看"盂兰盆"好像确实带着几分音译词的感觉。而唐宋以来无论是以宗密为代表的佛教学家,还是以玄应为代表的佛教学家,可能是为了证明农历七月十五日这一天的佛教行事具有印度佛教的"纯正血统",进而保障其行事的权威性和影响力,于是把"盂兰"或者"盂兰盆"翻汉为梵,为它们主观臆测出一个所谓的原语。

---

① 中土文献偶见"兰车"用例,比如:"羽骑云布,兰车星陈。"(《全三国文》卷二十三王肃《格虎赋》)"海舶致珍玩,兰车载名讴。张筵日为乐,丰藤罗庶羞。瑶琴奏白雪,玉瓒倾黄流。"((明)刘溥《草窗集》卷上《万玉清秋图为金学士公素赋》)与疑伪经中的"兰车"不同,中土文献"兰车"的"兰"可能与"兰舟""兰堂""兰室"的"兰"一样,用作美称。

② 张涌泉:《敦煌本〈佛说父母恩重经〉研究》,《文史》第49辑,中华书局,1999年,第80页。

翻汉为梵，虽然现在说起来有点奇怪，但对于唐宋时期具备深厚梵语知识的高僧大德们来说，出于维护佛法的目的可能的确会这样做。道宣曾经记载过玄奘把汉语《大乘起信论》翻译成梵语流通于世的事情，其文如下："又以《起信》一论文出马鸣，彼土诸僧思承其本，奘乃译唐为梵，通布五天。斯则法化之缘东西互举。"（《续高僧传》卷4）《佛祖统纪》卷29亦有同样记载："《起信论》虽出马鸣，久而无传，师译唐为梵，俾流布五天。复闻要道，师之功也。"如果这些记载可信，那么高僧大德们给一两个地地道道的汉语词构拟出所谓的梵语原词也能够理解了。

贵州大学人文学院中文系
中国语言文学论丛第二辑

中国古典文献学

《楚辞》所载汉人作品校证
（二十五则）*

王 伟

一 惜誓：飞朱鸟使先驱兮，驾太一之象舆

"飞朱鸟使先驱兮"疑作"使朱鸟先驱兮"。

按："飞朱鸟"不辞，虽然"朱鸟"一词习见，但"飞朱鸟"一词却不见于《楚辞》它篇，也罕见于其他典籍。王注"即朱雀神鸟为我先导"，似王逸所见也不作"飞朱鸟"。该句疑作"使朱鸟先驱兮"。《九歌·大司命》即谓"令飘风兮先驱，使冻雨兮洒尘"，"令飘风"即"使飘风"也，《说文·人部》"使，令也"①是证；而《哀时命》"使枭杨先导兮，白虎为之前后"，更与本句相仿。且王注"即"字当为释"使"之词，如今日通语犹"即使"并用。故疑王本本作"使朱鸟先驱兮"。

---

* 本文讨论所据《楚辞》文本以中华书局 2002 年 10 月第四次印刷出版的《楚辞补注》本为准。

① （清）段玉裁：《说文解字注》卷八上，凤凰出版社，2007，第 660 页。

二 惜誓：苦称量之不审兮，同权概而就衡

疑作"苦称量之不审兮，同权衡而就概"。

按："权衡"《楚辞》习见，如《哀时命》"何权衡之能称"等皆是。此外《周礼·夏官·合方氏》谓："同其数器。"孙诒让《周礼正义》云："……依《汉志》说，则度量权衡通名数器。《管子·君臣篇》云'衡石一称'，即同权衡也。"①是典籍也通言"同权衡"。且据王注"言患苦众人，称物量谷，不知审其多少，同其称平，以失情实，则使众人怨也。以言君不称量士之贤愚，而同用之，则使智者恨也"云云，则本句与《哀时命》"执权衡而无私兮，称轻重而不差"所要表述的意义一致，即别贤愚，任贤士。彼《哀时命》作"权衡"，此当也如是。

三 惜誓：彼圣人之神德兮

"神德"疑作"圣德"。

按：《楚辞》言圣人之德，王注皆言"圣德"，如《离骚》："杂申椒与菌桂兮，岂维纫夫蕙茝？"王注："言禹、汤、文王，虽有圣德"；"尧舜之耿介兮"，王注："尧、舜，圣德之王也"；《九章·怀沙》："汤禹久远兮，邈而不可慕"，王注"言殷汤、夏禹圣德之君"云云，皆以"圣德"喻"圣人"。而王注本篇谓"有圣德之君乃肯来出"云云，则义同它篇。且先秦两汉典籍多言"圣德"，而罕言"神德"，如《文选》载王融《永明九年策秀才文五首》（问秀才高第明经）："朕闻神灵文思之君，聪明圣德之后。"李善注："孔安国曰：言圣德之远著也。"②故疑"神

---

① （清）孙诒让：《周礼正义》卷六十四，中华书局，1987，第 2698 页。
② （梁）萧统编、（唐）李善注《文选》卷三十六，上海古籍出版社，1986，第 1644 页。

德"乃"圣德"声之误也。《乐府诗集·娇女诗》"上有神仙居","神仙"一作"仙圣"。①是神、圣互用之证。

四　七谏·怨世：　何周道之平易兮

"平易"疑作"平直"。

按：王注"言周家建立德化，其道平直公方，所履无失，而言芜秽倾危者，心惑意异也。以平直为倾危，则以忠正为邪枉也"云云。是王本作平直。且《诗·小雅·大东》："周道如砥，其直如矢。"《毛诗正义》谓："以周道布其砥矢之平直。"②《孟子·离娄上》："圣人既竭目力焉，继之以规矩准绳，以为方员平直，不可胜用也。"③是皆言平直，而非平易也。

五　七谏·怨世：　孰知察其黑白

"知"字疑衍。

按：《楚辞》中"孰知其"或"孰察其"皆独立使用，未曾分释。如《天问》："东流不溢，孰知其故？"《七谏·初放》"孰知其不合兮，若竹柏之异心"等"孰知其"之使用皆如是。而《怀沙》谓："孰察其拨正。"是"孰察其"亦独立使用之明证。而王逸注《怀沙》"孰察其拨正"句谓："察，知也。"是"孰知其"即"孰察其"。故"孰知察其黑白"或可为"孰知其黑白"之误，亦可为"孰察其黑白"之误。但据"孰察其拨正"句，孙诒让《札迻》释"拨正"谓："'拨'，谓曲枉，与'正'对文。"④其说是。而本句之"黑白"与"拨正"同义，亦对文。且据王注本句谓"谁当知己之清白，彼之贪浊"云云，则王注正以

---

① （宋）郭茂倩：《乐府诗集》卷四十七，中华书局，1979，第684页。
② （唐）孔颖达：《毛诗正义》卷十三，北京大学出版社，1999，第780页。
③ （宋）孙奭：《孟子注疏》卷七上，北京大学出版社，1999，第185页。
④ （清）孙诒让：《札迻》卷十一，中华书局，1989，第382页。

"知"释"察"。其例与"孰察其拨正"同。故本句宜作"孰察其黑白"为宜,而"知"字当属衍文。

六 七谏·怨思: 贤士穷而隐处兮,廉方正而不容

"廉方正"疑为"廉正方"之误。

按:"廉正"一词先秦两汉典籍习见,例不胜举。且"贤士"与"廉正"并举,方为恰当。若"贤士"与"廉方"对举则不辞也。《宋本韵补》"心"字注引此亦作"廉正方而不容"。[①]是其所见尚有不误者。而据王注"廉正之士不能容于世也",则王本本作"廉正"。

七 七谏·怨思: 愿壹往而径逝兮,道壅绝而不通

"径逝"疑作"径进"。

按:如果是选择逃避,则不存在道路通不通的问题。而下句"道壅绝而不通",有慨叹失望之意,则表明前一动作行为必当是表示积极进取的。如《九辩·六》"愿自往而径进兮,路壅绝而不通"[②]是也。是本篇"径逝"疑亦作"径进"。"进(進)"作"逝"者当是形近而误。

八 七谏·自悲: 悲虚言之无实兮

"悲"疑作"惑"。

[①] (宋)吴棫:《宋本韵补》,中华书局,1987,第2页。
[②] 原作"愿自往而径游兮,路壅绝而不通",此据(明)陈第《屈宋古音义》校改。见(明)陈第《毛诗古音考·屈宋古音义》卷三,中华书局,2008,第233页。

按:"惑虚言"也见于《楚辞》,如《惜往日》"虚惑误又以欺",一本即作"惑虚言又以欺",而据王注彼篇"言君好听邪说之臣虚言浮说"云云,则自是作"惑虚言"为是。而本篇或即本此。且据王注本篇"谗言无诚,君不察也"云云,是疑"悲"当作"惑"为是。

九 七谏·谬谏: 孰云知其所至

"云"字疑衍。

按:"孰云知其"一词非《楚辞》常例,而《楚辞》多言"孰知其",如《天问》"孰知其故",《七谏·初放》"孰知其不合兮,若竹柏之异心"等皆是。且据王注"谁知其力之所至乎"云云,是王本当无"云"字。

十 七谏·谬谏: 伯牙之绝弦兮,无钟子期而听之

"子"字疑衍。

按:反复诵之两句,总觉于义欠安,疑"钟子期"本作"钟期",诗赋文献中"伯牙、钟期"常相并举,如嵇康《琴赋》:"伯牙挥手,钟期听声。"①而钟子期作钟期者,有如王子侨亦作王侨,介子推亦作介推是也。至于王注称"钟子期,识音者也"也不误,此如《九思·伤时》:"从安期兮蓬莱。"安期即安期生,但王逸径注:"安期生,仙人名也。"是正文作"钟期",而王注也可径称钟子期之证。

---

① (梁)萧统编、(唐)李善注《文选》卷十八,第840页。

十一　七谏·谬谏：音声之相和兮，
　　　　　　　言物类之相感也

"言"字疑衍，而"感"则当作"应"。

一本无"言"及"也"字。闻一多《楚辞校补》谓："'感也'不入韵，句法亦不类。当系旧注文，本作'言音声之相和，物类之相感也'，写者误为正文，遂改如今本。然王逸有注，是误在王前矣。"①

按："言"字当系旁批误入正文，而"也"字则当有。"兮……也"乃固定句式而例不胜举。"感"则当作"应"。"物类相应"常语也，如《淮南子·览冥训》："夫物类之相应。"②《汉书·食货志第四上》："夫阴阳之感，物类相应，万事尽然。"③皆言"物类相应"是证。而据王注"言鸟兽相呼，云龙相感，无不应其类而从其耦也"云云，是王本也正作"应"。

十二　哀时命：弱水汨其为难兮，
　　　　　　路中断而不通

"为"字疑衍。

按：《楚辞》中"其难""而难"常作为一词出现，如《离骚》"忽纬繣其难迁"、《九叹·忧苦》"志纡郁其难释"；《离骚》"芳菲菲而难亏"、《九章·哀郢》"湛茈弱而难持"等皆是。而"为难"一词，《楚辞》仅见于此。且"弱水汨"与"其难"语气上一以贯之，而与"其为难"的搭配则显得语气不贯，故疑"为"字衍文也。

---

① 闻一多：《楚辞校补》，巴蜀书社，2002，第 130 页。
② 刘文典：《淮南鸿烈集解》卷六，安徽大学出版社、云南大学出版社，1998，第 194 页。
③ （汉）班固：《汉书》卷二十四上，中华书局，2005，959 页。

十三　哀时命：形体白而质素兮

"质素"疑作"素质"。

按：据王注"言己自念形体洁白，表里如素，心中皎洁，内有善性，清明之质也"云云，是王注乃先"素"后"质"也。故"质素"疑作"素质"为是。

十四　哀时命：嘆寂默而无声

"嘆"疑作"叹（嘆）"。

按："嘆"当从一本作"叹（嘆）"为是。《楚辞》中"嘆""叹（嘆）"常相错讹，此或是"嘆""叹（嘆）"右半形近致误。如《哀时命》"遂闷叹而无名"，一本"叹"作"漠"，或作"嘆"；《九怀·昭世》"浮云漠兮自娱"，闻一多《楚辞校补》也谓："漠为汉之形误。"①而《说文·口部》云："叹（嘆），吞歎也。"段玉裁注谓："《九经字样》作'吞声也'。"②而王逸注此正谓"吞舌无声"也。是王注与《九经字样》训"叹（嘆）"义合。凡此可证"嘆"当为"叹（嘆）"之误。

十五　九怀·昭世：袭英衣兮缇，披华裳兮芳芬

"英衣"疑作"文衣"。

按："英衣"不辞。而《史记·孔子世家》："于是选齐国中女子好者八十人，皆衣文衣而舞康乐。"③《汉书·王莽传》："是

---

① 闻一多：《楚辞校补》，第134页。
② （清）段玉裁：《说文解字注》卷二上，第106页。
③ （汉）司马迁：《史记》卷四十七，上海古籍出版社，1997，第1502页。

月,杜陵便殿乘舆虎文衣废臧在室匦中者出。"①庾肩吾《奉和武帝苦旱诗》:"文衣夜不卧,蔬食昼忘餐。"②是典籍习言"文衣"也。且据王注"徐曳文衣,动馨香也",是王本正作"文衣"。

十六　九叹·离世：　灵怀曾不吾与兮,
　　　　即听夫人之谀辞。　余辞上参于
　　　　天墬兮,　旁引之于四时

一本"即"作"恻"；"夫"作"谗"；"余辞"之"辞"无。

疑"即"与"辞"皆衍,而"夫"当作"谗"。

按:本篇自篇首"灵怀其不吾知兮"到"兆出名曰正则兮"凡十四句,除本处所引外,其余两句之间皆上七下六结构。而据王注"即听"句谓"言怀王之心,曾不与我合,又听用谗谀之言,以过怒己"云云,是王本无"即"字。

"夫"当作"谗"。据王注"又听用谗谀之言"云云,是以"谄谀"释"夫人"也。然《楚辞》"夫人"一词常语,皆未尝以"谄谀"释之。而《九章·惜往日》"听谗人之虚辞",王注"谄谀毁訾,而加诬也"。是正以"谄谀"释"谗人",故"夫人"当作"谗人"最宜。

而"余辞"前已有"辞"字,本处似不必再重出,且"余辞"之"辞"与"谀辞"之"辞"在意义上也并不一致。此外,《楚辞》中言"余上"者有《离骚》"溘埃风余上征"及《涉江》"乘舲船余上沅兮"等句,但言"余辞"者仅此一例,则似与《楚辞》语例不合。此或因王注"言己所言上参之于天"云云致误。

---

① （汉）班固：《汉书》卷九十九卜,第3053页。
② 逯钦立：《先秦汉魏晋南北朝诗》,中华书局,1983,第1992页。

十七　九叹·怨思：征夫劳于周行兮，
　　　　处妇愤而长望

"长望"疑作"怅望"。

按："长"当为"怅"之坏字。据王注"处妇愤懑，长望而思之也"云云，则其强调的乃是思妇之怨。而览之典籍言此相思之情则多以"怅望"属之，如江淹《杂体诗》（西北秋风至）"相思巫山渚，怅望阳云台"①之类是也。揣之诗意，固当作"怅望"为宜。

十八　九叹·怨思：宁浮沅而驰骋兮，
　　　　下江湘以邅回

"江湘"疑作"湘江"。

按：据王注"言己不能随俗，宁浮身于沅水，驰骋而去，遂下湘江，运转而行也"云云，是王本作"湘江"。且"江湘"一词《楚辞》习见，但王逸仅于本篇及《九叹·远逝》"乘隆波而南渡兮，逐江湘之顺流"两处释之以"湘江"，是王逸之释自有分别。而《九叹·远逝》句之"江湘"亦当作"湘江"，因为据王注"言己愿乘盛波，逐湘江之流"云云，是王本作"湘江"。且《远逝》上句之"隆波"为一词，下句之"江湘"当也是一词，不得分别谓之"江水、湘水"也。而《怨思》本句上句之"沅"专指沅水，而"湘沅"常相并举，由于诗的对称结构，故以"湘江"与"沅"对举。是此处之"湘江"也讹为"江湘"者，当因"江湘"一词《楚辞》习见，写者不察遂致讹也。

---

① （梁）萧统编、（唐）李善注《文选》卷三十一，第1480页。

十九　九叹·忧苦：心纷错而不受

"纷错"疑为"纠错"之误。

按：纠即错也。如《九歌·东皇太一》："璆锵鸣兮琳琅。"一本作"纠锵鸣兮琳琅"，注谓"纠，错也"是证。而"纠错"为词也典籍习见，如《文选·服鸟赋》"云蒸雨降兮，纠错相纷"[1]是证。且据王注《九叹》本句谓"纷错，愦乱也"。而《九辩·三》"枝烦挐而交横"，王注"柯条纠错"。洪兴祖《楚辞补注》引五臣云："烦挐，扰乱也。"是"纠错"也"乱"之义，正与王注此同。故"纷错"疑为"纠错"之误。此当是"纷""纠"形近而误。

二十　九叹·忧苦：聊须臾以时忘兮，
　　　　　　　　心渐渐其烦错

"渐渐"疑为"惭惭"形声之误，而惭之言惨也。

按："渐、惭"皆从"斩"得声，例可通假。梁武帝萧衍《宴诗》"四主渐怀音。九夷稍革面"之"渐"字，逯钦立先生《先秦汉魏晋南北朝诗》谓："《诗纪》作惭。"而何逊《和司马博士咏雪诗》："暂蔽卷纨质，复惭施粉人。"逯先生谓本句"惭"字，"《文苑》作渐"。[2]是"渐、惭"互用之例。而惭之言惨也。王引之《经义述闻·春秋左传》"孤斩焉在衰绖之中"条谓："斩读为惭。……惭之言惨也。《说文》：惨，痛也。……古声惨惭相近。《洪范》：'沈潜刚克。'文五年《传》'潜作渐'。是其例矣。"[3]而本句前言"内恻隐而含哀"，即言心隐痛也。此

---

[1] （梁）萧统编、（唐）李善注《文选》卷十三，第606页。
[2] 逯钦立：《先秦汉魏晋南北朝诗》，第1528、1707页。
[3] （清）王引之：《经义述闻》，山东友谊出版社，1990，第1839页。

处之"心惭惭（惨惨）"则申言心痛之甚。且"渐渐"一词于《楚辞》凡三见，皆出于本篇《九叹》。出于本句前之《远逝》篇谓："涕渐渐其若屑。"而同出《忧苦》位于本句之后辞谓："涕渐渐兮。"王逸注此两处词义一致，皆以"渐渐"形容眼泪之出，而与王逸注本句谓"中心渐渐错乱"，以"渐渐"为"渐进"之义异。一篇之中"渐渐"凡三见，而一处之意义与其他两处相异，似于理不通。且以"渐"字重叠而表示逐渐递进意义的"渐渐"其普遍使用时代当晚。《诗·小雅·渐渐之石》谓"渐渐之石，维其高矣"，《毛传》曰："渐渐，山石高峻。"①《史记·宋世家》载箕子《麦秀之诗》曰："麦秀渐渐兮，禾黍油油。"但《索隐》谓："渐渐，麦芒之状。"②而潘岳《射雉赋》"麦渐渐以擢芒，雉鷕鷕而朝鸲"。《文选》李善注："渐渐，含秀之貌也。微子曰：麦秀渐渐。"③是皆不以"渐渐"为"渐进"之义。故本句之"惭惭"当系后人误以本篇它处所见之"渐渐"形声相近之故而易之。殊不知"惭惭"之为言"惨惨"也。据其注文，则王逸时已误。

二十一　九叹·忧苦：恶虞氏之箫《韶》兮，好遗风之《激楚》

"好遗风之《激楚》"疑作"好《激楚》之遗风"。

按：典籍通言"激楚遗风"也。如《文选·舞赋》："激楚结风，阳阿之舞。"张晏曰："激楚，歌曲也。《列女传》曰：'听激楚之遗风。'"④此外，《淮南子·原道训》也谓："结激楚之遗风。"是《列女传》《淮南子》等皆谓"激楚之遗风"也。而如本篇若作"好遗风之《激楚》"则主谓倒置。高诱注《淮南》

---

① （唐）孔颖达：《毛诗正义》卷十五，第940页。
② （汉）司马迁：《史记》卷三十八，第1293页。
③ （梁）萧统编、（唐）李善注《文选》卷九，第416页。
④ （梁）萧统编、（唐）李善注《文选》卷十七，第606页。

本句曰："遗风犹余声。"① 是"好《激楚》之遗风"即好"《激楚》之余声也"。

二十二　九叹·愍命： 庆忌囚于阱室兮，陈不占战而赴围

"占"字疑衍。

按：反复诵之本句，总觉于义欠安。"陈不占"疑作"陈不"也。古书称名，尤其诗赋称名，未必全举。如《九思·伤时》："管束缚兮桎梏，百贸易兮傅卖"，管即管仲，百即百里奚也；而陈不占即有作不占者，如马融《长笛赋》云："䠥䠼能退敌，不占成节鄂。"《文选》李善注："《韩诗外传》云：不占，陈不占也。"② 是"陈不占"也可径作"不占"。而本篇"占、战"音同并举，省占而为"陈不"者无损文义，且词气通畅。此外，《九思·伤时》："从安期兮蓬莱"，安期即安期生，但王逸径谓："安期生，仙人名也。"而王逸注本句也谓"陈不占，齐臣"，所以参之王注"从安期兮蓬莱"句，陈不占校为"陈不"，而王逸注也可径谓"陈不占，齐臣"也。

二十三　九叹·思古： 乘白水而高骛兮，因徙弛而长词

"骛"疑为"驰"之误，"徙弛"疑为"徙倚"之误。

按："高骛"一词先秦两汉典籍罕见，而"高驰"为《楚辞》习语，如《离骚》"神高驰之邈邈"，《九章·涉江》"吾方高驰而不顾"等皆是。且据王注"欲乘白水高驰而远游"云云，是王本作"高驰"。

---

① 刘文典：《淮南鸿烈集解》卷一，第35页。
② （梁）萧统编、（唐）李善注《文选》卷十八，第820页。

而"徙弛"一词也罕见于先秦两汉典籍,一本"弛"作"施",但"徙施"也颇不辞。疑"施"本作"倚",因"倚""施"声近而讹为"施",再以形近而讹为"弛"也。且"徙倚"《楚辞》习语也。如《远游》"步徙倚而遥思",《哀时命》"独徙倚而彷徉"等皆言"徙倚"是证。故疑"徙弛"当为"徙倚"之误。

二十四　九思·疾世：日阴曀兮未光，闒睄窕兮靡睹

"窕"疑为"窈"之误,而"闒"疑为"暗(闇)"之形误。
按王注:"睄窕,幽冥也",但"睄"无幽暗之义,"幽冥"当为"窕"之释言。而"窕"则为"窈"之误。《说文·冥部》:"冥,窈也。"段注:"窈,各本作'幽'。唐玄应同。而李善《思玄赋》《叹逝赋》、陶渊明《赴假还江陵诗》三注皆作'窈'。……《释言》曰:'冥,窈也。'孙炎云:'深暗之窈也。'"①是《说文》本作"冥,窈也"。而典籍"窈冥"习见,如《楚辞》即有作"窈冥"者,《山鬼》"杳冥冥兮羌昼晦",一本云"日窈冥兮羌昼晦"是证。而王注作"幽冥"者或以"幽之为言窈"而借。如《周礼·夏官·职方氏》:"东北曰幽州。"孙诒让《周礼正义》谓:"《艺文类聚·州部》引《春秋元命苞》云:'幽之为言窈也。'"②此外《淮南子·道应训》:"可以窈,可以明。"刘文典《三余札记》谓《文子·微明篇》作"可以幽,可以明"。③凡此皆"幽、窈相通之证"。综合上述诸说,王注"睄窕,幽冥也"当为"睄窈,幽冥也"之误。而正文之"窕"为"窈"误无疑。

此外,"闒"一本作"阗"。按"闒""阗"疑皆"暗(闇)"之形误。据上引段注《说文》"《释言》曰:'冥,窈

---

① (清)段玉裁:《说文解字注》卷七上,第547页。
② (清)孙诒让:《周礼正义》卷六十三,第2672页。
③ 刘文典:《三余札记》,黄山书社,1990,第32页。

也.'孙炎云:'深暗之窈也.'"是"闇"当为"暗(闇)"之形误。且《九叹·远逝》:"陵魁堆以蔽视兮,云冥冥而暗前。"王褒《洞箫赋》:"于是乃使夫性昧之宕冥,生不睹天地之体势,暗于白黑之貌形。"《文选》李善注:"性昧、宕冥,谓天性暗昧过于幽冥也。"①是"暗(闇)"与"幽冥"之意义也相为用。且作"暗(闇)"字则也相应于"日阴曀兮未光"也。

二十五 九思·遭厄: 鸒鸒栖兮柴蔟。起奋迅兮奔走

"起"疑为"超"之形讹。

按:览之典籍,"起、超"常形近互讹,如《古文苑》载刘歆《遂初赋》:"历冈岑以升降兮,马龙腾以起摅。"②《文选·赭白马赋》李善注引"起"作"超"。③此外晋张华《博陵王宫侠曲二首》(雄儿任气侠)"腾超如激电,回旋如流光"之"超"字,逯钦立先生《先秦汉魏晋南北朝诗》谓:"《类聚》作起。"④是"起、超"形近易讹之例。而"奋迅"一词乃同义复指,如《大广益会玉篇》释"奋"谓:"翬也,飞也。"⑤是"奋"有迅飞之义,而"超"也有迅疾之义。《说文·走部》:"超,跳也。"段玉裁注:"跳,一曰跃也。跃,迅也。迅,疾也。"⑥是"超"与"奋、跃、迅、疾"皆可表示迅疾之意义。而"超奋迅"同义复指之用法与《离骚》"览相观"等之用法亦一律。且"鸒鸒"为传说中之神鸟,前言"栖于柴蔟",后形容其突然之猛飞,是亦当作"超"字于义为畅。

---

① (梁)萧统编、(唐)李善注《文选》卷十七,第785页。
② (宋)章樵注《古文苑》,中华书局,1985,第117页。
③ (梁)萧统编、(唐)李善注《文选》卷十四,第625页。
④ 逯钦立:《先秦汉魏晋南北朝诗》,第612页。
⑤ (梁)顾野王:《大广益会玉篇》,中华书局,1987,第115页。
⑥ (清)段玉裁:《说文解字注》卷二上,第112页。

干宝《晋纪总论》记"吴先主"考辨

闫平凡

316年,匈奴人刘曜攻入长安,俘晋愍帝,西晋告亡。元帝退守江东,经营吴地,是为东晋。为继承皇统、完备制度,东晋朝廷曾命朝臣干宝撰集西晋史册。干宝《晋纪》成书后,以深得史例为后人所称。至唐初,太宗命群臣撰修新《晋书》,干宝《晋纪》及其他旧晋史,渐不为世人所重。《四库全书总目·史部·正史类》"《晋书》一百三十卷"条云:

> 然唐人如李善注《文选》,徐坚编《初学记》,白居易编《六帖》,于王隐、虞预、朱凤、何法盛、谢灵运、臧荣绪、沈约之《书》,与夫徐广、干宝、邓灿、王韶、曹嘉之、刘谦之《纪》,孙盛之《晋阳秋》、习凿齿之《汉晋阳秋》、檀道鸾之《续晋阳秋》,并见征引,是旧本实未尝弃。

平凡谨案:四库馆臣云"旧本实未尝弃",谓唐人未弃旧晋史也,所举李善《文选注》、徐坚《初学记》、白居易《六帖》皆为唐朝之书,故知。至于干氏《晋纪》之亡佚,考《旧唐书·

经籍志》《新唐书·艺文志》题均为二十二卷,而《宋史·艺文志》《直斋书录解题》等书未著录,则其书或亡于唐、宋之际欤?

干氏《晋纪》原有《总论》一首,略论西晋所以兴亡,而为东晋之鉴。诸书称引多作《晋纪总论》。清朝汤球、严可均、黄奭等人曾辑《晋纪》佚文,三家辑本皆存《晋纪总论》。今读其文,见字句或有不同。汤球所辑《晋纪总论》(《丛书集成初编本》)论晋武帝崩后,宗室不固,兵患日起云:

> 故于时天下非鄣弱也,军旅非无素也。彼刘渊者,离石之将兵都尉也;王弥者,青州之散吏也。盖皆弓马之士,驱走之人,凡庸之才。非有蜀先主、诸葛孔明之能也。新起之寇,乌合之众,非吴、蜀之敌也。脱耒为兵,裂裳为旗,非战国之器也。自下逆上,非邻国之势也。

按上文中刘渊即刘元海,匈奴冒顿之后而称兵之祸首;王弥即与元海联袂反朝廷者。干宝此论谓刘渊、王弥二人本为草寇之兵,无能之辈,故云"皆弓马之士,驱走之人,凡庸之才"。又谓二人反叛晋朝,事起仓卒,未为远谋,故云"新起之寇,乌合之众"。然二人卒亡西晋。值得注意的是,"新起之寇,乌合之众"句下,"非有蜀先主、诸葛孔明之能也",黄奭辑本作"非有吴先主、诸葛孔明之能也"。

"吴先主""蜀先主"二本互异。检严可均所辑同于汤本。平凡谨案:此文异同,不徒字涉辑本之是非,亦事关三国"蜀先主""吴先主"称谓来源,有必要加以考察。

若以行文而论,此处似当作"吴先主"。何则?上文云"皆弓马之士,驱走之人,凡庸之才",此谓刘渊、王弥,皆出身军吏,无将帅之才;下文云"新起之寇,乌合之众",此谓刘、王所拥之兵,非久战之师。如此,"非吴、蜀之敌也"句,乃谓刘渊、王弥之兵,既非久战之师,故无吴、蜀劲敌之势;下文既称"非吴、蜀之敌也",上文则当作"非有吴先主、诸葛孔明之能也"。上文"吴先主",应下文"吴、蜀"之"吴";上文"诸葛孔明",应下文"吴、蜀"之"蜀"。若如汤球、严可均辑本作"非有蜀先主、诸葛孔明之能也",则下文作"非强蜀之敌也"即可,不必言"吴";换言之,上文若作"非有蜀先主、诸葛孔明之能也",而下文作"非吴、蜀之敌也",则下文"吴、蜀"之"吴",颇有辞气不属、应对落空之感。故知《晋纪总论》此文当以黄本为是,而汤、严所辑非是。

若以征引而论,此节文字见诸典籍有三处,《文选·干宝〈晋纪总论〉》、《晋书·孝愍帝纪》卷末史臣论引、《群书治要》卷二十九"晋书上·纪"小字注引干宝《纪》云①皆作"非有吴先主、诸葛孔明之能也"。平凡谨案:梁朝昭明太子萧统纂《文选》,收入干宝《晋纪论晋武革命》一首与《晋纪总论》一首,此《晋纪总论》今见最早之出处;唐初撰《晋书》,于《孝愍帝纪》后以史臣论引"干宝有言曰",载其全文,此亦《晋纪总论》之唐本传于今者;《群书治要》,唐初魏征所修,其《晋书上·纪》内以注体节引《晋纪总论》此文,虽非全引,要也能互为比对,以确定是非。既然典籍三载《晋纪总论》此文皆作"非有吴先主、诸葛孔明之能也",是益知黄氏所辑为是,而汤、严所辑误矣。

若以前人注释而论,《文选·干宝〈晋纪总论〉》:"盖皆弓马之士,驱走之人,凡庸之才。非有蜀先主、诸葛孔明之能也。新起之寇,乌合之众,非吴、蜀之敌也"一节下,唐人张铣注②:

> 弓马士,谓刘渊也。驱走之人,谓王弥也。先主,孙权也。寇,贼也。乌合之众,谓无部分也。言刘渊、王弥,不如吴、蜀之敌远矣。

---

① 参见《群书治要》,《丛书集成初编》,商务印书馆,1935~1937,第477页。
② 参见《六臣注文选》(影印本),中华书局,1987,第928页。

平凡谨案：初唐高宗时李善尝注《文选》，世称《文选》李注；中唐玄宗开元时又有吕延济、刘良、张铣、吕向、李周翰五人重注《文选》，世称《文选》五臣注，上张铣即五臣之一。张铣注既谓"先主，孙权"，则唐人所见《文选》中《晋纪总论》，此文作"吴先主"而不作"蜀先主"甚明。如作"蜀先主"，张铣注当云："先主，刘备"。据此，也知《晋纪总论》此条黄氏辑本是，而汤、严所辑为谬。

窃谓汤球、严可均辑本之所以作"蜀先主"，原因或者有二：其一曰，汤、严所见《文选》本或作如是。虽今本《文选》作"吴先主"，然汤、严辑佚时所见《文选》旧本，或误作"蜀先主"，而汤、严依样抄录。其二曰，史称蜀先主刘备与丞相诸葛孔明君臣相得，若鱼之得水，故称举姓名常相连文；又刘备称"蜀先主"古籍中常见，孙权称"吴先主"古籍中不常见，故浅人或误改"吴先主"为"蜀先主"矣。

平凡谨案：魏、蜀、吴三分鼎立，封建割据近60年，皆曾建号称帝。践祚者既非一人，故有先主、后主之分。考"先主"一名，其由来尚矣。古称大夫为"主"，大夫卒，其后人、臣子称之，皆可得为"先主"。《国语·晋语六》云：

（赵文子）见张老而语之，张老曰："（前略）智子之道善矣，是先主覆露子也。"

韦昭注：

先主，谓成、宣。露，润也。

又同书同篇上文云：

（赵文子）见智武子，武子曰："吾子勉之，成、宣之后而老为大夫，非耻乎！"

韦昭注：

> 成，成子，文子曾祖赵衰也。宣，宣子，文子祖父赵盾也。

依韦昭注，成谓成子，指赵文子曾祖赵衰；宣谓宣子，指赵文子祖父赵盾。成、宣于赵文子皆为已故之先辈，故张老称其为"先主"。《左传·哀公二十年》云：

> 十一月，越围吴。赵孟降于丧食。

杜预注：

> 赵孟，襄子无恤。时有父简子之丧。

依杜预注，此赵孟为赵襄子无恤，是赵简子之子。又云：

> 赵孟曰：黄池之役，先主与吴王有质。

杜预注：

> 黄池，在十三年。先主，简子。质，盟信也。

平凡谨案：此赵孟称其父故赵简子为"先主"，与上引《国语》称"先主"文例大同。《资治通鉴·周纪一》"威烈王二十三年"条云：

> （襄子曰：）先主之所属也。

胡三省注：

> 古者诸侯之大夫，其家之臣子皆称之曰主，死则曰先主，考《左传》可见已。

至于三国纷争、西晋统一，晋初陈寿撰《三国志》，于魏、蜀、吴各自称"志"称"书"，而不称"纪"，此西晋以正统自居。虽然，因晋受魏禅，故于魏称"帝"，如武帝、文帝、明帝等是；而于蜀、吴则称"主"，如《蜀书》先主备、后主禅，《吴书》吴主权、三嗣主某某等是。①

平凡谨案：《蜀书》于刘备、刘禅明称先主、后主，《吴书》于孙权称吴主，于其后帝称三嗣主，此仍与以上《晋纪总论》称孙权为"吴先主"之例不尽合。考《文选·孙子荆〈为石仲容与孙皓书〉》云②：

> 吴之先主，起自荆州。遭时扰攘，播潜江表。

吕向注：

> 扰攘，乱也。言吴先主权遭时乱播迁于江外也。表，外也。

又李善于此篇题下注云：

> 臧荣绪《晋书》曰："石苞，字仲容，太祖辅政，都督扬州诸军事，进位征东大将军。"又曰："太祖遣徐劭、孙郁至吴，将军石苞令孙楚作书与孙皓。劭至吴，不敢为通。"

---

① 参见点校本《三国志·目录》，中华书局，1959。
② 参见《六臣注文选》（影印本），第806页。

作书之孙楚，署名之石苞，均为三国时人，则孙权称"吴先主"或起于魏人，喻吴、蜀为诸侯，而自视为天子之国。又《北堂书钞》卷九十四引《越记》云：

> 阖庐葬女于邦，名为三女坟。吴先主发掘无得，凿分为三，呼为三女坟也。

此"吴先主"也当谓孙权。据此，魏、晋时人不特称蜀国国君为先主、后主，吴国国君亦可称先主矣。持此而论干宝《晋纪总论》之语，则当以黄氏辑本为准，作"蜀先主"者非是，断可知耳。

补记：此文写成于 2002 年春天，是在李步嘉师悉心指导下完成的，从行文到论述皆经李师修改，后刊发于《湖北大学学报》（哲学社会科学版）2002 年专辑。而李师 2003 年 9 月底去世，再读此文，又见李师舐犊之情，而如今墓木已拱，不禁怆然泪下。

又《历史论丛》第一辑（王仲荦主编，齐鲁书社，1980）第 196 页：章太炎先生遗作《全上古三代秦汉三国六朝文校评》校《全晋文》卷一百二十七干宝《晋纪总论》曰："非有蜀先主，蜀当作吴。"

《归去来兮辞》"僮仆欢迎"之"僮仆"新解

胡晓军

《归去来兮辞》是陶渊明脍炙人口、极有影响的名篇,历来注陶者对文中"僮仆欢迎,稚子候门"二句中"僮仆"一词的解释,笔者以为要么未能自圆其说,要么只是点出字面之义而已,最为常见的情况是避而不谈。为陶集作注者,自南宋汤汉以来,代不乏人,但最早对《归去来兮辞》一文中"僮仆"一词作注的,就笔者所见,应该是《六臣注文选》,其在"僮仆欢迎,稚子候门"下注曰:

(李)善曰:《周易》曰:"得僮仆,贞。"《史记》曰:"楚怀王稚子子兰。"

(吕延)济曰:稚,小也。候门,谓于门首伺候(陶)潜归也。①

李善注所引乃《周易》第五十六卦《旅》之六二爻词:

---

① 《六臣注文选》影印本,中华书局,1987,第852页。

> 旅即次，怀其资，得童仆，贞。

《旅》九三爻亦云：

> 旅焚其次，丧其童仆，贞，厉。①

"童仆"也即"僮仆"，古"童"与"僮"通。清李富孙《易经异文释》卷一云：

> 是古以童为奴仆，僮为幼少，今俗所用正相反。经传多淆杂，莫能谡正矣。②

《说文·辛部·童》段玉裁注云：

> 今人童仆字作僮，以此为僮子字，盖经典皆汉以后所改。③

所以清马瑞辰《毛诗传笺通释》释《郑风·狡童》"彼狡童兮"曰："童古作僮。"④可见，古籍中"童"与"僮"常常通用，二者之间的含义几无区别。本文所引著作版本有异，故虽有"童仆"与"僮仆"的不同，但意义上是相同的。再依高亨的解释："童仆，男奴隶"⑤，则"僮仆"即奴隶、奴仆之义。就书写而言，检索古典，"僮仆"一词作奴隶、奴仆之义讲时，"僮仆"出现的频率要大于"童仆"。就拿《归去来兮辞》文本来说，迄今

---

① 《周易正义》，《十三经注疏》影印本，上海古籍出版社，1997，第68页。
② 见《故训汇纂》，商务印书馆，2003，第1659页。
③ 见《说文解字段注》，成都古籍出版社，1981，第108页。
④ 见《故训汇纂》，第1659页。
⑤ 高亨：《周易大传今注》，齐鲁书社，1983，第108页。

可见之版本大多作"僮仆",只有少数版本作"童仆",比如,北京古籍出版社 1988 年版《四部精华·文选精华》影印本便作"童仆"。

　　唐代李善释《归去来兮辞》中之"僮仆",仅引《周易》原文,而未能进一步申说,但其意似释"僮仆"为"奴隶、奴仆"之义。而此后的解释,陈陈相因,都未跳出这个意义范畴,有的只是有所偏重而已。比如《辞源》"僮"字条释"僮仆"为"幼年仆役",其所引文献材料之一便是陶渊明《归去来兮辞》之"僮仆欢迎,稚子候门"。①《辞源》把"僮"理解为今之"童",做儿童解。那"僮仆"也就顺理成章地为"幼年仆役"了。类似的例子很早就有。唐释慧琳《一切经音义》卷七十一释"童竖"为"寺人未冠者之名也"。②《辞源》的解释较李善则更为具体,但与李注一样,也还是归结于"奴隶"这一词典上的意义。又比如逯钦立先生校注《陶渊明集》,为"僮仆欢迎"一句作注时,释"僮仆"为"力子":

　　　　萧统《陶渊明传》:"为彭泽令,送一力给其子,书曰:此亦人子也,可善遇之。"僮仆指此力子。③

　　"力子"也即"力役",实则也是奴隶之一种称呼。
　　似乎是"僮仆欢迎,稚子候门"中"僮仆"一词的含义显而易见,不需多费笔墨,就笔者所及,除李、逯及《辞源》对"僮仆"一词有解释外,便没有其他注陶者再对这一词做出解释了。即使是影响颇大、再版多次的朱东润先生主编的《中国历代文学作品选》对"僮仆"一词也未作注。再比如袁行霈先生的《陶渊明集笺注》,可谓是注陶之集大成者,对此一词亦无注。④大家对

---

① 叶圣陶主编《辞源》第一册,商务印书馆,1980,第 256 页。
② 见《故训汇纂》,第 1659 页。
③ 逯钦立校注《陶渊明集》,中华书局,1979,第 162 页。
④ 袁行霈:《陶渊明笺注》,中华书局,2003。

这一词避而不谈，也没对李、逯等人的注释分析辩证，是不是这样的解释已经很圆满了？诚然，"僮仆"一词自秦汉以来，就是对奴隶贱民的一种称呼，但笔者认为，具体到《归去来兮辞》的语境里，却似有难以自圆其说之处。

  首先，李善注"僮仆"为奴隶，我们自然会问，依陶渊明的经济状况、社会地位，他能拥有"僮仆"吗？对陶渊明的家世与生活状况，论者甚众，意见不一，但不外乎两种截然不同的意见，一种是认为其生活是"充裕""殷实"的①，是"地地道道的地主阶级文人的生活"②；一种是认为陶渊明"不过庐山底下一位赤贫的农民"。③本文不想在此分歧上多做论证，仅就笔者支持的后者的观点，围绕"僮仆"的话题谈谈自己的看法。

  陶渊明是否有僮仆，笔者以为答案应该是否定的。颜延之《陶征士诔》中不早就说过了："少而贫病，居无仆妾。"颜与陶同时，他的记载应该是最可信的。试想，如果陶渊明真有僮仆，这在当时并不是见不得人的事，颜延之何必要为陶渊明避讳呢？

  再举一例说明之。唐李延寿《南史》卷七十五《列传》第六十五"隐逸"上记载："其（陶渊明）妻翟氏，志趣亦同，能安苦节，夫耕于前，妻锄于后云。"各家年谱均指出陶渊明30岁时丧妻，翟氏是其继室。如果说陶渊明宅心仁厚，或喜身体力行，与僮仆一起参加耕作还可以说得过去，历史上也不是没有类似主人与僮仆共同劳动的例子。比如，《史记·货殖列传》第六十九卷，记载精明的商人白圭"能薄饮食，忍嗜欲，节衣服，与用事僮仆同苦乐"。但是如果在有僮仆代劳的情况下，自己的妻子还要"锄于后"，那就难以理解了。

  那"僮仆"是不是逯钦立先生所解释的"力子"呢？笔者以为此解释不符合当时社会阶层分化以及社会制度的实际情况。逯

---

① 魏正申：《陶渊明探稿》，文津出版社，1990，第140页。
② 钟优民：《陶渊明论集》，湖南人民出版社，1982，第22页。
③ 此为梁启超语，引自《陶渊明研究资料汇编》，中华书局，1962，第266页。

钦立先生所引萧统《陶渊明传》"送一力"之文具体如下：

> 执事者闻之，以为彭泽令。不以家累自随，送一力给其子，书曰："汝旦夕之费，自给为难。今遣此力助汝薪水之劳。此亦人子也，可善遇之。"

秦汉以后，"僮仆"与"奴""童隶""苍头""家僮""奴婢"等称谓一起指社会阶层中的奴仆，他们没有人身自由，可以随便买卖，从日常家务到田间耕作，甚至商业买卖，奴仆们无所不做。汉王褒《僮约》对当时僮仆所从事的工作有过具体描述，虽然不能作为史笔看，但也能说明汉时僮仆所从事之工作的大致情形。奴婢还可分官奴婢与私奴婢。①按萧统《陶渊明传》的记载来看，陶渊明是做了彭泽令之后，才由人"送一力给其子"，此力应为官奴婢，是官府公田所有之役力，或称为吏、为僮、为兵、为田驺、为奴婢，是依附在公田之上的劳动力，他们不属于任何官吏所有，而是更代相付，官员离任时，要交给后任的。②陶渊明享受"送一力给其子"的待遇，是利用自己的权力让公家的奴役去干私活，因此，当陶渊明挂印而去交出权力的时候，也应该会把"力"还给官府。陶渊明"心惮远役"，而"彭泽去家百里"，当陶渊明回家时，想必这一"力"也应该回官府了吧。再者，《归去来兮辞》是陶渊明回家后的追述，有必要在表现自己"载欣载奔"急切归家心情的句段中插入非亲非故的"力子"吗？这里倒可以再强调一下，萧统《陶渊明传》这一段文字，恰好可以证明陶家原本是没有僮仆的，要不然，一来陶渊明没必要多此一举再往家送一力；二来陶渊明也不会说"汝旦夕之费，自给为难"的话。而且，这一段文字也与《辞源》"幼年仆役"的解释

---

① 《中华文化通志·制度文化典·社会阶层制度志》第九章《秦汉至明清的奴婢贱民》，上海人民出版社，1998。

② 韩国磐：《魏晋南北朝史纲》，人民出版社，1983，第348页。

是矛盾的,因为"力子"无论如何也不会还只是未成年人。

综上所述,"僮仆欢迎"之"僮仆"在《归去来兮辞》一文中做奴隶之字面意义解时,有许多矛盾之处。那我们为何不另辟蹊径,从其他角度去理解"僮仆"一词呢?"僮仆"指奴隶,这不用多说,古籍多有之。但在《归去来兮辞》中"僮仆欢迎"与"稚子候门"对举,那么,僮仆是否与"稚子"同义,均指陶渊明的儿子呢?

这种说法如果能成立,首先遇到的挑战就是,陶渊明怎么会用"僮仆"这个词来指代自己的儿子呢?当然我们首先可以这样理解,这个词就像"犬子""拙荆"一样,是对自己家人的谦称。但这样理解自然是太简单了。笔者在读余英时先生之《士与中国文化》时,受到启发,认为在《归去来兮辞》文里"僮仆"代指"儿子"有其更为深远的背景与内涵。《士与中国文化》在谈到士阶层兴起时,举了《左传·桓公二年》的一则材料,是晋大夫师服的话:

> 吾闻国家之立也,本大而末小,是以能固,故天下建国,诸侯立家,卿置侧室,大夫有贰宗,士有隶子弟,庶人工商各有分亲,皆有等衰。

余英时先生又引杜预注"士有隶子弟":

> 士卑,自以其子弟为仆隶也。

又引竹添光鸿《史记会笺》:

> 士卑微,不足及其宗,故自役使其子弟。子弟对父兄称之也。《鲁语》:子之隶也。注:隶,役也。《即夕礼》:童子执帚却之,注:童子,隶子弟。《曲礼》:问士之子。长曰能

典谒矣；幼曰未能典谒也。皆是为隶之证也。①

按《仪礼·既夕礼》引服虔注云：

　　士卑，自其子弟为仆隶，禄不足以及宗，是其有隶子弟也。

又查《礼记·曲礼下》：

　　问士之子，长曰："能典谒矣。"幼曰："未能典谒也。"

疏曰：

　　谒，请也，士之子年数长，则言能主宾客告请之事，幼则言未能也。士贱无臣，但以子自典告也。②

以上材料说明，随着贵族社会内部的分化，那些贫贱之士因"无禄"养奴仆，只好让自己的子弟去做本该是奴隶做的事，比如，让子弟做一些洒扫庭院的事；也可以让子弟主持传达宾客谒请之类的事情，并非真的把自己的儿子当作奴隶那样对待。这些"隶子弟""童子"也不是真的没有人身自由，是处于社会最底层的奴隶贱民。且有晋一代，仍可以看到"隶子弟"的遗绪。《晋书·食货志》说：

　　又各以品之高卑，荫其亲属，多者及九族，少者三世。宗室、国宾、先贤之后及士人子孙亦如之。而又得荫人以为

---

① 以上材料均引自余英时《士与中国文化》，上海人民出版社，2003，第8页。
② 《仪礼》《礼记》，《十三经注疏》影印本，第1162、1268页。

《归去来兮辞》"僮仆欢迎"之"僮仆"新解

衣食客及佃客……①

陶渊明自然是"士",固然会沿袭士之传统,但又只是地位卑微且生活贫困的庶士,"居无仆妾",儿子们要负担一定的家务劳动,正如其《与子俨等疏》一文所说:"恨汝辈稚小,家贫无役,柴水之劳,何时可免。"由此观之,陶渊明把儿子们叫作"僮仆",自有现实的原因与历史的传统。再者,"僮仆欢迎(按:一作'来迎'),稚子候门","欢迎""候门",不也相当于"主宾客告请"一类迎来送往的事务吗?

我们再看一则可以把"儿仆"做"儿子"理解的材料。《晋书·陶渊明传》称陶渊明"又不营生业,家务悉委之儿仆"。儿者,"言其尚幼小也"。②如果就此把"儿仆"按字面意思理解为"幼年仆役",那显然是不行的。虽然历史上也有主人"择家人不欺能守事者,悉付之家事"的记载。(《太平广记》卷四百二十《陶岘》引《甘泽谣》)但是,即使陶渊明"居有仆妾",即使陶渊明"生生所资,未见其术",也是不会把家务事全部委托给"幼年仆役"的。由此可见,《晋书》这一段文字中的"儿仆"也不是实指奴仆。联想到陶渊明《与子俨等疏》"恨汝辈稚小,家贫无役,柴水之劳,何时可免"及"汝旦夕之费,自给为难"等语,那么此处"儿仆"应该是指"稚小"之"汝辈",即指陶渊明的儿子们。因此,这一段中之"儿仆"的用法与《归去来兮辞》中的"僮仆"一样,不要坐实为奴仆,否则就说不通了。

因此笔者以为《归去来兮辞》中"僮仆欢迎"与"稚子候门"二句是互文,"僮仆"与"稚子"就年龄来说,都是指未成年人。《易·蒙》"匪我求童蒙",郑玄注曰:"人幼稚曰童,未冠之称也。"③"稚子"也是未满二十之称,考陶渊明年谱,其约

---

① 《晋书》卷九十四《陶渊明传》,中华书局,1982,第 2461 页。
② 《汉书·张汤传》"汤为儿守舍"颜师古注,中华书局,1982,第 2367 页。
③ 见《故训汇纂》,第 1659 页。

在 35 岁时生长子俨，37 岁时生次子俟，38 岁时生三子份、四子佚（有学者认为是三、四子是双胞胎），44 岁时生幼子佟，54 岁即不为五斗米折腰，辞去彭泽县令归隐时①，即使长子俨也不过 19 岁，幼子才 10 岁，从年纪上看都为"儿仆"，符合"未冠之称"。

最后从文学的角度来看，"乃瞻衡宇，载欣载奔。僮仆欢迎，稚子候门。三径就荒，松菊犹存。携幼入室，有酒盈罇"，分明写的是陶渊明辞官回家时，上自作为父亲的作者自己，下到"稚子"，一家欣喜快乐的样子：作者"载欣载奔"，是"田园将芜胡不归"的急切与"复得返自然"（《归园田居》第一首）的轻松；儿子们听说父亲快要到家了，年纪稍大的，早就跑去迎接了，而年纪尚小的，则"于门首伺候（陶）潜归也"；贤惠的妻子早就准备了满满一大杯酒，为嗜酒如命的丈夫接风洗尘。一家人重新团聚，真可谓"其乐也融融"（《左传·隐公元年》）。但如果在这天伦之乐和谐的画面里插入"僮仆"的形象，总觉得有些刺眼。江淹《杂诗三十首》之《陶征君潜田居》用"归人望烟火，稚子候檐隙"二句浓缩了上引一段所描述之情形。江淹略去"僮仆"，只用"稚子"，固然有诗歌文体简省之考虑，但我们也可以由此看出江淹对"僮仆"一词的理解。杜甫《北征》有云："生还对僮稚，似欲忘饥渴。"②这表现的也是这样一位饱含深情的父亲形象。笔者以为此处"僮稚"可以理解为陶渊明《归去来兮辞》"僮仆欢迎，稚子候门"中"僮仆"与"稚子"的合义。

---

① 见袁行霈《陶渊明集笺注》。
② （宋）潘自牧编《记纂渊海》卷八十三，《四库全书》文渊阁影印本。

隋炀帝"烝母""弑父"考辨

郑国周

历史上关于隋炀帝杨广恶行的提法不少,其中最为著名的莫过于"烝母""弑父"。千百年来,在民间甚至学界,几乎都认定其事。现当代学者中亦不乏其人。周一良先生在《佛家史观中之隋炀帝》评曰:"古往今来多少学佛的人行为与佛教不相符合,然而都不如隋炀帝弑父之显明昭著。"①逯钦立先生《先秦汉魏晋南北朝诗·杨广简传》亦认为杨广弑父。②袁刚《隋炀帝传》虽颇有疑问,亦未反对此说。③胡戟《隋炀帝的真相》亦认为病重的文帝死于张衡之手。④但近年来不少学者表示了各种怀疑,或否"烝母",或否"弑父",或都否定,不过依然还是有不少认同的。郑显文1992年发表《隋文帝死因质疑》一文认为"隋文帝是因为晚年纵欲过度而死,并非被其子炀帝弑杀"。⑤王光照1993年随

---

① 周一良:《佛家史观中之隋炀帝》,原载天津《益世报》1947年1月21日,"史地周刊"第25期;周一良著《唐代密宗》一书全文收录,上海远东出版社,1996,第161页。
② 参见逯钦立辑《先秦汉魏晋南北朝诗》,中华书局,1983,第2661页。
③ 参见袁刚《隋炀帝传》,人民出版社,2001,第233~245页。
④ 参见胡戟《隋炀帝的真相》,北京大学出版社,2011,第47页。
⑤ 郑显文:《隋文帝死因质疑》,《史学集刊》1992年第2期。

即发表《隋文帝之死述论》,继续支持"弑父说"。①1996年,张新昌发表《隋文帝死于气愤说》,结论是:"文帝在花甲之年纵欲过度导致身体虚弱、发病、病危,在病入膏肓的背景下,杨广出于稳定政局、保证政权顺利交接等考虑,采取种种防范措施,以及对陈夫人的非礼行为,激起文帝的极大愤怒、猜疑和怨恨,最后气愤至极而死。"②2002年,张再发《隋文帝死因新探》,重申这一结论。③那么,关于杨广"烝母""弑父",究竟能否还原真相呢?其问题的症结又在哪里呢?本文欲再做一次尝试。

一

关于"烝母",最直接的记载来自《隋书·宣华夫人传》,其曰:

> 初,上寝疾于仁寿宫也,夫人与皇太子同侍疾。平旦出更衣,为太子所逼,夫人拒之得免,归于上所。上怪其神色有异,问其故。夫人泫然曰:"太子无礼。"上恚曰:"畜生何足付大事,独狐诚误我!"意谓献皇后也。因呼兵部尚书柳述、黄门侍郎元岩曰:"召我儿!"述等将呼太子,上曰:"勇也。"述、岩出阁为敕书讫,示左仆射杨素。素以其事白太子,太子遣张衡入寝殿,遂令夫人及后宫同侍疾者,并出就别室。俄闻上崩,而未发丧也。夫人与诸后宫相顾曰:"事变矣!"皆色动股栗。晡后,太子遣使者赍金合子,帖纸于际,亲署封字,以赐夫人。夫人见之惶惧,以为鸩毒,不敢发。使者促之,于是乃发,见合中有同心结数枚。诸宫人咸悦,相谓曰:"得免死矣!"陈氏恚而却坐,不肯致谢。诸

---

① 王光照:《隋文帝之死述论》。
② 张新昌:《隋文帝死于气愤说》,《殷都学刊》1996年第1期。
③ 张新昌:《隋文帝死因新探》,《郑州大学学报》(哲学社会科学版)2002年第3期。

宫人共逼之，乃拜使者。其夜，太子烝焉。

《北史》略同。如果按此段文字，太子杨广确实在文帝驾崩当晚就烝淫了宣华夫人。不过现在学界重点关注的都不是这一点，而是杨广在文帝驾崩前是否对宣华夫人有无理要求和举动。换句话说，"烝母"争论的不是文帝驾崩后，而是扩展并重点关注文帝驾崩前的情况。因为按以上所引及其他记载，这是导致文帝大怒，并要再废太子，而杨广乃遣张衡杀（毒）死文帝的导火索。所以，文帝驾崩前太子与宣华夫人之间的纠葛才是关键。《隋书·炀帝纪》亦曰："自高祖大渐，暨谅闇之中，烝淫无度。"亦当暗指杨广与母辈淫乱。那么，《隋书》《北史》等史载可靠吗？

有关杨广淫乱的记载，更早的是祖君彦《为李密檄洛州文》，其曰："禽兽之行，在于聚麀。人伦之体，别于内外。而兰陵公主，逼幸告终。谁谓殿首之贤，翻见齐襄之耻。逮於先皇嫔御，并进银环，诸王子女，咸贮金屋。牝鸡鸣於诘旦，雄雉恣其群飞。袒服戏陈侯之朝，穹庐同冒顿之寝。爵赏之出，女谒遂成。公卿宣淫，无复纲纪。其罪二也。"祖君彦这里暗示杨广有"烝母"乱伦之事。然而，这种檄文，往往捕风捉影，言过其实，难为凭据，详论见后。而且，单就这第二条之罪所指种种，显然过于夸张，难以让人信服。但从文献角度看，这或许是隋炀帝后来成为淫乱无比的大昏君形象的最早起点。

客观说，宣华夫人确实与杨广关系颇深。《隋书·宣华夫人传》曰："宣华夫人陈氏，陈宣帝之女也。性聪慧，姿貌无双。及陈灭，配掖庭，后选入宫为嫔。时独孤皇后性妒，后宫罕得进御，唯陈氏有宠。晋王广之在藩也，阴有夺宗之计，规为内助，每致礼焉。进金蛇、金驼等物，以取媚于陈氏。皇太子废立之际，颇有力焉。"杨广夺嫡，陈氏有功。因此，二人关系肯定较为密切。但杨广所谓"烝母"淫乱之事，当为传言。杨广倚重江左集团，宣华夫人正是陈宣帝之女。二人在宫廷政变中结为统一战线，关系非同寻常。而以杨广一贯谨慎的作风（详论见后），他绝不可能在胜利在望的特殊关头做出这种要其政治生命和身家性命的勾当的。而作为杨广在夺嫡事上信任并倚重之人，宣华夫人亦应该不是冲动之人。明知不久就是杨广的天下，即使杨广有没有成功的非礼之举，她应该不会轻易告密。王光照即认为："既然在易宫大事上已授手于杨广，值此先君将死、嗣君当立之际，亦恐难以无虑其身托之所而口出'太子无礼'以开罪于杨广，此是陈氏行为前后有悖于事理之处。"①且如此机密之事，而史家如此绘声绘色，言之凿凿，反而让人怀疑其真实性。袁刚《隋炀帝传》亦不相信这类说法。他认为："仁寿宫变，35岁的杨广急不可耐与后母宣华夫人陈氏交欢的丑事也纯系传闻，没有确实根据。"②他分析道："杨广既做梦都想嗣位当皇帝，值此父皇病笃、继统在望之时，恐怕更难以萌发淫逼父爱的急切之心，若其如此轻佻，则其行为前后相悖，此于情不合。"③同时相信"隋炀帝文才秀丽，兴趣广泛，贵为天子，国事繁忙，不可能如井市流氓无赖西门庆那般一心猎艳，一生只为女色奔忙"。④胡戟《隋炀帝的真相》则以存疑处之。⑤

杨广虽或未在文帝病重时与后母苟且，但其后似确实待之不薄，并在她死后作《神伤赋》也是事实，似乎表明杨广对宣华夫人的感情确实较深。《隋书·宣华夫人传》曰："及炀帝嗣位之后，出居仙都宫。寻召入，岁余而终，时年二十九。帝深悼之，为制《神伤赋》。"不过，在隋唐前，这种与父妃有情并纳为后妃的情形比比皆是。宋代大儒朱熹曾说："唐源流于夷狄，故闺门失礼之事不以为意。"⑥而杨氏家族和李唐有很多相似之处，都是

---

① 王光照：《隋文帝之死述论》。
② 袁刚：《隋炀帝传》，第439页。
③ 袁刚：《隋炀帝传》，第242页。
④ 袁刚：《隋炀帝传》，第440页。
⑤ 胡戟：《隋炀帝的真相》，第48页。
⑥ 黎靖德：《朱子语类》，中华书局，1986，第3245页。

关陇集团的典型代表,都与胡族通婚,受其文化影响很深。两个家族亦有复杂姻亲联系,关系很近。因此,其有关礼俗态度亦颇多相似。换句话说,如果杨广没有在文帝病重期间"淫逼父爱",则其后纳之幸之宠之也没什么大不了。杨广作《神伤赋》自然也表明了他对此事的观点与态度。

二

关于"弑父",最早直接提出此说的是祖君彦,其《为李密檄洛州文》列杨广十大罪行,第一条就是"弑父",其曰:

> 先皇大渐,侍疾禁中。遂为枭獍,便行鸩毒。祸深於苣仆,衅酷於商臣。天地难容,人神嗟愤。

如前所引,按《隋书·宣华夫人传》记载,杨广欲对宣华夫人无礼是文帝最后死亡的一个诱因。《隋书·杨素传》亦载此事曰:

> 及上不豫,素与兵部尚书柳述、黄门侍郎元岩等入合侍疾。时皇太子入居大宝殿,虑上有不讳,须豫防拟,乃手自为书,封出问素。素录出事状以报太子。宫人误送上所,上览而大恚。所宠陈贵人又言太子无礼。上遂发怒,欲召庶人勇。太子谋之于素,素矫诏追东宫兵士帖上台宿卫,门禁出入,并取宇文述、郭衍节度,又令张衡侍疾。上以此日崩,由是颇有异论。

史家大致记录了文帝死前的最后情景。又因为张衡是最后单独侍寝者,故而有疑。所谓"颇有异论",实暗示文帝可能是被杀的,即被杨广、杨素下令,张衡动手杀害的。据《隋书·杨素传》,当杨素病重时,"不肯服药,亦不将慎,每语弟约曰:'我岂须更活耶？'"而《隋书·张衡传》亦曰："（大业）八年，帝自辽东还都，衡妾言衡怨望，谤讪朝政，竟赐尽于家。临死大言曰：'我为人作何物事，而望久活！'监刑者塞耳，促令杀之。"，似皆暗示二人有重大阴谋与疑团，加重了后人的猜疑。

司马光《资治通鉴》依《隋书》，胡三省注亦比较谨慎，称"今从《隋书》"①，即存疑，并引《考异》曰：

> 赵毅《大业略记》曰："高祖在仁寿宫，病甚，炀帝侍疾，而高祖美人尤嬖幸者，惟陈、蔡二人而已。帝乃召蔡于别室，既还，面伤而发乱。高祖问之，蔡泣曰：'皇太子为非礼。'高祖大怒，砥指出血，召兵部尚书柳述、黄门侍郎元岩等令发诏追庶人勇，即令废立。帝事迫，召左仆射杨素、左庶子张衡进毒药。帝简骁健官奴三十人皆服妇人之服，衣下置仗，立于门巷之间，以为之卫。素等既入，而高祖暴崩。"

> 马总《通历》曰："上有疾，于仁寿殿与百官辞诀，并握手虚欷。是时惟太子及陈宣华夫人侍疾，太子无礼，宣华诉之。帝怒曰：'死狗，那可付后事！'遽令召勇，杨素秘不宣，乃屏左右，令张衡入拉帝，血溅屏风，冤痛之声闻于外，崩。"

赵、马二人所记各有不同，但皆历历在目，有如亲见。事实上到宋代，杨广早已被民间认定为"烝母""弑父"，是十恶不赦的大恶棍、大淫贼，但司马光作为史学大家，并没有轻信这些传言。

虽然正史始终没有明言杨广"弑父"，但后人却多明确认定其"弑父"之罪。如徐枋曰："隋张衡建夺嫡之谋，后文帝不预，

---

① （宋）司马光：《资治通鉴》，中华书局，1956，第5604页。

衡独侍寝，无状而崩，此千古乱臣贼子之尤也。"①李贽曰："仁寿四年，寝疾暴崩，广为之也。"②王夫之亦曰："杨广之杀君父，杀兄弟，骄淫无度，其不可辅而不相容，途之人知之矣。"③似乎这个公案已经盖棺定论。

三

杨广难道真的"弑父"？具体说，杨广确实指使杨素、张衡采取了某种极端措施？虽后人一口认定，但其实疑点颇多。

第一，正史及李唐统治者未有明确记载或指出杨广弑父。最明显的也只有史官在《隋书·杨素传》中提到的"由是颇有异论"的暗示。而赵毅《大业略记》、马总《通历》二者显然严重矛盾，这倒正好说明了文帝死后谣言四起，莫衷一是。结果有两种可能，一是史家并不知道真相，二是不愿说出真相。但可以肯定的是，李唐统治者不能确定杨广弑父之事，甚至没有这个提法。祖君彦《为李密檄洛州文》的提法显然因为其缺乏真正的证据，可信度太低，无论《隋书》还是《资治通鉴》都完全未提及该文或采信。韩昇《隋文帝传》亦曰："实际上，就是以隋为鉴的唐太宗君臣，也没有一人指控炀帝弑父。"④

第二，隋唐佛教典籍并未提及杨广弑父，而后出者与民间杨广形象发展相一致，似乎也有来自民间的可能，难为依据。杨广佛缘极深，佛家载记其事很多，但早期并没有关于"弑父"的记载。释道宣《续高僧传》中有两处隐晦的文辞，其《释道杰传》曰："文帝崩，晋阳逆节。"又，《释灵裕传》曰："值晋阳事故，

---

① （明）徐枋：《读史稗语》，《四库未收书辑刊》第3辑第28册，北京出版社，2000，第322页。
② （明）李贽著，漆绪邦、张凡注《藏书注》，《李贽全集注》，社会科学文献出版社，2010，第394页。
③ （明）王夫之：《读通鉴论》，中华书局，1975，第558页。
④ 韩昇：《隋文帝传》，人民出版社，1998，第490页。

生民无措其手足。"周一良先生在《佛家史观中之隋炀帝》以为此即暗指杨广弑父。①杨广于开皇元年封晋王于晋阳,此处"晋阳"似指杨广。但其实不然,考诸史实,这里的"晋阳逆节""晋阳事故"当指汉王杨谅为乱事。汉王杨谅为并州总管,辖晋阳。《隋书·庶人杨谅传》曰:"十七年,出为并州总管,上幸温汤而送之。自山以东,至于沧海,南拒黄河,五十二州尽隶焉。"而《隋书·宇文弼传》曰:"时朝廷以晋阳为重镇,并州总管必属亲王,其长史、司马亦一时高选。前长史王韶卒,以弼有文武干用,出为并州长史。俄以父艰去职,寻诏起之。十八年,辽东之役,授元帅汉王府司马,仍寻领行军总管。军还之后,历朔、代、吴三州总管,皆有能名。"可知。汉王杨谅在文帝驾崩后不久在并州发动叛乱。《隋书·庶人杨谅传》曰:"会高祖崩,征之不赴,遂发兵反。"又,《隋书·柳彧传》曰:"至晋阳,值汉王谅作乱,遣使驰召彧,将与计事。彧为使所逼,初不知谅反,将入城而谅反形已露。彧度不得免,遂诈中恶不食,自称危笃。谅怒,囚之。"可知杨谅就是在晋阳为乱的。其后杨广两次大赦皆提及晋阳逆党。《隋炀帝营东都成大赦诏》曰:"晋阳逆党,缘坐者多,弃瑕录用,寔惟朝典。"《隋书·炀帝纪》又曰:"(大业五年六月)戊午,大赦天下。开皇已来流配,悉放还乡,晋阳逆党,不在此例。"综之,所谓"晋阳逆节""晋阳事故"就是汉王杨谅为乱事,"晋阳逆党"即其党羽。这样看来,隋唐佛典中并没有关于杨广弑父的记载。到宋代,释志磐《佛祖统纪·法运通塞志》则明确提出:"世谓炀帝禀戒学慧,而弑父代立,何智者之不知预鉴耶?"②并进行了佛教因果宿怨层面的解释。但这时期,杨广已是人人憎恨的大逆不道的荒淫君主,释志磐难免不受影响,故难为凭证。

---

① 周一良:《佛家史观中之隋炀帝》,周一良著《唐代密宗》一书全文收录,第158页。
② (宋)志磐:《佛祖统纪》,《中华大藏经》第82册,第679页。

第三，杨素不愿苟活，能不能说明是因为他参与了所谓杨广弑父的阴谋？所谓"人之将死，其言也善"，杨素一句"我岂须更活耶"可谓情绪复杂。杨素出生显赫，一生功成名就，也多有让自己不安之事，比如帮助杨广夺宗、登位及其他残酷的政治斗争等，但最后被杨广猜忌、疏远。《隋书·杨素传》曰："素虽有建立之策及平杨谅功，然特为帝所猜忌，外示殊礼，内情甚薄。太史言隋分野有大丧，因改封于楚。楚与隋同分，欲以此厌当之。"正因如此，杨素对生已无甚留恋，实可让杨素说出这话，未必就一定是指帮助杨广弑父。

第四，张衡是文帝身边最后一人，到底发生了什么？张衡最后的话到底暗示了什么？客观地说，他没有说是不是杀文帝一事，但也不能去除怀疑。可以肯定的是，他暗示了有一个或很多个惊天的大秘密。那这些秘密会是什么呢？杀文帝只是其中的一个可能。而阴谋用计让杨广夺宗、参与假诏等事，也是其可能性之一。《隋书·张衡传》曰："及王转牧扬州，衡复为掾，王甚亲任之。衡亦竭虑尽诚事之，夺宗之计，多衡所建也。"又曰："（帝）尝目衡谓侍臣曰：'张衡自谓由其计画，令我有天下也。'"而《隋书·庶人杨勇传》花大量笔墨记载了杨广夺宗之事，并详细记录了杨广因太子杨勇失宠于独孤后之后与张衡商量用计的具体情形与经过。①《隋书·杨约传》亦曰："时皇太子无宠，而晋王广规欲夺宗，以素幸于上，而雅信约。于是用张衡计，遣宇文述大以金宝赂遗于约，因通王意。"显然，张衡在杨广夺嫡中为定计者，有重要作用。而这是一场宫廷阴谋，换句话说，张衡当然知道自己的作为为人所不齿。杨广最终登基是靠文帝的遗诏完成的。但遗诏应该不是文帝驾崩之前的真实意图，现基本可以肯定是假的。张衡是最后侍寝文帝的人，对假诏之类最后的宫变他应该是知情甚至参与的，因此，张衡参与了夺嫡到继位的全过程，其中定有很多不可告人的秘密。而张衡的话是否是

---

① 参见（唐）魏征、令狐德棻《隋书》，中华书局，1973，第1231~1238页。

指向这些不可告人的秘密,而非杀文帝呢?可能性自然同样存在。

第五,关键的证据在于,文帝其实病危多时,他已与臣子诀别数日,咽气驾崩当就在眼前。《隋书·高祖纪》曰:

> (仁寿)四年……夏四月乙卯,上不豫。六月庚申,大赦天下。有星入月中,数日而退。长人见于雁门。秋七月乙未,日青无光,八日乃复。……甲辰,上以疾甚,卧于仁寿宫,与百僚辞诀,并握手歔欷。丁未,崩于大宝殿,时年六十四。

这条记载如此明显而明确,世人却多视而不见。文帝四月乙卯生病,三个月后,以"疾甚"与"百僚辞诀,并握手歔欷"于秋七月甲辰日。这里,文帝与臣僚生死诀别的意味再明确不过。既然是与百僚临死诀别,文帝一定感知到了自己大限将至,否则,他好好的何以要"辞诀"呢?而且还要到"握手歔欷"的程度呢?事实上,三天后,文帝崩。生病三月,病重与臣僚诀别三日后驾崩,这其实完全可以视为生命的正常历程,没什么不可理喻的地方。徐枋称"无状而崩"实与事实不符。换句话说,文帝完全可能是因病正常死亡,未必有其他外力原因。如果按前文所言,杨广没有对宣华夫人无理的话,文帝就不会因此愤怒。当然,因其他原因生气也有可能。杨广、杨素等人在文帝临死之际在宫外有所活动,这些或许会让文帝激愤,加速其驾崩的可能性是存在的,但不一定就是被杀而死。至于文帝晚年纵欲,倒是事实。《隋书·文献独孤皇后传》曰:"仁寿二年八月甲子,月晕四重,己巳,太白犯轩辕。其夜,后崩于永安宫,时年五十。葬于太陵。其后,宣华夫人陈氏、容华夫人蔡氏俱有宠,上颇惑之,由是发疾。及危笃,谓侍者曰:'使皇后在,吾不及此'云。"文帝的疾病或因纵欲,但其直接死因无疑是疾病。

另外,杨广性格较为谨慎理性,也是虔诚的佛弟子,不太可能鲁莽行事。按《隋书·炀帝纪》曰："上好学,善属文,沉深严重,朝野属望。高祖密令善相者来和遍视诸子,和曰:'晋王眉上双骨隆起,贵不可言。'既而高祖幸上所居第,见乐器弦多断绝,又有尘埃,若不用者,以为不好声妓,善之。上尤自矫饰,当时称为仁孝。"显然,青年杨广是一个谨慎的而不是鲁莽的人。因为家庭、时代及自身原因,杨广其实又是一个虔诚而理性的佛教徒。他受菩萨戒,作佛弟子,大力协助佛家,广为善缘。他与智𫖮大师的交往更被传为佳话。不过,交往之初,二人关系似乎并不太顺畅,智𫖮似乎并未完全接受杨广,相反,他有意识地与之保持了一定的距离。但杨广表现出了超常的耐心与涵养,最终取得了智𫖮的信任与认可。《佛祖统纪·四祖天台智者智𫖮纪》曰："授戒既毕,出居城外禅众寺,即欲西上,王固请留,师曰:'先有明约,岂当相违?'王乃遣柳顾言,致书请留,待来年二月,约至栖霞送别。"①显然,智𫖮并没有按照晋王的意思行事,而是非常独立而坚决地安排了自己的行程,以致杨广不得不"固留",但智𫖮并未妥协。随后杨广连修数书,希望智𫖮回心转意。然而智𫖮依然一意孤行,返回荆州,并重起玉泉寺,打算长住。这显然是杨广不愿看到的。但他没有失去理智,而是一再表现出虔诚与谦恭,嘘寒问暖,殷勤款曲,最终赢得了智𫖮大师的信任。据《广弘明集》,登基后,杨广还与当时僧侣在对君王拜与不拜的问题上态度迥异,矛盾尖锐。最终却居然以杨广无奈让步、佛徒不拜结束。②钱钟书先生《管锥编》曰："佞佛帝王之富文采者,梁武、隋炀、南唐后主鼎足而三,胥亡国之君。史论每咎梁武、李后主之佞佛,却未尝以此责隋炀。当缘梁武、李后主佞佛,害于其政,着于其寻常行事,而隋炀佞佛,不若是之甚。唐人小说《隋遗录》《迷楼记》《海山记》等只字不道其

---

① (宋) 志磐:《佛祖统纪》,第 643 页。
② (唐) 道宣:《广弘明集》第 25 卷,《四部丛刊》影印本,上海书店,1989,第 1~2 页。

佞佛逸事,有如梁武帝之散头发俾僧践踏、李后主之削屎橛供僧抽解也。"①虽钱先生用了"佞佛"之语,但明确指出杨广并没有到梁武帝、李后主那样的程度而加以肯定。这些都表明,杨广是比较理性的。

一个谨慎、虔诚而理性的人在政治斗争的关键时期做出对自己百无一利的事,几乎不可能。因此,所谓"烝母"——在文帝驾崩前非礼宣华夫人,当属传闻或谣言。对于杨广而言,因为政治斗争,兄弟相残,自是事实,但弑父之为,诚难想象。正因如此,周一良先生才十分感慨曰:"这岂是给智𫖮信里所表现的虔诚的佛弟子总持吗?"②周先生对如此虔诚的佛弟子弑父表示了感慨与震惊,但他确实没更多怀疑弑父的真实性。事实上,只有否定了其弑父之举,这一切才会有一个合理的解释。

四

如上所言,以杨广一贯谨慎、理性的性格,他不可能在胜利在望的特殊关头做出这种要其政治生命和身家性命的勾当。文献中没有一条证据可直接证明杨广弑父,但却有明确证据显示文帝确实到了生命的尽头。那么,如果没有烝母弑父之事,为何又有如此多的传言,后世又几乎众口一词呢?

首先,杨广显然是所谓"成则为王败则为寇"的历史逻辑的受害者。在中国的历史长河,这种现象比比皆是。仅以李世民为例。李在争权过程中,同样是采取了极端手段,杀害了其兄弟,甚至对其父皇有所威胁后才获得权位,但他在位以后施政成功,终入贤君之列。而杨广则相反,因为种种原因,杨广最终成了失败者,因此,其历史形象很难正面。

---

① 钱钟书:《管锥编》,生活·读书·新知三联书店,2008,第2399页。
② 周一良:《佛家史观中之隋炀帝》,周一良著《唐代密宗》一书全文收录,第158页。

其次，杨广行为有存疑的空间。就"烝母"而言，杨广虽或没有在文帝驾崩前非礼宣华夫人，但二人关系很深，其后又宠幸于她，自然授人以柄，留下话柄。而历来皇权交替都是十分微妙的。逼宫、篡位、弑君等宫廷政变时有发生，而为求周全，秘不发丧的情形亦经常出现。文帝驾崩前应该与杨广存在了不小的分歧和矛盾，但问题起因不一定是杨广非礼宣华夫人。而张衡最后单独伺候又为疑问者提供了更大的空间。同时，从废太子杨勇随即被矫诏赐死可推知，杨勇阵营或许亦并没有甘于失败。因此，对杨广不利的谣言、传言或许在这时就已经开始。

再次，隋末大乱中谣言四起，目标直指杨广。隋末天下大乱，杨广自然处于风暴的绝对中心，各种矛头无不指向这位曾经"以天下承平日久，士马全盛，慨然慕秦皇、汉武之事"，四方征战的帝王。可以肯定，其时各种舆论宣传工具纷纷出台，谣言、传言四起。事实上，这种完全失去理性的中伤极有鼓动性和号召力，往往在民间传播最快，效果最好。汉末陈琳《为袁绍檄豫州》即是一个典型。陈琳檄文中编造曹操种种不是，称"历观古今书籍所载，贪残虐烈无道之臣，于操为甚"。甚至连其父祖一起痛骂，以致曹操也斥其太过。《三国志》曰："袁氏败，琳归太祖。太祖谓曰：'卿昔为本初移书，但可罪状孤而已，恶恶止其身，何乃上及父祖邪？'琳谢罪，太祖爱其才而不咎。"如曹操真如陈琳所骂，可能他是不会真正得免的。而祖君彦《为李密檄洛州文》更是如此。该文洋洋洒洒近三千言，给杨广列了十大罪行，包括鸩毒先皇、乱伦兽行、食言无信等。虽部分是事实，但多数是捕风捉影、夸大其词、污蔑栽赃，极尽造谣歪曲之能事，几不可信，以致《隋书》《北史》《资治通鉴》等正史都未加以采信和收录。但在当时混乱的局势中，这类谣言是最具鼓动性与号召力的。而谣言往往不会统一而会有多个版本。这也就解释了为何赵毅《大业略记》、马总《通历》等存在不同的传言和说法了。

最后，毫无疑问，这与李唐统治者有关，也与当时修史者的修史态度和做法有关。李氏与隋杨本有复杂姻亲关系，往来密切，可以说以他们的关系与地位，恐怕像"弑父"这样的大事还是可以知道一些真相的。但事实上，李唐王朝没有任何记载表明他们认为杨广"弑父"。按理，倘真有"弑父"之罪，李唐统治者是绝对不会放弃如此有利的舆论宣传机会的。因为在夺了杨隋政权后，他们需要证明其合法性。办法之一就是证明杨隋丧失公道人心，失去政权合法性，而李唐乃顺应天意，替天行道。郑显文先生亦持此类似观点。①杨广夺宗继位确实是阴谋而得，这就给李唐统治者以难得的机会。而隋末以来的各种谣言、传言则成为他们利用的工具，他们有意无意加以引导，甚至难说不是谣言、传言的制造者。韩昇《隋文帝传》曰："隋炀帝把好端端一个国家搞垮掉，故唐朝君臣以他为鉴，将他的劣迹披露得淋漓尽致，充分发挥历史为政治服务的功能。而文人墨客更是添油加醋，描绘得煞有介事，有如亲眼目睹一般。"②修史者显然要顺应这种要求，他们大量采信传言，乱人耳目。但魏征等史臣深知史家不可信口雌黄，因此，像是否"弑父"这种重大问题，他们并不明确论断，只是一味借暗示、假传言的办法，其实就是另类的"春秋"笔法，让人们陷入其设计的泥淖。黄中业《隋文帝杨坚传》以为"《大业略记》和《通历》关于隋文帝被杨广害死的记载，均不被《隋书》所采用。《隋书》成书于贞观年间，撰写《隋书》的史官是否由于玄武门之变而对《大业略记》等记载有所忌讳，亦未可知。就《隋书》的记载，隋文帝在病重时很可能是杨广派人害死的。"③所论有些牵强，因为即使到《资治通鉴》，司马光依然没有采信这些传言。正是由于李唐统治者及其修史者的有意引导，各种野史、传言不断跟进，自有痛打"落水狗"的趋向，以讹传讹，进一步把杨广塑造为一个荒淫无耻的暴君形象，

---

① 郑显文：《隋文帝死因质疑》。
② 韩昇：《隋文帝传》，第487~488页。
③ 黄中业：《隋文帝杨坚传》，吉林人民出版社，2010，第292~293页。

"烝母""弑父"就更加顺理成章了。

综上，关于隋炀帝杨广"烝母""弑父"的问题，千百年来虽几乎被认定，但其实疑点很多。杨广至少在登基前是一个谨慎、虔诚而理性的人，他不可能在胜利在望的特殊关头即文帝驾崩前做出非礼宣华夫人这种要其政治生命和身家性命的恶行，而文帝驾崩后纳幸其妃在当时实属正常。同时文帝当属病重正常死亡，但当时形势微妙，秘不发丧。而隋末政治斗争复杂，各种谣言、传言四起，矛头直指杨广。其后李唐王朝为了自身政权的合法性，有意引导了这些谣言、传言；唐代史官有配合这种要求的嫌疑，在史传中以另类的"春秋"笔法加以暗示，后世便以讹传讹，认定其"弑父"为事实，而这实际应该是一个历史的大冤案。

国内藏传佛教量论因明学相关文献目录辑要（1933～2013）

陈 龙

说明：本文献目录原则上不收汉传因明资料，但由于藏传佛教量论因明学文献与汉传因明文献存在着千丝万缕的联系，故涉及藏传佛教量论因明学的汉传因明文献亦收录，以便研究者参考。

一 著作

Ⅰ．典籍资料

1.《古印度因明学选编（一）》（藏文大藏经分类丛书）（藏文），陈那等著，民族出版社，1988。

2.《古印度因明学选编（二）》（藏文大藏经分类丛书）（藏文），陈那等著，民族出版社，1988。

3.《古印度因明学选编（三）》（藏文大藏经分类丛书）（藏文），陈那等著，民族出版社，1989。

4.《古印度因明学选编（四）》（藏文大藏经分类丛书）（藏

文），陈那等著，民族出版社，1990。

5.《集量论略解》，陈那著，法尊译编，中国社会科学出版社，1982。

6.《集量论释略抄等四种合刊》①，吕澂等辑，新文丰出版股份有限公司，1987。

7.《释量论颂》，法尊译，中国佛教协会，1982。

8.《释量论释·成量品》，根敦珠巴著，法尊译，中国佛教协会，1982。

9.《释量论注释》（藏文），格西·益西旺久著，西藏人民出版社，1989。

10.《释量论注释（续）》（藏文），格西·益西旺久著，西藏人民出版社，1992。

11.《释量论解说·雪域庄严》（藏文），尊巴敦雄著，中国藏学出版社，1993。

12.《释量论释难·善说宝藏》（藏文），居米旁·嘉央朗杰嘉措著，四川省少数民族古籍整理办公室整理，中国藏学出版社，1995。

13.《释量论·释难明意》（藏文），班钦·索朗扎巴著，中国藏学出版社，1998。

14.《释量论新注（上、下）》（藏文），朗仁·阿旺平措著，西藏人民出版社，1997。

15.《释量论略义及其注释无倒明照解脱道简介》（藏文），佐仓·洛桑尊著，民族出版社，2001。

16.《杰尊·曲吉坚赞释量论》（藏文），杰尊·曲吉坚赞著，中国藏学出版社，2006。

17.《释量论疏》（藏文），贾曹杰·达玛仁钦著，青海民族

---

① 此书内含《集量论释略抄》，吕澂辑；《安慧三十唯识释略抄》，吕澂辑；《正理滴论（译自梵文本）》，法称著，王森译；《正理滴论（译自藏文本）》，法称著，杨化群译。

出版社，2010。

18.《因明七论除意暗庄严疏》（藏文），凯珠杰·格勒白桑著，多吉杰博编，民族出版社，1984。

19.《因明学汇集（上、下）》（藏文），噶玛巴·曲扎嘉措著，西藏人民出版社，1987。

20.《因明七论要点注释》（藏文），格西次旺著，西藏人民出版社，1988。

21.《因明七论庄严华释》（藏文），炯丹·日比热直著，中国藏学出版社，1991。

22.《因明中论详解（上、下）》①（藏文），贾曹杰著，久美陀乎去、三木旦席热布校订，甘肃民族出版社，1993。

23.《因明难解注释》②（藏文），贾曹杰著，夏河县编译局整理，久美腾却乎校订，甘肃民族出版社，1995。

24.《藏传因明逻辑学概论》③（藏文），根敦珠著，甘肃民族出版社，1996。

25.《因明疏解详论》（藏文），周甲克编著，甘肃民族出版社，1997。

26.《因明1》（藏文），宗喀巴等著，青海民族出版社，2011。

27.《因明2》（藏文），贾曹杰·达玛仁钦等著，青海民族出版社，2011。

---

① 本书原名《量抉择论善显旨趣大疏》。法称量论著作中，有被称为"如躯干"的广、中、略三论，《量抉择论》为其中篇幅居中的一种，故此书出版时汉文书名定为《因明中论》。《中国藏学书目》编委会编，《中国藏学书目续编（1992～1995）》，外文出版社，1997，第11页。

② 本书是对法称所著量学七论中属于主干的广、中、略三本中之略本《量学正理滴》的注释。《中国藏学书目》编委会编，《中国藏学书目续编（1992～1995）》，第11页。

③ 本书原名《量理庄严论》，成书于15世纪，是对法称《释量论》的概述和解疏。《中国藏学书目》编委会编，《中国藏学书目二编（1996～2000）》，外文出版社，2001，第11页。

28. 《〈集量论注释〉第一章》（校勘本），〔奥〕斯坦因凯勒著，中国藏学出版社，2005。

29. 《〈集量论注释〉第一章》（转写本），〔奥〕斯坦因凯勒著，中国藏学出版社，2005。

30. 《〈集量论注释〉第二章》（校勘本），〔奥〕斯坦因凯勒著，中国藏学出版社，2013。

31. 《〈集量论注释〉第二章》（转写本），〔奥〕斯坦因凯勒著，中国藏学出版社，2013。

32. 《法称〈定量论〉第一章和第二章》，〔奥〕斯坦因凯勒著，中国藏学出版社，2007。

33. 《法称〈定量论〉第三章》，〔瑞士〕福冈、〔日〕苫米地著，中国藏学出版社，2011。

34. 《量理宝藏注疏·教理曦轮》（藏文），洛布堪谦·索朗伦珠著，中国藏学出版社，1988。

35. 《量理论宝藏总则及其注释》（藏文），萨迦班智达·贡嘎坚赞著，西藏人民出版社，1989。

36. 《量理宝藏详解》（藏文），萨班·滚噶坚赞等著，四川民族出版社，1998。

37. 《量理海论》（藏文），凯珠杰·格勒白桑著，民族出版社，1990。

38. 《量抉择论释难》（藏文），鄂·洛丹西饶著，中国藏学出版社，1994。

39. 《量理宝藏论》，萨班·庆喜幢编著，明性译，东初出版社，1995。

40. 《中国逻辑史·唐明卷》[①]，沈剑英、王森、欧阳中石编著，甘肃人民出版社，1989。

---

① 本书第八章是藏传因明资料。

41.《中国逻辑史资料选·因明卷》①，中国逻辑史研究会资料编选组编，甘肃人民出版社，1991。

42.《贡唐洛智嘉措大师因明论集》（藏文），贡唐洛智嘉措、巴朗·贡觉群培著，甘肃民族出版社，1999。

43.《因明中观释难》（藏文），扎西丹巴饶杰著，民族出版社，2000。

44.《般若中观因明宝鬘集》，寂护论师、米旁仁波切著，青海人民出版社，2005。

45.《先哲遗书·乌玉巴文集》（藏文），百慈藏文古籍研究所编，中国藏学出版社，2007。

46.《全知意饰》（6-7）（藏文），欧珠贝著，民族出版社，2010。

47.《堪布更噶华尔登嘉措全集》（藏文），堪布更噶华尔登嘉措著，民族出版社，2012。

48.《玉囊·阿旺旦增因明论文集》（藏文），玉囊·阿旺旦增著，民族出版社，2012。

49.《韩镜清翻译手稿》（第一辑），韩镜清著，甘肃民族出版社，2010。

50.《韩镜清翻译手稿》（第二辑），韩镜清著，甘肃民族出版社，2011。

51.《韩镜清翻译手稿》（第三辑），韩镜清著，甘肃民族出版社，2011。

52.《韩镜清翻译手稿》（第四辑），韩镜清著，甘肃民族出版社，2012。

---

① 本书包括汉传因明和藏传量论因明两部分，藏传资料约占全书2/3，包括：《量理藏论》（罗炤译）、《因明七论入门》、《因明学启蒙》（杨化群译）、《〈因明学启蒙〉汉译本读者一助》（黄明信撰）。

53.《藏外佛教文献》(第十辑)①,方广锠主编,中国人民大学出版社,2008。

54.《藏传佛教典籍精选精译》,万果编著,民族出版社,2001。

Ⅱ. 因明逻辑

1.《因明新例》,周叔迦著,商务印书馆,1936。

2.《因明学入门》(藏文),毛尔盖·桑木旦著,青海民族出版社,1981。

3.《因明学入门》(藏文),洋增普居巴·罗藏次成木仙巴嘉措著,甘肃民族出版社,1982。

4.《因明学研究》,沈剑英著,东方出版中心,1985。

5.《因明学概要及其注释》(藏文),苏德巴夏噶、色·昂旺扎西著,民族出版社,1985。

6.《因明学浅释明鉴》(藏文),慈城嘉措著,民族出版社,1991。

7.《〈因明正理门论〉研究》,巫寿康著,生活·读书·新知三联书店,1994。

8.《因明论证规律》(藏文),祺吉·更登桑木旦著,甘肃民族出版社,1995。

9.《因明学的起源及其理论探讨》(藏文),吉美桑珠著,中国藏学出版社,1996。

10.《三十颂与音势论的注释及因明学概论》(藏文),噶钦·多吉坚赞著,西藏人民出版社,1999。

---

① 此辑含有汉译藏文佛典《因相轮抉择》。《因相轮抉择》系印度因明论著,一卷,陈那论师著。本译文系韩镜清先生译,释刚晓注释。据本译文题解,《因相轮抉择》藏文原本共有三个:德格本、北京本、卓尼本。韩镜清先生的译本所据底本为北京本。此文吕澂先生曾译为《因轮论图解》,1928年12月发表于《内学》(第4辑),后收入《吕澂佛学论著选集》第一卷(齐鲁书社,1991)。

11. 《正理滴论解义》，李润生著，密乘佛学会，1999。

12. 《因明正理门论直解》，郑伟宏著，复旦大学出版社，1999。

13. 《因明摄义》，丹增拉巴著，民族出版社，1999。

14. 《因明逻辑概要》（藏文），万果著，云南民族出版社，2001。

15. 《因明学》（藏文），噶玛巴·确扎嘉措著，青海民族出版社，2001。

16. 《因明学要论启蒙钥匙》（藏文），热贡·多杰卡著，四川民族出版社，2003。

17. 《达那因明学》（藏文），达那·更登洛桑著，民族出版社，2004。

18. 《因明学》（藏文），萨班·贡噶坚赞著，民族出版社，2004。

19. 《外国人研究因明学》（藏文），〔意〕杜齐等著，阿旺旦增译，民族出版社，2005。

20. 《觉囊因明学概论》（藏文），察米巴索朗桑布著，民族出版社，2007。

21. 《因明大疏善说量理明灯》（藏文），更登三木旦著，民族出版社，2008。

22. 《因明学概要2》（藏文），扎西丹巴绕杰著，民族出版社，2010。

23. 《因明学略义陈那庄严论》（藏文），改登拉吉著，四川民族出版社，2011。

24. 《因明入门》（藏文），饶江巴·更登嘉措著，西藏人民出版社，2011。

25. 《因明学基础知识快速入门》（藏文），卡东巴·绛白罗布著，西藏人民出版社，2011。

26. 《因明与文法入门》（藏文），拉那巴·益西桑布著，青海民族出版社，2011。

27.《因明入门》（藏文），格西格顿加措著，西藏人民出版社，2011。

28.《因明学总论》（藏文），热贡·多杰卡著，西藏人民出版社，2012。

29.《初级辨理概论》（藏文），李建本著，甘肃民族出版社，1985。

30.《摄类纲要》（藏文），华热·拉赛著，民族出版社，1987。

31.《堪钦摄类学》（藏文），隆务·根敦嘉措著，青海民族出版社，1988。

32.《摄类学论·悟道宝灯》（藏文），土登格勒嘉措著，中国藏学出版社，1990。

33.《摄类学注解》（藏文），堪布更噶华尔登嘉措著，民族出版社，2012。

34.《藏传因明学》，杨化群著译，西藏人民出版社，1990。

35.《藏传因明学教程》（藏文），更登三木旦著，中央民族大学出版社，1995。

36.《藏传因明逻辑基础知识》（藏文），更登三木旦，才让措著，甘肃民族出版社，1996。

37.《藏传因明概论》（藏文），祁顺来编著，青海民族出版社，1998。

38.《藏传因明思路方法》（藏文），更登旦增等著，甘肃人民出版社，1999。

39.《简明藏传因明学教程》（藏文），东智嘉著，甘肃人民出版社，2001。

40.《藏传因明学通论》，祁顺来著，青海民族出版社，2006。

41.《雪域十明精萃大全·因明》，科才·慈城著，民族出版社，2006。

42.《黄明信藏学文集：藏传佛教·因明·文献研究》，黄明信著，中国藏学出版社，2007。

43.《藏传因明学通论——智者入门捷径》（藏文），更登三木旦著，民族出版社，2008。

44.《藏传因明思维逻辑形式研究》，达哇著，青海人民出版社，2008。

45.《藏传因明学理路研究思辨宝典》（藏文），奥赛嘉措著，甘肃民族出版社，2009。

46.《藏传佛教因明学入门》，毛尔盖·桑木旦著，曲甘·完玛多杰译，青海人民出版社，2011。

47.《佛教逻辑与辩证法》①，张曼涛主编，大乘文化出版社，1978。

48.《佛教逻辑之发展》②，张曼涛主编，大乘文化出版社，1978。

49.《佛家逻辑研究》，霍韬晦著，佛教法住学会，1984。

50.《佛教因明的探讨》，林崇安著，财团法人内观教育基金会，2008。

---

① 此书收有18篇论文，计有：虞愚《印度逻辑—因明底基本规律》、吕澂《佛家逻辑》、李润生《论佛家逻辑的必然性与概然性》、霍韬晦《因明与逻辑》、彻尔巴茨基《真实与知识》、虞愚《演绎逻辑与因明》、霍韬晦《因明三支比量的逻辑的分析》、虞愚《试论因明学中关于现量与比量问题》、虞愚《试论因明学中关于喻支问题（附论法称对"喻过"的补充）》、诚学《新因明与古因明对因的看法》、惟贤《因明十四相似过类略释》、唐湘清《同品定有性与异品遍无性》、李润生《因明"相违决定"的批判》、威提布萨那《法称"逻辑一滴"的分析》、周叔迦《佛教的辩证法》、吕澂《佛家的辩证法》、罗睺罗《佛学辩证法》、虞愚《龙树辩证法底基本特质》。

② 此书收有13篇论文，1篇文献（含附录4篇），计有：虞愚《因明学发展过程简述》、许地山《陈那以前中观派与瑜伽派之因明》，附录：真谛《如实论反质难品》、福善《以五门看大域龙之新论式》、法空《陈那与新因明之能立》、彻尔巴茨基《法称的逻辑著述及其流派》、吕澂《西藏所传的因明》、虞愚《因明入正理论的特点及其传习》、悦西《因明入正理论略释》、吕澂、印沧《因明正理门论本证文》、吕澂《入论十四因过解》，附录：1.会觉《论因明相违因及本别作法》，2.罗刚《说明因对宗喻之重要关系》，3.伍五《宗依宗体之区别及其关系》。

51.《简明因明辩经课程》,林崇安编著,财团法人内观教育基金会,2007。

52.《因明推理讲义》,林崇安编著,财团法人内观教育基金会,2008。

53.《因明与辩经》(简要本),林崇安编著,财团法人内观教育基金会,2008。

54.《外国人因明学研究》,杜齐、玉囊·阿旺旦增著,民族出版社,2005。

55.《因明学概论·因明述要》,陈望道、石村著,中华书局,2006。

56.《因明纲要·因明学》,吕澂、虞愚著,中华书局,2006。

57.《佛教逻辑研究》,沈剑英著,上海古籍出版社,2013。

58.《藏汉逻辑学词典》,《藏汉大词典》编写组编,四川民族出版社,1987。

59.《因明辞典》,姚南强主编,上海辞书出版社,2008。

Ⅲ. 史志哲学论文集

1.《土观宗派源流:讲述一切宗派源流和教义善说晶镜史》,土观·罗桑却季尼玛著,刘立千译注,西藏人民出版社,1984。

2.《佛教史大宝藏论》,布顿大师著,郭和卿译,民族出版社,1986。

3.《印度佛教史》,〔英〕渥德尔著,王世安译,商务印书馆,1987。

4.《印度佛教史》,多罗那它著,张建木译,四川民族出版社,1988。

5.《布顿佛教史》(藏文),布顿·仁钦竹著,中国藏学出版社,1989。

6.《郭扎佛教史》(藏文),郭若扎西著,中国藏学出版社,1990。

7.《印度哲学史》，杨惠南著，东大图书股份有限公司，1995。

8.《印度佛教史》，韩廷杰著，文津出版社有限公司，1996。

9.《印度哲学史（第一册）》，〔印〕SURENDRANATH DASGUPTA著，林煌洲译，"国立"编译馆，1996。

10.《西藏佛教史》，圣严著，法鼓文化事业股份有限公司，1997。

11.《印度佛教思想史》，〔日〕三枝充悳著，刘欣如译，大展出版社，1998。

12.《印度哲学及其基本精神》，李志夫著，洪叶文化事业有限公司，1999。

13.《印藏佛教史》，刘立千著，民族出版社，2000。

14.《印度佛教史》，〔日〕平川彰著，庄昆木译，商周出版社，2002。

15.《佛教史》，杜继文主编，江苏人民出版社，2006。

16.《印度佛教思想史》，印顺著，中华书局，2010。

17.《印度之佛教》，印顺著，中华书局，2011。

18.《印度因明学纲要》，〔印〕阿特里雅著，杨国宾译，华东师范大学出版社，2007。

19.《因明学说史纲要》，姚南强著，上海三联书店，2000。

20.《中国佛教逻辑史》，沈剑英主编，华东师范大学出版社，2001。

21.《逻辑学思想史》[①]，张家龙主编，湖南教育出版社，2004。

22.《佛学大纲》[②]，谢无量著，广陵书社，2009。

23.《佛教逻辑发展简史》，王克喜、郑立群著，中央编译出

[①] 此书第二编"印度正理—因明"，主要涉及陈那、法称的因明逻辑学，由邵强进、郑伟宏执笔。

[②] 此书卷下第一编"佛教论理学"，涉及因明学之渊源、三支因明论、因明学与论理学之比较等。

版社，2012。

24.《藏传佛教因明史略》，剧宗林著，民族出版社，1994。

25.《藏传佛教因明史略》，剧宗林著，中华书局，2006。

26.《古因明要解·陈那以前中观派与瑜伽派之因明》，释水月、许地山著，中华书局，2006。

27.《因明学的起源和发展》，〔日〕武邑尚邦著，杨金萍、肖平译，中华书局，2008。

28.《藏传因明》，王森著，中华书局，2009。

29.《佛教逻辑学之研究》，〔日〕武邑尚邦著，顺真、何放译，中华书局，2010。

30.《佛教因明论》，刚晓著，宗教文化出版社，2007。

31.《因明论丛》，剧宗林著，甘肃民族出版社，2011。

32.《西藏佛教的探讨》，林崇安著，慧炬出版社，1997。

33.《西藏佛教之宝》，许明银著，佛光文化事业有限公司，1998。

34.《藏传佛教研究》，许德存著，宗教文化出版社，2008。

35.《西藏佛教研究》，克珠群佩著，宗教文化出版社，2009。

36.《印度逻辑学的基本性质》，〔日〕梶山雄一著，张春波译，商务印书馆，1980。

37.《佛教的认识论》，净慧主编，中国佛教协会，1990。

38.《法尊法师佛学论文集》，释法尊撰，吕铁钢、胡和平编，中国佛教文化研究所，1990。

39.《印度佛学的现代诠释》，吴汝钧著，文津出版社有限公司，1994。

40.《印度佛学研究》，吴汝钧著，台湾学生书局有限公司，1995。

41.《佛学研究方法论》（下册），吴汝钧著，台湾学生书局有限公司，1996。

42.《佛家逻辑通论》，郑伟宏著，复旦大学出版社，1996。

43. 《佛教逻辑》，〔俄〕舍尔巴茨基著，宋立道、舒晓炜译，商务印书馆，1997。

44. 《佛教的概念与方法》（修订版），吴汝钧著，台湾商务印书馆股份有限公司，2000。

45. 《佛教逻辑论丛》，沈剑英著，甘肃民族出版社，2011。

46. 《印度和锡兰佛教哲学：从小乘佛教到大乘佛教》，〔英〕A. B. 凯思著，宋立道、舒晓炜译，上海古籍出版社，2004。

47. 《存在·自我·神性：印度哲学与宗教思想研究》，吴学国著，中国社会科学出版社，2006。

48. 《印度瑜伽经与佛教》，王慕龄著，宗教文化出版社，2012。

49. 《缘起与空性：强调空性与世俗法之间相融性的藏传佛教中观哲学》，〔美〕Elizabeth Napper 著，刘宇光译，志莲净苑文化部，2003。

50. 《藏传佛教中观哲学》①，〔美〕伊丽莎白·钠珀（Elizabeth Napper）著，刘宇光译，中国人民大学出版社，2006。

51. 《藏传佛教直观主义认识论研究》，李元光等著，民族出版社，2009。

52. 《藏传佛教认识论》，多识仁波切著，甘肃民族出版社，2010。

53. 《知识与解脱：促成宗教转依体验的藏传佛教知识论》，〔美〕安妮·克莱因著，刘宇光译注，上海古籍出版社，2012。

54. 《藏传佛教哲学思想研究》，刘俊哲著，民族出版社，2013。

55. 《陈那〈观所缘缘论〉之研究》，陈雁姿著，志莲净苑文化部，1999。

56. 《正理滴点论解》，刚晓著，宗教文化出版社，2007。

---

① 此书即《缘起与空性：强调空性与世俗法之间相融性的藏传佛教中观哲学》的修订本。

57.《〈集量论〉解说》,刚晓著,甘肃民族出版社,2008。
58.《量理宝藏论讲记》,刚晓著,甘肃民族出版社,2008。
59.《〈释量论〉讲记Ⅰ》,刚晓著,甘肃民族出版社,2009。
60.《〈释量论〉讲记Ⅱ》,刚晓著,甘肃民族出版社,2010。
61.《〈释量论成量品略解〉浅疏》,顺真著,甘肃民族出版社,2011。
62.《〈定量论〉释义》,刚晓著,宗教文化出版社,2013。
63.《量理宝藏论释》(上、下),索达吉堪布译讲,中国文史出版社,2014。
64.《西藏佛教(一)——概述》,张曼涛主编,大乘文化出版社,1979。
65.《西藏佛教教义论集(一)》,张曼涛主编,大乘文化出版社,1979。
66.《西藏佛教教义论集(二)》,张曼涛主编,大乘文化出版社,1979。
67.《佛教哲学思想论集(一)》,张曼涛主编,大乘文化出版社,1981。
68.《佛教哲学思想论集(二)》[1],张曼涛主编,大乘文化出版社,1981。
69.《佛教与科学·哲学》,张曼涛主编,大乘文化出版社,1979。
70.《吕澂佛学论著选集》(一、二、三、四、五),吕澂著,齐鲁书社,1991。
71.《藏传佛教哲学思想资料辑要》[2],刘俊哲、罗布江村编,民族出版社,2007。

---

[1] 此书收有三篇论"佛教认识论"的论文,计有:唐大圆《佛的认识论》、白云《佛教的认识论》、印顺《佛教的知识论》。
[2] 此书第十编"心明论(认识论)"部分辑有藏传量论资料。详见该书第521~587页。

72.《藏传佛教文化》①，尕藏才旦著，甘肃民族出版社，2009。

73.《藏传佛教文化概论》②，罗桑开珠编著，中国藏学出版社，2013。

74.《因明论文集》，刘培育、周云之、董志铁编，甘肃人民出版社，1982。

75.《因明新探》，中国逻辑史学会因明研究工作小组编，甘肃人民出版社，1989。

76.《因明研究》，刘培育编，吉林教育出版社，1994。

77.《〈法藏文库〉硕博士学位论文》③，佛光山文教基金会编辑，佛光山文教基金会，2001。

78.《因明新论——首届国际因明学术研讨会文萃》，张忠义、光泉、刚晓主编，中国藏学出版社，2006。

79.《因明》（第一辑），张忠义、光泉主编，甘肃民族出版社，2007。

80.《因明》（第二辑），张忠义、光泉主编，甘肃民族出版社，2008。

81.《因明》（第三辑），张忠义、光泉主编，甘肃民族出版社，2009。

82.《因明》（第四辑），张忠义、光泉主编，甘肃民族出版

---

① 此书在"藏传佛教的经典"部分专门介绍了"藏传因明学及五部大论"。详见该书第211~218页。

② 该书在"第二章：佛教主要教理经典的形成与发展"部分，专门介绍了"印藏佛教五部大论传承体系的形成与发展"；在"第四章：藏传佛教寺院教育体制及其特点"部分，也涉及藏传量论因明学的学习介绍。

③ 此书内含中国大陆高校6篇硕博士学位论文，主要有：《〈起信论裂网疏〉思想探析》（单正齐，北京大学哲学系硕士学位论文，1998），《论清辩对"空"的逻辑证明》（刘威，中国人民大学哲学系硕士学位论文，1995），《〈因明正理门论〉研究》（巫寿康，中国社会科学院研究生院哲学系博士学位论文，1986），《陈那因明思想述评》（张力力，中国人民大学哲学系硕士学位论文，1996），《〈正理门论〉探微》（姚南强，华东师范大学哲学系硕士学位论文，1990），《因明的现量观》（宋立道，中国社会科学院研究生院世界宗教研究系硕士学位论文，1984）。

社，2010。

83.《因明》（第五辑），张忠义、光泉主编，甘肃民族出版社，2012。

84.《因明》（第六辑），郑堆、光泉主编，甘肃民族出版社，2012。

85.《藏传因明研究文集》，郑堆主编，中国藏学出版社，2013。

二　研究论文

Ⅰ．哲学思想

1.《陈那以后之量论》，欧阳无畏（君庇亟美喇嘛），《中国佛教史论集3》，1956。

2.《后期量论一瞥》，《"国立"政治大学三十周年纪念文集》，1978。

3.《试论梵语中的"有——存在"》，金克木，《哲学研究》1980年第7期。

4.《正理滴论》，法称著，王森译，《世界宗教研究》1982年第1期。

5.《正理滴论》，法称著，杨化群译，《世界宗教研究》1982年第1期。

6.《思辨概要》，〔印度〕阿难帕得著，郭良鋆译，《南亚与东南亚资料》1982年第1辑。

7.《印度中世纪的哲学》，苏联科学院亚洲人民研究所编《印度中世纪史》第15章，郭书兰译，任鸣皋校，《南亚译丛》1982年第1期。

8.《法称逻辑思想述评》，杨百顺，《殷都学刊》1986年第2期。

9.《因明与量论含义辩略》，祁顺来，《青海民族学院学报》（社会科学版）1986年第3期。

10.《法称因明学中的"心明"差别略说》，法尊法师口述，幼音笔录，《法音》1986 年第 5 期。

11.《论四句义的哲学内涵》，巫白慧，《法音》（学术版）1988 年第 2 辑。

12.《法称在印度逻辑史上的贡献》，虞愚，《哲学研究》1989 年第 2 期。

13.《因明的认识论基础》，宋立道，《世界宗教研究》1989 年第 2 期。

14.《因明思想起源初探》，林杰、段一平，《南亚研究》1990 年第 2 期。

15.《浅谈藏传佛教哲学量论》，祁顺来，《藏族哲学思想史论集》（佟德富、班班多杰编，民族出版社），1991。

16.《因明与量学——〈因正理论〉初探（一）》，祁顺来，《青海民族学院学报》1992 年第 1 期。

17.《比量与论式——〈因正理论〉探讨之二》，祁顺来，《青海民族学院学报》1992 年第 4 期。

18.《真因与分类——〈因正理论〉探讨之三》，祁顺来，《青海民族学院学报》1994 年第 1 期。

19.《宗喀巴〈因明七论〉中的认识论与逻辑思想初探》，田必伟，《西藏大学学报》（汉文版）1993 年第 1 期。

20.《为"因明"一词翻译的辩解——兼论藏文文献分类中的一个观点》，杨化群，《西藏研究》1993 年第 1 期。

21.《为"因明"一词翻译的辩解——兼论藏文文献分类中的一个观点》，杨化群，《西藏大学学报》（汉文版）1993 年第 1 期。

22.《略论藏传量论"摄类"的哲学意义》，姚南强，《中国哲学史》1995 年第 5 期。

23.《〈萨迦格言〉与佛教因明》，顺真，《西藏大学学报》（汉文版）1996 年第 1 期。

24.《藏传佛教各教派对因明学概念的不同解释之比较》，巴雄·仁钦次仁,《西藏研究》(藏文版) 1996 年第 3 期。

25.《试论龙树大师〈中观论〉的几个问题》,阿旺曲扎,《西藏研究》(藏文版) 1997 年第 3 期。

26.《藏族古代哲学思想透析之一》,吴春香,《青海民族师专学报》(综合版·藏汉合刊) 1997 年第 1 期。

27.《论藏传佛教哲学思想的基本内容和主要特点》,乔根锁,《中国藏学》1998 年第 3 期。

28.《中观论中的世俗与胜义含义之谈》,达哇,《西藏研究》(藏文版) 1998 年第 1 期。

29.《藏民族古代哲学思想透析之二》,吴春香,《青海民族师专学报》(综合版·藏汉合刊) 1998 年第 1 期。

30.《藏族因明学与摄类学》,曲甘·完玛多吉,《青海民族研究》1998 年第 4 期。

31.《拉卜楞寺在藏传佛教哲学方面的成就》,丹曲,《西藏民族学院学报》(哲学社会科学版) 1999 年第 2 期。

32.《传统文化中的因明学》,旦巴次仁,《西藏大学学报》(藏文版) 1999 年第 2 期。

33.《藏传佛教认识论中的感觉和知觉》,〔澳大利亚〕G. 德福斯著,李登贵译,《哲学译丛》1999 年第 2 期。

34.《藏传佛教认识论中的感觉与知觉》,〔澳大利亚〕乔治·德莱费斯著,苏发祥译,王尧、王启龙主编《国外藏学研究译文集》(第十六辑),西藏人民出版社,2002。

35.《〈智者入门〉要义注疏》,更登,《青海民族师专学报》(综合版·藏汉合刊) 1996 年第 1 期、1998 年第 2 期。

36.《〈彰所知论〉研究之一——藏汉版本及相关问题》,王启龙,《中国藏学》1997 年第 1 期。

37.《格鲁派哲学辩经略探》,扎唐·江白益西坚才,《西藏研究》(藏文版) 1999 年第 2 期。

38.《〈释量论〉的难点释要》,晋美嘉措,《西北民族学院学报》(藏文版) 1999 年第 1 期、第 2 期。

39.《浅析摄类学中"存在"之定义》，多杰东智，《雪原文史》（藏文版）1999年第4期。

40.《论达波拉杰及其〈解脱道庄严论〉》，克珠群培，《安多研究》2000年第1、2期合刊。

41.《新中国的藏传佛教研究——回顾与展望》，尕藏加，《世界宗教研究》2000年第2期。

42.《印度逻辑思想产生的历史背景及其一般特征》，邵强进，《复旦学报》（社会科学版）2000年第1期。

43.《论藏传传统寺院教育中的争辩及其对现代教育的启发》，苏发祥，《中央民族大学学报》（哲学社会科学版）2000年第4期。

44.《布伦塔诺哲学与大乘佛教原理》，许为勤，《贵州大学学报》（社会科学版）2001年第3期。

45.《佛教义理与因明逻辑》，黄志强，《世界宗教研究》2001年第1期。

46.《古印度因明学经典藏译过程略论》，龙智多杰，《攀登》（藏文版）2001年第1期。

47.《哲学发展史上的藏传辩证法》，小次多，《西藏研究》（藏文版）2001年第4期。

48.《陈那论感官知觉及其对象》，何建兴，《正观杂志》2001年6月第17期。

49.《陈那逻辑理论探析》，何建兴，《佛学研究中心学报》2002年第7期。

50.《藏族古代哲学与思想透析》，吴春香，《青海民族学院学报》（社会科学版）2002年第2期。

51.《佛教量论的宗教意义》，何建兴，《揭谛》2002年7月第4期。

52.《如何理解量论中的"色"等概念的含义》，龙康·平措多古，《中国藏学》（藏文版）2003年第3期。

53.《论法称之"现量"观——由〈释量论略解〉观之》，

王耘,《江南大学学报》（人文社会科学版）2003 年 4 月第 2 卷第 2 期。

54.《唯识量论的美学意蕴》,王耘,《东南大学学报》（哲学社会科学版）2003 年 1 月第 5 卷第 1 期。

55.《因明心识论中的根识三缘说》,项智多杰,《攀登》（藏文版）2003 年第 4 期。

56.《因明在藏区的传播与发展》,祁顺来,《青海民族学院学报》（社会科学版）2003 年第 4 期。

57.《佛教知识论的形成（上、中、下）》,梶山雄一著,肖平、杨金萍译,《普门学报》2003 年第 15、16、17 期。

58.《印度古代宗教哲学中展示的思维方式》,姚卫群,《杭州师范学院学报》（社会科学版）2003 年第 5 期。

59.《因明：佛家对话理论》,曾祥云,《世界宗教研究》2003 年第 2 期。

60.《历代贤者对〈释量论〉内因明学概念的不同注释》,龙康·平措多吉,《西藏研究》（藏文版）2004 年第 1 期。

61.《略谈藏族哲学的发展及其与古印度哲学的比较》,更登,《中国藏学》（藏文版）2004 年第 2 期。

62.《试论古印度文明中的正理学》,小次多,《西藏研究》（藏文版）2004 年第 2 期。

63.《因明与亚里士多德的语言分析比较》,黄志强,《学术论坛》2004 年第 3 期。

64.《再谈马克思主义哲学和因明学中关于"物质"一词的内涵》,其米次仁,《西藏研究》（藏文版）2004 年第 4 期。

65.《法上〈正理滴论广释·现量品〉译注》,何建兴,《正观》2004 年第 31 期。

66.《桑浦尼乌托寺兴衰及其对藏族文化的贡献》,达宝次仁,《西藏研究》2005 年第 1 期。

67.《关于马克思哲学与藏传因明学中"物质"一词及其相关问题商榷》,扎拉·达瓦桑布,《西藏研究》（藏文版）2005 年第 2 期。

68.《量学认识论"分别识"和"无分别识"初探》，祁顺来，《青海民族学院学报》（社会科学版）2005 年第 3 期。

69.《印度后期瑜伽行派的现量观——兼与西方相关思想的比较》，欧东明，《南亚研究季刊》2005 年第 4 期。

70.《陈那"自证"理论探析——兼论〈成唯识论〉及窥基〈成唯识论述记〉的观点》，赵东明，《圆光佛学学报》2006 年第 10 期。

71.《从"七识"看量学认识论》，祁顺来，《青海民族学院学报》（社会科学版）2006 年第 1 期。

72.《藏古印度因明学论著〈集量论〉与〈释量论〉特点初探》，丹巴次仁，《西藏研究》（藏文版）2006 年第 1 期。

73.《佛教现量理论中的形而上学思想》，张爱林，《佛学研究》2006 年。

74.《现量观的变迁》，刚晓，《西南民族大学学报》（人文社会科学版）2007 年第 3 期。

75.《探求知识的三种方式——现、比二量，亲、闻、说三知与笛卡尔的双重途径》，张忠义，《自然辩证法研究》2007 年第 4 期。

76.《从玛久拉仲的一二辩经看她的般若思想》，《中国藏学》2008 年第 1 期。

77.《西藏贝叶经中有关因明的梵文写本及其国外的研究情况》，李学竹，《中国藏学》2008 年第 1 期。

78.《摄类学论著的源流及其发展概论》，扎巴·白马旺青，《西藏研究》（藏文版）2008 年第 2 期。

79.《佛教逻辑对宋明理学理论思维的促进》，秦勃，《陕西教育学院学报》2008 年第 24 卷第 4 期。

80.《从现象学角度看佛教因明中的遮诠问题》，倪梁康，《逻辑学研究》2008 年第 1 期。

81.《佛教与婆罗门教的量论比较》，姚卫群，《西南民族大学学报》（人文社会科学版）2008年第4期。

82.《萨班的因明思想及其传承》，祁顺来，《青海民族学院学报》（社会科学版）2008年第2期。

83.《因明学中的分别心内涵探析》，丹巴次仁，《西藏研究》（藏文版）2008年第2期。

84.《谈因明、量和思择等词的来源及其意义》，改玛本，《西藏研究》（藏文版）2008年第3期。

85.《论内明学和因明学之间的关系》，仁青王甲，《民族》（藏文版）2008年第3期。

86.《藏传因明学是反映佛教世界观的独特学科》，帕毛东智、索南本，《中国藏学》（藏文版）2008年第4期。

87.《恰巴·曲桑创立藏传因明学"堆扎"之我见》，项智多杰，《西藏研究》（藏文版）2008年第4期。

88.《藏传因明学研究历史与现状》，贡保扎西，《西南民族大学学报》（人文社会科学版）2008年第6期。

89.《浅析〈色摄类学〉的产生及其影响》，豆格甲，《天府新论》2008年S2期。

90.《量论因明学比量——主谓判断之研究》，姜铁稳，《重庆工学院学报》（社会科学版）2009年第1期。

91.《略谈陈那因明理论的发展》，京巴，《中国藏学》（藏文版）2009年第1期。

92.《陈那论师思想的变化》，刚晓，《青海师范大学民族师范学院学报》2009年第2期。

93.《藏文文献考辨藏传因明摄类学形成的质疑》，夏吾李加，《西藏研究》（藏文版）2009年第3期。

94.《藏传因明学辩证法探析》，才吉卓玛，《攀登》（藏文版）2009年第3期。

95.《因明"成事论断除诤论"中几处重难点的拙见》，尼玛，《西藏研究》（藏文版）2009年第4期。

96.《藏传因明学辩证法创始者初探》，益西桑布，《西藏研究》（藏文版）2009 年第 4 期。

97.《论因明论式中的"喻"》，祁顺来，《青海民族学院学报》（社会科学版）2009 年第 4 期。

98.《西方学界的佛教论理学——知识论研究现状回顾：专书、论文集及研究院学位论文》（上篇），刘宇光，中山大学哲学系现象学研究所与研究中心合编《汉语佛学评论》（第一辑），上海古籍出版社，2009。

99.《台湾地区的藏传佛教研究》，索南才让，《青海民族学院学报》（社会科学版）2009 年第 4 期。

100.《逻辑范式与中国现代时期的因明研究》，曾昭式，《现代哲学》2009 年第 5 期。

101.《关于陈那论师的正量》，刚晓，《法音》2009 年第 11 期。

102.《陈那、法称"量—现量"说与笛卡尔、布伦塔诺"悟性—知觉论"之比较研究——兼论老树的"象思维"》，顺真，《杭州师范大学学报》（社会科学版）2009 年 11 月第 6 期。

103.《论藏传因明中"量识"等认识论四范畴之涵义及相互关系》，达哇，《第三届两岸四地佛教学术研讨会论文集》，2009。

104.《因明与法律推理》，张忠义，《中国藏学》2010 年第 1 期。

105.《论藏族对印度因明学的继承发展和特点》，拉先，《西藏大学学报》（社会科学版）2010 年第 1 期。

106.《不同历史时期的印藏因明学典籍述评》（藏文），玉囊·阿旺旦增，《西藏大学学报》（社会科学版）2010 年第 1 期。

107.《藏传因明学名著翻译的学术意义》，万果，《西南民族大学学报》（人文社会科学版）2010 年第 3 期。

108.《比量刍议》，刚晓，《法音》2010 年第 8 期。

109.《论佛教量论中现量与比量的关系》，刘小侠，《华章》2010 年第 30 期。

110.《印度大乘唯识宗"七因明"学说的逻辑特征》，武邑尚邦著，顺真译，《毕节学院学报》2010年第7期。

111.《圣教量能够作为"量"被确立吗》，何继跃，《毕节学院学报》2010年第10期。

112.《试论唯识宗哲学与因明学认识论关系》，阿旺旦增，《西藏大学学报》（社会科学版）2010年第3期。

113.《中国梵文贝叶经概况》，李学竹，《中国藏学》2010年S1期。

114.《论佛教逻辑与佛家修持》，祁顺来，《青海民族大学学报》（社会科学版）2011年第1期。

115.《古印度数论派至陈那大师时期的因明学》，南措吉，《青海民族大学学报》（藏文版）2011年第1期。

116.《〈抉择能量论〉题解》，刚晓，《法音》2011年第2期。

117.《浅谈因明与内明的关系》，万玛仁增，《民族》（藏文版）2011年第2期。

118.《浅谈藏传因明源流及特征》，万玛仁增，《民族》（藏文版）2011年第3期。

119.《浅析因明新识的自境之心》，彭毛卡先，《西藏研究》（藏文版）2011年第3期。

120.《藏族因明学与现代生物学对受蕴的界定》，拉浪华多，《攀登》（藏文版）2011年第4期。

121.《藏族因明学的本土化》，才华多旦，《中国宗教》2011年第8期。

122.《唯识"自证分"的功用——结合禅观实践重新检视》，徐湘霖，《西南民族大学学报》（人文社会科学版）2011年第12期。

123.《欧阳无畏教授（君庇亟美喇嘛）的学术贡献与影响》，萧金松，《中国藏学》2011年S1期。

124.《简论恰巴曲僧大师的因明学教学的创新和贡献》，边觉，《商品与质量·科学理论》2011年第8期。

125.《法称的逻辑学（节译）》，〔日〕赤松明彦著，顺真译,《西南民族大学学报》(人文社会科学版) 2012 年第 12 期。

126.《量论与因明之研究》,姜铁稳,《学理论》2011 年第 19 期。

127.《汉、藏因明比较研究刍议》,郑伟宏,《复旦学报》(社会科学版) 2012 年第 2 期。

128.《浅谈因明学在藏传佛教佛学思想建设中的作用》,李德成,《青海民族学院学报》(社会科学版) 2012 年第 2 期。

129.《略论古印度的佛教与因明》,当增才让,《学理论》2012 年第 2 期。

130.《试论公元 8 世纪的藏区佛教与因明》,才项南加,《学理论》2012 年第 2 期。

131.《论藏传因明学的历史轨迹与特点——兼论内明与因明之关系》,李加才让,《西南民族大学学报》(人文社会科学版) 2012 年第 2 期。

132.《量论因明学量式的内在演变》,刘小侠,《凯里学院学报》2012 年第 3 期。

133.《陈那前因明时期的理论探索——以〈掌中论〉、〈取因假设论〉、〈观总相论〉为中心》,汤铭钧,《哲学分析》2012 年第 3 期。

134.《简论近代以来的我国因明教学》,刘邦凡、唐歆、宋茜,《第一次南开逻辑学专业学人学术研讨会论文集》,2012。

135.《藏传因明的教育方法及其对思政工作者的启示》,崔开源、赛音德力根,《内蒙古师范大学学报》(教育科学版) 2013 年第 1 期。

136.《略论藏传因明学对思想教育工作的启示》,刘金明、王柏文、焦天骄,《山西青年》2013 年第 18 期。

137.《藏传量论》,张连顺、鞠实儿主编《当代中国逻辑学研究(1949－2009)》,中国社会科学出版社,2013。

138 《英文佛教哲学研究著作中译经验谈》,刘宇光,《哲学分析》2013 年第 3 期。

139.《"因明"未必等于"佛教逻辑"》,程朝侠,《兰州学刊》2013 年第 2 期。

140.《陈那遮遣论前史——从"取因假设"到"他者之排除"》,汤铭钧,《人文宗教研究》第三辑·2012 年卷,2013。

141.《百年中国因明研究的自觉总结与反思——"百年中国因明研究"概要之一》,汤铭钧,《西南民族大学学报》(人文社会科学版)2013 年第 12 期。

142.《百年中国因明研究的若干专题与设想——"百年中国因明研究"概要之二》,刘宇光、项智多杰、程朝侠,《西南民族大学学报》(人文社会科学版)2013 年第 12 期。

Ⅱ. 因明逻辑

1.《"因明入正理论"的内容特点及其传习》,虞愚,《现代佛学》1959 年第 1 期。

2.《西藏所传的因明》,吕澂,《哲学研究》1961 年第 2 期。

3.《印度逻辑史稿》,周文英,《江西师院学报》1981 年第 3~4 期、1982 年第 1~3 期。

4.《入因明学阶梯》,波米·强巴洛卓著,杨化群、宋晓嵇译,《世界宗教研究》1984 年第 1 期。

5.《印度逻辑——〈逻辑史〉第三章节录》,〔罗〕杜米特里乌著,李廉译,《逻辑科学》1984 年第 2 期。

6.《印度逻辑与中国、希腊逻辑的比较研究》,孙中原,《南亚研究》1984 年第 4 期。

7.《藏传因明及其研究的必要性》,刘培育,《哲学动态》1984 年第 2 期。

8.《从〈量论略义集〉看藏传因明》,祁顺来,《青海民族学院学报》(社会科学版)1985 年第 4 期。

9.《印度逻辑论式的演变及其与西方推论式略比》,杨百顺,《人文杂志》1985 年第 5 期。

10.《藏传因明学教学刍议》,剧宗林,《中央民族学院学报》

（哲学社会科学版）1986 年第 1 期。

11.《因明三支作法的逻辑性质》，宋立道，《贵州大学学报》（社会科学版）1986 年第 1 期。

12.《印度逻辑及其源流》，巫白慧，《外国哲学》1986 年第 8 辑。

13.《从"定有"看"同品定有性"》，张忠义，《社会科学辑刊》1987 年第 3 期。

14.《试论量学〈心明论〉中的因明成分》，祁顺来，《青海民族学院学报》（社会科学版）1988 年第 1 期。

15.《印度古典论证式的逻辑本质》，沈剑英，《上海教育学院学报》1989 年第 1 期。

16.《因明三支论式与亚氏推论式》，尹智全，《南亚研究》1989 年第 1 期。

17.《因明思想起源初探》，林杰，《河北学刊》1989 年第 4 期。

18.《试论因明的三支论式》，张忠义，《哲学研究》1989 年第 8 期。

19.《因明研究四十年述要》，姚南强，《哲学研究》1989 年第 11 期。

20.《因明学的部分理论探讨》，吉美桑珠，《中国藏学》（藏文版）1990 年第 1 期。

21.《藏传因明的发展、特点及其现状》，阿旺旦增，《西藏研究》1990 年第 3 期。

22.《再论因三相》，黄志强，《南亚研究》1990 年第 4 期。

23.《试论亚里士多德三段论和陈那三支论式》，王丽娟，《昆明师专学报》（哲学社会科学版）1990 年第 4 期。

24.《评析藏传逻辑论式》，林崇安，《欧阳无畏教授逝世八周年纪念论文集》，1990。

25.《略谈陈那新因明的推理性质——答姚南强同志》，郑伟宏，《复旦学报》（社会科学版）1991 年第 5 期。

26.《谈藏族对因明学的贡献》，多识，《西北民族大学学报》（哲学社会科学版）1992 年第 1 期。

27.《也谈因三相——与黄志强同志商榷》，徐东来，《南亚研究》1992 年第 2 期。

28.《藏传佛教因明学的起源探讨》，吉美桑珠，《中国藏学》（藏文版）1992 年第 4 期。

29.《印度古代的逻辑理论》，姚卫群，《南亚研究》1993 年第 2 期。

30.《〈正理门论〉〈入正理论〉与欧洲及印度的学者》，宇井伯寿撰，沈剑英、陈家麟译，《西藏研究》1993 年第 2 期。

31.《〈因明正理门论〉论式中的归纳成分》，巫寿康，《中国哲学史》1993 年第 3 期。

32.《略论藏传量论的逻辑思想》，姚南强，《西藏民族学院学报》1993 年第 4 期。

33.《藏传因明的逻辑论》，姚南强，《哲学研究》1993 年增刊。

34.《百年来的中国因明学研究》，姚南强，《中国社会科学》1994 年第 5 期。

35.《藏传佛教的逻辑》，〔俄〕彻尔巴茨基著，姚南强译，徐东来校，《西藏研究》1994 年第 3 期。

36.《"中国与日本的佛教逻辑"及"西藏与蒙古的佛教逻辑"》，〔俄〕彻尔巴茨基著，姚南强译，宋立道校，《世界宗教资料》1994 年第 4 期。

37.《论法称对陈那因明的改造和发展》，姚南强，《南亚研究》1994 年第 3 期。

38.《论因明的为他、为自》，徐东来，《华东师范大学学报》（哲学社会科学版）1994 年第 6 期。

39.《浅谈藏传因明的辩理规则》，祁顺来，《青海民族研究》1995 年第 1 期。

40.《因明研究中的逻辑主义评析》，曾祥云，《佛学研究》1995。

41.《因明·佛教逻辑学析疑》,阮民恕,《桂海论丛》1995年第6期。

42.《藏传因明学的发展及其主要典籍》,吉美桑珠,《中国藏学》(藏文版)1996年第1期。

43.《浅析中观应成派无我论段之构成》,芭雄·仁庆次仁,《西藏研究》(藏文版)1996年第1期。

44.《藏传佛教各教派对因明学概念的不同解释之比较研究》,巴雄任钦次仁,《西藏研究》(藏文版)1996年第3期。

45.《浅谈成立真因之一般规律》,格桑珠扎,《中国藏学》(藏文版)1996年第4期。

46.《浅谈藏传因明的应成推论式》,祁顺来,《青海民族学院学报》(社会科学版)1996年第2期。

47.《再谈藏传因明的应成推论式》,祁顺来,《青海民族学院学报》(社会科学版)1997年第1期。

48.《藏传因明推论式与形式逻辑"三段论"》,祁顺来,《青海民族学院学报》(社会科学版)1997年第1期。

49.《略论藏传因明的哲学和逻辑》,姚南强,《中国藏学》1997年第2期。

50.《正确理由律之定义辨析》,岗色大卫,《西藏研究》(藏文版)1997年第1期。

51.《法称因明"三因说"的探讨》,李润生,《法音》1997年第7期。

52.《也探佛教的九句因和因三相》,图·乌力吉、阿旺丹增,《内蒙古师范大学学报》(哲学社会科学版)1997年第3期。

53.《关于九句因和因三相的逻辑问题探讨》,阿旺旦增,《中国藏学》1998年第3期。

54.《浅谈藏族因明学与摄类学》,曲甘·完玛多杰,《青海民族研究》1998年第4期。

55.《试探因明学》,琼珠,《西藏研究》(藏文版)1998年第 4 期。

56.《略述藏传因明破立论式》，罗桑达杰，《攀登》（藏文版）1998 年第 2 期。

57.《陈那新因明的论式支分探究》，阿旺丹增，《"中国名辩学与方法论研讨会、道家与西方研讨会、冯友兰哲学思想研讨会"优秀论文精选》，1998。

58.《唯识的因明论证》，魏德东，《佛学研究》，1998。

59.《初级因明学述略》，桑杰嘉措，《安多研究》（藏文版）1999 年第 1 期。

60.《辩论论式四种应答方式及其特点》，尕藏桑智，《青海民族师专学报》（藏文版）1999 年第 2 期。

61.《论因明比量》，黄志强，《广西师院学报》（哲学社会科学版）1999 年第 1 期。

62.《辩论论式四种应答方式及其特点》，尕藏桑智，《青海民族师专学报》（藏文版）1999 年第 2 期。

63.《因明研究指误》，黄志强，《广西师院学报》（哲学社会科学版）2000 年第 3 期。

64.《略论三种逻辑思维的产生》，阿旺旦增，《西藏研究》（藏文版）2000 年第 4 期。

65.《因明的历史发展及其贡献》，姚南强，《华东师范大学学报》（哲学社会科学版）2000 年第 6 期。

66.《陈那的因明体系述略》，周文英，《江西教育学院学报》2000 年第 8 期。

67.《藏传因明与形式逻辑之比较研究》，龙智多杰，《中国藏学》（藏文版）2001 年第 1 期。

68.《在历史中解读，在解读中创新——评郑伟宏的两部因明新著》，曾祥云，《世界宗教研究》2001 年第 1 期。

69.《藏传因明学〈辩论初级〉的内涵及其重要性》，曲吉·更登桑木旦，《西藏研究》（藏文版）2002 年第 2 期。

70.《因明的为他比量与形式逻辑的三段论比较》，龙智多杰,《中国藏学》(藏文版) 2002 年第 2 期。

71.《应成推论式与形式逻辑反驳论证比较研究》,龙智多杰,《中国藏学》(藏文版) 2002 年第 4 期。

72.《古印度因明学中的几处疑点》,丹巴次仁,《西藏大学学报》(藏文版) 2002 年第 2 期。

73.《藏族因明学与西方逻辑学比较研究》,桑仲特尔,《西藏大学学报》(藏文版) 2002 年第 2 期。

74.《评因明研究中的几个误区》,黄志强,《广西师院学报》(哲学社会科学版) 2002 年第 1 期。

75.《印度的"宗教哲学"与"因明学"》,史继忠,《贵州文史丛刊》2003 年第 1 期。

76.《略论新世纪的因明创新》,姚南强,《世界宗教研究》2003 年第 4 期。

77.《因明在藏区的传播与发展》,祁顺来,《青海民族学院学报》(社会科学版) 2003 年第 4 期。

78.《略论"因明学"学科范畴》,久美嘉措,《合作民族师范高等专科学校学报》(藏文) 2004 年第 1 期。

79.《谈藏传因明学为他比量式》,祁顺来,《青海民族学院学报》(社会科学版) 2004 年第 4 期。

80.《略论因明学史学上的若干问题》,沈海波,《世界宗教研究》2004 年第 3 期。

81.《从〈释量论〉论"有余不定因"概念之含义》,格朗,《西藏研究》(藏文版) 2004 年第 1 期。

82.《浅谈藏族因明学的特点》,松本太,《青海教育》(藏文版) 2004 年第 2 期。

83.《浅谈藏传因明为他比量式》,祁顺来,《青海民族学院学报》(社会科学版) 2004 年第 4 期。

84.《探析"因轮图"中的不定式》,久美嘉措,《合作民族师范高等专科学校学报》(藏文) 2005 年第 1 期。

85.《概述因明学中九句因的原理》,久美嘉措,《合作民族师范高等专科学校学报》（藏文）2005年第2期。

86.《藏传因明充足理由之三项条件与形式逻辑假言判断三形式之比较》，达哇，《青海民族学院学报》（社会科学版）2005年第2期。

87.《藏传因明学发展述略》，项智多杰，《西藏研究》（藏文版），2005年第2期。

88.《探讨陈那大师的因明论证之分》，玉郎·阿旺旦增，《西藏研究》（藏文版）2005年第3期。

89.《再论"因三相"——对郑伟宏〈"因三相"正本清源〉的几点质疑》，姚南强，《华东师范大学学报》（哲学社会科学版）2005年第3期。

90.《探讨陈那〈集量论〉中的比量之因的概念》，小次多，《西藏研究》（藏文版）2005年第4期。

91.《藏传因明学论式与亚里斯多德逻辑学论轨之比较研究》，桑忠太，《西藏研究》（藏文版）2005年第4期。

92.《藏传因明学论式与亚里斯多德逻辑学论轨之比较研究（续）》，桑忠太，《西藏研究》（藏文版）2006年第1期。

93.《探述数论派所认同的因明学之含义》，格朗，《西藏研究》（藏文版）2006年第2期。

94.《试析比量的成立及其功能》，龙康·平措多吉，《西藏研究》（藏文版）2006年第2期。

95.《缘起因在因明学中的重要意义》，扎西尖措，《攀登》（藏文版）2006年第2期。

96.《〈因明入正理论〉梵汉对勘和研究》，汤铭钧，《第二届海峡两岸逻辑教学学术会议专辑》，2006。

97.《藏传因明典籍中的"关系"理论探析》，达哇，《西藏研究》2006年第4期。

98.《论陈那和法称对因明学说的贡献》，祁顺来，《青海民族学院学报》（社会科学版）2007年第1期。

99.《将在藏区盛行的因明学译成汉文及其特点》，索南扎西、华措卓玛,《民族》(藏文版) 2007 年第 1 期。

100.《浅论格鲁派因明的发展及其特点》,喜饶丹代尔,《青海民族学院学报》(藏文版) 2007 年第 2 期。

101.《恰巴·却吉僧格摄类学释义及其分类法》,白玛旺庆,《中国藏学》(藏文版) 2007 年第 2 期。

102.《藏传因明学中的"概念"解析》,旺智多杰,《西藏研究》(藏文版) 2007 年第 2 期。

103.《初探因明学中的破立学说》,伦孜桑珠,《西藏教育》(藏文版) 2007 年第 2 期。

104.《仲布·次仁多杰介绍〈因明学要义〉》,聂琼译师,《中国藏学》(藏文版) 2007 年第 3 期。

105.《浅谈因明学对其他学科的影响》,次欧,《西藏研究》(藏文版) 2007 年第 3 期。

106.《试析逻辑三段论与三支论式在因明学教学中的比较运用》,拉巴次旦,《西藏大学学报》(汉文版) 2007 年第 4 期。

107.《略论藏传因明的特征及其逻辑意义》,祁顺来,《青海民族研究》2007 年第 4 期。

108.《法称关于命题真值表的理论探索》,张忠义,《世界哲学》2007 年第 4 期。

109.《关于因明"指误"的几点商榷》,姚南强,《广西师范学院学报》2007 年第 4 期。

110.《论印度佛教逻辑的两个高峰》,郑伟宏,《复旦学报》(社会科学版) 2007 年第 6 期。

111.《浅议因明与印度逻辑和佛教逻辑之关系——兼论因明的学科性质》,张瑾、高迎泽,《2007 年全国现代逻辑学术研讨会论文集》,2007。

112.《试论新因明的宗过》,张晓翔,《2007 年全国现代逻辑学术研讨会论文集》,2007。

113.《中国知网收录的因明论文综述》,刘邦凡,《2007 年全国现代逻辑学术研讨会论文集》,2007。

114.《藏传因明"定义与被定义"理论探析》，达哇，《中国藏学》2008年第1期。

115.《藏传因明与汉传因明的异同》，祁顺来，《中国藏学》2008年第1期。

116.《藏传应成论式研究》，张忠义、解庆艳，《中国藏学》2008年第1期。

117.《藏汉因明之比较》，姚南强，《中国藏学》2008年第1期。

118.《传统藏传因明学高僧培养基地——哲蚌寺》，嘎·达哇才仁，《中国藏学》2008年第1期。

119.《藏传因明"定义与被定义"理论探析》，达哇，《中国藏学》2008年第1期。

120.《论法称因明的逻辑体系》，郑伟宏，《逻辑学研究》2008年第2期。

121.《论因明二比量的性质及功能》，贡保扎西，《中国藏学》（藏文版）2008年第4期。

122.《论藏传因明应成论式与形式逻辑反驳论证之异同》，达哇，《中国藏学》（藏文版）2008年第4期。

123.《藏传因明学研究历史与现状综述》，贡保扎西，《西南民族大学学报》（人文社会科学版）2008年第202期。

124.《汉、藏因明现状之比较研究》，桑吉加，《天府新论》2008年S2期。

125.《从现代逻辑观点看印度新因明三支论式》，张忠义、张家龙，《哲学研究》2008年第1期。

126.《从"论式"看因明的逻辑性质》，孙丽娜，《黔南民族师范学院学报》2008年第1期。

127.《因明三支作法、逻辑三段论及其比较》，彭辉、冯永昌，《重庆工学院学报》（社会科学版）2008年第10期。

128.《藏传因明学与亚里士多德逻辑学之比较研究》，桑忠太，《西藏研究》（藏文版）2009年第2期。

129.《因明学中的"同""异"之分辨解》，小尼玛，《西藏大学学报》（藏文版）2009年第3期。

130.《由印度因明谱系看其思想演变》，张忠义、刘纯，《世界哲学》2009年第3期。

131.《逻辑范式与中国现代时期的因明研究》，曾昭式，《现代哲学》2009年第5期。

132.《论陈那大师的〈入正理论〉与法称大师的〈量学理滴论〉中的因三相思想》，夏吾东智，《西藏研究》（藏文版）2010年第1期。

133.《因明学名称汇编》，次结，《西藏佛教》2010年第2期。

134.《简析藏传因明之为自比量和为他比量的关系》，吉太加，《华章》2010年第2期。

135.《支那内学院佛学史料三种》，高山杉，《世界哲学》2010年第3期。

136.《"譬"、"喻"之辨——从名辩学和因明学的角度》，周柏红，《河南科技大学学报》（社会科学版）2010年第6期。

137.《〈正理滴论〉中的似因探赜》，石文甲，《重庆理工大学学报》（社会科学版）2010年第12期。

138.《谈〈因明七论除暗庄严疏〉中真因与真句之间的关系》，多杰东智，《西北民族大学学报》（藏文版）2011年第1期。

139.《〈量理宝藏论〉的藏传因明思想概观》，陈勇、唐希鹏，《宗教学研究》2011年第4期。

140.《论因明、印度逻辑与佛教逻辑之关系》，张瑾、刘邦凡、魏玮，《重庆理工大学学报》（社会科学版）2011年第8期。

141.《杨化群因明研究述评》，刘邦凡、唐歆、宋茜，《第一次南开逻辑学专业学人学术研讨会论文集》，2012。

142.《西方佛教逻辑研究百年》，汤铭钧、余治平主编《中西哲学论衡》（第一辑），上海书店出版社，2012。

143.《论陈那因明研究的藏汉分歧》，郑伟宏，《中国藏学》

2013 年第 1 期。

三　硕博士学位论文

Ⅰ. 硕士论文

1.《论法称的逻辑思想》，研究生：徐东来，华东师范大学哲学系硕士学位论文，导师：沈剑英，1991。

2.《陈那〈因轮论〉新探》（藏文），研究生：久迈坚措，青海民族大学藏学院硕士论文，导师：祁顺来，2001。

3.《论古印度因明学形成发展及理论特点》（藏文），研究生：小次多，西藏大学文学院藏学系硕士论文，导师：次旺，2003。

4.《论因明学的遣余问题》（藏文），研究生：旦巴次仁，西藏大学文学院藏学系硕士论文，导师：次旺，2004。

5.《因明学的量的问题》（藏文），研究生：格朗，西藏大学文学院藏学系硕士论文，导师：次旺，2004。

6.《藏传因明学之功能研究》（藏文），研究生：平措，西藏大学文学院藏学系硕士论文，导师：次旺，2004。

7.《藏传因明逻辑思维新探》（藏文），研究生：项智多杰，青海民族大学藏学院硕士论文，导师：祁顺来，2004。

8.《〈正理门论〉的认识论和逻辑体系研究》，研究生：何燦，复旦大学古籍所逻辑学专业硕士学位论文，导师：郑伟宏，2004。

9.《试论恰巴曲桑的因明思想》（藏文），研究生：彭毛端智，青海民族大学藏学院硕士论文，导师：祁顺来，2005。

10.《论藏传因明学中的因果关系及论断》（藏文），研究生：桑珠，西藏大学文学院藏学系硕士论文，导师：次旺，2005。

11.《舍尔巴茨基〈佛教逻辑〉研究》，研究生：孙浔，复旦大学古籍所逻辑学专业硕士学位论文，导师：郑伟宏，2005。

12.《运用形式逻辑的方法探讨藏传因明心识的几点问题》（藏文），研究生：贡嘎顿珠，西藏大学文学院藏学系硕士论文，导师：阿旺旦增，2006。

13.《简论藏传心理学与现代心理学相关的思想》（藏文），研究生：边觉，西藏大学文学院藏学系硕士论文，导师：阿旺旦增，2006。

14.《论藏传因明中的"结合意义分别识"》（藏文），研究生：仁青，青海民族大学藏学院硕士论文，导师：祁顺来，2007。

15.《知识的确立——陈那、法称量论因明学体系与笛卡尔认识论对比研究》，研究生：王世敏，贵州大学人文学院哲学系硕士学位论文，导师：张连顺，2007。

16.《藏传因明为他比量式和形式逻辑三段论》（藏文），研究生：才吉加，青海民族大学藏学院硕士论文，导师：祁顺来，2008。

17.《试论藏传因明法会——降根曲的形式与特点》（藏文），研究生：尕桑，青海民族大学藏学院硕士论文，导师：达哇，2008。

18.《论藏传因明摄类学的辩论特点》（藏文），研究生：次欧，西藏大学文学院硕士学位论文，导师：阿旺旦增，2008。

19.《论维提布萨那的陈那因明思想研究》，研究生：程娜，复旦大学哲学学院硕士学位论文，导师：郑伟宏，2008。

20.《〈因明正理门论〉与〈正理滴论〉的比较研究》，研究生：罗劲松，复旦大学哲学学院硕士学位论文，导师：郑伟宏，2008。

21.《真理的逻辑前提——布伦塔诺与法称判断理论的对比研究》，研究生：周理，贵州大学人文学院哲学系硕士学位论文，导师：张连顺，2008。

22.《宗喀巴大师生平及其量论因明学体系初探——〈因明七论入门除意暗论〉之研究》，研究生：梵昌群，贵州大学人文学院哲学系硕士学位论文，导师：张连顺，2008。

23.《解脱论视域下的量论因明学"因"之研究》，研究生：王翔，贵州大学人文学院哲学系硕士学位论文，导师：张连顺，2008。

24.《试论藏传因明的应成论式》，研究生：王金红，燕山大学文法学院硕士学位论文，导师：张忠义，2008。

25.《佛教量论因明的发展历史》，研究生：孙婷，贵州大学人文学院哲学系硕士学位论文，导师：张连顺，2009。

26.《佛教量论因明学解脱道之研究》，研究生：姜铁稳，贵州大学人文学院哲学系硕士学位论文，导师：张连顺，2009。

27.《佛教量论因明学现量之研究》，研究生：张俊祥，贵州大学人文学院哲学系硕士学位论文，导师：张连顺，2009。

28.《月称对陈那量论的批判——〈明句论·观缘生品〉藏译本之译注与研究》，研究生：刘启霖，台湾政治大学文学院哲学系硕士学位论文，导师：林镇国，2010。

29.《论陈那因明的逻辑体系》，研究生：李峰，复旦大学哲学学院硕士学位论文，导师：郑伟宏，2010。

30.《休谟怀疑论与佛教量论之比较》，研究生：王玉幸，贵州大学人文学院哲学系硕士学位论文，导师：张连顺，2010。

31.《从〈正理门论〉看陈那的因明体系》，研究生：苏友涛，燕山大学文法学院硕士学位论文，导师：张忠义，2010。

32.《从形式逻辑角度看法称的〈正理滴论〉》，研究生：石文甲，燕山大学文法学院硕士学位论文，导师：张忠义，2010。

33.《从因、喻二支的变化看古因明向新因明的嬗变》，研究生：张颖，燕山大学文法学院硕士学位论文，导师：张忠义，2010。

34.《萨迦班智达及其因明境论思想管窥》，研究生：张国亮，西藏民族学院硕士学位论文，导师：索南才让，2011。

35.《佛教量论因明学的语义学与语用学初探》，研究生：仝心，贵州大学人文学院哲学系硕士学位论文，导师：张连顺，2011。

36.《佛教量论因明学视域中的生死观与知识论的内在演进》，研究生：刘芳，贵州大学人文学院哲学系硕士学位论文，导师：许为勤，2011。

37.《佛教认识论之研究——以唯识因明到大乘量论的内在转变为例》，研究生：何继跃，贵州大学人文学院哲学系硕士学位论文，导师：许为勤，2011。

38.《海德格尔存在论与量论因明学现量观之比较》，研究生：史阳，贵州大学人文学院哲学系硕士学位论文，导师：张连顺，2011。

39.《佛教量论因明学"量式"研究》，研究生：刘小侠，贵州大学人文学院哲学系硕士学位论文，导师：张连顺，2012。

40.《佛教量论因明学"共许"研究》，研究生：杜洪义，贵州大学人文学院哲学系硕士学位论文，导师：张连顺，2012。

41.《杜齐"陈那的〈因明正理门论〉"》研究，研究生：丁铭，复旦大学哲学学院硕士学位论文，导师：郑伟宏，2012。

42.《由因明谱系看其思想演变》，研究生：刘纯，燕山大学文法学院硕士学位论文，导师：张忠义，2012。

43.《七因明思想探微》，研究生：蒋金金，燕山大学文法学院硕士学位论文，导师：张忠义、刘叶涛，2012。

44.《关于藏传因明为自比量研究》，研究生：杨爱华，燕山大学文法学院硕士学位论文，导师：张忠义、刘叶涛，2012。

45.《浅谈藏传因明逻辑推理理论》（藏文），研究生：旦增，西藏大学文学院硕士学位论文，导师：阿旺旦增，2012。

46.《"量识"是否必为"新知"探析》（藏文），研究生：彭毛卡先，青海民族大学硕士学位论文，导师：达哇，2012。

47.《藏汉佛教与因明》，研究生：刘石磊，河北大学硕士学位论文，导师：张小燕，2013。

Ⅱ. 博士论文

1. 《佛教逻辑比较研究》，研究生：黄志强，中国人民大学哲学院博士学位论文，导师：孙中原，2002。

2. 《藏传因明思维逻辑形式》，研究生：达哇，中央民族大学博士学位论文，导师：祁顺来，2005。

3. 《自相与现量》，研究生：张爱林，中国人民大学哲学院博士学位论文，导师：温金玉，2008。

4. 《法尊法师研究》，研究生：方兰，中央民族大学哲学与宗教学院博士学位论文，导师：班班多杰，2009。

5. 《陈那、法称因明的推理理论——兼论因明研究的多重视角》，研究生：汤铭钧，复旦大学哲学学院宗教学系博士学位论文，导师：郑伟宏，2010。

6. 《日本陈那因明研究》，研究生：程朝侠，复旦大学哲学学院宗教学系博士学位论文，导师：郑伟宏，2012。

贵州大学人文学院中文系
中国语言文学论丛第二辑

中国古代文学

试论共工神话传说的历史和文化内涵

谭德兴

在中国古代神话传说中,有许多平治水土者,如女娲、共工、鲧、禹、句龙、玄冥等。其中共工无疑是最具复杂性与矛盾性的人物,其既治水又闹水,既为古帝王又为古臣子。共工身份的复杂性、事迹的矛盾性曾令许多研究者感到困惑。对共工神话传说的深入研究,有助于认识中国古代历史文化,特别是民族融合的发展真貌,同时可进一步探究神话与历史之间的互动关系。

一 共工的身份及其所处时代

共工的身份及其所处的时代,是共工神话传说复杂性的关键所在。《汉书·古今人表》将共工及其所处时代一分为二:一为伏羲与神农之间的"上中仁人",而另一个却是帝尧时期的"下下愚人"。①《天问》云:"康回冯怒,地何故以东南倾?"王逸注:"康回,共工名也。《淮南子》言共工与颛顼争帝,不得,怒而触

---

① (汉)班固:《汉书》,中华书局,1962,第864、875页。

不周之山，天维绝，地柱折，故东南倾也。"①洪兴祖《楚辞补注》说："（康回）非尧时共工也。"②楚辞学界也认为共工有二。童书业认为共工就是鲧，二者乃同一神话之分化。③丁山认为"共工就是龙身两首的虹"。④共工究竟是谁？其到底处在何世？显然，古今学者对此问题的解答莫衷一是，但这却是探究共工神话传说必须要解决的首要问题。

在中国古代典籍中，关于共工身世的记载主要有如下几种情况。

1. 共工为古帝王，处在伏羲、神农之间

《左传·昭公十七年》载：

秋，郯子来朝，公与之宴。昭子问焉，曰："少皞氏鸟名官，何故也？"郯子曰："吾祖也，我知之。昔者黄帝氏以云纪，故为云师而云名。炎帝氏以火纪，故为火师而火名。共工氏以水纪，故为水师而水名。大皞氏以龙纪，故为龙师而龙名。……"⑤

杜预注曰："共工，以诸侯霸有九州者，在神农前，大皞后，亦受水瑞，以水名官。"⑥据东夷族郯子所言，共工为古帝王，介于伏羲与神农之间，其部落文化与水有密切关系。

又，《国语·鲁语》载："共工氏之伯九有也，其子曰后土，能平九土，故祀以为社。"注："共工氏，伯者，在羲、农之间有域也。"⑦《礼记·祭法》曰："共工氏之霸九州也，其子曰后土，

---

① （宋）洪兴祖：《楚辞补注》，中华书局，1983，第 91 页。
② （宋）洪兴祖：《楚辞补注》，第 91 页。
③ 顾颉刚编著《古史辨》，上海古籍出版社，1982，第 329 页。
④ 丁山：《中古古代宗教与神话考》，上海文艺出版社，1988，第 267 页。
⑤ （清）阮元：《十三经注疏》，中华书局，1980，第 2083 页。
⑥ （清）阮元：《十三经注疏》，第 2083 页。
⑦ 徐元诰：《国语集解》，中华书局，2002，第 155 页。

能平九州，故祀以为社。"①"伯"即"霸"，"九有"即"九州"，故《鲁语》所载与《祭法》实同。既云共工氏称霸九州，则共工为古帝王明矣。司马贞《补史记三皇本纪》云："（女娲氏）当其末年，诸侯有共工氏，任智刑以强，霸而不王，以水乘木乃与祝融战，不胜而怒，乃头触不周山，崩天柱折，地维缺，女娲乃炼五色石以补天。"②《路史·共工氏传》："共工氏，羲氏之代侯者也，是曰康回。"③据《汉书·古今人表》，共工之位次序列正在女娲后，二者皆在伏羲与神农之间。

何谓"霸而不王"？《汉书·律历志》所引的《世经》对此有十分明确之阐释：

> 《祭典》曰"共工氏伯九域"，言虽有水德，在木火（伏羲木德，神农火德）之间，非其序也。任知刑以强，故伯而不王。秦以水德，在周、汉木、火之间。周人迁其行序，故《易》不载。④

颜师古注："志言秦为闰位，亦犹共工不当五德之序。"⑤如此看来，共工氏的世次及其地位原本十分明朗，即共工乃处在伏羲、神农之间的一个古帝王，一度称霸天下。其称霸可能主要是通过武力的手段，故有"任智刑以强，霸而不王"之说。但为何以《世经》为代表的古史系统却人为地将共工氏排在伏羲与神农之间呢？这主要是受秦之牵连。秦非受命之一代，尤其不该当水德，这种认识在两汉时期十分盛行。因为，按五德终始学说，若

---

① （清）阮元：《十三经注疏》，第1587页。
② （唐）司马贞：《补史记三皇本纪》，《四库全书》（文渊阁影印本）第244册，（台湾）商务印书馆，1986，第964页。
③ （宋）罗泌：《路史》，《四库全书》（文渊阁影印本）第383册，（台湾）商务印书馆，1986，第87页。
④ （汉）班固：《汉书》，第1012页。
⑤ （汉）班固：《汉书》，第1012页。

秦当水德,则汉就无法当火德。故受秦之牵连,共工氏被汉人(实非周人)迁其行序罢了。

2. 共工为争帝者,处在颛顼、帝喾时代

《淮南子·天文训》载:"昔者共工与颛顼争帝,怒触不周之山,天柱折,地维绝。天倾西北,故日月星辰移焉,地不满东南,故水潦尘埃归焉。"①又《淮南子·原道训》载:"昔者共工之力触不周之山,使地东南倾。与高辛争为帝,遂潜入渊,宗族残灭,继嗣绝祀。"②至此,共工神话传说的矛盾性就出现了。其一,上文已说明了共工为伏羲、神农间之古帝王,其又怎能跑到后世与颛顼争帝呢?其二,共工到底是与颛顼争帝,还是与高辛争帝?关于第一个矛盾,关键在于对"共工"一词之含义的理解上。"共工"为一称号,而称号在中国古代尤其是上古时代既可代表部族的首领,也可代表该部族。首领死后,其部族仍可沿袭此称号,只要该部族没有灭亡,其称号便一直延续,最长可达几百年。如《史记·五帝本纪》载黄帝与炎帝之战。这实际上并非黄帝与炎帝本人作战,而是与炎帝之后裔交战。故司马贞《史记索隐》说:"神农氏后代子孙道德衰薄,非指炎帝之身。"③同样,《淮南子》所载共工部族之事亦是如此。故高诱注曰:"共工,官名,伯于伏羲、神农之间。其后子孙任智刑以强,故与颛顼、黄帝之孙争位。"④至此,第一个问题涣然冰释,与颛顼争帝者乃共工之苗裔也。

第二个矛盾产生的根源在于对《淮南子·原道训》所载那则材料的理解。这则材料实际上包含两件事情。其一,"昔者共工之力触不周之山,使地东南倾"讲的是一件事,这是对共工后裔与颛顼争帝时的举动及后果之描述;材料后半部分讲的是另一件事,实为共工后裔又与高辛争帝,其结果是共工后裔受到了沉重

---

① 刘文典:《淮南鸿烈集解》,中华书局,1989,第80页。
② 刘文典:《淮南鸿烈集解》,第22页。
③ (汉)司马迁:《史记》,中华书局,1959,第4页。
④ 刘文典:《淮南鸿烈集解》,第80页。

的打击。因此，共工后裔分别同颛顼、高辛进行了前后两次争帝，但两次争帝的发起者即挑起事端者是完全不同的。第一次争帝，实际上是颛顼向当时占统治地位的共工部族发起进攻，欲争夺共工氏之霸权。《国语·周语下》载太子晋语：

> 昔共工弃此道也，虞于湛乐，淫失其身，欲壅防百川，堕高堙庳，以害天下。皇天弗福，庶民弗助，祸乱并兴，共工用灭。其在有虞，有崇伯鲧，播其淫心，称遂共工之过，尧用殛之于羽山。其后伯禹念前之非度，厘改制量，象物天地，比类百则，仪之于民，而度之于群生，共之从孙四岳佐之，高高下下，疏川导滞，锺水丰物，封崇九山，决汨九川，陂鄣九泽，丰殖九薮，汩越九原，宅居九隩，合通四海。故天无伏阴，地无散阳，水无沈气，火无灾燀，神无间行，民无淫心，时无逆数，物无害生。帅象禹之功，度之于轨仪，莫非嘉绩，克厌帝心。皇天嘉之，祚以天下，赐姓曰"姒"、氏曰"有夏"，谓其能以嘉祉殷富生物也。祚四岳国，命以侯伯，赐姓曰"姜"、氏曰"有吕"，谓其能为禹股肱心膂，以养物丰民人也。[①]

据太子晋所言来看，颛顼可能利用了共工部族的一次治水失误而乘机发动进攻。这是一场部族争霸战。从《淮南子》所载看，这场战争力量相当，进行得十分惨烈。共工部族在颛顼兴起前一直占据统治地位。《淮南子·兵略训》曰："兵之所由来者远矣！黄帝尝与炎帝战矣，颛顼尝与共工争矣！"[②]黄帝是向炎帝争夺统治权，则颛顼向共工争夺霸权明矣！《兵略训》又云："炎帝为火灾，故黄帝擒之；共工为水灾，故颛顼擒之。"[③]这里，炎帝

[①] 徐元诰：《国语集解》，第92页。
[②] 刘文典：《淮南鸿烈集解》，第489页。
[③] 刘文典：《淮南鸿烈集解》，第490页。

在黄帝前,由对文看,共工部族实曾统治过颛顼部族,故《潜夫论·五德志》说:"颛顼身号高阳,世号共工。"①既然颛顼曾以共工为世号,则其曾归附于共工部族当为事实。

共工部族凭"智刑以强",其"触不周山"之气势表明该部族是不会轻易被消灭的。因此,尽管在与颛顼的争帝战中失败了,但共工部族绝不轻言屈服。故至高辛统治时期,共工氏欲再度夺回统治权,于是就有了第二次争帝战。陈汉章云:"《淮南子·原道训》则云:'昔者共工之力触不周之山,使地东南倾。与高辛争为帝,遂潜入渊,宗族残灭,继嗣绝祀。'斯为共工与高辛争王而后为高辛灭之明证!"②斯言亦不尽全确。《史记·楚世家》云:"共工氏作乱,帝喾使重黎诛之而不尽。帝乃以庚寅日诛重黎。"③虽然共工氏在第二次争帝战中损失惨重,但该部族顽强的民族个性使其仍然"诛之而不尽"。

3. 共工为尧舜之臣,处在尧舜禹时代

据《史记·楚世家》可知,高辛派重黎诛共工部族不尽,此无疑透露出共工部族仍具一定战斗力。共工部族强悍的民族个性注定该部族会不断起来进行反抗斗争。《孟子·万章上》云:"舜流共工于幽州。"④《逸周书·史记解》云:"唐氏(尧)伐共工于幽州。"⑤《韩非子·外储说右上》云:"尧欲传天下于舜,鲧谏曰:'不祥哉!孰以天下而传之于匹夫乎!'尧不听,举兵而诛杀鲧于羽山之郊。共工又谏曰:'孰以天下而传之于匹夫乎!'尧不听,又举兵而流共工于幽州之都。于是天下莫敢言'无传天下于舜'。"⑥《淮南子·本经训》曰:"舜之时,共工振滔洪水,以薄

---

① (汉)王符撰,(清)汪继培笺《潜夫论笺校正》,中华书局,1985,第397页。
② 黄怀信、张懋镕、田旭东:《逸周书汇校集注》,上海古籍出版社,1994,第960页。
③ (汉)司马迁:《史记》,第1689页。
④ (清)阮元:《十三经注疏》,第2735页。
⑤ 黄怀信、张懋镕、田旭东:《逸周书汇校集注》,第960页。
⑥ 王先慎:《韩非子集解》,中华书局,1998,第324页。

空桑，龙门未开，吕梁未发，江、淮通流，四海溟涬，民皆上丘陵，赴树木。"①又《修务训》云："（舜）流共工于幽州。"尧舜时，共工部族虽已臣服于尧舜部族，但其部族的反抗性总是不断表现出来。故《尚书·尧典》中尽管欢兜极力称赞"共工方鸠僝功"，但尧还是固执地认为共工"靖言庸违，象恭滔天"，并将共工氏一部流迁北方以瓦解共工部族的反抗性。

禹对共工氏部族进行了最后的彻底征服。《山海经·大荒西经》里有"禹攻共工国之山"。郭璞注："言攻其国，杀其臣相柳于此山。"②又《大荒北经》云："共工臣名相繇……禹堙洪水，杀相繇。"③《荀子·成相篇》云："（禹）辟除民害，以逐共工。"④《荀子·议兵篇》云："禹伐共工。"⑤《淮南子·本经训》云："共工振滔洪水，民皆上树。禹堙洪水，万民宁其性。"显然，经过禹的最后征伐，共工部族彻底灭亡，其标志便是"共工"作为一个族号成为历史。其后裔四岳也融合到诸夏部落之中，成为禹在治水中的得力助手。从此以后再也没有关于共工部族新的神话传说产生了。

综上所述，我们可清晰看到共工部族在古代部族融合中的发展轨迹。历史上的共工部族，在伏羲神农间、颛顼高辛间以及尧舜禹间等三个时期特别强盛。共工部族兴盛于伏羲、神农之间，后被颛顼打败，发生了由盛转衰的关键转变。其后，共工部族进行了一系列的反抗斗争。最后，共工氏部落一部分被流迁，故《大戴礼·五帝德》云："流共工于幽州，以变北狄。"⑥《左传·襄公十四年》载戎子驹支说："我诸戎是四岳之裔胄也。"⑦其余

---

① 刘文典：《淮南鸿烈集解》，第255页。
② 《二十二子》，上海古籍出版社，1986，第1382页。
③ 《二十二子》，第1384页。
④ （清）王先谦：《荀子集解》，中华书局，1988，第463页。
⑤ （清）王先谦：《荀子集解》，第280页。
⑥ （清）王聘珍：《大戴礼解诂》，中华书局，1983，第121页。
⑦ （清）阮元：《十三经注疏》，第1956页。

则融合到诸夏部族之中了。

二 共工的族别及其活动区域

《山海经·大荒西经》郭璞注引《启筮》曰:"共工人面、蛇身、朱发也。"①这表明共工部族是以蛇为图腾的。《山海经·大荒北经》说:"共工臣名相繇,九首蛇身,自环,食于九土。"②又云:"大荒之中有山,名曰成都,戴天。有人珥两黄蛇,名曰夸父。后土生信,信生夸父。"③《左传·昭公二十九年》云:"共工氏有子曰句龙,为后土,后土为社。"④古代蛇龙相通,故从这些记载来看,可以肯定共工部族是以龙、蛇为图腾的部族。再看共工死后所建之台的特点,《山海经·海外北经》云:"共工之臣名曰相柳氏,九首,以食于九山……相柳者,九首人面蛇身而青,不敢北射,畏共工之台,台在其东。台四方,隅有一蛇,虎色,首冲南方。"⑤此与《启筮》蛇身朱发相吻合。柯斯文《原始文化史纲》说:"生育是由于图腾入居妇女体内,死亡就是人返回于自己的氏族图腾。"⑥无论共工还是其臣相柳,生前和死后都以蛇形出现,这正是氏族图腾的标志。此充分说明了共工部族乃以龙、蛇为图腾。

《山海经·海内经》云:"炎帝之妻,赤水之子听沃生炎居,炎居生节并,节并生戏器,戏器生祝融,祝融降处于江水,生共工,共工生术器,术器首方颠,是复土壤,以处江水。共工生后土,后土生噎鸣,噎鸣生岁十有二,洪水滔天,鲧窃帝之息壤以

---

① 《二十二子》,第1382页。
② 《二十二子》,第1384页。
③ 《二十二子》,第1384页。
④ (清)阮元:《十三经注疏》,第2124页。
⑤ 《二十二子》,第1371页。
⑥ 〔俄〕柯斯文:《原始文化史纲》,张锡彤译,人民出版社,1956,第171页。

堙洪水。"①可能受此影响，《国语·周语下》韦昭注引贾侍中说亦云："共工，炎帝之后，姜姓。"②共工为炎帝之后，岂不与共工兴霸于伏羲、神龙之间又矛盾了吗？共工为炎帝之后的说法，于文献所记极少。从证据来看，说服力似乎还不是很强。《国语·周语下》说："祚四岳，命以喉侯伯，赐姓曰姜，氏曰有吕。谓其能为禹股肱心膂，以养物丰民人也。"可见，共工氏的后裔四岳并非原来姓姜，而是因辅佐大禹治水有功获赐姜姓。故共工为姜姓实不可信。炎帝与共工一样，同处于西部地区，但炎帝为羊、牛图腾，而共工族为龙、蛇图腾。又据《左传·昭公十七年》郯子语可知，共工部族与炎帝部族乃相互独立并列之部族，这也符合民族多元论之实际情况。

从"共工"的"工"字来看，《说文解字》云："工与巫同意。"③此透露出共工部族与巫风极浓的巴楚文化关系密切。由于共工部族与炎帝部族皆兴起于西部地区，两族之间存在文化交往在所难免，也不排除共工母族为炎帝部族的可能性。由于同处西部神话系统内，神话错位移形也在所难免，更由于战国秦汉大一统思想之影响，认为中国民族出于一元论，那么把共工归于炎帝之后就不难理解了。

共工为炎帝之后不可信。但"处江水"则透露出一条重要信息，即共工部族的活动区域为长江流域，这完全符合该族为龙、蛇水族的特点。也说明了为什么共工神话传说总是与水有关，也更容易理解为什么《淮南子》等江淮楚地之著述中多共工神话传说，且多褒扬之辞了。下面再详细证明此点。

首先，从共工族"任智刑以强"来看，与蚩尤的"爰始"做"五虐之刑"以强极其相似，蚩尤居长江流域楚文化区。又《韩非子·五蠹篇》云："共工之战，铁铦短者及乎敌，铠甲不坚者

---

① 《二十二子》，第1387页。
② 徐元诰：《国语集解》，第93页。
③ （汉）许慎：《说文解字》，中华书局，1963，第100页。

伤乎体。"①与"始作兵"的战神蚩尤多么类似。二者相近的文化，必然存在地理位置的相近。故《山海经·大荒北经》云："后土生信，信生夸父，应龙已杀蚩尤，又杀夸父，乃去南方处之，故南方多雨。"②共工后裔与蚩尤地理位置相近，故接连被杀，此充分显示出共工部族本活动于长江流域。

其次，共工与颛顼争帝时，触不周山。两族的地理位置不会相隔太遥远。据不周山在《山海经·大荒西经》中所云，则又表明共工族活动于长江流域西部地区。颛顼也有起于西部的记载。《山海经·海内经》云："流沙之东，黑水之西，有朝云之国、司彘之国。黄帝娶雷祖，生昌意，昌意降处若水，生韩流。韩流擢首、谨耳、人面、豕喙、麟身、渠股、豚止，取淖子曰阿女，生帝颛顼。"郭璞注："《世本》云：'颛顼母浊山氏之子，名昌仆。'"③《大戴礼·帝系篇》云："黄帝居轩辕之丘，娶于西陵氏之子，谓之嫘祖氏，产青阳及昌意。青阳降居泜水，昌意降居若水。昌意娶于蜀山氏，蜀山氏之子谓之昌濮氏，产颛顼。"④《吕氏春秋·古乐篇》："帝颛顼生自若水，实处空桑。"⑤若水在西蜀。《论衡·纪妖篇》说："《礼》曰：颛顼氏有三子，生而亡去为疫鬼，一居江水，是为鬼；一居若水，是为魍魉鬼；一居人宫室，善惊人小儿前。"注："江水，古代称长江为江水；若水：古河名，即今雅砻江，在四川西部。"⑥颛顼三子，其一居江水，一居若水。这也反映出颛顼部族活动主要区域在长江上游四川地区，而共工与其争帝，则二者当处于相同的地理环境之中，这也说明共工部族确实亦处于西部长江流域。

---

① 王先慎：《韩非子集解》，第445页。
② 《二十二子》，第1384页。
③ 《二十二子》，第1386页。
④ （清）王聘珍：《大戴礼解诂》，第127页。
⑤ 《二十二子》，第644页。
⑥ 北京大学历史系《论衡》注释小组：《论衡注释》，中华书局，1979，第1280页。

最后，禹也有起于西部的记载。这很好地解释了为什么共工神话中共工多次与禹发生冲突。《吴越春秋·越王无余传》云："禹父鲧者，帝颛顼之后。鲧娶于有莘氏之女，名曰女嬉，年壮未孳，嬉于砥山，得薏苡而吞之，意若为人所感，因而妊孕，剖胁而产高密。家于西羌，地曰石纽。石纽在蜀西川也。"①另，《史记·六国年表》云："禹兴于西羌。"裴骃《集解》："皇甫谧曰：孟子称禹生石纽，西夷人也。传曰：'禹生自西羌'是也。"张守节《正义》曰："禹生于茂州汶川县。"②禹兴起于西羌，妨碍其霸业的当然是相近的强悍的共工部落，故《山海经》《淮南子》等多次记载禹对共工部族的征伐。共工部族被禹彻底征服，融合于禹部族中，共工部族后裔四岳在辅佐大禹治水过程中发挥了举足轻重的作用。

三　共工的主要事迹

共工的主要事迹有三个方面，即争帝、治水和闹水。关于争帝，本文在第一部分已基本阐释清楚，此不赘述。关于共工的治水和闹水，这是共工事迹中极为矛盾之处，很有必要探讨清楚。

共工部族生活于长江流域，长期与水打交道，日积月累的生产和生活实践经验使得该部族在平治水土方面具有突出特色。《左传·昭公十七年》说"共工氏以水纪，故为水师而水名"，显示该部落与水的密切关系。《国语·鲁语》云："共工氏之伯九有也，其子曰后土，能平水土，故祀以为社。"共工之子后土成为古代重要祭祀"社稷"二神之一，且稷神有柱变为弃，而社神后土始终不变，后来还被升格为配祀中央黄帝之神。这些充分说明人们对共工部族平治水土成绩的高度肯定，故"共工"一词也成

---

① 周生春：《吴越春秋辑校汇考》，上海古籍出版社，1997，第101页。
② （汉）司马迁：《史记》，第686页。

了水官的称呼。《汉书·百官公卿表》云:"垂作共工,利器用。"①《史记·五帝本纪》载骧兜曰:"共工旁聚布功,可用。"《集解》引郑玄曰:"共工,水官名。"②《淮南子》高诱注亦云:"共工,水官也。"③即使在颛顼打败共工后,亦沿用共工部族治水经验。故《史记·律书》云:"颛顼用共工之陈以平水土。"《集解》曰:"文颖曰:共工,主水官也。少昊氏衰,秉政作虐,故颛顼伐之。本主水官,因为水行也。"④其后裔四岳在禹部落中,辅佐大禹治水立下汗马功劳。所有这些无不表明共工部落长于治水土,在治水平土方面留下了宝贵经验,做出了巨大贡献。

那么,共工闹水又是怎么一回事呢?《路史》卷十一云:"太昊氏衰,共工为始作乱,振滔洪水,以祸天下,隳天纲,绝地纪,覆中冀人不堪命,于是女皇氏役其神力,以与共工氏较,灭共工氏而迁之,然后四极正,冀州宁,地平天成,万民复生。"⑤《淮南子·本经训》载:"舜之时,共工振滔洪水,以薄空桑,龙门未开,吕梁未发,江淮疏通,四海溟涬,民皆上丘陵,赴树木,舜乃使禹疏三江五湖……万民皆宁其性。"⑥《国语·周语下》载太子晋语:"晋闻古之长民者,不堕山,不崇薮,不防川,不窦泽。昔共工弃此道也,虞于湛乐,淫失其身,欲壅防百川,堕高堙卑,以害天下。皇天弗福,庶民弗助,祸乱并兴,共工用灭。"上几则记载对共工的态度有些不同。《淮南子》乃楚地之作,"振滔"即振荡也,共工部族只不过利用自己善于水战的长处,利用涨洪水之机,乘势迫近空桑。空桑便是其对头颛顼部族所居之地。洪水实际上并非由共工部族发动,乃是本已有之。故

---

① (汉)班固:《汉书》,第721页。
② (汉)司马迁:《史记》,第20页。
③ 刘文典:《淮南鸿烈集解》,第255页。
④ (汉)司马迁:《史记》,第1241页。
⑤ (宋)罗泌:《路史》,第83页。
⑥ 刘文典:《淮南鸿烈集解》,第255页。

《淮南子》中并没有显示出百姓怨恨共工之语。舜派禹去治理的乃是天然发生之洪水，绝非由共工氏人为造成。故《山海经·海内经》说："祝融降处于江水，生共工……共工生后土，后土生噎鸣，噎鸣生岁十有二，洪水滔天，鲧窃帝之息壤以堙洪水……鲧复生禹，帝乃命禹布土，以定九州。"①此并没有显示出这场大洪水乃共工部族所发动。罗泌《路史》乃后起之说，其将女娲时的洪水亦嫁祸于共工身上。除《路史》外，没有任何文献说女娲时期的洪水是由共工发动的。这是神话在传播过程中的移形。《论语·子张篇》子贡曰："纣之不善，不如是之甚也。是以君子恶居下流，天下之恶皆归焉。"②此语用在共工身上是再恰当不过的了。据《山海经》中的禹堙洪水，杀共工臣相柳的记载来看，共工部族确曾利用洪水向空桑颛顼之后裔禹发动进攻。水战是居长江流域共工部族的特长。故《淮南子》高诱注说："共工以水行霸于伏羲神农间者也。"③司马贞《补史记三皇本纪》云："诸侯有共工氏，任智刑以强，霸而不王，以水乘木乃与祝融战。"④于此可见，共工部族是善于水战舟战的。《史记·律书》的"共工之陈"可能就是一种水战阵法，被利用来平治水土。据上可知，共工"闹水"不过是利用洪水乘势作战罢了。

　　但，从《国语·周语下》所言来看，对共工部族的态度明显呈贬斥倾向。仔细审读，可发现共工部族在治水土时，可能做了壅川的尝试，但或因考虑不周，或其他原因而导致"川壅而溃"的局面，造成一定的损失。故"庶民弗助""祸乱并行"，导致民心有所偏失。而颛顼正是利用了这次机会，一举打败共工部族，从而取得霸权。"壅川"从某种程度上说也并非坏事，古今许多灌溉工程都需要壅川，但如果不把防洪排洪措施考虑周到，可能壅川会适得其反。善于治水的共工部族可能想通过壅川做些新的

---

① 《二十二子》，第1387页。
② （清）阮元：《十三经注疏》，第2532页。
③ 刘文典：《淮南鸿烈集解》，第22页。
④ （唐）司马贞：《补史记三皇本纪》，第964页。

尝试，其主观意图是好的，但由于生产力水平等时代条件之局限，没有取得成功。但正是由于有共工部族治水的大胆尝试，不畏失败之精神，方才有后来大禹治水之成功以及诸多如李冰父子蜀川都江堰的不朽"壅川"杰作。《国语·周语下》太子晋之语明显是一种"成王败寇"论。其一方面说共工、鲧乃"亡王"，另一方面又说其故意"壅川""以害天下"。除非是一个疯子帝王，否则绝不会故意壅川以危害自己的子民，扰乱自己的天下从而自取灭亡。

共工部族是一个善于平治水土的部族，其治水的功劳是主要的，为历代治水留下了宝贵的经验，对推动古代治水事业的发展做出过巨大贡献。但因治水是一项新的、艰苦的、不断摸索的工程，其中难免有不足与失败，不能因为一次失误而全盘否定其治水历史功绩。大禹治水所以能够成功，其中不乏对前人治水成功与失败经验之借鉴，再加上善于治水的共工部族后裔四岳等的鼎力相助，故历经数载终获成功。

由于共工部族有过治水失败的经历，又加上其历代不断反抗的强悍民族性格，在"成王败寇"论影响下，共工成了儒家经典《尚书》中的四罪之一。读《尧典》，深为共工鸣不平，因为尽管骥兜极力称赞"共工方鸠僝功"（意指共工居其官职正聚集了显著的功绩），但尧却置若罔闻，不仅不重用治水见功的共工，反而将其流放北方幽州之都。可尧流放共工的原因竟然是"象恭滔天"的"莫须有"罪名。据《韩非子·外储说右上》不难知道，尧治鲧、共工的罪其实皆与治水无关，真正的原因在于鲧、共工反对将天下传给尧的女婿罢了。治水有功者反被治罪，随时间推移，历史真相逐渐被淹没，而鲧、共工等也逐渐成为儒家的反面教材，自然也逐渐被剥夺了一些应有的功绩和地位。以方位神话系统来看（据《左传·昭公二十九年》《吕氏春秋》《礼记·月令》等）：

五方	五行	四时	五帝	五神	佐治者	五兽
东	木	春	太皞	句芒	重	苍龙
南	火	夏	炎帝	祝融	黎	朱鸟
中	土	季夏	黄帝	后土	句龙	黄龙
西	金	秋	少皞	蓐收	该	白虎
北	水	冬	颛顼	玄冥	修、熙	玄武

此系统中，历来对北方的所配解释不清。其根本原因就在于"颛顼"是后来改换的。据《左传·昭公十七年》可知，当时的五帝不包括颛顼，北方之帝应为共工。从五行看，颛顼何曾具有水德？共工治水，颛顼何曾有治水记载？前文已论述过，《世经》等皆认为共工为水德，故按五行，水应配共工。从四时来看，贾公彦《周礼正义序》云："盖春为秩宗，夏为司马，秋为土，冬为共工。"①并引郑玄说："初，尧冬官为共工。"故冬季应配共工。从五神来看，《山海经·大荒北经》："有神人面鸟身，珥两青蛇，践两赤蛇，名曰禺疆。"②《山海经·海外北经》："北方禺疆，人面鸟身，珥两青蛇，践两青蛇。"郭璞注云："禺疆，字玄冥，水神也。"毕沅曰："《吕氏春秋》云禹北至禺疆之所，高诱注云：禺疆，天神也。《淮南子》云禺疆，不周风之所生也。"③则玄冥具有强烈的龙、蛇图腾特征，与共工后裔夸父珥两黄蛇、把两黄蛇极其相似。而且，玄冥乃不周山之风所生，而此不周山正是共工所撞之不周山。《淮南子·坠形训》曰："西北方曰不周之山，曰幽都之门。"高诱注："幽，阇也；都，聚也。玄冥将始用事，顺阴阳而聚，故曰幽都之门。"④乃知，幽都为玄冥用事之处，而幽都就是《韩非子·外储说右上》所说的共工被流放的"幽州之都"，且《淮南子·坠形训》所说的"不周之山"即

---

① （清）阮元：《十三经注疏》，第634页。
② 《二十二子》，第1384页。
③ 《二十二子》，第1372页。
④ 刘文典：《淮南鸿烈集解》，第139页。

"幽都之门",而"不周之山"不正是共工氏的活动区域吗?故《经典释文》说:"幽都,李云即幽州也。《尚书》作幽州,北裔也,尧六十四年流共工于幽州。"①据此可知,玄冥应该配共工。从佐治者来看,《风俗通义》卷八云:"谨按《礼传》:'共工之子曰修,好远游,舟车所至,足迹所达,靡不穷览,故祀以为祖神。"②因此,修应该为共工氏佐治者。又共工为龙、蛇图腾,能够很好解释为什么北方玄武总是有一条蛇存在。据共工之台在《山海经·海外北经》中所云,共工又被流迁于北方幽都,共工当然应当配祀于北方之帝,只不过因受诋毁而身背恶名,致使其应有的祭祀地位被偷梁换柱了。

王国维说:"上古之事,传说与史实混而不分。史实之中固不免有所缘饰,与传说无异;而传说之中亦往往有史实为之素地,二者不易区别。此世界各国之所同也。"③此言至是。我们对共工神话传说不能完全做信史看待,但其中的"素地"无疑给我们展示了共工部族的发展历程,显示了中华民族之民族融合的脉络。从共工神话传说中,更可感受到中华民族的创业精神和不屈不挠的顽强斗志。

---

① (唐)陆德明撰,黄焯汇校《经典释文》,中华书局,2006,第769页。
② (汉)应劭撰,王利器校注《风俗通义校注》,中华书局,1981,第381页。
③ 王国维:《王国维文集第四卷》(上),中国文史出版社,1997,第1页。

《邶风·简兮》本义述评

郭付利

　　《邶风·简兮》一诗，词语隐约，意象朦胧，全诗旨趣要妙难测，古今学者对该诗的本义聚讼纷纭，迄今尚无定论。有鉴于此，笔者拟对该诗的本义试做一番新的梳理与探索。为探讨之便，兹录全诗如下：

> 简兮简兮，方将万舞。日之方中，在前上处。（一章）
> 硕人俣俣，公庭万舞。有力如虎，执辔如组。（二章）
> 左手执龠，右手秉翟。赫如渥赭，公言锡爵。（三章）
> 山有榛，隰有苓。云谁之思？西方美人。彼美人兮，西方之人兮！（四章）

　　古今学者对于该诗本义的阐述，择其要者大概有六种，现分述如下。

一　刺不用贤说

　　《毛诗序》："刺不用贤也。卫之贤者，仕于伶官，皆可以承王事者也。"

《毛诗正义》:"作《简兮》诗者,刺不能用贤也。卫之贤者仕于伶官之贱职,其德皆可以承事王者,堪为王臣,故刺之。"

《诗三家义集疏》:"三家无异义。"

此外,明代何楷的《诗经世本古义》、清代姚际恒的《诗经通论》和陈奂的《诗毛氏传疏》都对这一说做了进一步的阐释。同意此说的还有吴闿生的《诗义会通》和陈子展的《诗经直解》等。

二 自嘲(自伤)说

朱熹《诗集传》:"贤者不得志而仕于伶官,有轻世肆志之焉,故其言如此,若自誉而实自嘲也。"

方玉润《诗经原始》:"贤者自伤失位而抒所怀也。"

韩国学者文铃兰在其《〈诗经·简兮〉篇之主题探讨》,天马图书有限公司,1998。①一文中说:"上述二说的意见基本上相同,分歧不大,二说都认为诗中'贤人不得志';二说的区别,在于作者的看法,《毛序》认为第三者所作,《朱传》认为诗人自作,这是分成二说的关键所在。"笔者今从其分类法。

三 讽刺卫庄公说

持这一说者主要是翟相君,在其《诗经行解》中他考定了诗中舞者为庄姜,认为此篇是讽谕卫庄公沉湎于声色的作品,赞同此说的人数量较少。

---

① 《第三届诗经国际学术研讨会论文集》,天马图书有限公司,1998。

四　舞女辛酸说

这一说的倡导者是邓荃,在其《诗经国风译注》中认为此诗"写的是舞女泪"。并接着说:"写舞女怀思,似有很深的隐痛,含而不露,颇令读者不得不为之遐想。"

五　赞美、爱恋说

这一说是在批判旧说的基础上发展而来的,从"山有榛,隰有苓"这一表示男女情思的隐语出发,主要阐述有:

屈万理《诗经释义》:"此美其善舞者也。"

金启华《诗经今译》:"歌赞并怀念英俊的舞师。"

余冠英《诗经选》:"这首诗写卫国'公庭'的一场万舞,着重在赞美那高大雄壮的舞师。这些赞美似出于一位热爱那舞师的女性。"

裴普贤《诗经评注读本》:"卫国宫廷一位文武兼备的舞师,魁伟的体格,熟练的舞姿,深获卫君激赏,更博得贵族仕女的爱慕,发出一片赞美声。"

高亨《诗经今注》:"卫君'公庭'大开舞会,一个贵族妇女爱上领队的舞师,作这首诗来赞美他。"

蒋立甫《诗经选注》:"这首诗写一个女子爱上了卫国宫廷中的舞师。"

这一说大有后来者居上的形势,赞同并对这一说进行阐述的还有袁梅的《诗经译注》、程俊英的《诗经译注》、杨任之的《诗经今译今注》、吕恢文的《诗经国风今译》、袁愈荌和唐莫尧主编的《诗经全译》、任自斌等主编的《诗经鉴赏辞典》等。

六 挫折、悲伤说

这一说的倡导者是韩国学者文铃兰,她是从"山有榛,隰有苓"这一隐语出发的,她在《〈诗经·简兮〉篇之主题探讨》①一文中认为:"以'山有□□,隰有□□'开头的诗篇都反映着诗人的挫折感、悲哀感或厌世的情怀。"进而认为:"这篇诗表现了诗人在现实社会里所感到的挫折感和悲伤,而不是赞美舞师的作品。"

以上介绍了古今中外学者对于本诗诗旨的一些主要的不同见解,目的是提供参考,以兹比较。《毛诗序》的刺不用说,是从礼仪政教出发的,遭到了众多学者的否定。陈戌国《诗经校注》中说:"诗中并无讽刺的意思,也看不出用贤的倾向。据诗本文,只是写公庭万舞中硕人的表现(姿态)而已,看来本篇《诗序》未必可信。"在这里他既否定了《毛诗序》的刺不用贤说,也否定了讽刺说,那么从"刺不用贤说"发展而来的自嘲(自伤)说当然也不能成立。"山有□□,隰有□□"这一套语闻一多先生在《风诗类钞》②中早就认定了是表示男女情思的习惯用语,得到学术界的普遍承认,所以文铃兰的挫折、悲伤说也难以成立。综合而论,赞美爱恋说的合理成分较多,笔者拟在这一说的基础上对此诗题旨做进一步的探讨,以就教于专家学者。

笔者认为:从文本来看,这是赞美歌颂祭祀的诗篇,是一首宗庙祭祀诗。

首先,我们来看一下第一章中的"万舞"。《毛诗》说:"择兮择兮者,为且祭祀当万舞也。万舞,干舞也。非但在四方,亲在宗庙公庭。"《正义》曰:"以万者,舞之总名,干戚与羽籥皆是也,故云:'以干羽为万舞。'以祭祀山川宗庙。"可见,《毛

---

① 《第三届诗经国际学术研讨会论文集》。
② 参见张启成《诗经风雅颂研究论稿》,学苑出版社,2003,第251页。

诗》和《正义》皆认为万舞是用于宗庙祭祀的。程俊英的《诗经译注》注释说："周天子宗庙舞名，是一种大规模的舞，内容分文舞、武舞两部分。"这进一步证明古今学者大都认为万舞是用于宗庙祭祀的。既然这样，那万舞的场所"公庭"就一定是宗庙性质的场所，王先谦的《诗三家义集疏》："《传》云：'亲在宗庙公庭。'是'公庭'即'宗庙'而硕人亲舞也。""公庭"是宗庙，那么在那里跳祭祀舞蹈不也是理所当然的吗？

其次，我们再来看一下对于"硕人"的理解。《毛诗》："硕人，大德也。"《正义》："硕者，美大之称，故诸言硕人者，传皆以为大德。唯《白华》'硕人'，传不训此。"《诗三家义集疏》云："《说文》：'硕，头大也。'引申为大义。《释诂》：'硕，大也。'硕人犹言大贤。"《后汉书·周黄徐姜申屠传》注："'硕人，谓贤者。'是其义也。"徐志啸《诗经楚辞选评》云："硕人，身躯高大者。"高亨《诗经今注》同此。程俊英的《诗经译注》注释为："身材高大的人，指舞师。"这是近现代义。它们的共同点便都是赞扬"硕人"，无论是"大德""大贤"还是"身材高大"。程俊英先生说指舞师，更加恰当。笔者以为这位舞师是由巫师扮演的。《说文解字》说："巫，巫祝也。女能事无形以舞降神者也，象人两袖舞形。"郑玄《诗谱》说："巫以歌舞为职，以乐神人者也。"可见，巫的职能在于"以舞降神""以乐神人"。这一点也被王国维先生所肯定，其《宋元戏曲考》第一章里说："古代之巫，实以歌舞为职，以乐神人也。"巫也是有性别之分的，《国语·楚语》说："在男曰觋，在女曰巫。"这一篇的巫师可能就是位男觋，因为只有男性才能"硕人俣俣"（身材高大的人），"有力如虎，执辔如组（扮成武士力如虎，手拿缰绳赛丝组）"。这样才显得高大威猛。

再次，便是对"上有榛，隰有苓"即"山有□□，隰有□□"这一习惯隐语的理解。这一隐语还出现在《桧风·隰有苌楚》《唐风·山有枢》《郑风·山有扶苏》《秦风·晨风》等诗中，韩国学者文铃兰认为："以'山有□□，隰有□□'开头的诗篇都反映着诗人的挫折感、悲哀感或厌世的情怀。"这可备为一说，但闻一多先生早就在《风诗类钞》中说："'山有榛，隰有苓'是隐语，榛是乔木，在山上，喻男。苓是小草，在隰中，喻女。以后凡称'山有□，隰有□'而以大小对举的，仿此。"余冠英先生也同意这种看法，并认为："以树代男，以草代女。"张启成教授在其《国风的习用套语及其特殊含义》①一文，对这一说进行了补充："山称为艮卦，泽称为兑卦；山为阳，泽为阴。因而据古代学者的解释，山指少男，泽指少女。按八卦的思想，阴阳结合，男女相配，从而繁衍人类，乃是天经地义的自然法则。正是在这种古老的传统思想的支配下，才产生了'山有□，隰有□'的习用套语，隰指低湿之地，与'泽'通。因而凡这一类的习用套语均与爱情婚姻有密切的关联。"这一说和上古的《易经》八卦思想相结合，论据充分合理，已成定论。那么在宗庙祭祀的场合何以会谈到男女的爱情呢？郭沫若在其《卷耳集·屈原赋今译》②中说："古时候祭祀神祇时正是男和女发展爱情的机会，这在《诗经》里面有好些诗还保留着这种情形。故在祭祀的歌辞中叙述男女相爱，男神与女神相爱，或把男女之间的爱情扩大成为人神之间的关系，都是极其自然而现实的。"虽没有见到郭沫若先生举出例子来说明，但笔者认为《简兮》便是一个很好的例子。对于硕人的爱就是对于巫师的爱，也便是对于所祭祀对象的爱，爱得越深表达的诚意也就越深。同时，这种以歌带舞既媚神又娱人的形式，体现了先秦时期"神人以和"的审美特性，带有英雄崇拜的色彩。

最后，我们再来看一下对于"西方美人"的理解。《毛诗郑笺》云："彼美人，谓硕人也。"《毛诗正义》曰："'西方之人'谓宜为西方之人。"《晋语》韦昭注引《诗》曰："'西方之人兮，西方谓周也。"程俊英《诗经译注》说："西方：指周，周在卫

---

① 参见张启成《诗经风雅颂研究论稿》，第251页。
② 郭沫若：《卷耳集·屈原赋今译》，人民文学出版社，1981，第79页。

西。美人，指舞师，即上文的硕人。"这些共同说明了"西方之人"即是硕人，那么，硕人也便是西周人。《史记·卫康叔世家》："卫康叔名封，周武王同母少弟也。"卫与周是同姓国，有共同的先祖。再根据邶、鄘本为卫地，所以进一步说，男觋所扮演的可能就是西周的先祖或是有重大贡献的人物。这种美人传统也被屈原所继承，在其《离骚》等作品中都有充分的体现。

综上所述，笔者参考比较历来对《邶风·简兮》本义的说法，在近现代学者一贯主张的赞美说的基础上，对《简兮》的本义做了一个大胆的猜想：《简兮》是一首有男觋扮演祭祀的宗庙祭祀诗。这是笔者的拙见，以见笑于大方之家。

《任氏传》与《琵琶行》
——唐诗与唐传奇的深层契合及相互影响

胡继琼

唐传奇的出现,标志着中国古代小说的成熟和发展,并使中国古代小说脱离史传的束缚而成为一种独立的文学样式。因此,古往今来,人们对于唐传奇的研究虽然比不上对于唐诗的研究,但其研究成果也层出不穷。尤其是近年来,对于并称为"一代之奇"(宋洪迈语)的唐诗与唐传奇的关系问题,越来越受到研究者的关注和重视。然而,在对唐诗与唐传奇的关系的研究中,论者更多地着眼于这两种不同文学样式中同类题材作品的对比分析和研究。例如,经常提及的有白居易的《长恨歌》与陈鸿的《长恨歌传》,元稹的《莺莺传》与李绅的《莺莺歌》,沈亚之的《冯燕传》与司空图的《冯燕歌》,崔护的《题都城南庄》与孟棨《本事诗》中的《崔护》,等等。当然,这类作品由于作者之间的密切关系或取材的同一,它们具有更多的可比性和研究意义。但在这类研究中,存在着一种明显的倾向,就是论者大都偏重于唐诗对于唐传奇的影响,而忽略了能与唐诗并称为"一代之奇"的唐传奇与唐诗的相互融合和相互渗透的问题,亦忽略了这

《任氏传》与《琵琶行》

两种文学样式中不同题材类型的作品之间的艺术手法和方式的相互影响问题。这不仅贬低了唐传奇的价值,同时对唐诗尤其是对中唐诗歌的评价也不甚全面。有感于此,笔者拟对沈既济的传奇《任氏传》同白居易的诗歌《琵琶行》做一比较分析,试阐述唐传奇与唐诗的相互影响和相互作用的问题,尤其想说明唐传奇对唐诗的影响问题。

一

沈既济,吴人。以相杨炎荐既济有良史才,召拜左拾遗、史馆修撰等职。建中二年,炎得罪,既济坐贬处州司户参军。后入朝,位礼部员外郎。撰有《建中实录》十卷,今不传。另有传奇作品《枕中记》《任氏传》传世。①白居易,贞元十六年进士,后中书判拔萃科,授秘书省校书郎。元和初应制举,授盩厔尉。后为翰林学士。任左拾遗、左赞善大夫等职。元和十年,因越职上书言事,贬江州司马,移忠州刺史。长庆时,由中书舍人出任杭州、苏州刺史,官终至刑部尚书。会昌六年卒。有《白氏长庆集》传世。②从上述二人的经历来看,至少有两点相似:一是两人都曾做过言官;二是两人都曾遭贬谪而后复官。且二人各有所长:沈氏长于史,白氏长于诗。《任氏传》与《琵琶行》这两篇作品,恰好都是二人在被贬期间所作(沈作于先而白作于后)。沈既济《任氏传》云:"建中二年,既济自左拾遗于金吾将军裴、京兆少尹孙、户部郎中崔需、右拾遗陆淳,皆适居东南,自秦徂吴,水陆同道。时前拾遗朱放因旅游而随焉。浮颍涉淮,方舟沿流,昼宴夜话,各征其异说。众君子闻任氏之事,共深叹骇,因请既济传之,以志异云。"周绍良先生认为这段话中的"'于'字

---

① 《二十五史》,上海古籍出版社,1986,第4597~4598页。
② 《二十五史》,第3999~4002页。

疑是'与'字之讹,'適'字疑是'谪'字之讹"。①笔者深以为然,今从之。否则,如果是"適居东南",又"自秦徂吴",就难以理解了。且后面的"时前拾遗朱放因旅游而随焉"句,也正说明了此一行人中,"唯独朱放是不属于谪放的官吏"(周绍良语)。因此,沈氏写《任氏传》时,正是被贬谪处州(治所今浙江丽水)之时。而《白氏长庆集》壹贰《琵琶行》序云:"元和十年,予左迁九江郡司马。明年秋,送客湓浦口,闻舟中夜弹琵琶者……予出官二年,恬然自安,感斯人言,是夕始觉有迁谪意。因为长句,歌以赠之……命曰《琵琶行》。"②由此可见,《琵琶行》当作于元和十一年白居易被贬谪江州之时。当时,二人同为逐臣,有感而发,故其创作心态应是相通的,其意皆在于讽世,且抒发郁积于胸的郁闷。从《琵琶行》作者的自序及诗中"同是天涯沦落人,相逢何必曾相识"等句来看,白居易显然是在抒发娼女逐臣的沦落情怀。而沈既济在《任氏传》中亦大发其感慨,叹曰:"嗟乎!异物之情亦有人道焉!遇暴不失节,徇人以至死,虽今妇人,有不如者矣。"此议论显然亦有所指,至少是以狐喻人,意在讽世。卞孝宣先生认为:沈既济是在为恩师杨炎解谤,他在《任氏传》中歌颂"遇暴不失节,徇人以至死"的雌狐,其实是讥讽刘晏,骂他忘恩负义,背叛元载,连畜生都不如。③此说甚有见地,沈既济做过左拾遗和史馆修撰,又亲身经历过仕途的荣辱沉浮,因而对官场的尔虞我诈有切身的感受。尤其是在被贬之初,有感于恩师杨炎的下场和自己的贬谪,故借传奇来指斥时事,这对白居易等人所倡导的以新题写时事的新乐府诗歌,无疑有一定的启发意义。

二

《任氏传》是讲述人与狐的婚恋故事,《琵琶行》是抒写娼女

---

① 周绍良:《唐传奇笺证》,人民文学出版社,2000,第116页。
② 顾学颉:《白居易集》,第一册,中华书局,1979,第241~242页。
③ 卞孝萱:《唐传奇新探》,《扬州师院学报》(社会科学版)1995年第3期。

逐臣的沦落情怀，从内容看二者似风马牛不相及。然仔细揣摩其故事内容及情感内涵，却具有诸多相似和相通之处。

首先，其主要人物的身份相似。虽然《任氏传》一开始便指出："任氏，女妖也。"后亦经华丽的屋舍变成一榛莽废地，当郑六得知其身份后又以扇障其后、衣不自纫、以及惧怕猛犬并为其所害等，暗示任氏的确是一狐精所幻化的美女。但从作品的具体描写来看，无论其出身抑或是行为处世，实皆借狐写人（按："任""人"同音，亦似有所指）。郑六初遇任氏，盘桓一宿将别之时，任氏曾明确告诉郑六说"某兄弟名系教坊，职属南衙，晨兴将出，不可淹留"。而白居易《琵琶行》中的长安娼女亦"自言本是京城女，家在虾蟆陵下住。十三学得琵琶成，名属教坊第一部"。《新唐书》卷二十二《礼乐志》云："（玄宗）即位，……置内教坊于蓬莱宫侧居。新声散乐倡优之伎，有谐谑而赐金帛朱紫者。"又云："玄宗既知音律，又酷爱法曲，选坐部伎子弟三百教于梨园。声有误者，帝必觉而正之，号皇帝梨园弟子。宫女数百亦为梨园弟子，居宜春北院。"①又《文献通考》卷一四六《乐》一九云："旧制雅俗之乐，皆隶太常。玄宗精晓音律，以太常礼乐之司，不应典倡优杂伎，乃更置左右教坊，以教俗乐，命左右骁卫将军范及为之使。又选乐工数百人，自教法曲于梨园，谓之皇帝梨园弟子。又教宫女使习之。选使女置宜春院，给赐其家。"②周绍良先生说："从《文献通考》所记来看，教坊之设在唐初，属于教坊者并不就是梨园弟子，而宜春园伎女则又是另外一回事，这三项并不能混为一谈。"③诚然，教坊女子、梨园弟子和宜春院伎女并不是一回事。但封建时代轻视艺人，唐代虽然有号称"皇帝梨园弟子"的乐工，实际上人们仍然把他们和娼妓并列而称为"娼优"。

---

① 《二十五史》，第4183页。
② （元）马端临：《十通·文献通考》，浙江古籍出版社，2000，第1282页。
③ 周绍良：《唐传奇笺证》，第99页。

因此，既然任氏和琵琶女皆"名系属教坊"，故应同为娼优乐伎之流。白居易《琵琶行》中琵琶女的身份自不待言，其原序中明确指出："（琵琶女）本长安倡女，尝学琵琶于穆、曹二善才，年长色衰，委身为贾人妇。"琵琶女的身世经历在诗中亦有具体的叙述。而任氏的身份则除了她自称"名系教坊，职属南衙"之外，小说中亦多有暗示。任氏与郑六初遇之时，两人之间那极为轻佻的打情骂俏就不是一般良家女子的声口。更有甚者，任氏为报韦崟衣食供给之恩（此亦表现出娼妓的寄生性）和爱慕之意，竟为韦崟诱取别的美女供其淫乐。并说"某，秦人也，生长秦城。家本伶伦，中表姻族多为人宠媵，以是长安狭斜，悉与之通。或有殊丽，乐而不得者，为公致之可矣。愿持此以报德"。这里所谓的"生长秦城"，是指住在长安；"家本伶伦"，则指其娼优出身；而"中表姻族多为人宠媵"，则说明了与之相交的均为其同类。更为明显者乃是"长安狭斜，悉与之通"一句——"狭斜"一词，典出于《古乐府·长安有狭斜行》，其中有"长安有狭斜，狭斜不容车"句。①这里的"狭斜"本指小街曲巷，因其较为隐蔽，故妓院多设于此。所以，后来即以"狭斜"称妓院或妓女。由此可见，任氏及其同类应为娼妓出身无疑。也正因为如此，所以当郑六知道任氏的真实身份以后，任氏极力躲避，并"以扇障其后"。"以扇障其后"，表面上看来是怕露出了狐狸尾巴，实际上，亦可看作是任氏因郑六知道了她的娼女身份而觉得羞愧，正如任氏自己所说"事可愧耻，难施面目"。至于任氏为韦崟诱取其他女子以供其淫乐，就更是狭斜行人的所为了。至此，任氏的身份也就不言而喻了。

其次，其主要人物的命运亦同样不幸，然其遭际却各不相同。琵琶女年老色衰，不得已而嫁作长守空船的商人妇。任氏虽然将终身托于郑六，然先是受到富家公子韦崟的强逼，后又被郑六强邀同行赴任，途中被猛犬所害。这两篇作品都描写了主人公

---

① 逯钦立：《先秦汉魏晋南北朝诗》，中华书局，1983，第266页。

的美丽和不幸的命运,然白居易的《琵琶行》着力描写的是琵琶女的高超技艺,而《任氏传》的精妙之处则在于"抗暴"这一精彩情节之中。富家公子韦崟初见任氏之时,"爱之发狂,拥而凌之",任氏先是不服,崟又"以力制之",任氏曰:"服矣。请稍回旋。"既缓,则捍御如初,且如是者四。最后,韦崟"悉力急持之",任氏力尽,自知不免,乃"不复拒抗",复又一声长叹,引出了一番凄婉而又动情的长篇说辞,以大义折服了韦崟。这一情节写得跌宕起伏、扣人心弦。不仅使人联想起《琵琶行》中白居易关于琵琶声的一段同样精彩的描写:"大弦嘈嘈如急雨,小弦切切如私语。嘈嘈切切错杂弹,大珠小珠落玉盘。间关莺语花底滑,幽咽泉流冰下难。冰泉冷涩弦凝绝,凝绝不通声暂歇。别有幽愁暗恨生,此时无声胜有声。银瓶乍破水浆迸,铁骑突出刀枪鸣。曲终收拨当心画,四弦一声如裂帛。"如果用"嘈嘈切切"的琵琶声来诠释任氏在抗暴中的"捍御""回旋"等情节,同样是波澜起伏、惊心动魄,会让人产生出一种如出一辙的和谐之感。然细辨其音,《琵琶行》似多了一份凄凉和无奈;《任氏传》则多了一份刚烈和坚强。这又使人觉得人物的身份、命运虽然相似,但其性格各异,任氏则显得更为鲜明生动、光彩照人。这大概是因为小说在叙事写人方面具有更大的自由,而诗歌则更长于抒情。沈既济通过"抗暴"这一经典情节,着力表现出任氏虽然出身低贱,但品格高贵,敢于追求并捍卫自己的爱情和幸福,绝不屈服于富家公子的凌辱,从而塑造出一个勇敢、聪颖、对爱情忠贞不渝的下层妇女形象。而《琵琶行》则通过跌宕起伏的琵琶声,如泣如诉地传达出琵琶女的坎坷经历和天涯沦落的不幸命运。

  当然,《任氏传》与《琵琶行》在故事内容和情感内涵上的相似相通之处并不仅限于此。例如,任氏通过"以扇障其后"所表现出来的自卑感,在《琵琶行》中亦有相似的描写。诗歌写道:"寻声暗问弹者谁,琵琶声停欲语迟……千呼万唤始出来,犹抱琵琶半遮面。"这里,"以扇障其后"所表现出来的自卑感,与"犹抱琵琶半遮面"的羞怯亦似有异曲同工之妙。又如,琵琶女年长色衰之后,在"弟走从军阿姨死""门前冷落车马稀"的境况之下,不得不嫁给了"重利轻别离"的商人,沦落到"去来江口守空船"的凄凉境地。而任氏为帮助郑六居家过日子,先是"薪粒牲汽"皆靠韦崟供给(而任氏亦不得不为了报答韦崟,去诱骗别的女子供韦崟淫乐),后又为郑六出主意买卖一匹官马以赚钱养家,由此可以看出教坊女子为了生活而苦苦挣扎的不幸境遇。更为典型的是,琵琶声停之后,白居易将其卓越的艺术效果表现为"东舟西舫悄无言,唯见江心秋月白"。在静寂无声之中,让人感受到琵琶曲那强烈的震撼人心的力量。缭绕不绝的余韵,令人为之绝倒和叹息。而任氏的结局则是因被郑六强邀同行,途中被猛犬所害,以生命的代价成就了自己忠贞不渝的爱情。任氏死后,郑六"回睹其马,啮草于路隅,衣服悉委于鞍上,履袜犹悬于镫间,若蝉蜕然。唯首饰坠地,余无所见"。衣犹在而人已逝,睹物思人,不由得倍增其哀伤和凄凉。作者富于诗意的情景描写,并不亚于白居易诗歌的神韵和意境。同时,它也透露出作者对于美的毁灭的深切哀悼和感伤,使小说充满了悠远而淳厚的余韵。

三

《任氏传》与《琵琶行》,一是小说,一是诗歌。按照西方文类的划分,小说多属于叙事文学的范畴,而诗歌则多属于抒情文学的范畴。然而,《任氏传》虽属叙事的小说,其中亦不乏诗意的描写和抒情。这与唐传奇本身的奇幻虚构有关,亦与唐诗的影响有关。毕竟诗歌在当时是占主导地位的优势文学。所以有人说,唐传奇有一种"诗人气",是诗意化的小说。[①]而《琵琶行》作为一首歌行体诗歌,其本身亦具有叙事成分。诗歌的这种叙事

---

① 杨义:《中国古典小说史论》,中国社会科学出版社,1995,第149页。

传统，虽然是承继古乐府和杜甫即事名篇的新题乐府而来，但亦不能否认其受到唐传奇这样的新兴文体的影响。白居易是诗人，且是新乐府运动的领军人物，但他本人及其亲友大都是唐传奇的作者和爱好者。白居易的弟弟白行简写过传奇小说《李娃传》（按：《李娃传》的原型本是唐代说话《一枝花》，据说这个故事是白居易祖上传下来的）。元稹曾在白居易的家中听过这个故事。元稹的《酬翰林白学士代书一百韵》诗注中曾提到"又尝于新昌宅说《一枝花》话，自寅至巳犹未毕词也"。新昌宅即白居易在长安的住宅。其诗友及同道元稹既是诗人，又是传奇作者。他曾写过以自己的亲身经历为原型的传奇小说《莺莺传》。而白居易本人与朋友一道进仙道寺时，谈起唐明皇与杨贵妃的事，感叹不已，与陈鸿就这一题材，分别写了诗歌《长恨歌》和传奇小说《长恨歌传》。由此可见，白居易与传奇小说作者有着密切的关系，他对传奇小说应该是非常熟悉和喜欢的。因此，他在提倡新乐府诗的时候，不能不受其叙事方式的影响。

但是，诗歌的叙事毕竟与小说的叙事不同。作为传奇小说，《任氏传》将一个有头有尾的完整的传奇故事，置于一段流动的时间过程中，并在这个动态的时间流中逐次展开故事的始末。故事的开头，首先是主要人物的出场和事情的起因。写贫士郑六初遇任氏，因悦其容貌而与任氏欢饮共宿。翌日回城时，从卖饼人口中得知任氏乃一狐也。故事的发展与高潮有如下情节："经十许日"之后，郑六与任氏再次相遇，因恋其妖冶而与之定情继而谋居；富家公子、郑六之妻族韦崟得知，登门欲施强暴。任氏奋力抗拒，并以大义将其折服。这里应是整个故事情节的高潮部分。接着写任氏为报答韦崟之恩，竟诱取美女供其淫乐；同时，任氏又为郑六倒卖官马，谋取厚利。后来，郑六西行赴任，强邀任氏与之同行。任氏虽然预知此行对自己不利，但经不起郑六再三强求，只好与之同行。以上应为故事情节的继续发展部分。结局部分写西行途中，任氏"为犬所毙"。小说中除了以少量的叙述人的概括性语言来串联场景、说明缘由之外，其余大都是通过人物的对话、表情、行动和场景等来展开故事，在不断变换的场景中呈现出曲折动人的奇幻故事，塑造出鲜明生动的人物形象。唐传奇所表现出来的这些小说固有的叙事特质，当然亦会被当时的诗歌所吸收和运用。但诗歌毕竟不是小说，它只能叙述故事而不能呈现故事。白居易的《琵琶行》亦是如此。《琵琶行》将人物故事置于一个相对固定的时空范围之内：时间是在一天夜里；地点是在浔阳江头的一条客船上；诗人用叙述人的口吻来讲述故事的始末（按：这里的叙述人有两个：一是作者本人，一是琵琶女），就是琵琶女的身世也都是由主人公自己在一个特定的时空中娓娓道来。可见，诗歌的叙事和小说的叙事还是有差别的，不能一概而论。

综上所述，《任氏传》与《琵琶行》虽然一是传奇小说，一是歌行体诗歌。但由于各种原因，在很多方面它们都相互影响、相互渗透。《任氏传》重在叙事，但叙事中又有抒情；《琵琶行》重在抒情，然抒情中亦有叙事。不仅如此，这两篇作品无论是在作者的创作心态，还是在作品的故事内容、情感内涵或叙事方式等方面，都有许多相似相通之处。同时，也有不同的地方。而这两部作品的异同正说明了不同的文学样式之间相互融合、相互渗透而又独立发展的情况。具体到沈既济的《任氏传》和白居易的《琵琶行》这两篇作品来看，笔者以为前者对后者的影响更大。

对一窗凉月,灯火青荧

——"吴蔡体"的解读

黄 海

"吴蔡体"最早由金代中期的萧贡提出,"百年以来,乐府推伯坚与吴彦高,号吴蔡体"。① 其后,沈雄《古今词话》"词评"下卷引《词品》曰:"伯坚丞相乐府,与彦高《东山乐府》,多入选者。即名吴蔡体者是也。"王弈清等《历代词话》卷九引《竹坡丛话》曰:"金九主百一十八年间,独蔡松年丞相乐府与吴彦高《东山乐府》脍炙艺林,推为吴蔡体。"细读吴、蔡两人作品,我们可以发现两人之间艺术风格有着极大差异,内容题材上也不尽相同,之所以并称"吴蔡体",主要是指他们之间的共性而言。我们先看两人的词作。

一 吴激

吴激词经多人辑录,今《全金元词》共得十首,数量之少和

---

① (金)元好问:《中州集》卷一"蔡松年小传",学苑出版社,2003,第 132 页。

后人对其词的推崇似乎不太相称。然而，这些词却已经能表露其独特的成就，足可以窥斑见豹了。吴激存词内容上最为明显的特征是念国怀家的情怀以及身处异族统治区的凄清，所谓"应怜我，家山万里，老作北朝臣"（《满庭芳》），这是金初词坛的重要题材，宇文虚中、高士谈等被迫滞留北国的宋臣多有此类作品。

  南朝千古伤心事，犹唱后庭花。旧时王谢，堂前燕子，飞向谁家。　　恍然一梦，仙肌胜雪，宫髻堆鸦。江州司马，青衫泪湿，同是天涯。

（《人月圆》）①

  《人月圆》序云"宴北人张侍御家有感"，词本事云"先公在燕山，赴北人张总侍御家集，出侍儿佐酒，中有一人，意状摧抑可怜。叩其故，乃宣和殿小宫姬也。坐客翰林直学士吴激赋长短句纪之，闻者挥涕"。②同样因为使金不还的宇文虚中在和吴激同赴北人张总侍御家集时也作有《念奴娇》词，上片直书眼前实景"疏眉秀目，看来依旧是，宣和妆束"，感叹"宋室宗姬，秦王幼女，曾嫁钦慈族。干戈浩荡，事随天地翻覆"，下片紧承上片依然写实，直抒内心感慨"流落天涯俱是客，何必平生相熟""兴亡休问，为伊且尽船玉"，全篇处处写实，固是催人感怀，但却过于直率，言尽则意尽。相比之下，吴激词含蓄蕴藉，虽是小令，却颇见组织之工，以怀古喻眼前，借用前人诗句而能浑化自然，句句皆为故实，而又句句不离实景，确乎是上佳之作。刘祁《归潜志》卷八，"先翰林（其父刘从益）尝谈，国初宇文太学叔通主文盟，时吴深州彦高视宇文为后进，宇文止呼为'小吴'"，两人即席赋词后，"宇文阅之，大惊。自是人乞词，辄曰：

---

① 本文所引词以《全金元词》为依据。
② （宋）洪迈：《容斋随笔》卷十三，上海古籍出版社，1978，第 166 页。

'当诣彦高也。'"[1]，可见吴激词感人之深，技巧之高。《春从天上来》一首序云"会宁府遇老姬，善鼓瑟，自言梨园旧籍"的词，和上一首词有着基本一致的写作背景，都是吴激在异乡宴会上遇到北宋朝廷流落金国的歌姬，自伤身世，怀念故国而作。这种有国不能归的悲哀，身处异乡的凄凉是多少人心中的痛啊！吴激于委婉含蓄中写出世人尤其是宋室南渡后被迫流北的宋人心绪，落寞凄凉，"对一窗凉月，灯火青荧"的痛苦和绝望还打动了后世经历了离乱的人，这也是后人高度评价吴激词的原因之一。

吴激词除了上举委婉含蓄的词作外，也有表现其清旷情怀的词作，这部分词作与蔡松年有着更多相似，具有上承苏轼、下启金词清迈之特色。

谁挽银河，青冥都洗，故教独步苍蟾。露华仙掌，清泪向人沾。画栋秋风袅袅，飘桂子、时入疏帘。冰壶里，云衣雾鬓，搦手弄春纤。　　厌厌。成胜赏，银盘泼汞，宝鉴披查。待不放楸梧，影转西檐。坐上淋漓醉墨，人人看、老子掀髯。明年会，清光未减，白发也休添。

(《满庭芳》)

描写月夜之清旷何其大气！煞尾更是借景衬托自己狂放豪迈的个性，景情合一，很有苏轼《水调歌头》中秋赏月的意境，而比苏词更加超脱，无一点尘心。这样的清旷之气在同时的朱敦儒等南渡词人词作中也一再流露。南北词人在经历了时代大动荡后都对苏轼的人格极为仰慕，对苏词的接受是很自然的。再如主题为"中秋"的《木兰花慢》，上片描写月夜之景，视野极为开阔，"敞千门万户，瞰沧海、烂银盘"，下片"长安底处高城，人不见，路漫漫。叹旧日心情，如今容鬓，瘦沈愁潘。幽欢。纵容易得，数佳期、动是隔年看。归去江湖一叶，浩然对影垂竿"，借

---

[1] （金）刘祁：《归潜志》卷八，中华书局，1983，第84页。

清冷之月色写心中对故国家园无限之眷恋，心境沉痛和落寞跃然而出，然词人能于哀情中解脱，并以"浩然对影垂竿"之飘逸形象自慰。两首咏月之作，前一首豪迈，后一首俊逸，其中所昭示的是词人个性的豪宕和心胸的开阔，苏轼随缘自适之人格影响、借景言志之词作风格不难见出。

由于吴激存词无多，我们很难说清其词的成就。不过还是可以看到，吴激和李清照等南渡词人在结构上的委婉含蓄、词风上的清丽俊秀是有着相似面貌的。毕竟，他们都深受北宋晚期词风的影响，在金人南渡前就已经形成了自己成熟的风格，时代的灾难只是改变了词作的内容，文学观念和创作技巧等仍然保持着北宋风貌。我们可借助清人的词评从侧面证明吴激在词史上的成就和影响。"金代词人自以吴彦高为冠，能于感慨中饶伊郁，不独组织之工也。同时尚'吴蔡体'，然伯坚非彦高匹"①，"吴彦高为中州乐府之冠，不特词高，其用韵亦谨饬有法"②等，称其为金代词人之冠，未免有失公正，但也可见出吴激词的成就。因为吴激词的影响，后人也有了仿效其词的作品：王恽仕元之日，"效吴彦高赋故宫人春从天上来，词不引用故实，而淡宕可喜"③；"益斋词（李齐贤）……人月圆，马嵬效吴彦高云（略）"④，可见吴激词不仅当时有声名，后世也仍然影响颇广，是"吴蔡体"中不可或缺的部分。现代学者多有以为"吴蔡体"偏重指蔡松年词的看法，我们以为是有失偏颇的。

二 蔡松年

楼倚明河，山蟠乔木，故国秋光如水。常记别时，月冷半

---

① （清）陈廷焯：《白雨斋词话》卷三，人民文学出版社，1959，第54页。
② （清）吴衡照：《莲子居词话》，《词话丛编》，中华书局，1986，第2418页。
③ （清）沈雄：《古今词话》"词评"下卷引《乐府纪闻》，《词话丛编》，中华书局，1986，第1018页。
④ （清）况周颐：《蕙风词话》卷三，人民文学出版社，1960，第80页。

山环佩。到而今、桂影寻人,端好在、竹西歌吹。如醉。望白苹风里,关山无际。　　可惜琼瑶千里。有年少玉人,吟啸天外。脂粉清辉,冷射藕花冰蕊。念老去、镜里流年,空解道、人生适意。谁会。更微云疏雨,空庭鹤唳。

(《月华清》)

月夜清辉,即便贵为金国重臣,细思国家的沧桑巨变、自己人生的无常,心头只能是百感交集,最难排解的莫过孤独寂寞、无人共鸣的清冷了。当年的潇洒少年郎在经历诸多世事后,也只能"念老去、镜里流年,空解道、人生适意"。蔡松年对故国的留念是淡淡的,常常夹杂在自身身世的感叹中,究其原因,与其说是对宋朝廷的眷恋,不如说是对一身不仕二朝的传统儒家观念无法消释,所以蔡松年词的主题并不在故国之思,这是他和吴激、宇文虚中等明显有差别的地方之一。萧闲词最引人注目的题材是对山水园林的无限向往和清旷情怀的展示。萧闲词这种"无情"的清旷之神韵与朱敦儒、向子諲等南渡词人南渡后的作品极为相似,都是企图超越内心困惑而借超脱之态来平衡内心。

离骚痛饮,笑人生佳处,能消何物。夷甫当年成底事,空想岩岩玉璧。五亩苍烟,一邱寒碧,岁晚忧风雪。西州扶病,至今悲感前杰。　　我梦卜筑萧闲,觉来岩桂,十里幽香发。蒐隗胸中冰与炭,一酹春风都灭。胜日神交,悠然得意,遗恨无毫发。古今同致,永和徒记年月。

(《念奴娇》)

上片用了王衍(夷甫)的典,痛惜他不能及时引退、导致身亡的命运,自然也暗示了词人自己的人生观。他在此词后序云:"王夷甫神姿高秀,宅心物外,为天下称首。复自言少无宦情。使其雅咏虚玄,不论世事,超然遂终其身,何必减嵇、阮辈?而当衰世颓俗,力不可为,不能远引辞世,黾勉高位,颠危之祸,卒与晋俱为千古名士之恨。"①他对不能及时引退而导致灭身之祸的王夷甫命运的感叹实际也是其内心的真实表白。异朝为臣，他只能奢谈名利，顺应天性在山光水影中自在度日而已，其所向往的不过是充分拥有自由的灵魂，实现其生命的价值罢了。可是，再简单的愿望也只能是纸上谈兵，一切都只在"梦"中才可能，梦外的词人不但奔波于仕途，还隐隐有着对功名的追求，金史上有名的田毂被罢案就是词人主动参与的政治活动，引来后人非议。②

我们可以注意到，萧闲词中屡屡用到魏晋时风流人物的故实，他对朋友的品评标准也有意识地以魏晋崇尚任情的风尚为原则，这和李清照等南渡词人喜欢用魏晋的典故是有共同的一面的。"田唐卿，九江人，人品高胜，落笔不凡，且妙于琴事。久在江湖云水间，襟韵飘爽，无复市朝气味"（《满江红》序），"曹侯浩然，人品高秀，玉立而冠，其问学文章，落尽贵骄之气，蔼然在寒士右。……醉中出豪爽语，往往冰雪逼人，翰墨淋漓，殆与海岳并驱争先"（《水调歌头》序）等，无不显示出他品评人的标准。南北词人对魏晋风度的崇尚，当然是因为魏晋时期的大环境和南北对峙的南渡时期有着相似的一面：政治的动荡，人性的复杂，对自我生存意义的怀疑，对个体生命价值的探寻，因此，对清美的生活环境的追求，对雅洁的生活方式的向往，成为文人内心各种矛盾和郁闷的宣泄方式，这在蔡松年的词中表现得淋漓尽致，使得隐逸题材成为金代文人不断吟咏的主题，在这个意义上，蔡松年确乎是开金代词坛的风气。对魏晋风流的崇仰也在这个意义上展开，魏晋名士不问政治，狂放不羁的个性，潇洒脱俗的生活，都是蔡松年等无法实现而又无限向往的，尤其是对陶渊明、庾信等能在心灵深处达到某种契合的故人的反复咏叹，实在

---

① （金）魏道明：《萧闲老人明秀集注》卷一，《四印斋所刻词》，上海古籍出版社，1989；（清）张金吾：《金文最》卷37，中华书局，1990。

② 刘锋焘：《金代前期词研究》，陕西师范大学出版社，1998，第152~153页。

是对现实无奈后的一种寄托，视之为对精神家园的追寻。

萧闲词颇多为他人祝寿的词作（九首）以及送别等交际之作，这也是他开金源一代词风的表现之一。北宋词坛以词祝寿的风气并不显著，南渡后，祝寿词的创作却蓬勃起来，南渡词人如此，北上词人亦然。蔡松年即是代表，他的祝寿词和其他内容的以交际为目的的词作大多能打破俗套，并非一味奉承、应景，而是能结合写作对象和自身情怀，在祝寿、应景的同时显出新意和个性，《水调歌头》（虎茵居士梁慎修生朝）即是代表之作。

萧闲词中极少儿女情长之作，这是与北宋词人截然不同之处。南渡后，充满脂粉气的艳情词减少许多，但还是常常借用儿女情来表达故国家园之思和对往日繁华太平之日的追忆。这在吴激仅有的词作中仍可见一二痕迹。蔡松年词作则基本洗尽儿女之情，仅有的一首寄内词《声声慢》（凉陉寄内）也几乎没有思念的柔情，全是个人襟怀的袒露。萧闲词多以对山林的向往来展示其清旷的品性，显得冷静理性。事实上，萧闲并非真无情，他在《石州慢》（高丽使还日作）中写道"心期得处，世间言语非真，海犀一点通寥廓。无物比情浓，觅无情相博"，《水龙吟》（自镇阳还兵府，赠离筵乞言者）云"待人间觅个，无情心绪，着多情换"，疏疏几句，即可见其对情感的体会和珍重。萧闲词是词人宣泄内心的工具，而非娱宾遣兴的手段，创作目的不同，题材以及风格自然也相应有了变化。这种变化是南渡后南北词坛都呈现的共同现象，南北词人都摒去了北宋晚期词坛的承欢之习，更多远绍苏轼，用词来抒发内心情志，即便涉及儿女情也被净化和升华到一个纯净的精神层面，不再是衬托欢娱活动的工具。

三 吴蔡体

通过对吴激、蔡松年词作的分析，我们可以看到二人之词无论在题材还是艺术风格上都各具特色，富有个性，不能简单地概而论之。吴、蔡二人的创作基本奠定了金代词坛的题材：金代中期的稳定环境造就了对风雅生活的追求，词作以山林乐趣为主；后期南渡的动乱，使金人也饱尝了面临亡国的痛苦，词自然以对故国的眷恋和悲愤心情为主，称"吴蔡体"开金源一代词坛确实是有道理的。"吴蔡体"应该是吴激和蔡松年二人词作的一些共有特点。

1. 善用典故和对前人诗词的化用

词中善用典故、化用前人诗词是北宋后期词坛的普遍现象，贺铸、周邦彦等人即是典型代表，他们颇喜在词中用典、引用或化用前人诗词成句、立意，以此增加词的内涵，提升词的文化品位，达到言简意赅的效果。南渡后，词人们多沿袭此风气，吴激、蔡松年也不可避免地受到影响。吴激《人月圆》（见前文）一词句句有来历，开头两句借南朝陈后主亡国之际犹唱"后庭花"之故实来映射徽宗，遣词似从杜牧《泊秦淮》"商女不知亡国恨，隔江犹唱后庭花"来。下一句化用刘禹锡《乌衣巷》"旧时王谢堂前燕，飞入寻常百姓家"，指陈南渡时宗室女子被献于金，流落北方的史实。①煞尾处从歌女联想到自身身世，无限感慨，借用白居易《琵琶行》意概而言之，悲愤、茫然种种情绪借《琵琶行》之意境得到更深层的开拓。缪钺说这首词"写出了四层意思，运化古人诗句，潜气内转，浑然天成"，和元人刘祁所引其父语，"彦高《人月圆》，半是古人句，其思致含蓄甚远，不露圭角，不尤胜于宇文自作者哉"②，是同一观点。陈廷焯亦云："余独爱彦高人月圆（宴张侍御家有感）……感激豪宕，不落小家数。"③可见吴激运用故实和前人诗词的本领之高妙。《人月圆》本是小令，而能具排荡之势，浑厚曲折，不能不说是创作技巧的出神入化。另一首《春从天上来》，据缪钺笺释，"舞破中原"用

---

① （宋）确庵、耐庵：《靖康稗史笺证》之七金人可恭《宋俘记》，中华书局，1988。参见宇文虚中《念奴娇》"宋室宗姬，秦王幼女，曾嫁钦慈族。干戈浩荡，事随天地翻覆"之语。

② （金）刘祁：《归潜志》卷八，第84页。

③ （清）陈廷焯：《白雨斋词话》卷三，第54页。

杜牧《过华清宫绝句三首》中第二首"霓裳一曲千峰上,舞破中原始下来"句意,"尘飞沧海"用葛洪《神仙传》麻姑说三见东海为桑田之事,方平曰:"圣人皆言,海中复扬尘也。""写胡笳幽怨,人憔悴、不似丹青"用杜甫《咏怀古迹》咏昭君"画图省识春风面"及"千载琵琶作胡语,分明怨恨曲中论"诸句之意。《中州集·中州乐府》在此词后云这首词处处用琵琶故实,恐非虚言。其他如《满庭芳》(千里伤春)、《满庭芳》(射虎将军)等,无不借故实和前人诗句词意,让读者驰骋思绪、联想史实和前人经历,加深词作的内涵。

　　蔡松年词也常常采用这种方式,魏道明注《明秀集》处处引东坡语注之,虽有失穿凿,但还是明显揭示了蔡松年对苏词的熟悉和崇拜程度。前文所举《念奴娇》(离骚痛饮)一词,即追和东坡《念奴娇》(倦游老眼)。"离骚痛饮"用《世说新语·任诞》"王孝伯言名士不必须奇才,但使常得无事,痛饮酒,读离骚,便可称名士",表明自己的人生追求是要能无拘无束地任情所为。紧接着是用王衍虽然口不论世事,唯雅咏玄虚,但仍然摆脱不了功名的诱惑,石勒起兵攻晋时在元帅位上兵败被杀。接着又以谢安自喻,虽然有机会尽"东山之志",但晚年东山再起,位高招妒,忧思而逝,留下无限遗憾。联系蔡松年身世,可见他与谢安的契合之处,极为贴近他在金朝为官的心境,故"悲感前杰"的感叹就是有所针对了。"阮籍胸中垒块,故须酒浇之"[①],蔡松年也只能如此而已,煞尾认为只要任情,古今应无时间的隔阂,对《兰亭集序》记年月之举加以讽刺,认为非"名士"所为,《明秀集》本词后序解释:"又尝读《山阴诗叙》,考其论古今感慨、事物之变,既言修短随化,终期于尽,而世殊事异,兴怀一致,则死生终始,物理之常,正当乘化以归尽,何足深叹?而区区列叙一时之述作,刊记岁月,岂逸少之清真简裁,亦未尽能忘情于此邪?"可见魏晋风流对他的影响之大,此词完全就东

---

① 余嘉锡笺疏《世说新语笺疏》下卷"任诞",中华书局,1983,第764页。

晋名士加以议论伸发，处处联系自我身世，言外之意是很明显的。

两人这种对典故运用的高超技巧明显是北宋晚期词坛的影响，这种含蓄深沉的风格也为金代词风所承袭。

2. 有意识地追求意境的高雅

南渡词坛承北宋词风，但因为社会动荡、学术思想的发展，这种继承是有选择的也有改变的。北宋晚期绮靡的词风和盛世风华的颂扬如果不是因为金兵突然入侵，也不会再持续了，因为这种词风已经为统治阶层意识到有害国家，也为饱读诗书的士大夫阶层所鄙夷，北宋中期以来尚雅的风气渐渐兴盛，不少士大夫文人的审美观已经有意识地在追求"雅"了。吴激和蔡松年经历着这样的时代，不能不受其感染。再加上社会巨变，人心不安，大规模的聚会欢宴已经不复存在，更多的是对个人安危的考虑，对人生价值的追问，南渡士人如此，北上士人亦然。反映在词作中，最显著的特征就是脂粉气、儿女情的淡化，词人们大多有意识地选用雅洁之语营造清旷之境，这一点，在南有朱敦儒、叶梦得等，在北就数吴、蔡了。吴激词《诉衷情》："夜寒茅店不成眠。残月照吟鞭。黄花细雨时候，催上渡头船。　鸥似雪，水如天，忆当年。到家应是，童稚牵衣，笑我华颠。"上片是对羁旅生活的描写，下片回忆当年家乡的风景和想象归乡的场景，字面之清丽，意境之高雅，完全一派文人气息。《人月圆》中对歌姬的描写"仙肌胜雪，宫髻堆鸦"，寥寥八字写出其出身之高贵，而今流落北国成为歌姬的无限惋惜和悲痛之情也就尽在不言中了。这样的描写与南渡前对歌女的外形描写已经有很大的区别了。蔡松年词《石州慢》（高丽使还日作）"云海蓬莱，风雾鬓鬟，不假梳掠。仙衣卷尽云霓，方见宫腰纤弱"也是描写女子外貌、形态的，以仙女比拟，似乎就远离了红尘，颇有翩然出世的风采了。吴、蔡二人对歌女的描写几乎没有感官上的享受的描写，他们更多是借人和事来作为抒情言志的媒介，流露出其清美的审美观和高洁的人品追求。蔡松年词在这一点上表现尤为突出,屡屡对魏晋人物的点评和仰慕正是他人生价值观的外化表现,俊雅的词风和高旷的意境赢得后人不少赞叹。阅读萧闲词,可以发现他有意识选择的物象都是具有高洁象征的梅、竹、月、雪等,常常描写的场景是与志趣相投的友人饮酒、喝茶、赏景等文人雅士的生活,正是这些组成了他清旷的词风。其《点绛唇》(同浩然赏崔白梅竹图),只看题序就可知蔡松年的风雅一二,《相见欢》云"人如鹄,琴如玉,月如霜。一曲清商人物两相忘",更可见其高雅之风情,诸如此类的词作在《明秀集》中几乎处处皆有,他欣赏"小梅疏竹,际壁间、横出江天。那更有,青松怪石,一声鹤唳前轩"(《汉宫春》)的景致,向往"摩挲明秀酒中闲。浮香底,相对把渔竿"(《小重山》)的生活,认为人生的乐趣不在声色犬马、功名利禄,而在"一犁春雨,一篙春水,自乐天真"(《人月圆》),因此,萧闲词的清旷被后人看作东坡的继承,故魏道明所作注处处以苏词释之也不难理解。

3. 以抒发自我情性为主的创作动机和目的

诚如前文所述,吴激、蔡松年二人词作中几乎没有应酬歌儿舞女的作品,都是抒情言志之作,这是值得注意的一个趋向。自苏东坡明确开始借用词这一体裁来表达内心的真情以来,在北宋尚无太多回应。南渡后,随着局势的发展,也随着对词体认识的不断发展,词人们多数认可了词体的自我娱乐、自我宣泄和慰藉这一功能,自觉不自觉中淡化了词的佐酒侑宴的传统功能,题材也相应发生变化。传统的儿女情长的题材,以及北宋中期以来柳永开拓的羁旅行愁之内容已经退居一隅,和现实相关的词的题材,诸如家国恨、离乱苦之类成了主旋律,由此派生的人生无常、隐逸等内容也在词人手中成为主要内容。吴激、蔡松年等北上之词人和南渡词人互相辉映,为词体功能的转变做出了贡献。整个金代对苏轼的推崇,基本上也是在其文化成就和人格魅力这两个方面展开。正是在这个角度,吴激和蔡松年两人之词作具有共通之特色:抒情言志成为创作的主要目的,设色布景趋向文人雅士的审美趣味,清冷高旷的意境是有意识追求的结果,这些特色显然是后来金代词人一直遵循的创作原则,说"吴蔡体"开金源一代词风并不为过,尽管金初吴蔡等人词作还明显继承着北宋风貌,但已经酝酿着变革的因素了。

4. 奠定了金代词人对魏晋风流和苏轼词风、人格的崇仰

金人普遍崇仰苏轼,尤其以蔡松年为代表,在词坛就表现为追求苏轼清旷超迈的词风。事实上,对苏轼词风追求的背后是对苏轼人格魅力和文化魅力的崇仰。苏轼在复杂的政治生涯中起起落落,最终能够以"心安"的态度来对待荣辱,能在任何环境中笑对人生,升华自我,这些对南渡后身仕二朝的宋人来讲,无疑提供了一个精神上的楷模,他们也希望借助随缘的心态来平衡内心,保持相对宁静的自我。这在吴激、蔡松年二人词作中即可感受到,尤其是蔡松年,还有多首直接标明和东坡词韵的作品,如《水调歌头》(镇阳北潭,追和老坡韵)、《念奴娇》(……仍借东坡先生赤壁词韵,出妙语以惜别。辄亦继作,致言叹不足之意)、《念奴娇》(还都后诸公见和赤壁词,用韵者凡六人,亦复重赋)等。正是由于他们的努力,金代词坛始终崇尚苏轼词风,并不断有词人效仿,在金代后期的词论中更是以总结的方式对苏轼词大加褒扬,"陈后山谓'子瞻以诗为词',大是妄论。……盖诗词只是一理,不容异观","呜呼,风韵如东坡,而谓不及于情,可乎?彼高人逸才,正当如是"[1],元好问"自东坡一出,情性之外不知有文字,真有'一洗万古凡马空'气象"[2],而崇苏之风气正是吴、蔡在金初创作中所倡导起来的。

此外,对魏晋风流的向往也是"吴蔡体"对金词造成的影响。这在蔡松年表现得更为明显,他不仅频繁用魏晋时期故实,用魏晋时期品评人物的标准来衡量友人(见前文),还有意识仿效魏晋名士的生活方式,如《浣溪沙》词序,"范季霑一夕小醉,

---

[1] (金)王若虚:《滹南诗话》,《历代诗话续编》,中华书局,1983,第517页。
[2] (金)元好问:《新轩乐府引》,《遗山先生文集》卷36,《四库全书》(文渊阁影印本)。

乘月羽衣见过。仆时已被酒,顾窗间梨花清影,相视无言,乃携一枝径归",企图在虚幻的魏晋梦中找到精神上的优越感,达到心灵的平衡。

  无论是崇苏还是崇魏晋,都是企图在纷繁尘世中保持精神自由的自觉选择。从这个意义上讲,正是时代的悲剧促使士人反省人生的价值、珍惜个我生命,经历了乱世的这批士人在反复思考中有意识地希望保持独立的主体意识。"吴蔡体"就具体表现为崇苏和崇魏晋,创作中以善用故实和前人诗词为手段,着力于清旷、高雅的意境营造,以达到抒发内心情怀表明心志的目的。后世金代词人多沿此方向前行,形成了金词以情性为本的或清旷豪迈或缠绵深情的词风,以及和南宋词并行的局面,并对元词产生了不小的影响。

论姜夔诗、词之互动及原因[*]

黄 海

姜夔才华过人,得到过众多名家的赞赏。黄昇称其为"中兴诗家名流,词极精妙,不减清真乐府,其间高处美成所不能及"。[①]姜夔诗、词之间既保持了各自文体的独立性,又能相互借鉴,形成了独特的诗风、词风。他的词较好地调和了婉媚与豪放,让词体有了新的审美意义:以合乐为基础,用瘦硬、细腻之笔法抒写个人情性,融诗之"格"与词之"韵"为一体。缪钺先生很早就指出:"白石之诗气格清奇,得力江西;意襟隽澹,本于襟抱;韵致深美,发乎才情。受江西诗派影响者,其末流之弊为枯涩生硬,而白石之诗独饶风韵。盖白石为词人,其诗亦有词意,绝句一体,尤所擅长。"[②]又说:"姜白石在词中开拓之功,即在于他能以江西诗派的诗法运用于词中,遂创造出一种清劲、拗折、隽澹、峭拔的境界,为前此词中所未有者⋯⋯沈义父评姜

---

[*] 本文为国家课题"南宋诗词互动论"(09CZW029)阶段性成果之一。
[①] (宋)黄昇著,邓子勉校点《中兴以来绝妙词选》卷六,《唐宋人选唐宋词》,上海古籍出版社,2004,第776页。
[②] 缪钺:《姜白石之文学批评及其作品》,《诗词散论》,陕西师范大学出版社,2008,第67页。

词说：'姜白石清劲知音，亦未免有生硬处。'（《乐府指迷》）此语虽简而极中肯綮。江西诗派之长在'清劲'，而其短处在'生硬'。姜白石用江西诗法作词，故长处短处亦相同。所谓"清"者，即洗尽铅华，屏弃肥醲；所谓'劲'者，即用笔瘦折，气格紧健。黄庭坚、陈师道之诗如此，姜白石之词亦如此。"①可见，白石诗、词之间存在互动关系：词具诗韵，诗有词意。当时文人诗、词兼作的不少，为什么在姜夔这里出现诗、词兼善，相互调和呢？我们先看姜夔诗、词互动的表现吧。

一　词具诗韵

姜夔词兼取了江西诗派诗作与晚唐诗的长处，形成了自己独特的风格。缪钺、夏承焘诸位先生已有精彩的论述，这里仅举一例说明：

> 双桨来时，有人似、旧曲桃根桃叶。歌扇轻约飞花，蛾眉正奇绝。春渐远、汀州自绿，更添了、几声啼鴂。十里扬州，三生杜牧，前事休说。　　又还是、宫灯分烟，奈愁里、匆匆换时节。都把一襟芳思，与空阶榆荚。千万缕、藏鸦细柳，为玉尊，起舞回雪。想见西出阳关，故人初别。②
> 　　　　　　　　　　　　　　　　（《琵琶仙》）

这首词作于淳熙十六年（1189年），词人冶游湖州所作。起句"破空而来，笔势陡健"③，直奔主题，与词喜用景语逗入主题不同，明显受山谷诗之影响。夏承焘先生谓"桃根桃叶"暗指

---

① 缪钺：《灵谿词说·续十·论姜夔词（1）》，《四川大学学报》（哲学社会科学版）1984年第4期。
② 夏承焘笺校《姜白石词编年笺校》，上海古籍出版社，1998，第28页。本文所引姜夔词皆出自此书，不一一标注。
③ 陈匪石编著，钟振振校点《宋词举》，第58页。

合肥情人姊妹,则此词为触景伤情之意凸现。"歌扇轻约飞花,蛾眉正奇绝"顺承起句,即是详注起句的"有人似",也是描写眼前荡舟所见之人。"春渐远"一句由人宕开,所写之景是昔日所见还是今日所见,有意虚化,让人生迷离之感。"啼鴂"乃用《离骚》"恐啼鴂之先鸣兮,使百草为之不芳",以言春之暮。"三生杜牧"用黄庭坚诗"春风十里珠帘卷,仿佛三生杜牧之",此句有力一勒,将前句之朦胧点破,无限感伤,正所谓"老辣之笔"。①换头处紧承"前事休说"细言前事发生之时节亦即今日所见之时节,满腔幽怨,因着春暮,只有付于"空阶榆荚"。后一句则又翻转到昔日,所见之柳却似那人"起舞回雪"之姿。煞尾极平,仿佛漫不经心的回忆,却是王维"西出阳关无故人"之意,反复缠绵之情思尽显。陈匪石说"全篇以跌宕之笔写绵邈之情,往复回环,情文兼至"。②白石词由此虽有深情而貌似平淡无情,营造了一种清劲峭拔之风格。

  白石"以诗为词"在技法上的表现很好地体现了他在《诗说》中提倡的"僻事实用,熟事虚用"以及锤炼字句等思想。通过这些技巧,以拗折之法打断绵邈之情,"冷香飞上诗句",彰显出一种清峭空灵之境界,显然是承袭了江西诗派的诗法,但也有过于追求瘦硬而不妥之处,恰如《乐府指迷》所指出的:"姜白石清劲知音,亦未免有生硬处。"③夏承焘先生总结说:"白石用辞多事自创自铸,如'数峰清苦,商略黄昏雨''冷香飞上诗句'等,意境格局和北宋词人不同,分明也出于江西诗法。"④总的来说,姜夔"以诗为词"不同于苏轼和辛弃疾,他更多是将自己抽离于词本身,用冷静客观的笔触去描写绵邈深情,使得词风呈现

---

① 陈匪石编著,钟振振校点《宋词举》,第 58 页。
② 陈匪石编著,钟振振校点《宋词举》,第 58 页。
③ (宋)沈义父撰,蔡嵩云笺释《乐府指迷笺释》,人民文学出版社,1963,第 48 页。
④ 夏承焘:《姜夔的诗风》,《夏承焘集》第 2 册,浙江古籍出版社、浙江教育出版社,1998,第 307 页。

出幽冷峭拔之气象。

白石词中也有雄健之笔、俊爽之气，尤其是和辛弃疾的几首词，一方面受到稼轩词影响，一方面也与其五古中表现出的雄健之气相融，极显豪俊：

云日归欤，纵垂天曳曳，终反衡庐。扬州十年一梦，俛仰差殊。秦碑越殿，悔旧游、作计全疏。分付与、高怀老尹，管弦丝竹宁无。　　知公爱山入剡，若南寻李白，问讯何如。年年雁飞波上，愁亦关予。临皋领客，向月边、携酒携鲈。今但借、秋风一榻，公歌我亦能书。

（《汉宫春》"次韵稼轩"）

梁启超曾说："这一派的词，除稼轩外，还有苏东坡、姜白石，都是大家。苏辛同派，向来词家都已公认；我觉得白石也是这一路，他的好处不在微词，而在壮采。"①夏承焘先生也评白石和稼轩的另一首词曰："在白石词作中，发家国民族的大感慨，此数句最为显露。白石晚年，几次与辛弃疾唱和，词风有所改变。这首词中的'有尊中酒、差可饮，大旗尽绣熊虎'以及'中原生聚，神京省老，南望长淮金鼓'等句，气派阔大，接近辛弃疾的镗鞳之声。"②再如《玲珑四犯》"倦游欢意少，俯仰悲今古……万里乾坤，百年生世，唯有此情苦"；《摸鱼儿》"天风夜冷，自织锦人归，乘槎客去，此意有谁领。空赢得今古三星炯炯，银波相望千顷"；《蓦山溪》"荷苒苒，展凉云，横卧虹千尺"，也都营造了开阔壮美之境。这种靠近稼轩词风的转变，我们在姜夔诗中可以看到源头，其《昔游诗》中多姿多彩的景物形象、跌宕的意脉，尤其是充满了力量感的动词的运用，营造出开

---

① 梁启超：《中国韵文里头所表现的情感》，夏晓虹编《梁启超文选》，中国广播电视出版社，1992，第52页。
② 夏承焘：《姜白石词校注》，广东人民出版社，1983，第24页。

阔的意境。如《生云轩》等诗歌也充满了奇妙的想象。姜夔在古体诗中展示出的腾挪转移之功夫和开阔之胸襟，在他与辛弃疾唱和时得到了展示，故次韵稼轩词就能声气暗通，有豪爽之气。

姜夔除了在实践上以诗法入词外，也有意识地以诗的审美趣味来品评其他人的词作："梅溪词奇秀清逸，有李长吉之韵，盖能融情景于一家，会句意于两得也。"（《题梅溪词》）姜夔的以诗之审美标准品评词并在创作实践上引入诗法诗意，是与当时文坛风尚相吻合的。姜夔的知音张镃曾为史达祖写有《梅溪词序》："世之文人才士，游戏笔墨于长短句间，有能瑰奇警迈，清新闲婉，不流于袩荡污淫者，未易以小技言也……况欲大肆其力于五七言，回鞭温韦之涂，掉鞅李杜之域；跻攀风雅，一归于正，不于是而止。"可见，张镃也是以诗之风格、内容引入词的品评的。姜夔词做到了融情于景、寓意于物，呈现出高雅之态。柴望在《西凉鼓吹自序》中这样评价白石词：

> 近世姜白石一洗而更之，《暗香》《疏影》等作，当别家数也。大抵词以隽永委婉为上，组织涂泽次之，呼嗥叫啸抑末也。唯白石词登高眺远，慨然感悼往之趣，悠然托物寄与之思，殆与古《西河》《桂枝香》同风致，视青楼歌红窗曲万万矣。

在姜夔等人引诗入词的同时，文坛也出现了不少声音要求学习晚唐诗，以挽救江西诗派的弊端。在江西诗派的"活法""悟入"等拨正之基础上，在陈与义、杨万里等人的创作实践上，圆美流转如弹丸的诗风再次出现在南宋诗坛。姜夔顺应了这个趋势，对杜牧、陆龟蒙等人诗歌的学习，使得他的近体诗尤其是绝句呈现了灵动流丽之美。晚唐诗歌与词的相通之处，吴可在《藏海诗话》中早就意识到了："晚唐诗失之太巧，只务外华，而气弱格卑，流为词体耳。"词体自晚唐以来形成的婉媚纤巧的风格恰可对江西诗派诗作的瘦硬有所补救。白石诗尤其是绝句受到词体的影响,显得流丽灵动。这一点在当时就有人指出,项安世《谢姜夔秀才示诗卷从千岩萧东甫学诗》说"古体黄陈家格律,短章温李氏才情",颇为精道地评价了姜夔诗的不同风貌:古体诗在篇章结构和立意构思上受江西诗派影响颇深,绝句则颇受晚唐诗之影响。

二　以词入诗

姜夔《诗说》对诗之各体有自觉的认识:"小诗精深,短章蕴藉,大篇有开阖,乃妙。""守法度曰诗,载始末曰引,体如行书曰行,放情曰歌,兼之曰歌行,悲如蛩螀曰吟,通乎俚俗曰谣,委曲尽情曰曲。"绝句篇章短小,又源于乐府,按姜夔的认识,词体就是含蓄蕴藉、情性酣畅的文体,有了这样的思想,姜夔的绝句创作就流露出清倩流丽之风韵。姜夔的近体诗在吸收晚唐诗与词的长处后形成了自己独特的面貌:高雅而绵邈。

> 夜暗归云绕柁牙,江涵星影鹭眠沙。
> 行人怅望苏台柳,曾与吴王扫落花。
> 　　　　　　　　　　　　(《姑苏怀古》)

张宏生分析此诗:"以景语出之,似以题旨无关,然人事代谢,山川依然,景物描写中既寄托了无穷的感慨,而感慨又借着景物的渲染,富有悠远的情韵。"[①]

> 自作新词韵最娇,小红低唱我吹箫。
> 曲终过尽松陵路,回首烟波十四桥。
> 　　　　　　　　　　　　(《过垂虹》)

---

① 张宏生:《江湖诗派研究》,中华书局,1995,第211页。

此诗旖旎妩媚之风情，陈衍评之曰："晚宋人多攻绝句，白石其尤者，与词近也。"①姜夔绝句多带有词体的婉转妩媚之情，如《过湘阴寄千岩》《牛渚》《过德清》以及《除夜自石湖归苕溪》组诗等。这些绝句以美人为诗作的主体，旖旎妩媚之闺情与诗人怅惘难明之离愁交融一体，以《过德清》一诗来看，张宏生认为与杜牧《南陵道中》"南陵水面漫悠悠，风紧云轻欲变秋。正是客心孤迥处，谁家红袖倚高楼"一诗有传承关系②，但我们也可明显看出，这首诗融合了温庭筠的《望江南》"梳洗罢，独倚望江楼"，柳永《八声甘州》"对潇潇暮雨洒江天"等词作的意境。此外，诗中对景物刻画之细腻，情感之委婉，意境之幽怨，与词如出一辙。诗中还夹杂佳人典故，以闺情衬心情的手法明显与词通。《除夜自石湖归苕溪》组诗，俞平伯在《姜白石诗集笺注题辞》中评价说："翁以词人名世，而论诗绝妙，其工力于诗盖尤深焉。如《归苕溪》诸诗，又何减《暗香》《疏影》耶？其'笠泽茫茫'一章，境界辽寂，夐逸尘凡，殆胜坡公，岂惟山谷。"指出姜夔绝句不仅仅是在形式上借鉴了词之婉美，更借鉴了词含蓄蕴藉地抒发情志的方式。

除绝句外，白石律诗也透露出受词影响的痕迹：

> 楚楚田郎亦大奇，少年风味我曾知。
> 春城寒食谁相伴，夜月梨花有所思。
> 剪烛屡呼金凿落，倚窗闲品玉参差。
> 含情不拟逢人说，鹦鹉能歌自作词。
>
> （《寄田郎》）

这首七律的尾联就流露出绵邈风情，隐通词意。另一首《送李万顷》中间两联为流水对，颔联"别路恐无青柳折，到家应有

---

① 陈衍评点，曹中孚校注《宋诗精华录》，巴蜀书社，1992，第590页。
② 张宏生：《江湖诗派研究》，第218页。

小桃开",清倩流丽,与词中用语无二。

很少入宋诗的闺情,白石词中也多有提到,以闺情写景抒情,也是与词相通之另一法:

绎句寻章久未休,花房日晏不梳头。
谁教郎主能多事,乞与冥冥千古愁。
(《陈日华侍儿读书》)
不见郢中能赋客,可怜负此女郎山。
冰魂寂寞无归处,独宿鸳鸯沙水寒。
(《女郎山》)
诸老凋零极可哀,尚留名字压崔嵬。
刘郎可是疏文墨,几点胭脂污绿苔。
(《登乌石寺,观张魏公、刘安成、岳武穆留题。刘云:"侍儿意真奉命题记"》)

吕肖奂将白石的诗歌定性为"词人之诗":"是诗、词在保持各自特色的基础上的变化,是诗词之间的互补,是促成'唐音''宋调'融合的一次较为成功的尝试,为南渡以来宋调的自我调整、宋调的变异提供了一种范例。"[①]笔者认为就绝句和某些律诗来说是颇中肯綮的。

宋代文人多诗、词兼作,为什么到了姜夔这里诗与词的互动比较明显呢?大概是因为以下几点原因:一是南宋中期的词学观念和词创作实践的影响;二是姜夔自身的文学观念;三是姜夔独特的人生体验。

三 姜夔诗、词互动的原因

透过姜夔的诗、词创作与诗学思想来看,可以发现他是顺应

---

① 吕肖奂:《宋诗体派论》,四川民族出版社,2002,第279页。

了词学发展的趋势和时代的诗学思想，并在此基础上形成了自己的思考。

　　首先，白石创作词的时代，"以诗为词"的观念已经为众人接受。北宋以苏轼词为发端，秦观、贺铸、周邦彦等或以诗法为词，或善点化前人诗句入词，南渡后，更是在词的题材和功用上向诗靠拢，陈与义、张元幹、辛弃疾等人都走了词之诗化一路。南宋中期的词学批评对"以诗为词"更多的是褒扬。时代风尚如此，故白石词能吸取诗之立意、技法等入词，使词能"造乎自得"也就是大势所趋。与此同时，南宋中期诗坛出现了向晚唐诗歌学习的趋向，以对江西诗派的弊端做反拨。基于这样的时代潮流，姜夔能在把握词体特质的基础上援诗入词，并在诗歌创作中引入词之作法，成就自家风味是自然而然的。

　　南宋中期对词体特征的有比较明显的共识：合乐、发于情性、含蓄蕴藉，姜夔对词体的认识也大概如此。词的合乐与否在北宋就已经是词体区别于诗体的一个重要特征，如李之仪、李清照等人所论。南渡后这一观念也得到响应，鲖阳居士《复雅歌词序》、王灼《碧鸡漫志》、胡寅《酒边集序》等都将词置于"《诗》—乐府—声诗—词"这一演变链条中[①]，强调词的合乐性。南宋中期的词学观念也沿袭了前人：

　　长短句易歌而不易诵。

（王炎《双溪诗余自序》）

　　公（京镗）以镇抚之暇，酬唱盈编，抑扬顿挫，吻合音律，岷峨草木，有荣耀焉。

（黄汝嘉《松坡居士词跋》）[②]

[①] 黄海：《宋南渡词坛研究》第三节"词与乐"，贵州人民出版社，2006，第343~351页。

[②] 张惠民编《宋代词学资料汇编》，汕头大学出版社，1993，第225页。未标明出处的宋代词学序跋皆出自此书，不一一标注。

姜夔在《白石道人诗说》中说:"放情曰歌,委曲尽情曰曲."①而他的词集名《白石道人歌曲》显然也就表明了他对词体的认识是要合乐可歌的。姜夔作为精通音律的文人,其词的成就与他的音乐造诣密不可分。此点论及之人甚多,此处就不赘述。

姜夔诗、词二种文体能相互影响还基于他对诗、词本体的认识。姜夔在《自叙》中云:"余之诗,余之诗耳。穷居而野处,用是陶写寂寞则可,必欲其步武作者,以钓能诗声,不惟不可,亦不敢。"相应地,白石词也几乎都是自身情感的流露。词体是他用来陶写心中真情的工具,姜夔创作词的动机多因内心有情而不得不发:

> 丙辰冬,自无锡归,作此寓意。
> 　　　　　　　　　(《鬲溪梅令》"好花不与殢香人")
> 予裴回末利花间,仰见秋月,顿起幽思,寻亦得此。
> 　　　　　　　　　(《齐天乐》"庾郎先自吟愁赋")
> 越中岁暮闻箫鼓感怀。
> 　　　　　　　　　(《玲珑四犯》"叠鼓夜寒")
> 因度此阕,以抒客怀。
> 　　　　　　　　　(《淡黄柳》"空城晓角")

词要发人之性情的观念自南渡以来就颇多,如胡寅所指出的"词曲者,古乐府之末造也。古乐府者,诗之旁行也……名曰曲,以其曲尽人情耳"(《酒边集序》),"长短句命名曰曲,取其曲尽人情"(王炎《双溪诗余自序》)等。范开《稼轩词序》中说:"公一世之豪,以气节自负,以功业自许,方将敛藏其用以事清旷,果何意于歌词哉,直陶写之具耳。"辛弃疾的词是其襟怀流

---

① (宋)姜夔撰,孙玄常笺注《白石道人诗说》,《姜白石诗集笺注》,山西人民出版社,1986,第327页。本文所引《白石道人诗说》《自叙》文字以及姜夔诗皆出自此本,不一一标注。

露,是"陶写之具",这一观点与姜夔"陶写寂寞"实为一体,都将词作看成内心情性的抒发。

其次,姜夔独到的文学思想。姜夔在顺应时代文学思潮的同时,对文体有自觉的思考。姜夔以诗、词为"陶写寂寞"之具,在创作层面上就有了可互相借鉴的可能。姜夔不满足于人云亦云,他在《诗说》中云:"人所易言,我寡言之。人所难言,我易言之。自不俗。"基于这样的思想,他就能在诗与词之间腾挪转移,互取所长。姜夔以为诗歌是"陶写寂寞",欣赏的是"自然高妙"之作,其《送项平甫倅池阳》一诗说:"论文要得文中天,邯郸学步终不然。如君笔墨与性合,妙处特过苏李前。"《白石道人诗说》中也云"诗本无体,三百篇皆天籁自鸣",陈郁《藏一话腴》说他的诗"奇声逸韵,率多天然,自成一家,不随近体",正是看到了姜夔这种追求。在这样思想的指导下,姜夔诗能跳脱出江西诗派的影响,自成一家,白石词亦能独具韵味。酬唱之词多为应景奉承之作,白石却能一枝独秀,且看他为范成大家自制曲所作《玉梅令》:

疏疏雪片。散入溪南苑。春寒锁、旧家亭馆。有玉梅几树,背立怨东风,高花未吐,暗香已远。 公来领略,梅花能劝。花长好、愿公更健。便揉春为酒,翦雪作新诗,拼一日、绕花千转。

情真意切,以景带意,借傲雪怒放的梅花来比喻范成大高洁人品,无一字奉承之语,而钦佩祝愿之情已显。至于白石词对前人诗句的撷取化用,夏承焘先生在《姜白石词编年笺校》序中指出:"五代北宋人多以中晚唐诗的辞汇入词来,周邦彦多用六朝小赋和盛唐诗,渐有变化,但还因多创少;只有白石词多是自创自铸。"

姜夔诗与词皆善,且能打通文体界限,吸收他种文体的长处,是与他总结的创作理论分不开的。《诗说》中指出:"气象欲其浑厚,其失也俗;体面欲其宏大,其失也狂;血脉欲其贯穿,其失也露;韵度欲其飘逸,其失也轻。"认为最符合理想的"乐而不淫,哀而不伤,其惟《关雎》乎"。姜夔还更加明确地指出:"语贵含蓄……若句中无余字,篇中无长语,非善之善者也。句中有余味,篇中有余意,善之善者也。"贵含蓄蕴藉、有所寄托的思想在白石诗、词中是显而易见的:

身同汉使来,不同汉使归。
虽为胡中妇,只著汉家衣。

(《同潘德久作明妃诗》)

李陵归不得,高筑望乡台。
长安一万里,鸿雁隔年回。
望望虽不见,时时一上来。

(《李陵台》)

前一首借描写北地之汉妇,抒发了百姓难忘故国的心声,极尽温柔敦厚之旨。后一首结尾极为巧妙,不像常见的怀古诗那样以议论收尾,而是叙事中戛然而止,给人留下无穷的想象空间,孙玄常笺注云:"白石此诗,亦为陷虏诸臣而作,非为咏古也。"白石词也多寓意于物:"南渡以后,国势日非,白石目击心伤,多于词中寄慨。不独《暗香》《疏影》二章发二帝之幽愤,伤在位之无人也。特感慨全在虚处,无迹可寻,人自不察耳。感慨时事,发为诗歌,便已力据上游,特不宜说破,只可用比兴体,即比兴中亦须含蓄不露,斯为沉郁,斯为忠厚。"①陈廷焯称赞《点绛唇》"丁未冬,过吴松作":"通首只写眼前景物。至结处云:'今何许,凭栏怀古。残柳参差舞。'感时伤事,只用'今何许'三字提唱。'凭栏怀古'以下,仅以残柳五字,咏叹了之。无穷

---

① (清)陈廷焯:《白雨斋词话》卷二,人民文学出版社,1959,第 28 页。

哀感，都在虚处。"① 又如《翠楼吟》上片极其渲染安远楼之富丽和宴会之繁华，下片却云"玉梯凝望久，叹芳草、萋萋千里。天涯情味，仗酒祓清愁，花销英气"，俞平伯释此云："其时北敌方强，奈何空言'安远'。虽铺叙描摹得时十分壮丽繁华，而上下嬉恬，宴安鸩毒的光景便寄在言外。像这样的写法，放宽一步即逼紧一步，正不必粗狂'骂题'，而自己的本怀已和盘托出了。"②

同时，姜夔学诗由江西诗派入，不可避免受到江西诗派的影响，他自己指出："雕刻伤气，敷衍露骨。若鄙而不精巧，是不雕刻之过；拙而无委曲，是不敷衍之过。"（《诗说》）为了不犯这些毛病，姜夔作诗讲究尽心锤炼，《送项平甫倅池阳》诗曰："我如切切秋虫语，自谓平生用心苦。"作词也是反复修改，《庆宫春》小序说："朴翁以衾自缠，犹相与行吟，因赋此阕，盖过旬涂稿乃定。朴翁咎予无益，然意所耽，不能自已也。"时人也称"姜尧章学诗于萧千岩，琢句精工"。③这种精益求精的创作态度自然带入了词的创作，《念奴娇》"闹红一舸""冷香飞上诗句"，《解连环》"柳怯云松"，《扬州慢》"波心荡、冷月无声"等，都是极其注意的。名作《点绛唇》中"数峰清苦，商略黄昏雨"一句就是锤炼之精品，黄昏欲雨，数峰之幽深唯"清苦"二字形容，峰峰相对，似互相低语将临之风雨，"商略"一词化无情之山峰为有情。煞尾"今何许"三字将写景转入抒情，"残柳"二字无限凄凉，与"凭栏怀古"相呼应。用词之精妙，非用心琢磨不可得。

另外，姜夔词之幽香冷韵与诗之高雅峭拔，也与他的天资、修养乃至于襟怀气度有很大关系。姜夔有用世之心，然终未能入仕，一生依傍他人，四处飘零，故内心多无根之感、寂寞之情，

---

① （清）陈廷焯：《白雨斋词话》卷二，第28页。
② 俞平伯：《唐宋词选释》，人民文学出版社，1979，第221页。
③ （宋）罗大经：《鹤林玉露》（丙编卷二），中华书局，1997，第267页。

大部分精力都转移到文学艺术的创作上来，成了"职业文人"。正因为他是"职业文人"，所以能专注于诗、词创作，总结和调和各种文学思想。以作诗重在自得为例，姜夔就整合了江西诗派与苏轼的思想：《诗说》的最后云"非为能诗者作也"，期望作诗能"造乎自得"才算是好作品，这和吕本中南渡后说"活法"是一脉相承的，故姜夔《诗集自叙》中又强调："一家之语，自有一家之风味。如乐之二十四调，各有韵声，乃是归宿处。模仿者语虽似之，韵亦无矣。"此外在《自叙二》中说："其来如风，其止如雨。如印印泥，如水在器。其苏子所谓不能不为者乎？"正因为姜夔是"职业文人"，要在达官贵人间靠文艺才能生存，他自然要花大量精力去整合当时文坛的各种思想，迎合时代复古趋雅的审美心理，并以此为指导创作各种作品，以独特的个性特色在市场上占一席之地。姜夔的经历和心性就决定了他的词作有着不同他人的清冷峭拔之感，故陈郁《藏一诗话》说姜夔"襟期洒落，如晋、宋间人。意到语工，不期于高远而自高远"。

姜夔自幼依姐，后为求取功名以及失意仕途后不得不辗转各地，一生飘零，内心极为寂寞，诗与词都以抒发寂寥、冷清之情为主：

荷叶披披一浦凉，青芦奕奕夜吟商。
平生最识江湖味，听得秋声忆故乡。

（《湖上寓居杂咏》）

此诗写秋初荷风吹凉，静听荷声、苇声等种种秋声所引起的流浪江湖的寂寥况味。旅途的辛酸，不遇的无奈，即使面对西湖美景也无法兴发美的享受，反而触发了思家之情，将乡情融于悲秋之中。同样的情怀在诗歌中再三提到，如"万里青山无处隐，可怜投老客长安"（《临安旅邸答苏虞叟》），"春云驿路暗，游子眇归程。咏怀故山下，风雨悲柏庭"（《春日书怀》），"但得明年少行役，只裁白纻作春衫"（《除夜自石湖归苕溪》），等等。词作中虽未直接感叹，但也借对景色的刻画一再表露出来："燕雁无心，太湖西畔随云去。数峰清苦，商略黄昏雨"(《点绛唇》)，"奈楚客淹留久，砧声带愁去"(《法曲献仙音》)，"南去北来何事，荡湘云楚水，目极伤心"(《一萼红》)，辗转江湖的无奈让人感伤。除了四处飘零之悲，姜夔对自己怀才不遇的身世也颇多悲愤："晴窗日日拟雕虫，惆怅明时不易逢。二十五弦人不识，淡黄杨柳舞春风"(《戊午春帖子》)，嗟叹"银钩铁画太师字，从人乞米亦可怜"(《书乞米贴后》)。词作《玲珑四犯》"越中岁暮，闻箫鼓感怀"中表达得更为明确："万里乾坤，百年身世，唯有此情苦。　　扬州柳，垂官路，有轻盈换马，端正窥户。酒醒明月下，梦逐潮声去。文章信美知何用，漫赢得、天涯羁旅。教说与，春来要、寻花伴侣。"姜夔一生怀才不遇，辗转江湖，倚人赏识的悲剧人生使他对时事和万物的关注，最后都转为一种清冷的生命体验，体现在诗、词中都呈现为收敛的美，使得诗、词在审美情趣和艺术风格上形成了同样幽冷的风貌。

综上所述，姜夔诗与词之间相互影响的事实和他能在把握诗、词二种文体的基础上，有意识地引诗入词、援词入诗，是建立在南宋中期对词体的认识、诗坛提倡学晚唐的背景之下，同时与姜夔本人融通的文学思想以及独特的人生经历和才华分不开。

唐宋词对楚文化的接受

李 青

宋黄伯思《校定楚辞》自序:"盖屈宋诸骚,皆书楚语,作楚声,纪楚地,名楚物,故可谓之楚词。若些、只、羌、谇、謇、纷、侘傺者,楚语也。顿挫悲壮,或韵或否者,楚声也。沅、湘、江、澧、修门、夏首者,楚地也。兰、茝、荃、药、蕙、若、萍、蘅者,楚物也。"[1]楚辞是非常典型的具有强烈地域色彩的文学。楚国一向自称蛮夷,少与中原诸国往来,从民间至宫廷均崇尚巫术祭祀,再辅以楚国各少数民族的民间神话、传说中保留的浓郁而神秘的巫系文化,这就造就了楚辞柔美、多情的特色。同时也形成了楚文化中多有"情""性"暗示的各种活动与习俗,这在《九歌》《招魂》以及宋玉赋中,甚至《离骚》中也是可以看到的。黄庭坚在《次韵答张沙河》一诗中就曾经这样说道:"南朝例有风流癖,楚地俗多词赋淫。"[2]楚文化以其神秘、浪漫的特质吸引着唐宋词人,也给唐宋词提供了大量的词语。反过来,词本为艳科,这个艳不仅是题材的艳,内容的艳,也要求

---

[1] (宋)黄伯思:《东观余论》,《丛书集成初编》第1594册,第101页。
[2] (宋)黄庭坚:《山谷诗集注》,上海古籍出版社,2003。

用词的艳,形式的艳。而楚地、楚物、楚声、楚俗都给了词这样的词汇库。这样的互动首先是楚文化之特质与唐宋词之特质暗合的结果。这种特质上的暗合同时提供了词作为一种文体对楚文化的大量汲取以及词体对楚文化"改造"的可能性。

一

在词体形成的初期,文人们就已经意识到自己创作或改编的民间曲子与楚文化有着先天的血缘关系。刘禹锡曾把《竹枝词》与《九歌》相提并论,在《别夔州官吏》这首诗中他就这样写道:"惟有九歌词数首,里中留与赛蛮神。"①这里以"九歌"代替《竹枝词》并不仅是简单的借代手法,同时透露出的是他对《九歌》与《竹枝》内在联系的认识。刘商《秋夜听严绅巴童唱竹枝歌》(节选)也有类似的话语:"巴人远从荆山客,回首荆山楚云隔。思归夜唱竹枝歌,庭槐叶落秋风多。曲中历历叙乡土,乡思绵绵楚词古。"②在此诗中,刘商直接把《竹枝词》算作楚"词"一脉。到了宋代,苏轼《竹枝歌引》明确地将《竹枝》定义为"楚声":"《竹枝歌》本楚声,幽怨恻怛,若有所深悲者。岂亦往者之所见有足怨者与?夫伤二妃而哀屈原,思怀王而怜项羽,此亦楚人之意相传而然者。"③同时还独具慧眼地指出了两者之间一脉相承的"怨"的基调,这些都显示了唐宋人对《竹枝》与《九歌》的联系已经有了足够的认识。

关于民间《九歌》的状态,王逸在《楚辞章句》中说得很清楚:"昔楚国南郢之邑,沅、湘之间,其俗信鬼而好祠。其祠,必作歌乐鼓舞以乐诸神。"④他认为民间《九歌》是南楚沅湘之间民间祭祀之乐。此乐形式上以歌舞为主,目的是为娱神而作,歌

---

① (唐)刘禹锡:《刘禹锡集》,中华书局,1990,第571页。
② 《全唐诗》卷三百零三,中华书局,1960,第3448页。
③ (清)王文诰辑注《苏轼诗集》,中华书局,1982,第24页。
④ (宋)洪兴祖撰,白化文等点校《楚辞补注》,中华书局,2000,第55页。

词则稍嫌"鄙俗"。朱熹《楚辞集注》对民间的《九歌》有着同样的看法,在《九歌》序中他这样说道:"昔楚南郢之邑,沅、湘之间,其俗信鬼而好祀,其祀必使巫觋作乐,歌舞以娱神。蛮荆陋俗,词既鄙俚,而其阴阳人鬼之间,又或不能无亵慢淫荒之杂。"①从这两则材料来看,王逸和朱熹都比较认可《九歌》是以娱神为目的的民间祭祀歌曲这个说法的。

至于《竹枝》的原初状态,据《唐才子书》记载:"宪宗立,叔文败,斥朗州司马。州接夜郎,俗信巫鬼,每祠,歌《竹枝》,鼓吹俄延,其声伧儜。禹锡谓屈原居沅湘间作《九歌》,使楚人以迎送神,乃倚声作《竹枝辞》十篇,武陵人悉歌之。"②可见,《竹枝》虽不专用于祭祀,但也适合在民间祭祀场合演唱。白居易《听竹枝赠李侍御》中有这样的诗句:"巴童巫女竹枝歌,懊恼何人怨咽多。"③《竹枝》流传于巫女之口,其祭祀之背景自然明晰了。刘禹锡发现《竹枝》描写之处为建平即夔州,属于巴蜀之地,巴蜀之地与荆楚都有着"信鬼而好祠"的风俗。《隋书·地理志下》曰:"大抵荆州率敬鬼,尤重祠祀之事。"④皇甫冉《杂言迎神词》序称:"吴楚之俗与巴渝同风,日见歌舞祀者。"⑤这与楚人"其祠必作歌乐鼓舞以乐诸神"的情形是同样的。而唐宋人尤好淫祠,在民间有着大量的祭祀活动,其中以吴楚及四川等地最为盛行。刘禹锡《竹枝词序》中提到的里中儿联歌吹笛击鼓、扬袂睢舞的场景最能说明《竹枝词》与《九歌》在功能上以及目的上的相似。

先天的血缘关系使得词体在遭遇楚文化时必然会对其中那些

---

① (宋)朱熹:《楚辞集注》,上海古籍出版社、安徽教育出版社,2001,第31页。
② (元)辛文房:《唐才子传校笺》,中华书局,1987,第486~487页。
③ (唐)白居易:《听竹枝赠李侍御》,《白居易集》卷十八,中华书局,1979,第382页。
④ (唐)魏征:《隋书·地理志》,中华书局,1973,第897页。
⑤ 《全唐诗》(卷二四九)。

共有的因子更为亲近,这也导致词体对楚文化中那些"鄙陋""怨"特质的趋向性。就具体问题来说,词体在以楚俗和荆楚民间故事为题材时,会自然消解楚俗和荆楚民间故事中的其他特质而选择其中"声色娱人"的艳质,同时,词体作为一种正处于上升期的新兴文体,又必然会在不同程度上背离与之有着血缘关系的楚文化,并因此改变楚俗与荆楚民间故事的种种特质。先来看词体对楚俗的艳情化。

二

端午节的来源极其复杂,这也赋予了它非常深厚的文化意义。它本不是因屈原而起,却被后世设为纪念屈原的节日。几乎一提及端午,人们就会想起屈原,端午节中的重要环节粽子、龙舟之类都被赋予了与屈原有关的意义。比如粽子就被说成是为屈原准备之饮食,在《续齐谐记》中就有相关的记载曰:"屈原五月五日投汨罗水,楚人哀之,至此日,以竹筒子贮米,投水以祭之。汉建武中,长沙区曲见一士人自云三闾大夫,谓曲曰:'闻君当见祭,甚善,常年为蛟龙所窃,今若有惠,当以楝叶塞其上,以彩丝缠之,此二物蛟龙所惮。'"[①]同时龙舟也被附会为"伤其(屈原)死所,故命舟楫以拯之"。关于龙舟与屈原之关系,闻一多《端午考》曾对此做过专门之研究,在此不再赘述。

另据《荆楚岁时记》记载:"五月,俗称恶月,多禁。忌曝床席,及忌盖屋。五月五日,谓之浴兰节。四民并踏百草。今人又有斗百草之戏。采艾以为人,悬门户上,以禳毒气。以菖蒲或镂或屑,以泛酒。是日竞渡,采杂药。以五彩丝系臂,名曰'辟兵',令人不病瘟。又有条达等织组杂物,以相赠遗。取鸲鹆教

---

① (梁)吴均:《续齐谐记》,《笔记小说大观》第三编第二册,第986页。

之语。夏至节日，食粽。是日，取菊为灰，以止小麦蠹。"① 从这段记载中可以得知在南北朝时端午节就有非常丰富的内容。这些习俗可以分为这几类：竞渡、食粽、彩丝系臂、斗草、浴兰、采药、赠枭达等饰品、教鸲鹆即八哥学语、取菊为灰。有意思的是通过对唐宋词中端午词的阅读，我们可以看出端午词中通常出现的是浴兰、斗草、彩丝系臂这样的女性特征非常浓厚的习俗。词体"艳科"的特质就削弱了端午节的"阳刚"之气，取而代之展现在我们眼前的是一幅幅彩丝系臂、浴兰斗草的旖旎图画。

端午习俗中的"浴兰"是用兰草沐浴，早在屈骚中就常见"浴兰兮"等诗句。兰在楚文化中本来是象征高洁之意，是去除污秽、不洁的香草。同时也因为屈原作品而在后世文学中成为士人用以表征自己高洁之品质的符号。可是，在词中，这一行为也未能摆脱被艳化的命运，被演化为一副"美人出浴"图，哪里还看得出一点节序之特殊。所以在苏轼《浣溪沙》中就出现了"轻汗微微透碧纨，明朝端午浴芳兰。流香涨腻满晴川"这样香艳的句子。

相比"浴兰"这样的活动，各种符类与"织组"之类的物品在端午词中也变化了最初的意思。符类本是祈祷长命之信物，在唐宋词中，这些长命之符却成了承载爱情的信物。周紫芝《永遇乐》中就有"想灵符、无人共带，翠眉暗聚"的词句。比如"彩丝"又名"长命缕""续命缕""五色丝""朱索"等。根据《荆楚岁时记》记载，五彩丝系臂目的是"令人不病瘟"，其中祈福安康之意颇为明显。其实单从"五彩丝"名字的变换我们就可以很直接地想到，它最初的用意与"长命""续命"相关。的确，楚民族长期以来对年寿有极高的期望，屈原作品中就经常出现"与日月兮齐光，与天地兮同寿"的字句。《九歌》中的《大司命》与《少司命》中的"司命"即专门掌管人类年寿的神。所

---

① （梁）宗懔：《荆楚岁时记》，《笔记小说大观》第三十八编第一册，第 206～207 页。

以，在端午节出现的五彩丝应该是寄托人们长命的物件，相应的，彩丝系臂这样的行为则是对己对人长命的祈福。那么，这样的一种寄托了楚民族生命向往的物件以及系臂的行为在词中是何等情形呢？笔者现将唐宋词中一部分有关"彩丝系臂"风俗的词句列出："彩线轻缠红玉臂，小符斜挂绿云鬟。佳人相见一千年"（苏轼《浣溪沙》），"玉腕彩丝双结"（黄裳《喜迁莺》），"把玉腕、彩丝双结"（史浩《花心动》），"锦丝围腕花柔弱"（周紫芝《醉落魄》），"去年端午。共结彩丝长命缕"（向子諲《减字木兰花》），"共饮菖蒲细，同分彩线长"（向子諲《南歌子》），"后院婵娟争劝酒，端午彩丝双系"（王迈《念奴娇》），"风雨蛟龙争何事，问彩丝、香粽犹存否"（刘辰翁《金缕曲》），"谁在绿窗深处，把彩丝双结"（姚述尧《好事近》），"那更殷勤，再三祝愿，斗巧合欢，彩丝缠臂"（赵长卿《醉蓬莱》），"饮了蒲觞五日期。彩丝还系玉麟儿"（无名氏《鹧鸪天》），等等。

　　出现在这些例句中的"彩丝"一词大多与类似"轻缠""双结""共结""同分""双系"这样的词组连在一起。在中国民歌中常常用"结"来作为男女确定爱情的动作，民间风俗中也有同心结等信物，或者以心中结来讲述相思之情。那么在端午词中，"结"与"彩丝"联系起来，就强化了词体中彩丝的爱情色彩而使得彩丝的民俗背景淡出。所以彩丝与结之间自然而然增加了"同""共""双"等表明爱情的主体男女双方在场的副词，进一步地将这一风俗艳化。接着，词人们又要将已经被赋予爱情同心愿望的彩丝纳入声色娱人的背景中来，这次词人们选择了将"彩丝"与"玉腕""皓腕""玉臂"这些有明显女性特征的部位联系起来，端午词立刻就有了"艳"的感觉。"长命""续命"之意被遮盖。"彩"为视觉，"丝"为触觉，入词成为顺理成章之事。再衬之以佳人玉臂皓腕，更是带给人惊心动魄的官能享受，难怪一个端午在词中竟是如此之柔婉艳丽。

　　在端午词中常见的还有同样艳丽的"榴花""斗草"，这类闺中之戏也在一片片莺莺燕燕声中争喧于唐宋词。它们给词带来几许轻巧、几许顽劣,一幅幅生动活泼、风情万种的画面随着斗草之人艳丽繁复的装扮、各种彩丝榴花的鲜艳映入读者眼帘。类似《红楼梦》中香菱等人斗草的场面早在宋代就已经在各色人群中发生演出着。总之,在端午词中处处都是这些"花""草""丝"之类极其女性化之物品,它们将端午演绎为一个"女儿节"。

三

楚俗如此,荆楚民间故事在词中也遭遇了同样被艳化的经历,接下来本文就以荆楚文化中非常重要的湘妃故事为例,说明在唐宋词语境之中荆楚民间故事发生的变异情况:湘妃故事在诗中还部分地保留了原貌,在诗中,二妃大多出现于怀古之作,所以多在题咏黄陵庙的诗文中出现。比如李壁《黄陵题咏》:"南云哭重华,水死悲二女。天边九点黛,白骨迷处所。朦胧波上瑟,清夜降北渚。万古一双魂,飘飘在烟雨。"①此诗虽然是以二湘为主角,且是同样的呜咽幽怨,却写得清幽典雅,湘妃鼓瑟之旖旎风景在一片朦胧烟雾中被渲染得凄迷而又惆怅。全诗基调是庄重、典雅的。而且全诗的开头就点出重华,这也就奠定了二妃痴情、贞烈的艺术形象,这些都是在诗中专有的。还是以李壁的诗为例,在他的另一首《黄陵题咏》中,同样的基调充满整篇作品:"小哀洲北渚云边,二女明装共俨然。野庙向江空寂寂,古碑无字草芊芊。东风近墓吹芳芷,落日深山哭杜鹃。犹似含颦望巡狩,九疑凝黛隔湘川。"二女"俨然"的形象再次被提出,作者不忘强调的仍然是湘妃的忠贞。

如果只李壁一人之诗作不足以说明,那么以下都是与此二诗一样对二妃痴情、忠贞的赞扬:杜甫《奉先刘少府新画山水障歌》:"不见湘妃鼓瑟时,至今斑竹临江活。"李贺则有《湘妃》一诗,专咏此事。易士达《黄陵庙》:"帝辇南游竟不还,二妃望

---

① 傅璇琮:《全宋诗》,北京大学出版社,1991。

断九疑山。森森万古祠前竹,犹带当时粉泪斑。"张元干《潇湘图》:"落日孤烟过洞庭,黄陵祠畔白苹汀。欲知万里苍梧眼,泪尽君山一点青。"这些诗都与李壁之诗一样着重于对湘妃"忠贞""痴情"的描写。值得注意的是,在这些诗中,"苍梧"出现的频率很多,苍梧一词与舜有关,《山海经·海内经》:"南方苍梧之丘,苍梧之渊,其中有九疑山,舜之所葬。在长沙零陵界中。"①这也就决定了"苍梧"一词带有的阳刚蕴意在词中是绝少被选择的,不过在诗中却是频频提起,诗词各是一家的理论在此竟然表现得如此明显。

湘妃在词中的形象却是另一副光景了。刘禹锡有两首《潇湘神》:"湘水流,湘水流,九疑云物至今秋。若问二妃何处在,零陵芳草露中愁。"另一首:"斑竹枝,斑竹枝,泪痕点点寄相思。楚客欲听瑶瑟怨,潇湘深夜月明时。"俞陛云《唐五代两宋词选释》评价此二词曰:"此九疑怀古之作。当湘帆九转时,访英皇遗迹,而芳草露寒,五铢珮远,既欲即而无从,则相思所寄,惟斑竹之'泪痕';哀音所传,惟夜寒之'瑶瑟',亦如萼绿华之来无定所也。李白诗'白云明月吊湘娥'与此词之'深夜月明',同其幽怨。"②在这两首《潇湘神》之中,诗中那种强调湘妃忠贞品质的词句已经开始模糊了,词中有的只是一点愁、一点怨,如果说上文提及的几首诗更多是从伦理角度颂扬二妃之忠贞,那么刘禹锡的词更多是从纯粹爱情的角度来描写相思。从此二妃具有了和平常女子一样等待"征人"的怨妇心绪。从高贵的甚至是高尚的(中国男人心中的理想人物,二女共事一夫道德上无可挑剔的,丈夫走后的痴情等待守候)形象跌落到世俗中,走进了爱情的领域,成为世俗女子。

花间词中的湘妃词也随之出现了艳的倾向,毕竟这时的词是用于娱宾遣兴、流传于花间酒席之中的歌咏之作。牛希济有一组

---

① 袁珂:《山海经校译》,上海古籍出版社,1986,第219页。
② 俞陛云:《唐五代两宋词选释》,上海古籍出版社,1985。

《临江仙》咏史之作,每题咏一女,分别是巫山神女梦会襄王、弄玉萧史之情事、洛神、谢家女子等,首首都是风流温丽之极,其中就有湘妃。请看他这首咏湘妃的《临江仙》:"江绕黄陵春庙闲,娇莺独语关关。满庭重叠绿苔斑。阴云无事,四散自归山。　箫鼓声稀香烬冷,月娥敛尽弯环。风流皆道胜人间,须知狂客,判死为红颜。"李冰若《栩庄漫记》评最后两句曰:"可谓说得出,妙在语拙而情深,然以咏二妃庙,又颇觉其不伦。"①把湘妃和巫山神女、洛神这些自荐枕席之美艳"神仙"同列,要知道神女、洛神自古都是与云雨之词连在一起的,所以李冰若谓之"不伦"是有道理的。

越到后期的湘妃词中,艳情之成分就越重。哪怕是在冠以怀古之名的词中,湘妃也成了一种艳的调料。杨海明在讨论苏轼《念奴娇·赤壁怀古》时,就指出,东坡为"入闺房之意",单单拣选周瑜为主角,而为了符合词体的艳情本色,加入了"小乔初嫁"这样的旖旎之笔。②在那样气势纵横、惊涛拍岸的怀古词中尚且不能免俗,更何况本来就如此婉转的湘妃词呢?在北宋咏湘妃的词中已经只剩下一个整日里鼓瑟歌舞的湘妃了,甚至于爱情的主题也在淡出。那两个血泪染尽斑竹的痴情女子已经隐藏在一片潇湘水云之中,只有湘灵的瑟声飘荡在宋词的天空中。

音乐歌舞是唐宋词之载体,也是唐宋词滋生的土壤。词在歌席酒宴中产生、流传、咏唱着,词所摹写的对象在早期大都以歌妓为主,湘灵鼓瑟让文人描写歌妓时又多了一个摹写的原型。苏轼的《江城子》就是这样一首描写一位弹奏乐器之女子的佳作,词中有这样的句子:"烟敛云收,依约是湘灵。欲待曲终寻问取,人不见,数峰青。"《墨庄漫录》卷一记载东坡作此词之背景云:"东坡在杭州,一日游西湖……湖心有一彩舟,渐近亭前,靓妆数人,中有一人尤丽,方鼓筝,年且三十余,风韵闲雅,绰有态

---

① 唐圭璋编《词话丛编》,中华书局,1981。
② 杨海明:《唐宋词纵横谈》,苏州大学出版社,1994,第139页。

度，二客竞目送之。曲未终，翩然而逝。"①这里的略带仙气的女子似乎就是湘妃的化身了。由于湘灵所具有的"音乐"的特性，在这些词中湘妃被用于比喻歌妓。同时，与洞庭沅湘这些云雾缭绕的仙境相配合的是湘灵鼓舞之身影。

唐宋词中把湘妃写得最为艳丽的当数陆游的这首《隔浦莲近拍》了：

> 骑鲸云路倒景。醉面风吹醒。笑把浮丘袂，寥然非复尘境。震泽秋万顷。烟霏散，水面飞金镜。露华冷。　湘妃睡起，鬟倾钗坠慵整。临江舞处，零乱塞鸿清影。河汉横斜夜漏永。人静。吹箫同过缑岭。

湘妃的悲苦在陆游的词中已经不见踪影，洞庭的汹涌波涛营造的也是一副仙境，湘妃则是一副典型的艳词中慵懒女子的形象，睡起两字消解了湘妃形象中所有的痴情、贞烈，而接下来的舞乱清影更是把读者带进一个迷离绮靡而又惊艳的世界，湘妃的睡起也带出了舜帝托梦的场景，在一切都归于平静后，舜携二妃离去，就连这样的场景也加入了舜之制箫的传说，让这首词更显艳丽多情。词中没有了斑竹血泪也没有苦苦之等待。舜帝入梦被隐藏在"湘妃睡起"这四个字中，这真是实足的艳科了。

由于其存在的神话语境，湘妃在词中和洛神一样成了词人意淫的对象，洞庭的云蒸霞蔚是神仙出场的背景，潇湘历来也被视为仙境。不过，宋词中的这些仙境中不再是清心寡欲的清净修身之所，而是充满了各种享乐的无尽的欲望之处。

神仙，本来就有色情的倾向。"神仙思想之产生，本是人类几种基本欲望之无限度的伸张……在原始人生观中，酒食，音乐，女色，可谓人生最高的三种享乐。其中酒食一项在神仙本无大需要，只少许琼浆玉液，或露珠霞片便可解决。其余两项则似

---

① （宋）张邦基：《墨庄漫录》，中华书局，2002，第32页。

乎是他们那无穷而闲散的岁月中唯一的课业"①，闻一多《神仙考》中就很清楚地说到这点。从屈原《离骚》《远游》中的求女到阮籍的《大人先生传》，都无不说明此问题，阮籍《大人先生传》云："召大幽之玉女兮，接上王之美人。合欢情而微授兮，先艳溢其若神。"②这条线索经过唐人张文成之《游仙窟》，一步步地把神仙推向一个人欲化、世俗化的地步。正如康正果《重审风月鉴》中所说："随着此类咏叹成为诗词中的陈词滥调，'神仙'一词最终成了美人的代称，'游仙'也成了对艳遇的诗意表达。游仙越来越成为虚拟的框架，文人更感兴趣的则是在其中填入关于他们自己的浪漫故事。""在礼教已经全面确立的中古时代，风流文人之所以在他们的浪漫故事中把妖艳的女性安排在仙窟、寺庙中，显然是出于远古癖性的召唤。在男人的潜意识中，艳遇多是总有某种遇仙的色彩，因而放荡的女子在他们眼中便显现出或多或少的仙姿神态。"③王炎的《朝中措》将湘妃与洛女用来形容自己眼前的这位歌姬一类的女子了：

蔷薇露染玉肌肤。欲试缕金衣。一种出尘态度，偏宜月伴风随。　初疑邂逅，湘妃洛女，似是还非。只恐乘云轻举，翩然飞度瑶池。

其实就在词人中，也已经有人注意到了这个现象，认为屈原之作湘妃，也是对人间的失望，对现实的逃离，于是只好从神游之中寻求暂时的解脱。汪莘《满江红》这样写道：

万古灰飞，算何用、黄金满屋。吾老矣，几番重九，几杯醽醁。此日登临多恨别，明年强健何由卜。且唤教、儿女

---

① 闻一多：《闻一多全集》，生活·读书·新知三联书店，1982，第162~163页。
② 《阮籍集》，上海古籍出版社，1978，第71页。
③ 康正果：《重审风月鉴》，辽宁教育出版社，1998，第149页。

> 逐人来，寻黄菊。苹已白，枫犹绿。鲈已晚，橙初熟。叹人间何事，稍如吾欲。五柳爱寻王母使，三闾好作湘妃曲。向飘风、冻雨返柴扉，骑黄犊。

这首词很有意思，他提出了一个问题：为什么陶潜作王母，屈原写湘妃？原来都是人间事不如吾欲，世界并不是他们所追求所向往的，所以他才感叹万古灰飞，于是骑黄犊，掩柴扉，学道成仙去也。

唐宋词中的湘妃形象已经不是屈原《九歌》中的痴情女子了，而是《远游》中鼓瑟舞韶之神女形象。相比诗文中的娥皇、女英这样的正统贤妃的形象，湘妃故事在词中则是被世俗化、艳情化了的。不过虽然湘妃在词中的主流是艳情的、音乐的，但是词中也还保存着凄怆怨慕的湘妃，有时甚至只是为了营造一种哀怨的意境而提出湘妃。然而在大多数词中，湘妃成了等待情人的女子，并与其他荆楚故事、荆楚风景以及荆楚人物组成了潇湘意象群。

试论宋人的反"诗史"说

吕 维

孟棨《本事诗》认为，李白入长安时获致贺知章称赏以及后来被玄宗"优诏罢遣"以及"流落江外"时被"永王招礼"等"本事"，在杜甫的《寄李十二白二十韵》一诗中得到了全面而深刻的表现，即所谓"杜所赠二十韵，备叙其事。读其文，尽得其故迹。杜逢禄山之难，流离陇蜀，毕陈于诗，推见至隐，殆无遗事"。因为杜甫的这首诗歌将李白一生中的大事记录下来，就如同用诗歌的形式给李白作传一样[1]，因此"当时号为'诗史'"。[2]可见，直至孟棨的时代，"诗史"还是一个特指概念。但这样的情况在宋代发生了变化，"诗史"概念由特指不断泛化，正如张晖《重读〈本事诗〉："诗史"概念产生的背景与理论内涵》一文所说："整个宋代……没有人注意到'诗史'概念的第一次提出是依附在李白故事之上的。但这种忽视，反而也使得'诗史'概念在宋代得到充分的发展和演变，内涵也不断得到深化和丰

---

[1] （清）仇兆鳌《杜诗详注》卷八引王嗣奭云："此诗分明为李白作传，其生平履历备矣。"
[2] 参见华文轩编《古典文学研究资料汇编——杜甫卷（上编·唐宋之部）》，中华书局，1964，第37~38页。

富。"①可以说，"诗史"精神成了宋人进行杜诗评注、杜集编纂、年谱编纂等的一个重要理论出发点，是宋代杜诗学的一个重要组成部分。学界对此已有详尽的研究，不再赘述。本文所关心的是，在整个宋代都对杜诗冠以"诗史"称号而津津乐道的时候，有没有人从相反的角度来看待这一问题呢？是不是到了明代特别是以杨慎为代表才开始对"诗史"说表示异议呢？在笔者看来，答案是否定的。宋代已有人对"诗史"说表达了不同的意见，本文将其称为反"诗史"说，拟对此进行一些简要的分析，以求教于方家。

一 "'诗史'不足以言之也"

在说明唐宋人对杜甫诗歌接受的不同时，叶茵的《少陵骑蹇驴图》颇值得我们注意：

> 帽破衣宽骨相寒，为花日日醉吟鞍。时人只道题风月，后世将诗作史看。②

所谓"时人只道题风月"，其含义大致如白居易《与元九书》中批评诗人们只知道"嘲风月，弄花草"，即便是杜甫的诗歌，具有"风雅比兴"性质者也不过"十三四"而已。此处我们不去评论白居易的这一说法，但我们可以看到，依照他的诗歌标准，他对杜甫的诗歌创作是不太满意的。从杜甫诗歌接受史来看，我们知道，尽管元稹、韩愈对杜甫有过高度的赞誉，但唐人从整体上而言对杜甫是不太重视的，这从现存唐人选唐诗多不选杜甫诗

---

① 张晖：《重读〈本事诗〉："诗史"概念产生的背景与理论内涵》，《杜甫研究学刊》2007年第2期。
② 华文轩编《古典文学研究资料汇编——杜甫卷（上编·唐宋之部）》，第912页。

即可看出。①

如果说,唐人选唐诗不足以证明杜甫是"二流诗人"的话②,那么至少可以证明唐人未将杜甫定为诗中一尊,而这样的情况到了宋代发生了彻底的变化。除宋初尚有人不太重视杜甫诗歌如杨亿称杜甫为"村夫子"等少数情况外,宋人普遍认为杜甫为千百年来众多诗人中的一人而已。③在宋人推尊杜甫的各种原因中,叶茵所谓的"后世将诗作史看"是其中一个重要因素,这也是宋人普遍热衷于以"诗史"称赏杜诗的原因。从根本上来说,这是一种将杜甫身份从诗人向史家进行转化的思路,认为"诗人"不足以表达对杜甫的尊崇,而"诗史"则可以实现这一目标。所以,尽管宋代也有人用"诗史"评赏白居易、聂夷中的诗作④,但却未能得到人们的普遍认同,而"诗史"一词最终成为杜甫独享的一项桂冠。

然而,宋代还有人认为,就是"诗史"一语也不足以表达对杜甫的尊崇,他们在如何才能表达杜甫的崇高地位这个问题上对"诗史"说提出了一些不同的意见,代表人物如李纲、陆游、魏了翁。我们先来看以下李纲的说法:

> 杜陵老布衣,饥走半天下。作诗千万篇,一一干教化。是时唐室卑,四海事戎马。爱君忧国心,愤发几悲咤。孤忠无与施,但以佳句写。风骚到屈宋,丽则凌鲍谢。笔端笼万

---

① 杨经华:《百年歌自苦,未见有知音——杜诗在唐、五代接受情况的统计分析》,《杜甫研究学刊》2004年第3期。
② 张起:《牛溲马浡皆有意,不许后生漫涂鸦——唐人选本不选杜诗不能证明杜甫是二流诗人》,《杜甫研究学刊》2009年第3期。
③ 如孙仅《读杜工部诗集序》云:"风雅而下,唐而上,一人而已。"葛立方《韵语阳秋》卷一云:"杜甫诗,唐朝以来一人而已。"
④ 如王楙《野客丛书》卷二十七云:"白乐天诗多记岁时……亦可谓'诗史'者焉。"阮阅《诗话总龟前集》卷五引《诗史》云:"聂夷中,河南人。有诗曰:二月卖新丝,五月粜新谷。医得眼前疮,剜却心头肉。孙光宪谓有三百篇之旨。此亦为'诗史'。"

物,天地入陶冶。岂徒号"诗史",诚足继风雅。使居孔氏门,宁复称赐也。残膏与賸馥,霑足沾丐者。呜呼诗人师,万世谁为亚?(《读四家诗选四首·子美》)①

诗歌说得非常清楚:杜甫的"千万篇"诗歌,可以上继"风雅",起到"一一干教化"的巨大作用,因此不能仅用"诗史"来称呼它们。和李纲一样,陆游的《读杜诗》也认为"诗史"不足以表达杜甫的崇高地位:

  千载诗亡不复删,少陵谈笑即追还。常憎晚辈言"诗史",《清庙》《生民》伯仲间。②

李纲、陆游显然是从杜诗内容的角度来否定"诗史"说的,如果我们对此做一点合理的引申,在他们二人看来,与其将杜诗称为诗中之"史",还不如将杜诗称为诗中之"经"更能表达对杜甫的尊敬。这是对杜甫思想、精神的一种极高推崇,与王安石《杜甫画像》、苏轼《王定国诗集叙》等侧重于从思想内容的角度推崇杜甫的做法一脉相承。

同样是对杜诗的推崇,黄庭坚则更多侧重于艺术形式方面,他常对后学指示杜诗句法即是明显的例子。③在《大雅堂记》中,他更明确地指出杜诗妙处"乃在无意之意"的艺术特质。魏了翁继承了黄庭坚的说法,他在《侯氏少陵诗注序》中说:

---

① 华文轩编《古典文学研究资料汇编——杜甫卷》(上编·唐宋之部),第275~276页。
② 华文轩编《古典文学研究资料汇编——杜甫卷》(上编·唐宋之部),第614页。
③ 如《与王观复书》其二云:"但熟观杜子美到夔州后古律诗,便得句法。"又如《与洪甥驹父》其二云:"大体作省题诗,尤当用老杜句法。"又如《答王子飞书》云:"其(指陈师道)作诗渊源,得老杜句法。"等等。

> 黄公鲁直尝谓子美诗妙处,乃在无意之意。夫无意而意已至,非广之以《国风》、《雅》、《颂》,深之以《离骚》、《九歌》,安能咀嚼其意味,闯然入其门邪?故使后生辈自求之,则得之深矣。予每谓知子美诗,莫如鲁直。盖子美负抱瑰特,而生不逢世,仅以诗文陶写情性,非若词人才士媲青配白以为工者,往往辨方域、书土实,而居者有不尽知;讥时政、品人物,而主人习其读,不能察。盖鲁直所谓闯乎《骚》、《雅》者为得之,而"诗史"不足以言之也。①

应该说,魏了翁对黄庭坚的原意是有所"误读"的,黄氏的本意是指导学者如何更好地解读杜诗,要求学者要像理解《骚》《雅》一样来理解杜诗,而不是说杜诗已经"闯乎《骚》《雅》"。但这显然是一种有意识的"误读",其目的就是将杜诗上升到《骚》《雅》的高度,从而证明自己"'诗史'不足以言之也"的观点。

除《侯氏少陵诗注序》外,魏了翁在《程氏东坡诗谱序》中也发表了对"诗史"的看法:

> 杜少陵所为号"诗史"者,以其不特模写物象,凡一代兴替之变寓焉。②

所谓"寓",也就是上引《侯氏少陵诗注序》中的"讥时政、品人物,而主人习其读,不能察"的意思。"一代兴替之变"是杜诗成为"诗史"的内容要素,但这是通过"模写物象"的"寓"的方式来实现的,而不是直露无遗地进行陈述,就如《诗》的"主文而谲谏"、《骚》的"香草美人"一样,这就是他认为

---

① 华文轩编《古典文学研究资料汇编——杜甫卷(上编·唐宋之部)》,第804页。
② 曾枣庄、刘琳主编《全宋文》三〇一册,上海辞书出版社、安徽教育出版社,2006,第1页。

杜诗"闯乎《骚》《雅》"的意思。可见，魏了翁说"'诗史'不足以言之"，固然和李纲、陆游一样，都是从如何更恰当地表达出对杜甫的尊崇这一点来反对"诗史"的，但和李、陆二人还是有所不同。李、陆更强调杜诗忠君爱国等思想内容方面的特质，魏了翁则强调杜诗在艺术表现方面的成就。

前文说到，宋人也有将白居易、聂夷中诗称为"诗史"的，但最终并未得到人们的认同，其中有一个原因就是他们的诗歌太过于"拙直"。如下二则材料云：

> 白乐天诗词甚工，然拙于纪事，寸步不遗，犹恐失之，此所以望老杜之藩垣而不及也。（苏辙《诗病五事》）①
> 诗要干教化，若似聂夷中辈，又太拙直矣。（《诗史》）②

白居易之诗确实能"纪事"，如王楙《野客丛书》卷二十七云："白乐天诗多记岁时，每岁必纪其气血之如何与夫一时之事。"③然而却"寸步不遗"；聂夷中诗也确实能"干教化"，然而却"太拙直"，因此他们的"诗史"称号仅是昙花一现。

然而，从白、聂曾被赋予"诗史"称号的事实可以看出，有人在界定"诗史"时，只注重诗歌内容方面如"纪事""干教化"的因素而不去考虑其表达是否"拙直"，这看似对"诗史"的称赏，实际上却贬低了"诗史"。魏了翁上述二《序》正是针对这种流弊而发，一方面承认杜诗为"诗史"，另一方面又认为"'诗史'不足以言之"，看似矛盾的说法中，反映出来的是对人们只强调"史"的特质而将"诗史"定位为"纪事""干教化"

---

① 华文轩编《古典文学研究资料汇编——杜甫卷（上编·唐宋之部）》，第112页。
② （宋）阮阅编，周本淳校点《诗话总龟前集》，人民文学出版社，1987，第66页。
③ （宋）王楙撰，郑明、王义耀点校《野客丛书》，上海古籍出版社，1991，第399页。

的不满,呼吁从"诗"的角度去认识"诗史"也有"含蓄蕴藉"①的一面。其思路正如杨慎一方面称赞刘因《书事》、宋无《咏王安石》为"诗史"②,另一方面又对宋人的"诗史"说大加挞伐一样。

二 "诗人之言,类多过实"

在宋人"诗史"说的诸多内涵中,叙事真实是其中很重要的一个方面,类似论述可谓比比皆是,如王得臣《麈史》卷中云:

> 白傅自九江赴忠州,过江夏,有《与卢侍御于黄鹤楼宴罢同望》诗曰:"白花浪溅头陀寺,红叶林笼鹦鹉洲。"句则美矣,然头陀寺在郡城之东绝顶处,西去大江最远,风涛虽恶,何由及之?或曰:甚之之辞,如"峻极于天"之谓也。予以谓世称子美为"诗史",盖实录也。③

自"白傅"到"之谓也"一直都在讨论白居易诗的问题,而结尾一下子归结到"诗史"的说法上来,王得臣的这一叙述显得非常突兀。然而,如果我们仔细体味,却不难发现,王得臣是将杜甫诗歌作为评诗标准,然后持此标准去衡量白居易的作品。当别人用《诗·崧高》"峻极于天"的先例来为白诗"白花浪溅头陀寺"的夸张进行辩解时,王得臣虽不能否定这种说法,但在他看来,"白花浪溅头陀寺"毕竟不够完美,因为它不是"实录"。此处的"实录",其基本含义就是真实。也就是说,王得臣是以

---

① 杨慎反对宋人"诗史"说的主要依据就是宋人不能学杜诗的"含蓄蕴藉"的一面,故撰出"诗史"一词来评价杜诗。详见《升庵诗话》卷十一。
② (明)杨慎著,王仲镛笺证《升庵诗话笺证》,上海古籍出版社,1987,第492页。
③ 华文轩编《古典文学研究资料汇编——杜甫卷(上编·唐宋之部)》,第96页。

"真实"来作为"诗史"的基本内涵的。其实,不仅是王得臣,其他宋人也往往将"真实"视为"诗史"的内涵,其典型例子如:

> 沈存中《笔谈》云:"《武侯庙柏诗》:'霜皮溜雨四十围,黛色参天二千尺。'四十围乃是径七尺,无乃太细长乎?"予谓存中性机警,善《九章算术》,独于此为误,何也?古制以围三径一,四十围即百二十尺,围有百二十尺,即径四十尺矣,安得云七尺也?若以人两手大指相合为一围,则是一小尺即径一丈三尺三寸,又安得云七尺也?武侯庙柏,当从古制为定,则径四十尺,其长二千尺宜矣,岂得以太细长讥之乎?老杜号为"诗史",何肯妄为云云也?(黄朝英《湘素杂记》)①
>
> 真宗尝曲宴群臣于太清楼,君臣欢洽,谈笑无间……上遽问:"唐酒价几何?"无能对者。惟丁晋公对曰:"唐酒每升三十。"上问:"安知?"丁曰:"臣尝见杜甫诗曰:'早来相就饮一斗,恰有三百青铜钱。'是知一升三十文。"上喜曰:"甫之诗,自可为一时之史。"(释文莹《玉壶野史》卷一)②

黄朝英之所以不厌其烦地以"古制"对"四十围"进行计算,其指导思想是:"诗史"是不会乱说的,自然对武侯庙前柏树的描写也是真实的;宋真宗则认为杜甫的诗歌真实地记录了唐代的酒价,可以当作"史"一样来看待。更有甚者如:

> (余)又尝与蜀士黄文叔裳食花椑,因问蜀中有此乎?

---

① (宋)胡仔撰集,廖德明校点《苕溪渔隐丛话前集》,人民文学出版社,1962,第53页。
② 华文轩编《古典文学研究资料汇编——杜甫卷(上编·唐宋之部)》,第116页。

> 黄曰：此物甚多，正出阆州，杜诗所谓"黄知橘柚来"，极为佳句。然误矣。曾亲到苍溪县，顺流而下，两岸黄色照耀，真似橘柚，其实乃此桦也。问之土人，云：工部既误以为橘柚，有好事者欲为之解嘲，为于其处大种橘柚，终以非其土宜，无一活者。(楼钥《答杜仲高（旆）书》)①

如果说，好事者出于"为尊者讳"的原因而做出违背自然规律的事尚情有可原的话，叶梦得的错误则印证了"尽信书不如无书"的道理：

> 杜子美诗云："西窗竹影薄，腊月更须栽。"余旧用其言，每以腊月种（竹），无一竿活者。(《避暑录话》卷上)②

以上几则材料似可将多数宋人的认识概括为："诗史"即真实。然而，正如楼钥与叶梦得的记载显示，这样的认识显然会出现问题，以下我们选取两则针对"二千尺"和"酒价"的材料为例来看：

> 文士言数目处，不必深泥，此如九方皋相马，指其大略，岂可据以尺寸？如杜陵《新松》诗："何当一百丈，欹盖拥高檐。"纵有百丈松，岂有百丈之岩？汉通天台可也。又如《古柏行》："黛色参天二千尺。"二千尺，二百丈也，所在亦罕有二百丈之柏。此如晋人"峨峨如千丈松"之意，言其极高耳，若断断拘以尺寸，则岂复有千丈松之理？仆观诸杂记深泥此等语，至有以九章算法算之，可笑其愚也。

---

① 华文轩编《古典文学研究资料汇编——杜甫卷（上编·唐宋之部）》，第667页。
② 华文轩编《古典文学研究资料汇编——杜甫卷（上编·唐宋之部）》，第226页。

(王楙《野客丛书》卷二十五)①

《玉壶清话》：真宗问近臣："唐酒价几何？"丁晋公奏曰："每升三十引。杜甫诗曰：'速须相就饮一斗，恰有三百青铜钱。'"予尝因是戏考前代酒价，多无传焉，惟汉昭帝罢榷酤之时，卖酒升四钱，明著于史。刘贡父云："所以限民不得厚射利"，是以《典论》谓孝灵末，百司涸酒，酒千文一斗。曹子建乐府"归来宴平乐，美酒斗十千"。此三国之时也。然唐诗人率用此语，如李白"金樽清酒斗十千"；王维"新丰美酒斗十千"；白乐天"共把十千酤八斗"；又"软美仇家酒，十千方得斗"；又"十千一斗犹县饮，何况官供不著钱"；崔国辅"与酤一斗酒，恰用十千钱"；郎士元六言绝句"十千提携一斗，远送潇湘故人"，皆不与杜诗合。或谓诗人之言不皆如"诗史"之可信，然乐天诗最号纪实者，岂酒有美恶价不同欤？抑何其辽绝耶？（赵与时《宾退录》卷三）②

在王楙看来，时人以九章算法进行计算来印证"诗史"必不妄言的做法不但愚蠢，而且掩盖了杜诗的夸张手法，反而影响了对该诗艺术特质的欣赏。赵与时则以丰富的材料，对时人认为"诗史"可信的观点进行了有力的反驳。

其实，就是那些倡言"诗史"者，也对杜诗的真实性有所怀疑，如蔡居厚即是如此，一方面他说："子美诗善叙事，故号'诗史'。其律诗多至百韵，本末贯串如一辞，前此盖未有。"③另一方面，杜甫在《苏大侍御访江浦赋八韵记异》一诗中将苏涣比

---

① 华文轩编《古典文学研究资料汇编——杜甫卷（上编·唐宋之部）》，第748页。
② 华文轩编《古典文学研究资料汇编——杜甫卷（上编·唐宋之部）》，第923页。
③ 华文轩编《古典文学研究资料汇编——杜甫卷（上编·唐宋之部）》，第175页。

作庞德公也使他认识到:"诗人之言,类多过实,而所毁誉,尤不可尽信。"①又如董居谊《黄氏补注杜诗序》云:"工部虽号'诗史',凡所记述,非必如《春秋》书法之密。"②也对"诗史"的说法提出了疑问。最有代表性的当属沈洵,其《韵语阳秋序》云:

> 韩愈疑石鼓之篇,不入于诗,而杜子美之诗,世或称为"诗史"。夫以《诗》三百篇皆出圣人之手,其不合于礼义者,固已删而弗取,岂容致疑其间。子美诗虽比物叙事,号为精确,然其忧喜怨怼,感激愤叹之际,亦岂容无溢言。余以是知观古人文辞者,必先质其事,而揆之以理。言与事乖,事与理违,则虽记言之史,如《书》之《武成》,或谓不可尽信;质于事而合,揆之理而然,则虽闾巷之谈,童稚之谣,或足传信于后世,而况文士之辞章哉!③

如大多数宋人一样,沈洵也承认杜诗有"比物叙事,号为精确"的特点,然而在他看来,即便是史书也不可尽信,何况杜甫在写诗之际,受到"忧喜怨怼,感激愤叹"等感情因素的影响,因此他的"比物叙事"势必会有所"溢言",而不可能做到真正的"精确"。应该说,沈洵的这种认识是相当高明的,他对"诗"与"史"两个要素都进行了恰当的考虑,从"史"的角度来说,杜甫较他人而言,确实在叙事精确方面做得更好一些,这也是人们称杜诗为"诗史"的主要原因之一。但是,"诗史"也不可尽信,因为杜甫毕竟是在写诗,而不是在写史,诗歌要求抒发感情的特质必然会影响到其叙事的精确性。沈洵对于人们单纯地从

---

① 华文轩编《古典文学研究资料汇编——杜甫卷(上编·唐宋之部)》,第171页。
② 曾枣庄、刘琳主编《全宋文》三〇一册,第200页。
③ 华文轩编《古典文学研究资料汇编——杜甫卷(上编·唐宋之部)》,第456页。

"史"的角度来认识杜诗进行了否定,而认为在评价杜诗时还须考虑到其"诗"的属性,尽管他没有对此进行特别的强调,但在宋人普遍强调"诗史"的叙事功能时,他则从诗歌抒情的角度来反思时人的"诗史"观,这对于人们如何更好地认识杜诗无疑是具有意义的。

代结语

苏轼《次韵孔毅甫集古人句见赠五首》其三感叹道:"天下几人学杜甫,谁得其皮与其骨。"[①]其实,东坡此语移用到宋人的"诗史"说上也能成立:天下纷纷谈"诗史",谁得"诗史"真精神?对于大多数宋人来说,"诗史"几乎成了一个人云亦云的口头禅。一方面"诗史"说为时人学习、研究杜诗提供了一个理论基础和方法,但另一方面又对人们客观、全面地认识杜诗造成了一定的人为障碍,特别是那些对"诗史"的机械主义理解,更是对杜诗真实的歪曲,因此自然会遭到反驳,大致来说,宋人反驳"诗史"有以下三个主要原因。

其一,宋人富于理性精神是他们反驳"诗史"说的思想基础。我们从宋人《诗》学研究中的疑《序》、废《序》已能领略到他们不迷信权威、唯理是从的学术独立精神,杜诗研究也不例外。前引沈洵《韵语阳秋序》一再强调他从"诗史"说中获得的启发是:"余以是知观古人文辞者,必先质其事,而揆之以理。"从"事""理"的角度出发反观"诗史",其中便有许多刻板的认识不攻自破,如"'诗史'何肯妄为云云也""'诗史'盖实录也"等。然而,我们从宋人的诗话、笔记等论诗资料中不难看到,人们围绕着"四十围""酒价"等不断地进行讨论,即便赵与时认识到不能单凭杜诗来定唐时酒价,他也是用怀疑的口吻

---

① 华文轩编《古典文学研究资料汇编——杜甫卷(上编·唐宋之部)》,第99页。

说:"岂酒有美恶价不同欤?"这反映出,"诗史"说在宋代确实形成了巨大的影响。在这种背景之下,那些不迷信成说的人如沈洵等,是值得我们肯定的。

其二,宋代文化政策中的专制高压的一面与"诗史"精神形成冲突。宋代政治固然崇尚文治,重文轻武,文人的地位也相对有所提高,但各政治集团之间的斗争包括新旧党争依然使文人感受到极大的政治压力。众所周知,"乌台诗案"是古代史上真正意义的第一个文字狱,诗歌成了人们进行政治斗争的工具。这样一来,便与"诗史"的揭露、批判精神形成了紧张的冲突。正如洪迈所感叹:"唐人歌诗,其于先世及当时事,直辞咏寄,略无避隐。至宫禁嬖昵,非外间所应知者,皆反覆极言,而上之人亦不以为罪。……今之诗人,不敢尔也。"①洪迈所言的唐人歌诗的情况,"诗史"无疑是最吻合的。如"三吏、三别及同类作品,是'诗史'的代表作"。②对于这些作品,江西派诗人洪炎在《豫章黄先生文集后序》中评价说:"若察察言如老杜《新安》、《石壕》、《潼关》、《花门》之什,白公《秦中吟》、《乐游园》、《紫阁村》诗,则几于骂矣。"③这显然是黄庭坚《答洪驹父书》其二中"东坡文章妙天下,其短处在好骂,慎勿袭其轨可也"④思想的延续。宋人的反"诗史"说也含有这种对后学"慎勿袭其轨"的谆谆教诲。

其三,"诗史"说对杜甫的极度推崇容易使后学迷信权威,不利于他们在创作中学习杜甫,也不利于评杜、注杜。先说学杜。对于学识修养极高的宋人而言,他们很容易发现杜诗中也存

---

① 华文轩编《古典文学研究资料汇编——杜甫卷(上编·唐宋之部)》,第502~503页。
② 周啸天、管遗瑞:《诗史新议》,《杜甫研究学刊》2005年第2期。
③ 华文轩编《古典文学研究资料汇编——杜甫卷(上编·唐宋之部)》,第165页。
④ 刘琳、李勇先、王蓉贵校点《黄庭坚全集》第二册,四川大学出版社,2001,第474页。

在诸如用典、音韵、对偶等方面的一些错误，然而他们在指出这些错误之后，往往加上一些补充说明，如孙奕《履斋示儿编》卷十云："大手笔如老杜则可。"①又如范晞文《对床夜语》卷二云："柳下惠则可，吾则不可。"②这样的说明显然是针对学诗者而言的。如果那些迷信"诗史"权威的后学将这样的说明改为"老杜可，吾亦可"，则对于他们的诗歌创作来说是很不利的，故而李朴在《与杨宣德书》中指出："唐人称子美为'诗史'者，谓能记一时事耳。至于'安得广厦千万间'为《茅屋歌》、'安得壮士提天网'为《石犀行》、'安得壮士挽天河'为《洗兵马》，又安在其不相袭也？"③李朴指出杜甫这三首被认定为"诗史"的作品存在句式因袭的现象，其目的就是为了告诫后学不可迷信"诗史"而盲目学习这样的句式。再看注杜。自黄庭坚提出杜诗"无一字无来处"后，宋人几乎普遍接受了这一观点，于是有人就将"无一字无来处"与"诗史"结合起来，如史绳祖《学斋占毕》卷四云："先儒谓：韩昌黎文无一字无来处，柳子厚文无两字来处，余谓杜子美'诗史'亦然。惟其字字有证据，故以'史'名。"④既然"诗史""无一字无来处"，那么在进行评注时必然要爬梳出每一字的"来处"，这就不免出现穿凿附会的情况，这当然会引起有识之士的不满，如文天祥《送赖伯玉入赣序》云："少陵号'诗史'，或曰'读书破万卷'，止用资得'下笔如有神'耳，颇致不满。"⑤虽然我们不知此"或"为谁何氏，但他的

---

① 华文轩编《古典文学研究资料汇编——杜甫卷（上编·唐宋之部）》，第754页。
② 华文轩编《古典文学研究资料汇编——杜甫卷（上编·唐宋之部）》，第982页。
③ 华文轩编《古典文学研究资料汇编——杜甫卷（上编·唐宋之部）》，第150页。
④ 华文轩编《古典文学研究资料汇编——杜甫卷（上编·唐宋之部）》，第908页。
⑤ 华文轩编《古典文学研究资料汇编——杜甫卷（上编·唐宋之部）》，第973页。

说法无疑是有见地的,他连杜甫的"读书破万卷"也"颇致不满",遑论那些辛辛苦苦翻"破万卷"以注每字的"来处"者!

总之,在宋代杜诗学史上,持"诗史"说者固然是主流,但也不乏对"诗史"说进行反驳者,并非是到了明代才有杨慎等开始对"诗史"说进行检讨。与"诗史"论者的强调"史"的属性相比,反"诗史"论者往往更加强调"诗"的特质;与迷信"诗史"权威而穿凿附会者相比,反"诗史"论者更加彰显理性精神、重视还原杜诗的真实。他们的论断同样是宋代杜诗学的一个组成部分,值得我们认真总结。

以送别诗为例看《瀛奎律髓》的归类

吕 维

《瀛奎律髓》是宋末元初方回编选的一部大型唐宋律诗选集，全书共分49类，除"拗字类""变体类"外，其他各类大体按照诗歌的题材内容进行分类，如"登览类""迁谪类""寄赠类"等。按照分类的基本原理来说，类别的设置应该具有排他性，也就是说，归入某种类型的诗歌只能是某一题材类型的作品，反之，某一题材的作品只能出现在某一类型之中。然而我们发现，方回的诗歌归类并不完全是这样，《瀛奎律髓》"重出"在两种不同类型中的22首作品即是最好的说明。那么，方回在对诗歌进行归类时有没有具体的标准？他采用的是什么样的方法？对于这样的问题，当前学界关于《瀛奎律髓》的研究尚未予以足够的关注。笔者拟以《瀛奎律髓》中入选的"送别诗"为例对此进行一些简单的讨论。

一 "以题字分类" 的归类方法

分类选诗是《瀛奎律髓》在诗歌编选方面的一个重要特点。

我们可以设想，方回的编选程序应当是先确立类型，然后将值得入选的优秀之作归入与之相应的类型之中。面对浩如烟海的唐宋诗歌，如果没有一种行之有效的方法，编选工作恐将无法顺利完成，特别是初选时，迅速判断一首诗歌应当归入哪种类型尤其显得重要。那么，方回主要采用的是什么方法呢？《瀛奎律髓汇评》卷十三"冬日类"杜甫《野望》所录纪昀的评语中给了我们启示："忽以题字分类，忽以诗语分类，遂自乱其例，不自知其猥杂也。"①纪昀所说的"以题字分类"原本指的是归类依据，但我们不妨借指归类的方法。

所谓"以题字分类"的方法，亦即纪昀在卷二十一"雪类"杜甫《对雪》诗评语中所谓的"以题目为断"②，就是指按照诗歌题目进行归类的方法。我们先以章孝标《长安秋夜》为例来进行分析，该诗如下：

　　田家无五行，水旱卜蛙声。
　　牛犊乘春放，儿童候暖耕。
　　池塘烟未起，桑柘雨初晴。
　　岁晚香醪熟，村村自送迎。

就诗歌本身而言，前六句显然所表现的是春天而非秋天的景象，"岁晚"一联，是诗人假想之语。也就是说，按照《律髓》的分类，该诗应归入"春日类"。然而，方回将其归入卷十二"秋日类"，并有以下说明："题云《长安秋夜》而前六句自言春意，止末后两句系秋意。今不敢轻改古题，附'秋'诗中。"③在认识到诗歌题目或许有误的情况下，仍不"轻改古题"，这当然是一种审慎的态度。然而从中我们也可以看到，他之所以将本诗

---

① （元）方回选评，李庆甲集评校点《瀛奎律髓汇评》，上海古籍出版社，2005，第490页。
② （元）方回选评，李庆甲集评校点《瀛奎律髓汇评》，第857页。
③ （元）方回选评，李庆甲集评校点《瀛奎律髓汇评》，第435页。

归入"秋日类",是因为他认为"末后两句系秋意",而他没有将末二句理解为假拟之词而理解为现实中的秋天景象,显然是该诗题目对他的归类产生了制约作用。

方回对王建《原上新居》的归类处理是他"以题字分类"的一个极佳说明。该题共13首作品,方回在"春日类"选入两首,"闲适类"选入五首,其中有两首与"春日类"是重出作品。方回解释说:

> 荆公《唐选》取此诗之二首,误曰《原上新春》,予亦选入"春类"矣。今观其集,乃是《原上新居》。十三首,并选五首,不妨重也。①

上述说明告诉我们:之所以将"自扫一间房"和"住处去山近"两首作品归入"春日类",是因为王安石《唐百家诗选》中的题目是《原上新春》。然而,这个题目是错误的,诗歌"通篇咏新居,非新春也"(该诗冯班评语)。②因此方回的归类也是错误的,他的错误根源在于归类方法的错误——"以题字归类"。而方回最终在"春日类"对该诗做出了正确的归类,是因为集本的正确题目《原上新居》。就题目而言,显属"郊野",而方回又将"郊野"并入了"闲适类"中。类似的例子有很多,如:

卷十五"暮夜类"梅尧臣《吴正仲见访回日暮必未晚膳因以解嘲》方回评云:"以题有'暮'、'晚'字,附诸此。"③

卷二十八"陵庙类"梅尧臣《春日拜垅经田家》方回评云:"此乃田家诗,然题有'拜垅'二字,以附此。"④

上述梅尧臣二诗,《吴正仲见访回日暮必未晚膳因以解嘲》中并无有关"暮夜"的内容,只是因为题中有体现暮夜的字眼,

---

① (元)方回选评,李庆甲集评校点《瀛奎律髓汇评》,第966页。
② (元)方回选评,李庆甲集评校点《瀛奎律髓汇评》,第337页。
③ (元)方回选评,李庆甲集评校点《瀛奎律髓汇评》,第544页。
④ (元)方回选评,李庆甲集评校点《瀛奎律髓汇评》,第1240页。

于是将其归入"暮夜类";《春日拜垅经田家》一诗,如纪昀所云:"诗无'拜垅'之意"①,只因"题有'拜垅'二字",故归入"陵庙类"。

以上分析已经可以说明,"以题字分类"是方回编选诗歌特别是在初选时的主要归类方法。之所以能通过这种方法对诗歌进行归类,与古代诗歌题目不断走向规范化是分不开的。吴承学先生《论古诗制题制序史》一文考察了古代诗歌题目的发展历史后指出:"从晋代开始,诗题创作逐渐走向规范化,到初唐、盛唐时期,古诗制题已经完全规范化,诗题成为诗歌内容的准确而高度的概括,成为诗歌的面目。"②正因如此,对于绝大多数诗歌而言,规范化的诗题使"以题字分类"成为一种行之有效的方法。方回在《瀛奎律髓》的编纂过程中,利用诗题规范化这一特征,有效地解决了所选诗歌的归类问题。如王安国《同器之过金山奉寄兼呈道潜》一诗,方回将其归入卷四十七"释梵类",他说道:"此一首入僧诗类,亦随手分拨如此。"③这种随意的态度,当然遭到了纪昀的批评:"既可随手分拨,则所分皆无定轨可知,故此书最猥杂处在分类。"④然而,结合该类小序及其他入选诗歌来看,将此诗归入"释梵类"并不存在太大的问题。而方回之所以能"随手分拨"就解决了该诗的归类问题,诗题的规范化是必不可少的条件。从诗歌题目这一角度而言,送别诗正是符合这种"以题字分类"方法的题材类型。

二 "送别类"中的送别诗

《瀛奎律髓》卷二十四"送别类"共入选律诗 158 首,其中五言 87 首,七言 71 首。从诗歌题目的构成来看,可分为以下几

---

① (元)方回选评,李庆甲集评校点《瀛奎律髓汇评》,第 1240 页。
② 吴承学:《论古诗制题制序史》,《文学遗产》1996 年第 5 期。
③ (元)方回选评,李庆甲集评校点《瀛奎律髓汇评》,第 1749 页。
④ (元)方回选评,李庆甲集评校点《瀛奎律髓汇评》,第 1749 页。

种类型。

（1）题中出现类别名、对象者。如宋之问《送朔方何侍郎》、杜甫《赠别何邕》、严武《酬别杜二》等。

（2）题中出现类别名、对象、事由者。如陈子昂《送魏大从军》、李白《送友人入蜀》、杜甫《送舍弟颖赴齐州》等。

（3）题中出现送别时地、类别名、对象者。如杜甫《奉济驿重送严公》、岑参《饯李尉武康》、崔涂《秋夕与友话别》等。

（4）题中出现送别时地、类别名、对象、事由者。如杜甫《衢州送李大夫勉赴广州》、白居易《洛阳送牛相公出镇淮南》、曹松《秋日送方干游上元》等。

（5）题中出现该诗创作方式者。如杜甫《夏日杨长宁宅送崔侍御常正字入京探韵得深字》、包何《赋得秤送孟卿儒》、魏了翁《次韵知常德袁尊固监丞送别》等。

（6）泛述送别之意者。如杜甫《送远》、孟郊《送远吟》、白居易《长乐亭留别》等。

从上述诗歌题目的几种类型来看，我们发现，送别诗题目中均有表示该诗归属的"送""别""饯"等动词，亦即我们所说的"类别名"，这可视为送别诗的标志。凡具有此标志的诗歌均可归属于"送别类"，反之，归属于"送别类"的诗歌题目均应有此标志。这是方回能够"以题字分类"送别诗的基础。

送别诗因送别事件的发生而作，送别存在着送者和别者，按照作者在送别活动中的不同身份，我们可以将送别诗分为两种类型。

（1）送者身份。如陈子昂《送别崔著作东征》、杜甫《送陵州路使君赴任》、卢纶《送从舅成都丞广南归蜀》等，凡题中有"送"字样者皆是。

（2）别者身份。如杜甫《暮秋将归秦留别湖南幕府亲友》、白居易《留别微之》、曾几《适越留别朱新仲》等，凡题中有"留别"字样者皆是。

所谓"黯然销魂者，唯别而已矣"，对于诗人来说，离别无疑是一件令人伤感哀痛的事情。然而，由于诗人在送别事件中身份的不同，诗歌中的感情抒发便有所不同。方回认识到了这一点，他在"送别类"小序中说："送行之诗，有不必皆悲者，别则其情必悲。此类人在送中有送诗，有别诗，当观轻重。"①他将送别诗分为"送诗"和"别诗"两种不同的类型，除了我们在上面分析的诗别场合中身份的不同之外，方回这样区分主要着眼于两种诗歌感情状态的不同：别诗感情"必悲"且"重"，相较于别诗，送诗感情"不必皆悲"且"轻"。

方回在序言中并未对"送别类"给出明确的定义，然而我们从上述的分析中大致可以得到这样的认识："送别类"中选入的送别诗表现的是送别事件，抒发的是以悲愁为主的离别之情。

三 其他类别中的送别诗

除将送别诗归入"送别类"以形成专类之外，方回也将送别诗归入《瀛奎律髓》其他类别中。为方便说明，在各类中各举一首为例。列表如下：

卷数及类名	诗题	作者	该类中送别诗总数（首）
卷三怀古类	送康绍归建邺	周贺	1
卷四风土类	送杨长史济赴果州	王维	25
卷五升平类	送裴相公赴镇太原	张籍	7
卷六宦情类	送推官王永年致仕还乡	张耒	1
卷八宴集类	送高判官和唐店夜饮	梅尧臣	2
卷十二秋日类	秋日送客至潜水驿	刘禹锡	1
卷十七晴雨类	赋得暮雨送李胄	韦应物	2
卷十八茶类	送陆羽	皇甫曾	1
卷二十二月类	中秋与希深别后月下寄	梅圣俞	1

---

① （元）方回选评，李庆甲集评校点《瀛奎律髓汇评》，第1018页。

续表

卷数及类名	诗题	作者	该类中送别诗总数（首）
卷二十三闲适类	送唐环归敷水庄	贾岛	2
卷二十五拗字类	别负山居士	陈师道	1
卷二十七着题类	赋得古原草送别	白居易	2
卷二十九旅况类	送客	江为	1
卷三十边塞类	送翁灵舒游边	徐道晖	8
卷三十八远外类	送褚山人归日东	贾岛	11
卷四十兄弟类	送二十兄还镇江	李处权	1
卷四十二寄赠类	送张南史	郎士元	4
卷四十三迁谪类	送流人	司空曙	16
卷四十七释梵类	送文畅上人东游	刘禹锡	26
卷四十八仙逸类	送宫人入道	张籍	12

由上表可见，除"送别类"这一专类以外，在其他二十类中都有送别诗，从诗歌的归类情况来看，显得杂乱无章，故而纪昀以"纠纷而无定轨"[①]来批评方回的诗歌归类。显然，方回在对这些诗歌进行归类时，并不仅仅是"以题字分类"。那么，方回又依据什么将它们归入其他类别中呢？

我们先来看一下卷四"风土类"王维《送梓州李使君》方回的评语："风土诗多因送人之官及远行，指言其方所习俗之异，清新隽永，唐人如此者极多。"[②]此处的评语可与"送别类"小序互相发明："又送人之官，言及风土者，已于'风土类'中收之。间亦见此，不可以一律拘也。"[③]可见，归入"风土类"中的送别诗，是因为它们乃"送人之官，言及风土"之作，对此，方回对卷四"风土类"中入选的送别诗常加以说明，如：

---

① （元）方回选评，李庆甲集评校点《瀛奎律髓汇评》，第472页。
② （元）方回选评，李庆甲集评校点《瀛奎律髓汇评》，第153页。
③ （元）方回选评，李庆甲集评校点《瀛奎律髓汇评》，第1018页。

此诗中四联极言广府之盛,首句且教诸客听所言土风。
(韩愈《送郑尚书赴南海》评语)①

尽婺源之俗。(梅尧臣《送洪秘丞知大宁监》评语)②

此北边风土,往往燕、冀之间,潴水为塘,以限马足,固有"绿水蒲塘"之句。圣俞因送行言风土,佳句甚多,姑选此数篇,学者当举一隅也。(梅尧臣《送李阁使知冀州》评语)③

方回的这些说明显然是为了解释这些送别诗为何不归入"送别类"而归入"风土类"。从诗歌的创作背景、目的来看,它们固然应该归属于"送别类",而从诗歌的主要内容来看,这些诗歌主要表现的是送别对象目的地的风土,因此将之归入"风土类"。方回还提醒学者:"风土诗与送饯诗当互看。"(卷四"风土类"王安石《送周都官通判湖州》评语)④《瀛奎律髓汇评》所集诸家中,纪昀是对方回的分类、归类问题最为关注的。在"风土类"所收25首送别诗中,他对其中两首诗歌的归类处理有不同意见。

此应入"远外类"。(张籍《送海客归旧岛》评语)⑤

此首不宜入"风土类"。(王安石《送张仲容赴杭州孙公辟》评语)⑥

从这两首诗歌来看,张籍《送海客归旧岛》诗,方回评云:"如此等语,或本无其人,姑为是题,以写殊异之景,故皆新怪

---

① (元)方回选评,李庆甲集评校点《瀛奎律髓汇评》,第157页。
② (元)方回选评,李庆甲集评校点《瀛奎律髓汇评》,第172页。
③ (元)方回选评,李庆甲集评校点《瀛奎律髓汇评》,第175页。
④ (元)方回选评,李庆甲集评校点《瀛奎律髓汇评》,第179页。
⑤ (元)方回选评,李庆甲集评校点《瀛奎律髓汇评》,第159页。
⑥ (元)方回选评,李庆甲集评校点《瀛奎律髓汇评》,第196页。

可观。"①"殊异之景"本是"风土"的内容之一，故而方回的归类本无太大问题，然而，毕竟《瀛奎律髓》的类型设置中有"远外类"，该诗归入该类确实更合理一些。王安石《送张仲容赴杭州孙公辟》一诗，方回评云："杭州之盛，自五代至宋，繁华久矣。百五十年行都，诗愈多而佳者愈不少，未能尽得之也。"②"繁华"是作为行都的杭州风土的特色，王安石该诗前四句表现的正是这一特点，该诗归入"风土类"也无太大问题。退一步讲，即使如纪昀所说，该诗不宜归入"风土类"，那也只是表示了两人对"风土"的认识不同而已，他对方回将送别诗归入"风土类"的做法并无异议。也就是说，方回归类送别诗的标准得到了纪昀的认可。那么，方回的标准是什么呢？

我们先来看一下杜甫《陪诸贵公子丈八沟携妓纳凉，晚际遇雨二首》其一：

> 落日放船好，轻风生浪迟。
> 竹深留客处，荷净纳凉时。
> 公子调冰水，佳人雪藕丝。
> 片云头上黑，应是雨催诗。

若我们非常机械地对该诗进行分析，题中的"陪诸贵公子丈八沟携妓"基本没有得到体现，"晚际遇雨"的内容表现在末二句中，诗歌的主体内容表现的是"纳凉"。也就是说，"陪诸贵公子丈八沟携妓""晚际遇雨"均不是该诗的重点表达内容，否则，该诗就应归入"宴集""晴雨"乃至"风怀类"了。正因该诗的主要内容表现的是夏日"纳凉"，故而方回将其归入"夏日类"，他解释说："此当选'宴集类'中，以主意纳凉，故入'夏

---

① （元）方回选评，李庆甲集评校点《瀛奎律髓汇评》，第159页。
② （元）方回选评，李庆甲集评校点《瀛奎律髓汇评》，第196页。

类'。"①应该说，方回的归类是合理的。这就是他归类诗歌时的标准："主意"，即根据作品的主要内容进行归类。为说明这一问题，我们再看以下三则评语。

卷十二"秋日类"杨巨源《郊居秋日酬奚赞府见寄》方回评云："此本合入'郊野类'，以其言秋日者多，故附之'秋'。"②

卷十三"冬日类"皇甫曾《过刘员外别墅》方回评云："本属'郊野'。以其所赋皆冬景也，附诸此。"③

卷四十七"释梵类"李白《春日归山寄孟浩然》方回评云："以其多禅语也，以入'释梵类'。"④

方回上述解释均是为了说明：某诗原本应该归入某类，现将其归入另一类，进行类别更改的标准便是"主意"。方回正是根据"主意"的标准对送别诗进行归类的。送别诗中那些以抒发离别之情为主的便归入"送别类"，以表现送别目的地风土为主的便归入"风土类"，以表现边塞景象为主的便归入"边塞类"，等等。

结　语

从上述分析可见，方回在对入选诗歌进行归类时，经过了一个由初选时的大致归类到成书时的最终归类的过程。初选时的诗歌归类，主要采用的是"以题字分类"的方法，在唐、宋时期诗歌题目规范化的情形下，这种方法为初选时的大致归类提供了条件。然而，正如纪昀所说："古人题目，多在即离之间。"⑤单纯依靠"以题字分类"的方法会带来归类不合理甚至错误的危险，所以在成书时，方回根据"主意"的标准对初选时的"以题字分类"

---

① （元）方回选评，李庆甲集评校点《瀛奎律髓汇评》，第392页。
② （元）方回选评，李庆甲集评校点《瀛奎律髓汇评》，第434页。
③ （元）方回选评，李庆甲集评校点《瀛奎律髓汇评》，第472页。
④ （元）方回选评，李庆甲集评校点《瀛奎律髓汇评》，第1630页。
⑤ （元）方回选评，李庆甲集评校点《瀛奎律髓汇评》，第857页。

进行了修正，这就大大减少了单凭诗歌题目进行诗歌归类而致的错误。作为以分类为重要特色之一的《瀛奎律髓》，方回对诗歌的正确归类做出了极大的努力，对此，我们应该给予充分的肯定。

　　虽然如此，《瀛奎律髓》的诗歌归类依然存在着不合理甚至错误的现象。如周贺《送康绍归建邺》，方回将其归入"怀古类"中，而从诗歌本身来看，诗中基本没有体现"怀古"的内容。又如皇甫曾《送陆羽》，方回以"羽死，号为茶神，故取此一首为茶诗之冠"，将其归入"茶类"中，而如果按照"主意"的标准，该诗实在不该归入此类。

　　那么，是否如前述纪昀所批评的那样，是否因为"忽以题字分类，忽以诗语分类"导致了方回"自乱其例，不自知其猥杂"呢？应该说，这只是一些具体诗作的归类不合理或错误的原因，而不是根本原因。根本原因在于方回设置的类别不合理。如梅尧臣《送高判官和唐店夜饮》是一首重复出现的作品，分别出现在"宴集类"和"酒类"两种类型中，又如白居易《送客南迁》，方回将其归入"迁谪类"，而在评语中说道："其始借此为题，以夸笔端之富，妙于铺叙南土风景欤？"并因此而"破例"选了这首长达十二韵的诗歌，也就是说，该诗其实更应归入"风土类"。自然，上述二诗也可归入"送别类"。这样一来，就出现了一首诗歌可以同时归入两种以上类型的情况。显然，这样的情形是不合理的。叶圣陶先生在《作文论》中指出："分类有三端必须注意的：一要包举；二要对等；三要正确。包举是要所分各类能够包含该事物的全部，没有遗漏；对等是要所分各类性质上彼此平等，决不能以此涵彼，正确是要所分各类有互排性，决不能彼此含混。"①显然，方回的分类没有达到这样的要求。因此，即便他已经为诗歌的正确归类做出了相当的努力，依然无法从根本上避免诗歌归类的不合理甚至错误。

---

① 叶至善、叶至美、叶至诚编《叶圣陶集》，江苏教育出版社，1990，第220页。

论《花间集》中的道教巫山意象[*]

林 洁

由于受到唐代统治者崇道以及晚唐西蜀地域道教风气盛行的双重影响,《花间集》的题材内容呈现出明显的道教文化特征,表现为在花间词作中出现了大量道教语汇意象,如洞房、玉楼、青鸟、真仙、巫山、高唐、云雨、阳台、刘郎、阮郎、桃花洞、吹箫侣、秦楼、鸾回凤翥、玉蟾、瑶池、湘妃、霞帔、五云双鹤、醮坛、丹灶、三清、步虚坛、降节霓旌、蓬莱、紫微、墉城等。本文拟从《花间集》对道教巫山意象的引用入手,进一步探讨道教文化对唐五代词的影响。

据《入蜀记》载:"巫山,相传夏禹见神女授符书于此。"《襄阳耆旧传》云:"赤帝女曰瑶姬,未行而卒,葬于巫山之阳。楚怀王游高唐,梦与神遇,自称巫山之女。遂为置观,号曰朝云。"又见宋玉《高唐赋》:"昔者先王尝游高唐,怠而昼寝。梦见一妇人曰:'妾巫山之女也,为高唐之客。闻君游高唐,愿荐枕席。'王因幸之。去而辞曰:'妾在巫山之阳,高丘之阻。且为

---

[*] 本文为 2009~2012 贵州大学人文社会科学研究青年项目"花间词道教文化意蕴解读"成果。

行云，暮为行雨。朝朝暮暮，阳台之下。'"后称男女间的情爱为巫山、云雨、高唐、阳台或称男女间的幽会为"暮雨朝云"，皆本于此。花间词人在传统的闺怨题材中加入道教文化因素，把道教巫山神话传说中的巫山意象转化为具有人性美的文学形象，从而借助巫山神话传说中的楚王、神女向人们倾诉自己内心的爱情与理想以及时代的伤痛。具体而言，花间词人依托道教巫山神话传说表达内心情感，借巫山意象隐喻对晚唐五代社会现实的无奈、对功业理想的无望以及末世及时行乐的心态，又或在咏史怀古中寄托家国兴亡之感。然而，楚王神女的风流往事早已成为过去，花间词人唯有发出"一自楚王惊梦断，人间无路相逢"（牛希济《临江仙》其一）的悲情感慨。以李一氓《花间集校》[①]为据，引用道教巫山意象的花间词人词作有皇甫松《天仙子》（其一），韦庄《归国遥》（其三）、《何传》（其三），薛昭蕴《浣溪沙》（其六），牛峤《菩萨蛮》（其四），毛文锡《赞浦子》、《巫山一段云》（其一），张泌《浣溪沙》（其三），牛希济《临江仙》（其一），和凝《河满子》（其二），孙光宪《何传》（其一）、《菩萨蛮》（其一）、《临江仙》（其二）、《更漏子》（其一）、《女冠子》（其一）、《定风波》，魏承班《诉衷情》（其四），阎选《虞美人》（其一）、《临江仙》，尹鹗《河满子》、《秋夜月》，毛熙震《浣溪沙》（其二）、《临江仙》、《南歌子》、《菩萨蛮》（其一），李珣《浣溪沙》（其三）、《巫山一段云》、《何传》（其一），共14位词人28首词作。

一 《花间集》中的巫山梦境

"道教不仅提供了神奇谲诡、色彩绚丽的意象，也给唐代文

---

① 李一氓：《花间集校》，人民文学出版社，1958。另有孙光宪《浣溪沙》（十四）、李珣《定风波》（其五）两首词均涉及巫山意象，因未收录入《花间集》中，故不选。

学带来了丰富的想象力。"①道教给唐代文学带来的这种"神奇谲诡""色彩绚丽"的意象,在唐五代词尤其是《花间集》中表现得尤为突出,如《花间集》中频繁出现的道教巫山意象、刘阮意象、箫史意象、姮娥意象、玉楼意象、洞房意象等。如果仔细品味《花间集》中的巫山意象,我们会发现巫山意象多以梦境这一想象中的场景展现在读者面前,下面我们就从花间词中巫山意象所依托的各种梦境入手,从道教文化的角度进一步观照花间词人的心灵世界。

(一) 春梦

词人借巫山意象隐喻女子梦中所思春情,以反衬其梦醒后的失落情绪,从而表达词人自己对唐末五代现实社会的失望。这类词作在表达方式上较为隐晦,常以"云"字暗喻男女"云雨"之情,因此常用"逐云""行云"等语汇表达词人内心感受。先看毛熙震《临江仙》(其二):

> 幽闺欲曙闻莺啭,红窗月影微明。好风频谢落花声。隔帏残烛,犹照绮屏筝。 绣被锦茵眠玉暖,炷香斜袅烟轻。淡蛾羞敛不胜情。暗思闲梦,何处逐云行?

此篇写女子春闺怨情,词中用"幽闺""红窗""残烛"等意象隐喻女子空闺寂寞,结句"暗思闲梦,何处逐云行",从道教巫山神话传说梦境入笔,则"兼写幽贞"而又"婉转缠绵,情深一往,丽而有则,耐人玩味"。②再看毛熙震《菩萨蛮》其一:

> 梨花满院飘香雪,高楼夜静风筝咽。斜月照帘帏,忆君

---

① 葛兆光:《人生情趣·意象·想象力》,《道教与传统文学》,中华书局,1992,第129页。
② (清)陈廷焯:《白雨斋词话》,转引自唐圭璋《词话丛编》,中华书局,1986,第3886页。

> 和梦稀。　　小窗灯影背，燕语惊愁态。屏掩断香飞，行云山外归。

诉说女子自梦醒后恍惚中看到屏风掩映着断断续续的香烟袅袅飞动，其思绪渐渐由梦中的巫山行云飘回家中，亦以巫山梦境隐喻女子幽闺怀人之苦。又如"画屏重叠巫阳翠，楚王尚有行云意"（牛峤《菩萨蛮》其四），描述女子独守空闺，入梦而想象巫山云雨之情，接着醒来之后的失落之情。诚如俞陛云所说："《菩萨蛮》词宜以风华之笔，运幽丽之思，此作颇似飞卿。'香断''云归'句尤为俊逸。"再如"紫燕一双娇语碎，翠屏十二晚峰齐。梦魂销散醉空闺"（《浣溪沙》其二）句，均运用"断""残""空"等语汇渲染梦境的凄冷，以烘托女子"凄清怨抑"的相思情感。另看韦庄《归国遥》其三：

> 春欲晚，戏蝶游蜂花烂熳。日落谢家池馆，柳丝金缕断。　　睡觉绿屏风乱，画屏云雨散。闲倚博山长叹，泪流沾皓腕。

在一个春日的傍晚，女子一觉醒来，眼望着屏风，却叹"画屏云雨散"，心中自忖又是一场春梦了无痕，因而伤感落泪。词作巧用画屏中的"云雨"图案隐喻女子梦中春情，一语双关，给人留下无限的遐想空间。

（二）痴梦

词人写男子相思成梦，既是诉说自己对心上人的执着苦恋，也借此表达其心中功业理想的破灭。此类词作中，主人公常自比道教神话传说中的刘郎、阮郎，倾诉其与女仙相恋的痴情以及失恋的痛苦。先看张泌《浣溪沙》其三：

> 独立寒阶望月华，露浓香泛小庭花，绣屏愁背一灯斜。

> 云雨自从分散后，人间无路到仙家，但凭魂梦访天涯。

男子深夜里思念所爱的女子。"云雨自从分散后，人间无路到仙家"二句连用道教"巫山""刘阮"两个典故，表现男子相思成梦的痴情，述说男子与所爱女子情深却又别离，而再难相见的痛苦，表达出男子所爱之人可望而不可即，不得已只能"但凭魂梦访天涯"的无奈心情。魏承斑《诉衷情》（其四）也是如此：

> 金风轻透碧窗纱，银釭焰影斜。倚枕卧，恨何赊？山掩小屏霞。　　云雨别吴娃，想容华。梦成几度绕天涯，到君家。

男子秋夜失眠，思念心爱的女子。二人曾经"云雨"情深，现男子因"别吴娃"而"想容华"，进而又相思成梦，终于来到心上人的住所，把男子对心爱女子的深情表现得曲折缠绵。李珣《浣溪沙》（其三）则更进一步地传达出这种相思苦恋的情感：

> 访旧伤离欲断魂，无因重见玉楼人，六街微雨镂香尘。
> 早为不逢巫峡梦，那堪虚度锦江春！遇花倾酒莫辞频。

主人公旧地重游，却未能重见"玉楼人"。"早为不逢巫峡梦，那堪虚度锦江春"两句借巫山神话传说表达词人寻旧不遇，遂借酒浇愁。词作表达了男子对心上人的一往情深，情调无限感伤。前人云："李珣尝制《浣溪沙》词，有'早为不逢巫峡梦，那堪虚度锦江春'，词家互相传诵。"[①]

从审美角度来说，花间词人用道教巫山神话传说中的逐云、行云、云雨、巫山、巫峡等语汇意象隐喻女子的梦中春情或是男

---

① （清）吴任臣：《十国春秋》，中华书局，1983，第644页。

子的相思苦恋,在传统的言情表意之外隔上了一层"神奇诡谲"的仙道面纱,给人犹如"雾里看花"①的审美观感;同时,在《花间集》"镂玉雕琼""裁花剪叶"的整体香艳风格之中,又绘入了一抹绚丽的色彩,这是文人词与道教文化相融合的结果。

(三)欢梦

或称云雨梦,表达男女情事,抒发花间词人及时行乐的思想。先看孙光宪《菩萨蛮》(其一):

月华如水笼香砌,金环碎撼门初闭。寒影堕高檐,钩垂一面帘。　碧烟轻袅袅,红颤灯花笑。即此是高唐,掩屏秋梦长。

这首词写一对有情人月夜相聚情事,结句"即此是高唐,掩屏秋梦长",即借楚王神女情事,用巫山意象隐喻男女欢会情境,用语含蓄。阎选《虞美人》(其一)也是如此:

粉融红腻莲房绽,脸动双波慢。小鱼衔玉鬓钗横,石榴裙染象纱轻,转娉婷。　偷期锦浪荷深处,一梦云兼雨。臂留檀印齿痕香,深秋不寐漏初长,尽思量。

男主人公秋夜怀人,在梦中回忆起当日两人幽会的情景:"偷期锦浪荷深处,一梦云兼雨",当中蕴含着无限欢情蜜意。再如"椒房兰洞,云雨降神仙"(毛熙震《临江仙》其一),"正是桃夭柳媚,那堪朝云暮雨。宋玉高唐意,裁琼欲赠君"(牛峤《赞浦子》)等句,因为对道教巫山神话传说"云雨""高唐"等语汇意象的借用,使男女幽会之俗事被赋予了一种神秘飘逸的美感;而"玉楼冰簟鸳鸯锦,粉融香汗留山枕……须作一生拼,尽

---

① 王国维:《人间词话》,人民文学出版社,1960,第210页。

君今日欢"（牛峤《菩萨蛮》其七），"凤屏鸳枕宿金铺，兰麝细香闻喘息，绮罗纤缕见肌肤"（欧阳炯《浣溪沙》其三）等句，则直露地描绘出男女欢会时的放肆情态，缺少了道教巫山意象所表现出的含蓄韵味。因此，具有较高文学素养的花间词人们把神秘绚丽的道教语汇意象移植到了艳情词中，在一定程度上也提升了世俗艳情词的品位。正如和凝闺怨词所吟唱的"洞口春红飞簌簌。仙子含愁眉黛绿。阮郎何事不归来，懒烧金，慵篆玉。流水桃花空断续"（《天仙子》），俞陛云评其为"写闺思而托之仙子，不作尔汝语，乃格调之高"。

（四）幽梦

词人凭吊古迹，感慨楚王神女之间的幽美情事，同时寄托亡国之恨。先看牛希济《临江仙》（其一）：

> 峭壁参差十二峰，冷烟寒树重重。瑶姬宫殿是仙踪。金炉珠帐，香霭昼偏浓。　　一自楚王惊梦断，人间无路相逢。至今云雨带愁容。月斜江上，征棹动晨钟。

"峭壁参差""冷烟寒树"反映巫山的凄凉景象；"香霭昼偏浓"则表达出神女居处"瑶姬宫殿"的幽静清冷；"一自楚王惊梦断，人间无路相逢"的梦境则幽美凄婉，令人对楚王神女这般凄美的人神之恋产生无限惋惜；"至今云雨带愁容"仿佛诉说如今朝云暮雨依旧，而神女与楚王梦会后却过着孤寂悲苦的生活。《栩庄漫记》评："全词咏巫山神女事，妙在结二句，使实处俱化空灵矣。"整首词借咏怀昔日楚王神女的爱情悲剧，抒发词人心中的亡国慨叹，正如詹安泰《宋词散论·论寄托》所说："此词纯系比兴，寄亡国之感也。仇山村评'芊绵温丽极矣，自有凭吊凄怆之意，得咏史体裁'，斯语得之。"[1]再看以下几首：

---

[1] 王兆鹏：《唐宋词汇评》，浙江教育出版社，2004，第337页。

十二高峰天外寒，竹梢轻拂仙坛。宝衣行雨在云端。画帘深殿，香雾冷风残。　欲问楚王何处去？翠屏犹掩金鸾。猿啼明月照空滩。孤舟行客，惊梦亦艰难。

——阎选《临江仙》（其一）

有客经巫峡，停桡向水湄。楚王曾此梦瑶姬，一梦杳无期。　尘暗珠帘卷，香销翠幄垂。西风回首不胜悲，暮雨洒空祠。

——李珣《巫山一段云》（其一）

古庙依青嶂，行宫枕碧流。水声山色锁妆楼，往事思悠悠。　云雨朝还暮，烟花春复秋。啼猿何必近孤舟，行客自多愁。

——李珣《巫山一段云》（其二）

这几首词既描绘出巫山神女庙的清幽冷寂，也表达出游子外出行役之苦。在悼古伤今的情境中，词人发出"楚王曾此梦瑶姬，一梦杳无期"的感慨，叹息着"云雨朝还暮，烟花春复秋"的轮回。楚王神女的爱情故事早已远去，如今只剩那年复一年伫立在烟濛暮雨中的古庙空祠，不禁让路过的"孤舟行客，惊梦亦艰难"，身处这样的情景之中，乃不必猿啼，行客已自多愁。

二　唐五代词中的巫山意象

《花间集》500 首词作，除了道教巫山意象，刘阮、嫦娥、箫史、女冠、玉楼、洞房、青鸟、三岛、蓬莱、仙等道教语汇意象的使用频率也较高。然而，巫山意象由于其故事的传奇性以及对道家重两性关系的映射性，尤能证明道教文化对文人词的影响。纵观唐五代词，我们发现不少文人引用道教巫山意象的例子，如：

一枝红艳露凝香，云雨巫山枉断肠。借问汉宫谁得似，可怜飞燕倚新妆。

——李白《清平调》（其二）

前人评述"云雨巫山枉断肠"句系"巫山妖梦，昭阳祸水，微文隐意义，风人之旨"。可见，文人对于道教巫山意象的借用最初系寓意比兴，合乎"兴寄"的正统思想。再看：

巫峡云开神女祠，绿潭红树影参差。下牢戍口初相间，无义滩头剩别离。

——李涉《竹枝词》（其二）

十二峰头月欲低，空舲滩上子规啼。孤舟一夜东归客，泣向东风意建溪。

——李涉《竹枝词》（其四）

唐汝询云："巴渝之音，土人所唱，闻声而起故国之思，因以竹枝命篇而述舟中之景如此。"①在以《竹枝词》为题的词作中，巫山巫峡意象不仅可以抒发"故国之思"，同时也用以赋风土、写人情：

巫峡巫山杨柳多，朝云暮雨远相和。因想阳台无限事，为君回唱竹枝歌。

——刘禹锡《杨柳枝》（其十二）

巫峡苍苍烟雨时，清猿啼在最高枝。个里愁人肠自断，由来不是此声悲。

——刘禹锡《竹枝》（其八）

---

① （明）唐汝询选释，王振汉点校《唐诗解》，河北大学出版社、贵州人民出版社，2010，第669页。

《杨柳枝》题下有小引云:"四方之歌,异音而同乐。岁正月,余来建平。里中儿联歌竹枝,吹短笛击鼓以赴节。歌者扬袂睢舞,以曲多为贤。聆其音,中黄钟之羽,卒章激讦如吴声,虽伧儜不可分,而含思宛转,有淇澳之艳音。昔屈原居沅湘间,其民迎神,词多鄙陋,乃为作《九歌》。到于今荆楚歌舞之,故余亦作竹枝九篇,俾善歌舞者扬之。附于末。后之聆巴歈,知变风之自焉。"①这里的道教巫山意象经文人依巴渝风俗改编,被赋予了清新明快的民歌情调。至中晚唐,道教巫山意象则渐渐由"变风"之音转而为言情之意:

深画眉,浅画眉。蝉鬓鬅鬙云满衣,阳台行雨回。巫山高,巫山低。暮雨潇潇郎不归,空房独守时。
——白居易《长相思》(其二)

这首词先写女子由巫山春梦醒来之后的寂寞情思:先言其妆饰,风鬟雾鬓;再言其情思,虚帷听雨,其寂寥也由此可以想见。接着又从女子的角度想象男子的"巫山"情梦,情深意长。曹锡彤云:"此首言夫梦巫台未归,以自明其思之长也。相思皆据吴姬而言。"又:

飘渺云间质,盈盈波上身。袖罗斜举动埃尘,明艳不胜春。 翠鬟晚妆烟重,寂寂阳台一梦。冰眸莲脸见长新,巫峡更何人?
——李晔《巫山一段云》(其一)

薄罗衫子金泥缝。困纤腰怯铢衣重。笑迎移步小兰丛,鞾金翘玉凤。 娇多情脉脉,羞把同心撚弄。楚天云雨却相和,又入阳台梦。
——李存勖《阳台梦》

---

① 《全唐诗》,中华书局,1999,第4120页。

在唐昭宗李晔笔下，巫山意象已流露出男子相思的"哀艳"情思；而后唐庄宗李存勖所作，巫山意象则更露骨地表达出男女之间的欢情蜜意。至南唐词人，对道教巫山意象的引用又内化为更加纯熟的技巧，因而寓意更为深沉，情味愈趋悲苦：

> 烦恼韶光能几许，肠断魂销，看却春还去。只喜墙头灵鹊语，不知青鸟全相误。　心若垂杨千万缕，水阔花飞，梦断巫山路。开眼新愁无问处，珠帘锦帐相思否？
> ——冯延巳《鹊踏枝》（其七）

> 南园池馆花如雪，小塘春水涟漪。夕阳楼上绣帘垂。酒醒无寐，独自倚栏时。　绿杨风静凝闲恨，千言万语黄鹂。旧欢前事杳难追。高唐暮雨，空只觉相思。
> ——冯延巳《临江仙》（其三）

> 铜簧韵翠锵寒竹，新声慢奏移纤玉。眼色暗相钩，秋波横欲流。雨云深绣户，未便谐衷素。宴罢又成空，魂迷春梦中。
> ——李煜《菩萨蛮》（其三）

综上所述，唐五代词大量涉及道教神话传说巫山意象，这在《花间集》中表现得尤为突出。另据笔者初步统计，唐五代词中涉及道教语汇意象出现频次较高的有巫山、刘阮、萧史、嫦娥、玉楼、玉郎、女冠以及"仙"意象等，其中巫山意象17位词人41首词作，刘阮意象17位词人23首词作，萧史意象9位词人11首词作，嫦娥意象8位词人11首词作，玉楼、玉郎意象13位词人28首词作，女冠意象14位词人22首词作，"仙"意象16位词人32首词作。这充分体现出了道教文化对于唐五代词的影响与渗透。

三 唐五代文人词广泛引用道教语汇意象的原因探究

为什么唐五代文人如此喜爱在词作中借用道教典故、神话传说中的语汇意象呢？究其原因，一是时代风气使然。中唐以来，整个社会文化的发展都在发生嬗变与转化，即逐渐朝向世俗化、享乐化的道路迈进。由于经学的式微以及"元和体"的盛行，使人们得以解开思想禁锢，诗不但可以"言志"，也可以"缘情"，这势必导致文人创作开始向内心情感舒展。因而整个社会享乐意识及情爱意识逐渐滋长和凸现，传奇小说、城市说唱艺术及文人阶级的"艳情诗"开始发展兴盛起来。由于词为"艳科"的特性，这种享乐及情爱意识在晚唐五代文人词中则表现得更为突出。同时，在以道教为国教的唐代，由于道教文化对文学的介入，使道教的意象与文学的意象交织在了一起，于是文人们把道教典故、神话传说中神奇瑰丽的意象转化为具有人性美的文学意象，从而借助道教典故、传说中的人物向人们倾诉自己的爱情与理想。如《花间集》词作中欧阳炯《春光好》写女子春情"桃花流水情不已，待刘郎"；韦庄《谒金门》（其二）写男子相思"天上嫦娥人不识，寄书何处觅"；毛熙震《女冠子》（其一）写女道士世俗情感"应共吹箫侣，暗想寻"；张泌《临江仙》咏湘妃"烟收湘渚秋江静，蕉花露泣愁红"。另外，唐代士子游冶之风盛行，如鲁迅介绍："唐人登科之后，多做冶游，习俗相沿，以为佳话。"[①]陈寅恪也说："故唐代进士科，为浮薄放荡之徒所归聚，与倡伎文学殊有关联。"[②]唐代文人士大夫流连于青楼妓馆的行径，不仅促发了艳情诗歌、小说的繁盛，也同样广泛浮现在唐五代词的内容题材中，而晚唐五代文人词尤其是"花间"词在

---

① 鲁迅：《中国小说史略》，人民文学出版社，1973，第256页。
② 陈寅恪：《元白诗笺证稿》，生活·读书·新知三联书店，2001，第89页。

这方面的表现则更趋于集中、突出。如韦庄追忆其年少时冶游生活之作"如今却忆江南乐,当时年少春衫薄。骑马倚斜桥,满楼红袖招。翠屏金屈曲,醉入花丛宿……"(《菩萨蛮》(其二));孙光宪描写其狎妓经历"乌帽斜倚倒佩鱼,静街偷步访仙居。隔墙应认打门初"(《浣溪沙》(其九));再如和凝自述进士及第冶游"鹊桥初就咽银河,今夜仙郎自性和。不自昔年攀桂树,岂能夜里索姮娥"(《柳枝》(其三))。在唐五代词中对士大夫文人当时游冶狭邪生活及思想感情的大量描写,以及反复出现的"瑶台""天仙""高唐""云雨""巫山""桃源洞""吹箫侣""凤台""瑶姬""刘郎"等道教语汇意象,正反映了这一历史时期道教神仙思想从"出世"到"入世"的逐渐转变,正如李泽厚所说的那样:"盛唐以其对事功的向往而有广阔的眼界和博大的气势;中唐是退缩和萧瑟;晚唐则以其对日常生活的兴致,而向词过渡。这并非神秘的'气运',而正是社会时代的变异发展所使然。"①

二是唐末五代文人士大夫寻求心灵寄托。中唐以来,外在的边患频繁与藩镇割据,内在的宦官专权与朋党之争,使得社会动荡,民不聊生。"民避乱皆入深山筑栅自保,农事俱废,长安城中斗米直三十缗。贼卖人于官军以为粮。"②文人士大夫们目睹的,只是"千村万落如寒食,不见人烟空见花"(韩偓《自沙县抵尤溪县》)的惨状。时及晚唐五代,更是"卖官鬻狱,割剥蒸民"③,社会状况极其腐败。唐末文人士大夫经历了末世的艰辛和理想的破灭,因而只能退而在失落中寻求心灵的归宿。"如果说唐代以前人们信奉道教,追求方术,是为了求得精神的净化,或是出于对神仙可成的坚信不疑的话,唐末五代以后人们对道教的追求则较多地带有实用的目的。"④功名理想的泯灭,身处末世的悲哀,理

---

① 李泽厚:《美的历程》,文物出版社,1981,第155页。
② (宋)司马光:《资治通鉴》卷二五四,中华书局,1956,第8268页。
③ (宋)薛居正:《旧五代史》卷九八,中华书局,1976,第1301页。
④ 任继愈:《中国道教史》,中国社会科学出版社,2001,第515页。

想与现实的矛盾所导致的沉重失落感，使得中晚唐文人失去了"天生我材必有用，千金散尽还复来"的自信，他们将人生追求由外部的社会政治转向内心，不再感慨"虚负凌云万丈才，一生襟抱未曾开"（崔珏《哭李商隐》），而对社会采取日趋冷漠与麻木的态度，甚而"走进了更为细腻的官能感受和情感彩色的捕捉追求中"，"时代精神已不在马上，而在闺房；不在世间，而在心境"。①科举入仕已不再是文人们出人头地的出路，安于享乐、贪求情欲的世俗想法恰是当时文人的真实写照。道教迎合世人的教义正好被唐末五代文人士大夫用来调整心态和填补心灵空虚：他们在道教中寻觅长生与解脱，同时又在女冠身上求得世俗的欢乐，而花间词人笔下的仙道艳情词，正是这一心灵追求的突出反映。《花间集》艳情词中反复出现的巫山、云雨、刘阮、萧史、姮娥等道教神话传说，或是对女仙和女冠的细腻刻画，都表明唐末五代人们的神仙信仰已经向世俗化转变。因而花间词人笔下一面是对道教女冠"霞帔云发，钿细仙容似雪"（温庭筠《女冠子》），"步虚坛上，降节霓旌相向"（鹿虔扆《女冠子》）出世的精神膜拜；一面又沉入对世俗生活"初夜含娇入洞房"（和凝《江城子》），"夜来潜与玉郎期"（李珣《虞美人》）入世的描摹。葛兆光在《道教与唐代诗歌语言》中指出："古奥华丽的语言、丰富神奇的想象、深沉强烈的生命意识和追求自由幸福的愿望，就是道教给予唐诗的影响。"②同样，我们可以这样认为，《花间集》乃至唐五代词中广泛使用道教巫山神话传说等语汇意象抒发内心情感，寻求心灵寄托，正是唐五代文人士大夫心中"深沉强烈的生命意识"的一种体现，而这也恰好证明了道教文化对唐五代词的影响。

---

① 李泽厚：《美的历程》，第 155 页。
② 葛兆光：《道教与唐代诗歌语言》，《清华大学学报》1995 年第 4 期。

贵州影戏流传情况探考

张 军

影戏,通称"皮影戏",是一种由艺人在白色幕布(影窗)后面通过说唱、音乐伴奏与呈现在影窗上的影人形象密切配合的方式演绎故事的民间艺术,其主要特点是借灯取影,以影为戏,故称"影戏"。这种道具小戏从有明确文献记载的北宋以来,一直在中国的大地上流传着。笔者曾这样概述其分布情况:"中国影戏不但历史悠久、成就突出,而且分布非常广泛,几乎遍布祖国大地的每个角落。历史文献记载与田野调查资料表明,我国北到黑龙江,南达广东,西至新疆,东迄台湾,都曾有影戏流传。"[1]但在以省级行政区域为单位梳理中国影戏的分布情况时,大量影戏研究专著和论文均将贵州省遗漏在外。实际上,清代贵州诗人赵旭《影戏》诗对影戏演出情况的详细描述,已经明确证实贵州省历史上曾有影戏流传,这条材料也已被部分戏曲资料收录并引起个别学者的注意,但其价值还是被忽视,未被纳入相关研究领域。因此,有必要进一步对这条材料的价值进行凸显和强调。

---

① 张军:《滦州影戏研究》,大象出版社,2010,第1页。

目前对中国影戏分布区域梳理得较为全面的有以下三家。

（1）江玉祥在《中国影戏》中指出："中国影戏发展至清末，已在全国流行。时至今日，虽然规模大不如前，但是在陕西、山西、河南、河北、山东、甘肃、青海、内蒙古、辽宁、吉林、黑龙江、四川、云南、湖北、湖南、安徽、江西、江苏、浙江、福建、广东、台湾等20余个省、区内，还能看到影戏演出，有的省（如湖南、陕西、青海、河北）甚至相当盛行。"[①]此处提及当时还能看到影戏演出的省级行政区域共计22个，加上在划分"七大影系"时提及的北京和上海两地，书中所附《中国影戏分布图》表明天津、宁夏两地也有影戏分布，这样共计26个省级行政区域曾有影戏流传。其时全国共有31个省级行政区域，只有新疆、西藏、贵州、广西和海南5个区域未见影戏流传。

（2）魏力群在《皮影之旅》[②]和《中国皮影艺术史》[③]中也分别只提及上述江玉祥提及的26个省级行政区域。

（3）李跃忠在魏力群《皮影之旅》统计的基础上，增加了新疆、重庆和香港三地，他认为"这样，我国就有28个省、市、自治区及一个特别行政区有影戏的流布"。[④]其中新增新疆一地依据的是《皮影戏入疆的传说》[⑤]，如果"传说"可以作为证据，那么，赵旭的《影戏》诗更能证明贵州曾有影戏流传。

综合来看，现在全国34个省级行政区域中只有西藏、贵州、广西、海南和澳门5个区域未见影戏流传。这5个省级行政区域均地处边远，因影戏传播路径遥远或路线中断而难以影响到这些地方，如果排除有影戏流传的贵州省，其他四地无一不临边临海。由于赵旭的《影戏》诗可以证明贵州省曾有影戏流传，因此上述三家的影戏分布区域均应增加贵州省。

---

① 江玉祥：《中国影戏》，四川人民出版社，1992，第191页。
② 魏力群：《皮影之旅》，中国旅游出版社，2005，第152~154页。
③ 魏力群：《中国皮影艺术史》，文物出版社，2007，第4~8页。
④ 李跃忠：《影戏》，中国社会出版社，2008，第205页。
⑤ 朱哲：《皮影戏入疆的传说》，《当代戏剧》2000年第4期。

以笔者目前所见为限，戏曲类著作提及赵旭《影戏》诗的主要有以下几处。

（1）《贵州戏剧资料汇编》节引《影戏》诗"白纱作幔如隔窗"至"偃师倡者真无双"部分。所附［说明］云："摘自《播州诗抄》卷二，光绪二十六年（1900）版。赵旭，字石知，贵州桐梓人。"①其中引文"喧阗鼓伐还金枞"中"枞"应为"摐"。另，"《播州诗抄》"应为"《播川诗抄》"，赵旭曾解释《诗抄》命名的缘由："播川，元县名，今旧城，是我之别墅在焉；播川，又元驿名，今魁崖，是我之故宅在焉。因以名集。"这些错误均被《中国戏曲志·贵州卷》和王颖泰沿袭。

（2）《中国戏曲志·贵州卷》转引上述《贵州戏剧资料汇编》所引内容及说明。②引文"中横竹案高悬釭"中"釭"误作"缸"，此误亦被王颖泰沿袭。

（3）王颖泰《贵州古代表演艺术》转引上述《中国戏曲志·贵州卷》相关内容，并对《影戏》诗进行了解读。他指出："这是一首评价皮影戏的剧评诗。它的出现证实了清代晚期贵州存在过'皮影戏'这一剧种。从诗中描写的'竹案'等物事来看，这一剧种可能活动于气候炎热的黔北地区，刚好处在山陕梆子和皮影戏往西传播的路线上。这首剧评诗细腻、周详、生动地评说了皮影戏的有关材料及其演出的情景。"③王颖泰在此已明确指出赵旭《影戏》诗的出现"证实了清代晚期贵州存在过'皮影戏'这一剧种"，但这一成果并未引起相关领域研究人员的重视。

（4）王颖泰《贵州戏剧批评史》亦转引上述《中国戏曲志·贵州卷》相关内容，对该诗的解读也与作者前书大致相同。王颖泰两书引文均将"古来巧技不一类"中"技"误作"计"。

---

① 《中国戏曲志·贵州卷》编辑部：《贵州戏剧资料汇编》，1984，第29～30页。
② 《中国戏曲志》编辑委员会、《中国戏曲志·贵州卷》编辑委员会：《中国戏曲志·贵州卷》，1999，第565页。
③ 王颖泰：《贵州古代表演艺术》，贵州人民出版社，2004，第159～161页。

由于引文的错误，由此也产生了一些误读。"高悬釭"被解读为"幔后'高悬'一只用以照明的油'缸'（清人颜嗣徽有句'金缸衔火连珠耀'，可见'缸'是盛油照明的用具）"，"缸"的正字"釭"意为"灯"，此句意为高挂油灯照明取影。"喧阗鼓伐还金枞"被解读为："只听得耳边充盈着击'鼓'讨'伐'、收服'金枞'的声音，皮影戏已经开始了。'枞'，即安徽枞阳，'金枞'似指被金兵占领的枞阳。这句诗评说了两个意思：一是评说所演皮影戏的剧目，其中关涉金兵和枞阳，应该是写宋末元初征战的故事，而此后的诗句又提到'杂剧'，可见其剧情来自宋元杂剧；二是评说皮影戏所用的乐器，'喧阗鼓伐'中的'鼓伐'，也就是'击鼓'，这是说演出时要以'鼓'伴奏。""枞"的正字"摐"通"撞"，意为"击"，此句意为金属的乐器和鼓一起敲击伴奏，金鼓齐鸣造成了一种大而杂的声响效果。另外，"转关戾"被误读为"'转'而演出乖'戾'内容的情节"，"关戾"意为"能转动的机械装置"，此处借指影人各部件之间连接的机关，此句意为操纵转动影人身上的关节摆出各种造型。"偃师倡者真无双"被误读为"倡导皮影戏的人也是举世'无双'的"，"偃师"见《列子·汤问》，"倡"为"俳优"，是古代以乐舞谐戏为业的艺人，"工人"偃师制作的"倡者"是一个灵动异常的假人，有人将此视为傀儡戏的起源，此句意为偃师制作的能表演的假人真是天下无双。①

以上四处均未全引赵旭《影戏》诗，为了见其全貌，现据民国丁巳（1917年）冬刊本《播川诗抄》将该诗全引如下：

白纱作幔如隔窗，中横竹案高悬釭。薄皮剪凿肖人物，陆离光怪其形庞。丙夜无风月正暗，喧阗鼓伐还金摐。二人拥案转关戾，生动妙以熟手扛。或行或坐或顾盼，或俯或仰或击撞。稗官杂剧事恍惚，人代影语传新腔。古来巧技不一

---

① 王颖泰：《贵州戏剧批评史》，贵州人民出版社，2006，第113~115页。

类，偃师倡者真无双。马钧木人纪魏志，宝修傀儡名隋邦。过锦水嬉盛前代，四十余人引旌幢。要皆以形不以影，每于白昼呈琤瑽。少翁遗意此或似，灯昏隐约连花鬞。贫民失业靡不作，金钱浪掷欺呆蠢。前年此时遭大水，深宵秉炬逃崆峒。未得官家一碗粥，沿流号泣寻轻艭。鸠形菜色坐月下，人人顾影饥欲眃。今年二麦稍有获，顿贪嬉戏忘忧懵。梨园绳伎况毕集，凭谁驱逐毋纷哤。归来对烛暗太息，街头打乱三更梆。

赵旭（1812~1866），字石知，号晓峰，贵州桐梓人。清道光诸生。赵旭三岁丧父，曾追寻其叔至上海后从江宁名士顾槐三游学。旋返桐梓，九次乡试皆不中，居家课读，26岁因博学被聘为《遵义府志》采访生员。咸丰初以军功叙官训导，同治元年（1862年）署荔波县训导，兼摄都匀府教授。同治五年（1866年），苗民攻破荔波县城，赵旭受伤后投水而死，朝廷追赠国子监学录，世袭云骑尉。赵旭才学兼备，著有《播川全集》五十余卷，现仅存《诗抄》六卷，遗诗400多首，其诗受到"西南巨儒"郑珍和莫友芝的称赏。所编著还有《桐筌》六卷、《舍人尔雅注》一卷和《蜀碧补遗》六卷。赵旭除去青少年时期曾在外奔走求学之外，其余时间大都留在以其家乡桐梓为中心的贵州省境内，其《影戏》诗即作于桐梓。

《影戏》诗前半部分王颖泰已有解读，此处不赘。只是强调一下"人代影语"指出了影戏表演的特点，即影人不能发声，得由艺人代其说唱，艺人将情感注入影人身上，影戏表演也就活灵活现了。"传新腔"则表明影戏也能赶上时代的步伐，用"新腔"表演故事。

随后赵旭提及了傀儡戏表演等，"马钧木人"见《三国志·魏书·杜夔传》裴松之注："时有扶风马钧，巧思绝世。……以大木雕构，使其形若轮，平地施之，潜以水发焉。设为女乐舞象，至令木人击鼓吹箫；作山岳，使木人跳丸掷剑，缘絙倒立，出入自在；百官行署，春磨斗鸡，变巧百端。"①"宝修傀儡"见《太平广记》卷第二百二十六《水饰图经》条引《大业拾遗记》："炀帝别敕学士杜宝修《水饰图经》十五卷，新成。以三月上巳日，会群臣于曲水，以观水饰。有神龟负八卦出河，进于伏牺。……巨灵开山，长鲸吞舟，若此等总七十二势，皆刻木为之。或乘舟，或乘山，或乘平洲，或乘盘石，或乘宫殿。木人长二尺许，衣以绮罗，装以金碧。及作杂禽兽鱼鸟，皆能运动如生，随曲水而行。又间以妓航，与水饰相次，亦作十二航，航长一丈阔六尺。木人奏音声，击磬撞钟，弹筝鼓瑟，皆得成曲。及为百戏，跳剑舞轮，升竿掷绳，皆如生无异。其妓航水饰，亦雕装奇妙，周旋曲池，同以水机使之。奇幻之异，出于意表。"②其中"水饰"为游船上用水力机械操纵的各色木偶。"过锦水嬉"见《金鳌退食笔记》卷下："玉熙宫在西安里门街北，金鳌玉蛛桥之西。……他如过锦之戏，约有百回，每回十余人不拘，浓淡相间，雅俗并陈。又如杂剧古事之类，各有引旗一对，鼓吹送上。所扮备极世间骗局俗态，并拙妇呆男及市井商贾、刁赖词讼、杂耍诸项。盖欲深宫九重之中广识见博聪明，顺天时恤民隐也。水嬉之制，用轻木雕成海外诸国及先贤文武男女之像，约高二尺，彩画如生，有臀无足而底平，下安卯榫，用竹板承之，设方木池贮水令满，取鱼虾萍藻实其中，隔以纱障，运机之人皆在障内游移转动。一人鸣金宣白题目，代为问答。惟暑天白昼作之，以销长夏。明愍帝每宴玉熙宫，作过锦水嬉之戏。一日宴次，报至汴梁失守，亲藩被害，遂大恸而罢。自是不复幸玉熙宫矣。"③简言之，"过锦"是明代宫中所演带有玩笑性质的杂戏，"水嬉"是一种水傀儡表演。这些与傀儡相关典故的运用，在某

---

① （晋）陈寿撰，（宋）裴松之注《三国志》，中华书局，2011，第 671～672 页。
② （宋）李昉等：《太平广记》，中华书局，1961，第 1735～1736 页。
③ （清）高士奇：《金鳌退食笔记》，《四库全书》第 588 册，上海古籍出版社，1987，第 425～426 页。

种程度上反映了赵旭对傀儡等民间小戏的关注与熟悉,其《播川诗抄》卷四《病中》诗还曾借"傀儡供人暗引丝"发端抒情。"要皆"两句指出了前列这些表演形式与影戏的主要差别,即一者"以形""每于白昼"表演,一者"以影"常在夜晚登场,即一者借助傀儡等形体在白天进行表演,一者借助影人的投影在晚上进行演出。

"少翁遗意"见《汉书·外戚传》:"上思念李夫人不已,方士齐人少翁言能致其神。乃夜张灯烛,设帷帐,陈酒肉,而令上居他帐,遥望见好女如李夫人之貌,还幄坐而步。又不得就视,上愈益相思悲感,为作诗曰:'是邪,非邪?立而望之,偏何姗姗其来迟!'令乐府诸音家弦歌之。"①此则故事为多家记载并被视为影戏的起源,实际上,这只是一种方士弄影术,但由于民间传说多将影戏起源与此挂钩,因此诸多诗文论及影戏时也使用此典故。"贫民"以下与影戏本体几乎无关,主要展示水灾之后民众对影戏的喜爱。但"前年此时遭大水"可为此诗系年提供线索,值得注意。

《播川诗抄》卷二收录诗歌起止年份为"戊申至癸丑",即道光二十八年(1848年)至咸丰三年(1853年)。卷二《影戏》诗前有《避水》一诗,主要描写桐梓发生水灾的情状,中有句云:"今年夏五月,壬子值十六。连日大雷雨,天地若翻覆。"查历书可知,道光二十九年五月十六(1849年7月5日)干支为己酉年庚午月壬子日,据此可以确定水灾发生在1849年。结合《影戏》诗中"前年此时遭大水",可以推定赵旭《影戏》诗作于咸丰元年(1851年)。这样,可以证明在咸丰年间贵州桐梓一带已有影戏流传,并深受当地民众的喜爱和追捧。

那么,贵州桐梓一带的影戏是从何地传来的呢?从地缘因素进行考虑,从贵州邻省传入的可能性极大。

与贵州接壤的曾有影戏流传的地域有湖南、云南、四川和重

---

① (汉)班固:《汉书》,中华书局,2012,第3382~3383页。

庆，由于湖南一直使用纸做的影人演出，而赵旭诗中明确提到"薄皮剪凿肖人物"，因此，湖南省可以排除在外。另外，云南地处边陲，位置也在贵州的西边，亦可排除。这样，贵州桐梓一带的影戏极有可能是从四川或重庆传入的。其中又以重庆与黔北最为接近，查阅近年所修的一些地方志可以知道重庆的巫溪、万县（今万州区）、潼南等地曾有影戏流传，今引一条材料以见一斑。据《万县地区文化艺术志》记载："皮影戏又称灯影戏。万县地区梁平、云阳、万县、忠县、开县等县均有活动，有的县在解放后还成立了皮影队（组）。……梁平县的皮影戏已有 200 多年历史，仁贤乡黄氏灯影木脑壳戏班，至 1949 年已是 12 代传人。"[①] 如果仅以空间距离的远近作为判断标准的话，那么由重庆传入的可能性最大。但因为重庆 1997 年才从四川省划分出来成为直辖市，所以我们笼统地说由四川传入亦无不可。换言之，贵州的影戏可能是从北边的四川（重庆）传入的。这说明前文王颖泰"刚好处在山陕梆子和皮影戏往西传播的路线上"的推断也可能存在问题。

通过以上论述，我们可以断言贵州省在历史上曾有影戏流传。因此，目前中国有影戏流传的省级行政区域应该为 30 个，即应在原有的基础上增加贵州省。

---

① 四川省万县市文化局：《万县地区文化艺术志》，四川人民出版社，1996，第 250 页。

刘大櫆与时文

赵永刚

一 问题的提起

在桐城派的发展历程中,古文与时文之间的纠葛关联始终是一个焦点问题,关于这个问题,代表性的观点主要有三种,即以时文为古文,以古文为时文和折中二者而各有偏重者。

钱大昕是第一种观点的倡导者,他在《与友人书》中对桐城初祖方苞大肆批评,说:"若方氏,乃真不读书之甚者。吾兄特以其文之波澜意度近于古而喜之,予以为方所得者,古文之糟粕,非古文之神理也。王若霖言灵皋以古文为时文,却以时文为古文,方终身病之。若霖可谓洞中垣一方症结者矣。"[1]在钱大昕看来,方苞空疏无学,所谓古文义法乃是得自世俗古文选本,义且不通,更遑论法,且以时文为古文,尽管所作古文能肖时文之波澜意度,但终究不入精华境界,反而堕入时文糟粕之中。包世臣也有类似的认识,他说:"古文自南宋以来,皆以时文之法,

---

[1] (清)钱大昕著,吕友仁标校《潜研堂文集》,上海古籍出版社,1989,第608页。

繁芜无骨势。茅坤、归有光之徒程其格式,而方苞系之,自谓真古矣,乃与时文弥近。"①直到五四时期,周作人在《中国新文学的源流》第四讲《清代文学的反动(下)——桐城派古文》中,依然批判桐城派"文章统系也终和八股文最相近"。②

与上述观点截然相异的一批学者认为,桐城派古文家是以古文为时文,自觉避免时文作法阑入古文义法之中,是提升了时文的境界,而不是降低了古文的品格。针对清人对桐城派以时文为古文的种种非难,率先提出质疑并以翔实的文献推理而得出与之迥异观点的学者是钱仲联先生,他在《桐城古文与时文的关系问题》一文中指出:"影响不能改变不同文体的特性,古文自是古文,时文自是时文,泾渭清浊,源自分别。"钱先生以为古文与时文文体有别,各有其行文之法,很难达到真正意义上的沟通转化,因此"事实上,桐城古文家的创作实践,与时文是有鸿沟之殊的"。③

折中派的代表王气中先生在《桐城文风探源——兼论它流行长远的原因》中说:"形成桐城派文风的第三个要素,是经义时文的影响……在这一历史时期,很多散文作者既是古文的名家,又是时文高手。归有光、方苞等人,他们都是驰名的八股文大家……由此可见,在八股文盛行时代,散文所蒙受的巨大影响……八股文最大的毛病,在其思想固定和写作方法程式化。我们不能因为这些原因而怕说它对古文的影响,影响是客观存在的。"④虽然是折中二者,但论述约略偏重在时文对桐城古文风格的影响上。邝健行先生也力图调和二者,但与王气中先生不同之处在于,邝先生的观点偏重在古文对时文的影响上,《桐城派前

---

① (清)包世臣:《读大云山房文集》,《艺舟双楫》,商务印书馆,1936,第55页。
② 周作人:《中国新文学的源流》,华东师范大学出版社,1995,第48页。
③ 钱仲联:《梦苕庵清代文学论集》,齐鲁书社,1983,第79~80页。
④ 王气中:《桐城文风探源——兼论它流行长远的原因》,《江淮论坛》1985年第6期。

期作家对时文的观点与态度》一文指出:"古文入时文才是最初的步骤,而且是决定性的步骤。后来如果出现时文影响古文的情况,大抵只能算是虚象。推本溯源,所谓影响,还是来自古文的。"①

综合三种代表性的观点,不难看出,时文和古文的关系问题是桐城派古文的核心命题之一,不管二者之间的主从关系如何,在考察桐城派古文时,时文是绕不开的议题。不无缺憾的是,上述观点多是从宏观的角度著论,对具体作家个案的微观分析很少,而这种深入细密的微观分析有时却是立论的基础。因此本文决定以桐城三祖之一的刘大櫆为个案,对《海峰制义》《时文论》以及《刘大櫆集》中的11篇时文序进行考察,着力揭示刘大櫆的时文理论、时文风格和矛盾的时文情感,以期为探寻桐城派古文与时文之关系提供一个基础性的研究。

二 刘大櫆的时文理论

方苞盛赞刘大櫆精于时文,吴德旋也是如此,他说:"桐城刘海峰先生以诗古文负重名雍正、乾隆间,然其生平著述之尤善者,经义也。"②刘大櫆丰富的时文理论,主要见于《海峰制义》附录的《时文论》和《刘大櫆集》中的11篇时文序中。

从时文起源论上来讲,刘大櫆有明显的尊体意识。《张荪圃时文序》曰:

> 余尝谓古昔圣人之言,约而弥广,径而实深,即之若甚近,寻之则愈远。儒衣之子,幼而习之,或通其词训,而未究其指归。后之英主,更创为八比之文,使之专一于四子之

---

① 邝健行:《诗赋与律调》,中华书局,1994,第212~213页。
② (清)吴德旋:《初月楼文续钞》卷三《刘海峰先生经义钞目录序》,清光绪九年(1883年)蛟川张荣寿《花雨楼丛钞》本。

书,庶得沿波以讨源,刮肤以穷髓,其号则可谓正矣。①

他指出时文虽然不能与六经相提并论,但时文对于理解六经却是功绩甚伟。以至于在《徐笠山时文序》中高扬时文价值,径直指出:"夫文章者,艺事之至精,而八比之时文,又精之精者也。"为何如此推重时文呢?因为在众多文体之中,时文要求代古人立言,自己文章之语气要切合古人神态,如:

> 立乎千百载之下,追古圣之心思于千百载之上而从之。圣人愉,则吾亦与之为愉焉;圣人戚,则吾亦与之为戚焉;圣人之所窈然而深怀,翛然而远志者,则吾亦与之窈然而深怀,翛然而远志焉。如闻其声,如见其形,来如风雨,动中规矩,故曰文章者艺事之至精,而八比之时文,又精之精者也。(《徐笠山时文序》,第93~94页)

代言体是时文最重要的特征之一,它是时文区别于其他文体重要的标志,也内在性地规定了时文技法的精密与艰深。在时文中果真能够以程朱之理,再现古圣之神行,既蕴含儒家之思想,又展示圣贤之形象,那么这样的时文就远非其他文体所能媲美。因为时文分股立柱有诗歌的形式,文以载道有古文的内涵,肖像古人有小说的特征,但诗歌阐发义理不及时文,古文则缺少时文的形象性,时文典重庄雅的性质也非小说所敢望。从这个意义上来说,刘大櫆将时文界定为艺事之精者,是有其内在的合理性的。

既然时文地位如此之高,作法如此其难,那么能够追步古文,不为世俗之文者就寥若晨星了,传世久远的时文作品也不过数十篇而已,而庸滥朽腐之时文却是积案盈箱,这就导致了下面这种悖谬景象:

---

① 吴孟复标点《刘大櫆集》,上海古籍出版社,1990,第101页。后文引用《刘大櫆集》时,为避烦冗,只开列篇目和页码。

> 今以前代之时文，与今之时文，果足以追步古人者，与今人见之，则适适然惊矣，望望然去矣。何者？彼其于诗歌、古文徒见其善者也；彼其于时文，虽有善者不见，徒见其不善者也。徒见其善者，以善者示之，彼以为类也，故安之也；徒见其不善者，忽以善者示之，彼以为不类也，故怪之也。（《徐笠山时文序》，第94页）

面对境界时文惊讶离去还是颇为温和的，更为可悲的是，肤滥时文横行天下，淹没了境界时文，所以清初不少学者甚至将明代亡国罪责归咎于时文，讥刺与讨伐纷至沓来，以至于康熙二年（1663年）废除时文，改行策论，乾隆三年（1738年）又有兵部侍郎舒赫德请废时文。在对时文的一片讨伐声中，像刘大櫆这样推重时文的古文家已是为数不多。

从时文的技法论上来讲，刘大櫆以为时文作为代言体，最重要的作法就是逼真古人。即：

> 八比时文，是代圣贤说话，追古人神理于千载之上，须是逼真。圣贤意所本有，我不得减之使无；圣贤意所本无，我不得增之使有，然又非训诂之谓。取左、马、韩、欧的神气音节，曲折与题相赴，乃为其至者。①

逼真古人也是时文和古文的重要区别之一，"古文只要自己精神胜，时文要已之精神与圣贤精神相凑合"（《时文论》第十一则）。这也是时文技法繁难于古文的重点所在，生于清代的作家距离孔孟等圣贤已有两千多年，要在数百字的文章中逼肖古人，

---

① 《时文论》第一则，见刘大櫆《海峰制艺》附录，光绪元年（1875年）刘继于邢丘重刊本。《时文论》共有十六则，吴孟复标点《刘大櫆集》第612页所附《时文论》仅录六则，故本文以刘继刻本为参照。

其难度不言而喻，刘大櫆对此深有感悟，他说：

> 如今人作文字便不见圣贤神理，待模神理时又不见今人。作文字的人须是取自家行文神理，去合古圣贤神理。有古人有我，即我即古人，大非易事。（《时文论》第十则）

如何才能逼真古人，神理兼备，刘大櫆提出八字要言，他说：

> 作时文要不是自我议论，又不是传注、训诂始得。要文字做得好，才不是传注、训诂。要合圣贤当日神理，才不是自我议论。故曲折如题而起灭由我，八字是要言。（《时文论》第二则）

曲折如题、起灭由我是刘大櫆时文技法的核心，前者要求作家认清体面，揣摩题旨，这是时文技法之中最为基础也最为切要的，因为"时文体裁原无一定，要在肖题而已。整散布置，随题结撰可也"（《时文论》第九则）。起灭由我则是针对时文家的主观修为而言，它要求时文家备具高深的学问基础，即"时文小技，然非博极群书不能作"（《綦自堂时文序》，第100页）；要娴熟古文技法，即"必皆通乎六经之旨，出入于秦、汉、唐、宋之文，然后辞气深厚，可备文章之一体，而不至龃龉于圣人"（《方晞原时文序》，第97页）；还要有善感的心地肺肠，因为"文之不同，如其人也。一任其人之清浊美恶，而文皆肖像之。以卑庸龌龊之胸，而求其文之久长于世，不可得也"（《郭昆甫时文序》，第96页）。所以要做好时文，"须先洗涤心地，加以好学深思，令自家肺肠与古圣贤肺肠相合，然后吐出语言，自然相似"（《时文论》第四则）。

另外，以古文为时文也是刘大櫆时文理论的重要组成部分，他说："谈古文者多蔑视时文，不知此亦可为古文中之一体，要在用功深，不与世俗转移。"(《时文论》第十五则）值得注意的是，刘大櫆力图将时文纳入古文之中，希望以古文气格振起时文颓势，所以他延续了明代唐宋派以古文为时文的成法，称赞唐宋派"以古文为时文之说甚确"，在考察明代八股文发展史时，也认为唐宋派的时文成就为最高，他指出：

  明代以八股时文取士，作者甚众，日久论定，莫盛于正、嘉。其时精于经，熟于理，驰骤于古今文字之变，震川先生一人而已。荆川之神机天发，鹿门之古调铿锵，卓然自立，差可肩随。(《时文论》第十三则）

归有光、唐顺之、茅坤之所以在时文创作上成就斐然，就在于三人的时文都师法《史记》，即"唐、归、茅三家，皆有得于《史记》之妙"。不同之处在于所得各异，"荆川所得，多在叙置曲尽处；鹿门所得，多在歇脚处，逸响铿然；震川所得，多在起头处，所谓来得勇猛也"(《时文论》第十四则）。而且刘大櫆的时文理论特别强调音节的作用，与他的古文理论专著《论文偶记》契合，也可以看出刘大櫆以古文文法充实时文创作的趋向。

三　刘大櫆的时文创作

刘大櫆的时文作品主要集中在《海峰制义》中，有评点，光绪元年（1875年），由刘开之子刘继刻于邢丘，欧阳霖、曾纪云等编校。细读这些时文，可以看出，以时文为古文，时文与古文交互影响，是刘大櫆时文创作的最大特点。

刘大櫆的时文创作师法明代时文大家归有光，并已登堂入室，得归氏神味，很多时文作品俨然备具归有光风格，如《弟子入则孝　一节》，徐诚斋先生评曰："逐句还他实义，瘦硬直达，而丘壑自然起伏，波澜自然潆洄，精神自然雄浑，前辈惟震川有此能事。"《质胜文则　一节》，符幼鲁评曰："后半一气直达，又似震川。"《子曰中人以上　一节》,徐笠山评曰:"行文一气奔泄,莽苍朴拙处非震川先生不能。"刘大櫆的受业弟子吴定在《海峰夫子时文序》中,将归有光推尊为明代时文第一人,有清一代承继归有光且能得时文家法者,唯刘大櫆一人而已,他说:

> 前明以经义试士,作者相望,然能以古文为时文者,惟归氏熙甫一人。先生(刘大櫆)生我朝文教累洽之时,独闭户得古文不传之学,其为时文也,神与圣通,求肖毫发,不增一言,不漏一辞,臭味色声,动中乎古,远出国朝诸贤意象之外。①

刘大櫆师法归有光所得不传之秘,即是以古文为时文,《海峰制义》中的时文蕴蓄古文神理者甚多,如《未知生焉知死》,周白民评曰:"引星辰而上,决江河而下,体虽排偶,寔则古文之单行也。"《圣人吾不得　二节》,钟润川评曰:"格调近化治而气味则出自古文。"《诗云邦畿千里　一节》,陈伯思评曰:"铸六经为伟词似刘克猷,而一种浓郁之气,则得于古文者深矣。"

刘大櫆以古文为时文的行文方式有时已经做到极致,以至于丧失了时文特有的体貌特征,出现了时文不时的现象,如《子曰泰伯　一节》:

> 昔周自后稷以来,积德累仁数百年,至于太王寔始翦商,其后武王伐纣,遂克商而有天下焉。
>
> 夫子曰我周之初,圣人继作,皆出于事不获已,而各行一心之所安也。由今思之,泰伯其可谓至德也矣。(前一大股)
>
> 自周失其政,亲戚离畔而祝降时丧,历数归于我周,太王不忍百姓于非辜,思欲拔之于水火,登诸衽席,以道济天

---

① (清)吴定:《紫石泉山房诗文集》卷六,清光绪十三年(1887年)刻本。

下为己任，非苟而已也。设使泰伯以彼其贤，缵太王之绪，朝诸侯，有天下，如反掌耳。

泰伯顾以为君臣大义无所逃于天地之间，矢心孤往，独行其是，而卒能自全，无有所失，乃与仲雍托之采药而逃荆蛮。荆蛮夷狄狄之俗，世或传其断发文身，无所用之耳。

然泰伯何尝有弃天下如屣之迹，示人以毫末哉？推其意，盖有不欲百世之下鉴其衷，何况欲当世知其故乎？

由今思之，三以天下让，民无得而称焉。（后一大股）

如果此文不是载于时文集《海峰制义》，单纯从文体特征上看，我们很难将其归入时文一类。因为刘大櫆在创作这篇时文时，几乎打破了所有时文应有的文体规范。该题出自《论语·泰伯》篇，全文是"子曰：泰伯，其可谓至德也矣！三以天下让，民无得而称焉"。题面内在地规定了泰伯"至德"和"民无得而称"是该篇时文阐释的两个重点，是典型的两层意思并列的双扇题，刘大櫆分为两大股是较为常见的做法，且后一股三四段俨然也是相对的两股，还是能体现出一些时文文法。但是两大股字数悬殊，前一大股86字，后一大股229字，很难构成股与股之间的对称。全文以古文单行之笔展开，也在一定程度上冲淡了时文所要求的对偶。更为遗憾的是，该文甚至于没有设置破题，虽然在两大股的收尾处各自点明了题旨，但这绝对不符合时文要求。该文方苞的评语是"浑含而意已尽"，雷贯一评曰"以含蓄之笔，写难尽之词，得《史记》之神"。着眼点都在于表彰刘大櫆以古文含蓄之笔，写时文难尽之词，而刘氏时文的植根之处，除了明代归有光而外，还有古文楷模式的著作《史记》。

可见，以古文为时文，以古文笔法提升时文境界，在刘大櫆这里是显而易见的。同样，通过细读《刘大櫆集》，也不难发现时文文法经常逆向渗透在刘大櫆的古文作品中，使得一些古文在文体特征上更接近于时文，古文不古的现象在《刘大櫆集》中也可以看到。前文举证的是刘大櫆的时文《子曰泰伯 一节》，在

《刘大櫆集》中也有一篇出处相同之作，这篇古文题为《泰伯高于文王》，为了便于分析时文的影响，故将该古文按照时文格式标目分段如下：

泰伯高于文王（破题）

使文王而生于泰伯之时，其不能为泰伯之为邪？呜呼！其亦能为也。

使泰伯而居文王之位，其不为三分有二之天下以服事殷，其又将过之邪？呜呼！其无以过也。（起二股）

若是，则泰伯与文王等耳，何以异？（出题）

虽然，天下之事将然者不可知，而惟已然者可以循迹而较。（中二股）

文王可谓无愧于其君，泰伯则无愧于君，而又无歉于其父。（后二股）

且文王之三分有二以服事也，人知之。

泰伯者，一日与其弟仲雍采药而至荆蛮，久之不返，有来告者曰：已为吴人，断发文身矣。设使衰周之世无孔子，则人孰不以泰伯为狂哉？（束二股）

呜呼！此泰伯所以高于文王也。（收结）①

这篇古文的文体规范是时文式的，有明显的破题、出题、分股立柱、收结等时文格式，也具备时文内在要求的起承转合等行文逻辑，可以看作一篇颇为严格的时文。尽管该文收录在古文集中，但是收录的依据是它的内涵思想，而不是体貌特征。之所以将其定位为古文，就在于它提出了与朱熹相左的观点，朱熹认为泰伯高于文王是因为他固守臣子的忠心，刘大櫆则将泰伯的至德界定为孝悌。不过思想上谨守《四书章句集注》却是时文在内涵上最重要的规定性，也是时文与古文深层的区别之一，《子曰泰

---

① 吴孟复标点《刘大櫆集》，第27页。

伯》归入时文类,《泰伯高于文王》录在古文集中,都是基于思想内涵上的考虑,而不是简单的文体特征归类,如果以文体特征为分类根据的话,那么这两篇文章的归属肯定会重置。

通过以上两篇同题文章可以看出,时文和古文在刘大櫆这里,不是泾渭分明、难以交融的,而是彼此渗透、交互影响的,古文笔法提升了时文境界,使时文富含古文苍朴古质之气,而时文严谨的行文逻辑也深化了古文的思想性。所以因诋毁桐城派而强调以时文为古文,或因揄扬而表彰以古文为时文,都是片面的。

四　刘大櫆的时文情感

刘大櫆的时文情感非常复杂,根据当时人的评介和现存的《海峰制义》来看,刘大櫆是擅长时文的,但是他在科举上却屡屡失意,除雍正七年、十年,两次举副榜贡生而外,在之后几十年的科举生涯中,再也没有过金榜高中的机会,这对于一位文坛巨子的伤害无疑是巨大的。

刘大櫆对于自己屡考屡不中的原因还是有清醒认识的。其主要原因有两个:一是刘大櫆的时文不合当时风尚,也就是时文不时。在《答周君书》中他说:"仆赋资椎鲁,又生长穷乡,不识机宜,不知进退,惟知慕爱古人,务欲一心进取,而与世俗不相投合。"①这种不合时宜的感叹在文集之中时有流露,甚至当朋友请求他为时文集作序时,刘大櫆还担心自己与流俗有别的时文观会牵连朋友,《顾备九时文序》说:"顾君古湫将刻其平生所为文章以行于世,而以余之有旧也,愿一言以厕其简端。余闻之而笑。夫古湫之文固已不宜于世俗,而重以余言,其不益滋之垢厉哉?"②《方晞原时文序》中也表达了同样的顾虑:"方子晞原将刻其平生所为制义,而请序于余,余应之曰:子之文,不合于时者

---

① 吴孟复标点《刘大櫆集》,第121页。
② 吴孟复标点《刘大櫆集》,第98页。

也。而重以余言，其毋乃未获揄扬之益，而益滋之诟厉乎！"①

将刘大櫆的时文置于雍乾两朝时文的发展史中考察，确实看出他的时文与当时风尚难以吻合，清真雅正是清朝科举取场中的衡文标准，这个标准通过朝廷训敕和钦定选本《钦定四书文》而逐步强化，到刘大櫆生活的时代已经达到极致，不幸的是刘大櫆的时文风格却是苍老瘦朴，如《康诰曰克　一章》，徐笠山评曰"苍老瘦朴而神气一片"；《众恶之必察焉》，吴荆山评曰"瘦折而变态不穷"。这与清真雅正的取士标准恰恰是格格不入的。另外，当时日渐兴起的汉学考据之法渗入时文之中，成为时文创作上的一种新风气，如"任钓台先生深于经学，发而为制义，虽小题亦必用考据之法行之"。②作为尊奉宋学的刘大櫆，自然也无法与此风气相契合。

二是刘大櫆认为个人的不遇是衡文者的不学无术所致。《徐笠山时文序》曰："彼一夫者，懵然踞坐于其上，持彼之一是，恃彼之一长，自以为绳墨，而以之衡天下士。"这些衡文者多数在文章学上并无甚深之修为，专以个人喜好为去取标准，"此世之能为古人之文者所以潜踪灭影，牢关深闭，藏其文于筐箧之中，而不与今人见之也。"③

尽管刘大櫆在科场上屡屡受挫，困厄终生，但时文是艺事之精之精者的尊体意识，始终没有改变，以古文文法提升时文境界的努力也始终没有终止，自别于流俗腐烂时文的品格也始终没有变更，他在《顾备九时文序》中说：

> 楚之南有渔者，冀得吞舟之鱼，而恶其钩之曲也，乃取庄山之金以为锥，投之潇湘之浦，大鱼之食其饵而去者以千数，而终年不一得鱼也。人见之，或讽其少曲。渔者曰：

---

① 吴孟复标点《刘大櫆集》，第97页。
② （清）梁章钜著，陈居渊校点《制义丛话》，上海书店出版社，2001，第190页。
③ 吴孟复标点《刘大櫆集》，第95页。

"宁终吾之生不得鱼,顾不忍曲钩而求之为耻也。"

这是刘大櫆的自我写照,展示了境界时文家不俗的行文追求,也述说着失意古文家悲凉的愤慨愁绪。从科举的功利性角度来说,刘大櫆是不幸的,但是从时文发展史的角度来看,刘大櫆却是重要的,他的重要性就在于,他的固守成就了时文的高贵品格,也反映了桐城派古文家独特的时文追求。

《四库全书总目》中的《四书》批评

赵永刚

中国古代学人,未有不重视目录学者。这是因为,中国优秀的目录学著作,自刘向《别录》以降,无不具有"辨章学术,考镜源流"之功用,而传统目录学的集大成之作《四库全书总目》尤为中国学术史之渊薮,正如余嘉锡《四库提要辨证·叙录》所云:"今四库提要叙作者之爵里,详典籍之源流,别白是非,旁通曲证,使瑕瑜不掩,淄渑以别,持比向、歆,殆无多让。至于剖析条流,斟酌古今,辨章学术,高挹群言,尤非王尧臣、晁公武等所能望其项背。故曰自《别录》以来,才有此书,非过论也。故衣被天下,沾溉靡穷。嘉道以后,通儒辈出,莫不资其津逮,奉为指南,功既钜矣,用亦弘矣。"①《四库全书总目·经部·四书类》收录历代《四书》研究著作164部,其著录情况如下表:

	两汉	六朝	唐	宋	元	明	清	伪作	总计
著录	1	2	1	22	11	10	16	0	63
存目	0	0	0	2	1	39	53	6	101

---

① 余嘉锡:《四库提要辨证》,云南人民出版社,2004,第5页。

四库馆臣对以上164部《四书》研究论著,均有批郤导窾之精审批评,俨然是一部简明《四书》学史,其中对宋、元、明、清四朝的《四书》学批评尤为珍贵,下文拟详细论述之。

一 《四库全书总目》对宋代《四书》学之批评

中国传统学问,有义理、辞章、考据三类。汉唐训诂发达,经学昌明,考据学兴盛;宋代理学蔚然兴起,义理之学取代了考据之学,成为学术的新潮流。理学是哲学兴味极浓厚的学术类别,它着重于宇宙论、本体论的发明,发展了儒家心性理论,强调为学工夫,推崇儒家的理想人格和精神境界。[①]理学之所以呈现出以上诸种迥异于考据学的特征,其中的重要原因是理学家所依据的儒家经典与汉学家判然有别。汉学家以名物考证见长,所据经典为"五经";理学家以义理阐发争胜,所据经典为《四书》。朱熹集平生之力为《四书》作注,元代延祐年间朝廷又将其悬为令甲,之后科举八股以《四书章句集注》为命题所出,天下士子皆被笼罩其中。学者自束发受书,无不从《四书》入手,以至于《四书》的地位日渐高涨,有凌驾"五经"而上之的趋势。

"五经"与《四书》在中国学术发展史上,各自分途,发展出汉学和宋学两端,固然是因为后世儒者别择不同、分途致力,但其根源仍在两者内容上的差异。《四库全书总目》经部卷三十五《孟子正义》提要对此有精当的论述,其词云:

> 汉儒注经,多明训诂名物,惟此注(赵岐《孟子注》)笺释文句,乃似后世之口义,与古学稍殊,然孔安国、马融、郑玄之注《论语》,今载于何晏《集解》者,体亦如是。

---

① 陈来:《宋明理学》,辽宁教育出版社,1992,第14页。

> 盖《易》、《书》文皆最古，非通其训诂则不明；《诗》、《礼》语皆征实，非明其名物亦不解；《论语》、《孟子》词旨显明，惟阐发其义理而止，所谓言各有当也。①

《论语》《孟子》词旨显明，从汉学名物考证入手，未必有多少值得抉发之处，而义理阐发却有无限空间。从这个意义上说，《论语》《孟子》文本的特质，是理学家选择它们的根本依据，而理学家的义理阐发，也符合《论语》《孟子》的文本要求。故此宋代理学家选择《四书》不是偶然，而以《四书》为代表的宋学之兴起，也是《四书》文本的内在要求所致。

汉学经历了汉唐的繁荣之后，在宋代遇到了理学的挑战，并逐渐被理学取代，皮锡瑞称宋代是经学的变古时代②，而《四书》变古的标志性著作，四库馆臣以为是宋代邢昺的《论语正义》，该书提要云：

> 今观其书，大抵翦皇氏之枝蔓，而稍傅以义理，汉学、宋学兹其转关。是疏出而皇疏微，迨伊、洛之说出，而是疏又微。故《中兴书目》曰："其书于章句、训诂、名物之际详矣。"盖微言其未造精微也。然先有是疏，而后讲学诸儒得沿溯以窥其奥，祭先河而后海，亦何可以后来居上，遂尽废其功乎？

导源之功归于邢昺，但若论宋学的集大成者，自然当以朱熹为大宗，而宋代《四书》学最高成就的代表之作，甚至《四书》学史上成就最高的论著，也应首推朱熹的《四书章句集注》。《四库全书总目》对该书更是推崇备至，该书提要曰：

---

① （清）纪昀等：《四库全书总目》（整理本），中华书局，1997，第455页。
② （清）皮锡瑞：《经学历史》，中华书局，1959，第220页。

《大学》章句，诸儒颇有异同，然所谓诚其意者以下并用旧文，所特创者不过补传一章，要非增于八条目外。既于理无害，又于学者不为无裨，何必分门角逐欤？《中庸》虽不从郑注，而实较郑注为精密。盖考证之学，宋儒不及汉儒；义理之学，汉儒亦不及宋儒。言岂一端，要各有当。况郑注之善者如"戒慎乎其所不睹"四句，未尝不采用其意。"虽有其位"一节，又未尝不全袭其文。观其去取，具有鉴裁，尤不必定执古义以相争也。《论语》、《孟子》亦颇取古注，如《论语》"瑚琏"一条与明堂位不合，《孟子》"曹交"一注与《春秋传》不合，论者或以为疑。不知"瑚琏"用包咸注，曹交用赵岐注，非朱子杜撰也。又如"夫子之墙数仞"注"七尺曰仞"，"掘井九仞"注"八尺曰仞"，论者尤以为矛盾。不知七尺亦包咸注，八尺亦赵岐注也。是知镕铸群言，非出私见，苟不详考所出，固未可概目以师心矣。大抵朱子平生精力殚于《四书》。其剖析疑似，辨别毫厘，实远在《易本义》、《诗集传》上。读其书者，要当于大义微言求其根本。明以来攻朱子者，务摭其名物度数之疏；尊朱子者，又并此末节而回护之。是均门户之见，乌识朱子著书之意乎？

可以说，此提要是对朱熹《四书章句集注》最为公允的评价，同时也反映了四库馆臣的两种《四书》学批评方法。

第一，汉宋兼采，不主一偏。清朝开四库馆，馆员集一时之选，纪昀、戴震等一大批汉学家主持其事，可以说四库馆是当时汉学家的大本营，以往论者往往据此推断《四库全书总目》的撰写也是以汉学标准为持论之绳墨，更有甚者以为《四库全书总目》是汉学家眼中的学术源流变迁，故此推断四库馆臣对汉学著作褒奖有加，而宋学论著，尤其是理学著作，则倍受讥弹，评介失允。不过，现在以《四书章句集注》的提要来看，这种观点是与事实相悖的。实际上，四库馆臣是主张汉宋兼采，不主一偏的。《四库全书总目·经部总叙》就有其明确的宣示,即"夫汉学具有根柢,讲学者以浅陋轻之,不足服汉儒也。宋学具有精微,读书者以空疏薄之,亦不足服宋儒也。消除门户之见,而各取所长,则私心祛而公理出,公理出经义明矣"。可见,四库馆臣是以"公理""经义"为最高悬鹄的,而不是先存了汉学家的偏见,有意左袒汉学而贬低宋学,《四书章句集注》提要对汉学家以细枝末节的考证之疏质疑朱熹的做法甚表不满;当然,他们也无意推崇宋学,对于宋学家的回护朱熹,百般弥缝,也有极尖锐的批评。所以,简单地以汉学标准衡量《四库全书总目》是偏颇的,并且学界流行的观点以为汉宋合流的趋势是嘉道之际才开始显露,也不符合历史事实,从《四库全总目》来看,这个汉宋兼采的学术潮流,最迟在乾隆中后期就已经出现了。

  第二,尊奉经典,反对叛经。从学术发展的内在理路考察,不难看出,宋学的兴起,一定程度上是汉学考证的反动,它的兴起革除了汉代学术的拘泥琐碎之弊,也纠正了六朝隋唐经学的芜杂无宗之失,是经学研究方法的一次重要革新,自然也推动了学术思想的进步。但利弊相仍,宋学也有疑古过勇之失,这就是四库馆臣所说的"悍"。《四库全书总目·经部总叙》云:"洛、闽继起,道学大昌,摆落汉、唐,独研义理,凡经师旧说,俱排斥以为不足信,其学务别是非,及其弊也悍。"这股疑古思潮也波及了《四书》研究,尤以《孟子》为烈。据《礼部韵略》所附条式可知,宋代元祐年间就以《论语》《孟子》试士,王安石对《孟子》更是尊崇有加。但守旧派反对王安石变法新政,党争之火,殃及《孟子》,司马光等借《孟子》与王安石作难,所以有司马光《疑孟》、晁说之《诋孟》问世。清朝政府自立国之初就明令严禁党争,维护正统官学思想的四库馆臣也反对这种党争陋习、门户之见,而对宋代学者中能逆流而上、尊奉经典者则极力表彰推扬,从他们对孙奭《孟子音义》的评价中就可见一斑,该书提要云:"考赵岐《孟子题词》,汉文帝时已以《论语》《孝经》《孟子》同置博士。而孙奭是编实大中祥符间奉敕校刊《孟子》所修。然则表章之功在汉为文帝，在宋为真宗，训释之功在汉为赵岐，在宋为孙奭。"

二 《四库全书总目》对元、明两代《四书》学之批评

元仁宗皇庆二年（1313年），制定科举考试科目，分经义疑、古赋诏诰章表、时务策三门，其中"第一场明经经疑二问，《大学》《论语》《孟子》《中庸》内出题，并用朱氏章句集注，复以己意结之，限三百字以上"。①至此，朱熹的《四书章句集注》被元代政府定于一尊。受官学强势影响，元代的《四书》学几乎都笼罩在朱熹的思想中，创获性的著作难得一见，即使是较为出色的论著也是依附朱注而行，如理学家刘因的《四书集义精要》。朱熹《四书》学思想的精粹部分都被纳入《四书章句集注》之中，平时答门人之问的思想与《四书章句集注》略有不同，朱熹生前未及订正统一。朱熹卒后，卢孝孙采集《朱子语类》《晦庵文集》关涉《四书》者，汇集为《四书集义》，计有一百卷之多。学者以为过于烦冗，有鉴于此，刘因在《四书集义》的基础上，删除重复，保留菁华，编辑了《四书集义精要》二十八卷。四库馆臣对该书评价颇高，《四库全书总目》经部卷三十六该书提要云："其书芟削浮词，标举要领，使朱子之说不惑于多岐。苏天爵以简严粹精称之，良非虚美。盖因潜心义理，所得颇深，故去取分明，如别白黑。较徒博尊朱之名，不问已定未定之说，片言只字无不奉若球图者，固不同矣。"

诚如四库馆臣所言，元代儒者"徒博尊朱之名"者很多，他们过于尊奉朱熹，以致泯灭是非之分，对朱熹《四书章句集注》中的错误也是百般回护，曲意弥缝，张存中《四书通证》即是一例，四库馆臣批评说：

---

① （明）宋濂等：《元史》，中华书局，1976，第2019页。

今核其书，引经数典，字字必著所出。而《论语》"夏曰瑚，商曰琏"一条，承包氏之误者，乃不引《礼记》以证之。又"时见曰会，众俯曰同"，与《周礼》本文小异。盖宋代讳"殷"，故改"殷"为"众"，乃但引《周礼》于下，而不辨其何以不同，皆不免有所回护。不知朱子之学在明圣道之正传，区区训诂之闲，固不必为之讳也。

逆朱过甚，难免偏颇，甚至出现了割裂《四书》原文，以之迁就朱熹注文的荒谬行为，较为极端的著作就有胡炳文《四书通》，提要说："大抵合于经义与否非其所论，惟以合于注意与否定其是非，虽坚持门户，未免偏主一家。"

元代也出现了很多为科举而设的《四书》学著作，《四库全书总目》著录了袁俊翁《四书疑节》和王充耘《四书经疑贯通》两种。尽管两部书都是科场参考书，但元代科举刚刚设立，当时学风笃实淳厚，士大夫还有志于研究经书，与明代八股文影响下的《四书》著作相比，仍有较高的价值，因此《四库全书总目》对二书评价还是颇高的，袁俊翁《四书疑节》提要云："盖当时之体如是，虽亦科举之学，然非融贯经义，昭晰无疑，则格阂不能下一语，非犹夫明人科举之学也。"王充耘《四书经疑贯通》提要云："其书以四书同异参互比较，各设问答以明之。盖延佑科举经义之外，有经疑，此与袁俊翁书皆程试之式也。其间辨别疑似，颇有发明，非经题之循题衍说可以影响揣摩者比。"

明洪武十七年（1384年），"始定科举之式，命礼部颁行各省，后遂以为永制"。①明代科举分三场，第一场试《四书》义三道，经义四道；二场试论一道，判五道，诏、诰、表、内科一道；三场试经史时务策五道。三场之中以头场为重，头场又以三篇八股文为重。此制度一定，士子无不以八股文为头等大事，一

---

① （清）张廷玉等：《明史》，中华书局，1974，第1696页。

切经史之学都废置不讲，所以明代成为经学史上的极衰时期，而其根本症结即在八股取士，无怪乎顾炎武在《日知录》中哀叹："嗟乎！八股盛而六经微，十八房兴而廿一史废。"①

《四书》研究在明代也是走到了低谷，可谓是百弊丛生，谫陋至极了，而开此恶俗风气的，即是明永乐十三年（1415年）翰林学士胡广等奉敕撰的三十六卷本《四书大全》。此书乃是从元代倪士毅的《四书辑释》剽窃而来，仅小有增删，详略繁简的处理，还在倪氏之下，几乎无创造性的价值可言。然而，明成祖却为《四书大全》作序，颁行天下，有明一代两百多年奉此书为取士准则。上行下效，影响极坏，四库馆臣说："后来四书讲章浩如烟海，皆是编为之滥觞。盖由汉至宋之经术，于是始尽变矣。""至明永乐中，《大全》出而捷径开，八比盛而俗学炽。"受《四书大全》的影响，明代为八股文而作的《四书》讲章泛滥天下，这些《四书》学论著，几乎都是为了盈利，原本就不是为了学术研究，所以陈陈相因、剽窃重复是常有的事情。而这些讲章几乎都是庸陋鄙俚，粗制滥造。即使是受到好评的薛应旂《四书人物考》，也不入四库馆臣法眼，他们批评该书"杂考《四书》名物，饾饤尤甚"。而究其原因，仍在八股文，即"明代儒生，以时文为重，遂有此类诸书，襞积割裂，以涂饰试官之目。斯亦经术之极弊"。在讲章充斥的明代，《四书》本旨，甚至是朱熹的注解，都被淹没其中，隐晦不彰了。故《四库全书总目》卷三十六末案语感叹："科举之文，名为发挥经义，实则发挥注意，不问经义何如也。且所谓注意者，又不甚究其理，而惟揣测其虚字语气，以备临文之摹拟，并不问注意何如也。盖自高头讲章一行，非惟孔曾思孟之本旨亡，并朱子之四书亦亡矣。"

除了八股讲章泛滥之外，明代以禅解经的现象也十分流行。王学末流，尤热衷于此。因为王学在"万历以后，有一种似儒非

---

① （清）顾炎武著，黄汝成集释《日知录集释》，上海古籍出版社，2006，第936页。

儒、似禅非禅的狂禅运动风靡一时"①，这种风气也波及《四书》诠释之中。其实，以禅理附会《四书》，苏辙就已经开启端倪，其《论语拾遗》提要云：

> 其以"思无邪"为"无思"，以"从心不踰矩"为"无心"，颇涉禅理。以"苟志于仁矣，无恶也"为有"爱而无恶"，亦冤亲平等之见。以"朝闻道夕死可矣"为"虽死而不乱"，尤去来自如之义。盖眉山之学本杂出于二氏故也。

不过，北宋以禅解经的做法只是偶尔一见，不像晚明如此盛行。《四库全书总目》卷三十七《四书类存目》就著录了很多种，如管志道《孟子订测》"测义则皆出自臆说，恍惚支离，不可盛举。盖志道之学出于罗汝芳，汝芳之学出于颜钧，本明季狂禅一派耳"；姚应仁《大学中庸读》"阳儒阴释"；寇慎《四书酌言》"纯乎明末狂禅之习"。

《四库全书总目·凡例》有一条重要的批评标准，就是"论人而不论其书"与"论书不论其人"，这是因为"文章德行，自孔门既已分科，两擅厥长，代不一二"，所以应该采取变通之策。如著录杨继盛、黄道周的著作，是"论其人而不论其书"；而耿南仲的《易》学之作能够厕身《四库全书》，乃是因为"论其书而不论其人"。这个标准也体现在对明代《四书》学的批评中，《四库全书总目》对刘宗周《论语学案》的评价就是如此，提要云："盖宗周此书直抒己见，其论不无纯驳，然要皆抒所实得，非剽窃释氏以说儒书，自矜为无上义谛者也。其解'见危致命章'曰：'人未有错过义理关，而能判然于生死之分者'，卒之明社既屋，甘蹈首阳之一饿，可谓大节皭然，不负其言矣。"提要显然有表彰节义、彰善瘅恶的用意所在，其评价也不完全从学术

---

① 嵇文甫：《晚明思想史论》，东方出版社，1996，第50页。

着眼。

三 《四库全书总目》对清代《四书》学之批评

皮锡瑞以为清代乃是经学的复盛时期，他在《经学历史》中说："经学自两汉后，越千余年，至国朝而复盛。两汉经学所以盛者，由其上能尊崇经学、稽古右文故也。国朝稽古右文，超轶前代。"清初的右文之风，首先是康熙皇帝发起的。康熙十年（1671年），开经筵日讲，任命王熙、熊赐履等为讲官。康熙在位期间的经筵日讲有利于经学昌明，也有利于理学的复兴。经筵日讲的《四书》部分，结集为《日讲四书解义》，该书提要云："是编所推演者，皆作圣之基，为治之本。词近而旨远，语约而道宏。圣德神功，所为契洙泗之传，而继唐虞之轨者，盖胥肇于此矣？"因为该书标明为御制，四库馆臣揄扬有些过当，但提要所言该书有转移风气、接续道统之功，却是符合实情的。受康熙崇尚程朱理学思潮的影响，清初陆续出现了一批维护程朱正统思想的《四书》学论著，较为知名的有陆陇其《四书讲义困勉录》，提要评曰："陇其笃信朱子，所得于四书者尤深。是编荟粹群言，一一别择，凡一切支离影响之谈，刊除略尽。其羽翼朱子之功，较胡炳文诸人有过之无不及矣。"

另外，清初儒者几乎都经历了明亡的悲剧，对于明代阳明末流束书不观、游谈无根的风气深恶痛绝，一时人心思治，无不向往笃实严谨的学风。这正是梁启超所言，清代学术的主潮是"厌倦主观的冥想而倾向于客观的考察"，此外还有一个支流，即"排斥理论，提倡实践"。①《四书》研究也开始排斥晚明的不良习气，恢复汉唐考据传统，以考证见长的《四书》论著也开始问世。代表性的著作就有阎若璩的《四书释地》，《四库全书总目》

---

① 梁启超：《中国近三百年学术史》，东方出版社，1996，第1~2页。

称赞该书:

> 大抵事必求其根柢,言必求其依据,旁参互证,多所贯通。虽其中过执己意,如以邹君假馆,谓曹国为复封;以南蛮鴂舌,指许行为永州人者,亦间有之。然四百二十一条之中,可据者十之七八。盖若璩博极群书,又精于考证,百年以来,自顾炎武以外,罕能与之抗衡者。观是书与《尚书古文疏证》,可以见其大概矣。

另外,江永《乡党图考》也是考据学的经典之作,四库馆臣对此书给予了很高的评价,提要云:

> 是书取经传中制度名物有涉于乡党者,分为九类,曰图谱,曰圣迹,曰朝聘,曰宫室,曰衣服,曰饮食,曰器用,曰容貌,曰杂典,考核最为精密。……然全书数十百条,其偶尔疏漏者不过此类,亦可谓邃于三礼者矣。

当然,前明的影响在清初也并未消失净尽,清初王学家和时文家也不乏《四书》论著,阳明学派有孙奇逢《四书近指》、黄宗羲《孟子师说》等,时文讲章派则有杨名时《四书札记》、焦袁熹《此木轩四书说》。但两派的作品都摆脱了明代的新奇谬戾之弊,呈现出案诸实际、推究事理、不为空疏无用之谈的新特征,孙奇逢《四书近指》提要云:"盖奇逢之学兼采朱陆,而大本主于穷则励行,出则经世,故其说如此,虽不一一皆合于经义,而读其书者,知反身以求实行实用,于学者亦不为无益也。"焦袁熹《此木轩四书说》也被四库馆臣所褒奖,说该书"疏理简明,引据典确,间与《章句》《集注》小有出入,要能厘然有当于人心"。

结 语

  《四库全书总目》对中国古代重要的《四书》学论著都给予了公允精当的品鉴,对每个朝代的《四书》学成就与缺失也都有极精彩的剖析,确实具备学术史的意义和价值,应该引起今日研究儒学史,特别是研究《四书》的学者的重视。四库馆臣所运用的汉宋兼采、尊重经典、表彰人格等科学批评方法,也需传承光大。

"以才学为注":中国古代诗歌阐释的传统模式[*]

明月熙

叶嘉莹先生曾将中国古代诗歌阐释归为两种类型,一是"超脱妙悟以体会其言外之神情",一是"深入周纳以求其句内之深意"。而"以才学为注"的阐释方法则属于后者,偏重于较为客观的知识考证。"注者,征引事实,考究掌故,上自经史,以下逮于稗官杂说,靡不旁搜博取,以备注脚,使作者一字一句,皆有根据,是之谓注。意者,古人作诗之微旨,有时隐见于诗之中,有时侧出于诗之外,古人不能自言其意,而以诗言之,古人之诗,亦有不能自言其意,而以说诗者言之。是必积数十年之心思,微气深息,以与古人相遇。"(《问斋杜意》卷首张英序)[①] 在此张英所谓的"数十年之心思"并非阐释者的主观空想,而是来自其日积月累的学识学养。"以才学为注"正是注家凭借个人学识与能力阐释前人诗歌的一种模式,而这种阐释模式是逐渐确立起来的。

---

[*] 本文为贵州大学文科一般科研项目成果(No. GDYB2011005)。
[①] 转引自周裕锴《中国古代阐释学研究》,上海人民出版社,2003,第386页。

"以才学为注"：中国古代诗歌阐释的传统模式

一

　　才学一词在中国传统文化中实际上是才与学两个概念的结合，才气属天，天生之质；学力属人，后天造就。古人品藻人物，往往将二者并举。如东晋名士顾恺之，《晋书·文苑传》赞其"博学有才气"，才质虽美，也须博览增益"。而《文心雕龙·才略》则指出对才学要求的变化："自卿、渊已前，多役才而不课学。雄、向已后，颇引书以助文。"刘勰认为在西汉以前，文士多使才而不务学，文学创作多在于天赋才气，东汉以后则除了要求作家在才气俊爽之外，还要有深厚的学问相配合。刘勰在《体性》中则说得更为明确："辞理庸俊，莫能翻其才。风趣刚柔，宁或改其气？事义浅深，未闻乖其学，体式雅郑，鲜有反其习。"很明显，刘勰在这里将才与学两种要求并列对举，辞采是否高明，风格是刚是柔，决定于才气；而文章的体式与事义的深浅程度，则本之于学养。

　　其后唐人诗格诗例、宋人论诗论文则越来越强调学识的重要，因作家个人的才气禀赋来自于先天，而学识学养则可凭借后天的博览多闻而获得。正如严羽在《沧浪诗话》中所总结的宋诗的特点："以文字为诗、以才学为诗、以议论为诗。"[1]尽管严羽反对这种创作倾向，但他仍然极为看重博览博学的作用，"然非多读书，多穷理，则不能极其至"。[2]北宋的大文豪苏轼强调"读书万卷诗愈美"，而同时期的黄庭坚亦称："诗词高胜，要从学问中来。后来学诗者，虽时有妙句，譬如合眼摸象，随所触体得一处，非不即是，要且不是。"[3]至于清代，这种对学问修养的重视越来越明晰，厉鹗曾云："故有读书而不能诗，未有能诗而不读

---

[1]　（宋）严羽著，郭绍虞校释《沧浪诗话校释》，人民文学出版社，1983，第26页。
[2]　（宋）严羽著，郭绍虞校释《沧浪诗话校释》，第26页。
[3]　（宋）胡仔：《苕溪渔隐丛话前集·卷四十七》四部备要本。

书。"(《绿杉屋集序》)①

由于古人对学养学识的重视，以及文人诗歌创作中隶事用典习惯的普遍化、深入化，便逐渐产生了如"老杜作诗、退之作文，无一字无来处"的现象。而杜甫、韩愈等人这种以古典写今事的创作方式以及唐人语言遥远的时空距离，给后世读者造成了极大的理解障碍，因此注释成为解读前人诗作、还原诗意的一种较为有效的阐释方式。注者通过细读并理解文本，洞悉作者心迹，"抉隐发藏"，并转化为当下语言使读者通晓诗意。这就对作注者提出了极高的要求，不仅要求他们具有深厚而渊博的学识，同时又必须对诗歌文体有着敏锐的感受能力和极高的鉴赏天赋，前者来自后天的学养，后者则来自先天的才气。而在二者之中，实际上更侧重前者，纵观历代名家名注，概莫能外。如吴文《补注杜诗跋》曾指出："今生乎数百载之后，欲谈古人之心于数百载之前，凡诸家笺注所未通者，皆断以己见，自非胸中有万卷书，其敢任此责耶？"②因此古人"以才学为诗"，后人则需相应的"以才学为注"方能得之。

二

注本是汉儒阐释五经的一种方式，以语言解释为主，兼及心理解释，着力探寻元典经意，以求"释经以明其义"。而经过后世的广泛吸收与发展，"注"以其通达笃实、简明扼要的风格成为中国古典诗歌阐释的传统模式之一。而宋代以后的诗歌阐释则明显有别于汉代经学的章句训诂，注家不仅需要考证作者所用典故的来历，更要关注探究作者在诗作中使用该典故的真正寓意，并且大多采用"以古典释今典"的方式，以前人故典阐发本朝故事、出处时事等当代掌故。

---

① （清）厉鹗：《樊榭山房文集》四部丛刊初编本。
② （宋）黄希、黄鹤：《黄氏补注杜诗》，《四库全书》（文渊阁影印本）。

这种诗歌阐释侧重点的转移反映了学术追求和阐释目的的变化。伽达默尔说过:"文字传承物并不是过去世界的残留物,它们总是超越这个世界而进入到他们所陈述的意义领域。……凡我们取得文字传承物的地方,我们所认识的就不仅是些个别的事物,而是以其普遍的世界关系展现给我们的以往的人性本身。"①这种超越了语言与文字本身的人性的展现使得后人对于诗歌的解读和阐释不再仅仅停留在章句、训诂的层面,而是更多地需要去揭示作者的心灵智慧,从而确证作品的历史意义,广泛地认识生活的真实和生命的美感。

诗歌的阐释本身就是一种"思维成果"的表现,有怎样的思维成果就会产生怎样的阐释。而对于诗歌的阐释不仅要有艺术性阐释的灵性、人生论阐释的依托,并且这种具有一定自由度的理解不能脱离文本、天马行空、信口雌黄。正如伽达默尔所指出的:"任何解释空间既不是任意的,同时也很少是客观地被给出的。"②它既给予阐释者一定的自由度,又规定了这种自由度的界限。因此怎样在阐释的科学性、合理性和艺术性之间把握一个平衡是阐释者面对的难题,这取决于阐释者的基本学养层次,他是否能与作者达到跨越时空的遥相呼应,是否能够通过解读文本探寻作家的婉致心曲,是否能真正达到"人同此心,心同此理"。

由于诗歌语言并非以孤立的词、声调、句式进入诗人的心灵世界,而是以一种整体感觉潜入诗人的内心深处,伴随着作家浩瀚如海洋的心灵语言一同涓涓流淌,日积月累形成了海浪般奔涌起伏的生命气势。于是诗歌语言呈现多样的风情,或悲怆激烈,或和缓沉厚,或如春风化雨,或如繁花绽放。另外诗歌语言还在语音、文法、语意等层面带有隐喻和旁喻的性质,充满着丰富而

---

① 〔德〕伽达默尔:《诠释学Ⅰ:真理与方法》,商务印书馆,2007,第403~404、527~528页。
② 〔德〕伽达默尔:《诠释学Ⅱ:真理与方法》,商务印书馆,2007,第527页。

耐人寻味的不确定性。如钱牧斋注杜,就曾经指出杜甫诗歌中所具有的类似的不确定性特征:"于声句之外,颇寓比物托兴之旨,廋辞隐语,往往有之。"(卷三十九《复遵王书》)①阐释者面对诗歌语言如此各异的姿态、如此丰富的面貌,怎样从其多义性、重叠性、象征性中找寻最深藏其中的诗人心曲,这是古典诗歌阐释的一个极为困难的任务。

三

由于普遍拥有深厚的学术文化背景,古代文人往往在诗歌创作中自觉追求隶事用典的风格。自杜甫以来,这种创作倾向更为强化了,李贺、李商隐、刘禹锡等唐代诗人均有相似的特点,其后宋代文人愈加明显,如山谷诗长于点化前人辞语,借用前人佳句,推出以才学为诗,给观诗者造成较大的理解障碍,这样的诗作对于注家极具吸引,如果作品没有理解障碍,那么阐释就没有必要;如果完全不能被理解,那阐释就无从下手。因此从宋代开始就有任渊、史容、王琦等人先后为黄庭坚、陈师道、李贺等以晦涩艰深著称的诗人诗歌作注,在阐释各自对于诗作的理解的同时,也为后人的阅读架设了沟通的桥梁。

许尹曾指出黄庭坚与陈师道诗歌因知识含量大,而难于解读的特点:"二公之诗皆本于老杜而不为者也。其用事深密,杂以儒、佛。虞初稗官之说,《隽永》《鸿宝》之书,牢笼渔猎,取诸左右。后生晚学,此秘未睹者,往往苦其难知。"正是由于黄庭坚、陈师道二人学识赅博,将儒学、佛学及老、庄思想,兼杂医官、卜筮及百家学说融汇于诗歌中,再加之其在用典隶事时效仿了杜甫诗歌的风格,又较杜诗更为深邃隐密,因此诗人凭借自己综观博学设下了重重障碍,使得后辈学人在阅读和理解时步履维艰。由于学识程度的差异,后人不但难于理解诗义,更谈不上直

---

① (清)钱谦益:《有学集》,《四部丛刊》初编本。

接与古人对话了。难道就只能望洋兴叹吗？于是这中间迫切需要一个媒介和桥梁，而任渊的注释在一定程度上承担了这个任务，虽未必尽善尽美，但至少提供了一种理解的辅助。任渊在诗注中侧重于溯本究源，使读者不仅知其然，还能知其所以然，故其阐释前人诗作的意义是显而易见。通观黄陈诗与任渊注，可以清楚地看到，无论是黄、陈二公还是任渊都具有极高的文化素养和广博丰富的知识结构，黄、陈以才学为诗，任渊则以才学为注，并不空言玄虚，他立足文本，阐释故典、词语，从而考究诗人用意。

　　钱文子对于史容的《山谷外集诗注》亦有类似的论述，他首先指出注释存在的必要性，因为古今语言不通，影响后人理解："书存于世，唯六经、诸子及迁、固之史有注其下方者，以其古今之变，训诂之不相通也。"另外他认为苏轼、黄庭坚等诗人博极群书，其诗歌承载了大量的信息与知识，同时还使用了许多典故，使诗意曲折隐微，从而给读者造成了严重的理解障碍，就好比"齐言喻楚"：一位楚国的大夫暂居齐国，不懂当地方言，与齐人言语应对时，总是连蒙带猜，常常出现鸡同鸭讲的尴尬。后人在阅读苏、黄诗歌时亦往往出现类似的理解困惑。因此钱文子高度肯定和称赞了史容作注的意义："而公以博洽之能，乃随作者为之训释，此其追慕先辈、嘉惠后学之意，殆非世俗之所能识也。"（《芗室史氏注山谷外集诗序》）由以上材料可知，"才学"是苏轼、黄庭坚、陈师道等人创作诗歌的基础，也是任渊、史容等众多注家阅读与理解古人作品的媒介，同时又成为其阐释古人诗歌的前提。

　　比如黄庭坚诗《次韵刘景文登邺王台见思五首》其一，"黄浊归大壑"一句，任渊注云："郭璞注《尔雅》曰：'河所受渠多，众水混淆，宜其浊黄。'《汉书·谷永传》：'黄浊四塞。此借用其字。'"而大壑，任注则云："《列子》曰：渤海之东，不知几亿万里，有大壑焉，实为无底之谷，名曰归墟。八纮九野之水，莫不注之。"任渊在诗注中指出山谷诗中短短五字即用了

"黄浊""大壑"两个典故,以表现万涛奔涌的恢宏气势,正与下句"涟漪绕重城"形成动静之别。若无任注,或能明晓词义,但难于深入理解。又如黄庭坚《次韵王荆公题西太一宫壁二首》其一:"真是真非安在,人间北看成南。"任注云:"《庄子》曰:彼亦一是非,此亦一是非。果且有彼是乎哉,果且无彼是乎哉!《楞严》曰:如人以表为中时,东看则西,南观成北,表体既混,心应杂乱。"继而任渊阐发议论:"在熙丰,则荆公为是。在元祐,则荆公为非。爱憎之论,特未定也。"仅看诗句,并不难解诗义,但经过任注对于典故出处的提示,并与其时王安石、司马光新旧两党此消彼长的史实相联系,不但使读者对于未有定数的人世沧桑感同身受,从而也更为明确地揭示出作者此时情境。

而同时期的陈师道之诗大体与黄庭坚相似,甚至更为难解,任渊称其"大似参曹洞禅,不犯正位,切忌死语。非冥搜旁引,莫窥其用意深处",故其为后山诗作注正是为了探究诗歌语言背后的深意。如后山《寄送定州苏尚书》诗中,任渊不仅作注,并解题云:"元祐八年九月,苏公知定州。於时宣仁圣烈太后上昇,时事渐变,故此诗劝公省事高退。"[1]由此读者可知陈师道寄赠该诗给苏轼的意图在于劝诫好友应审时度势,急流勇退。其中有"北府时清惟可饮"句,任注指出其典出《晋书》桓温劝诫郗愔旧事。当时郗愔在苏北,徐州民风劲悍。桓温认为其留居镇江更为合适。陈师道借用桓温之言,劝诫苏轼安居原地,不可冒进。另又据《齐书》谢朓送别谢沦时之语"此中惟宜饮酒",以此揭示陈师道告诫苏轼对于时政不可放言无忌,应谨防祸从口出。至于诗中"功名不朽聊通袖,海道无违具一舟"两句,任渊指出这两句出自苏轼词,一是《沁园春》"用舍有时,行藏在我,袖手何妨闲处看";一是《八声甘州》"约他年东还海道,愿谢公雅志莫相违",以此劝导苏轼对于政事应缩手袖间,勿忘来年效谢安

---

[1] (宋)陈师道撰,任渊注,冒广生补笺《后山诗注补笺》,中华书局,1995,第146页。

泛舟海上的闲情逸致的主题。

除了宋代诗人盛行以典故运用设置阅读谜题外,事实上早在唐代,诗人李商隐、李贺等就以用典深隐晦涩著称。历代学者往往认为唐诗重在神韵气质,而宋诗长于筋骨事义,故此胡震亨曾云:"唐诗不可注也。诗至唐,与选诗大异,说眼前景,用易见事,一注诗味索然,反为蛇足耳。"但他同时也指出唐诗中有几种类型不可不注:一种是如杜诗一样用意深婉的诗;一种是如李贺之诡谲,李商隐之深僻一类;再或者如王建《宫词》中涉及大量的宫禁避讳,这几种情况都必须作注,详加笺注阐释。对于唐诗是否可注的问题暂且不论,但胡震亨在此间明确地指出了李贺、李商隐诗歌难于解读和阐释的特点,注释这类诗歌难度极大,不可小觑注释之功夫,如何准确把握诗意,阐明作者意图是注释这类诗歌的主要方向。

李贺由于其身世的曲折,造成前途坎坷,空负大志,又难以言状,内心悲愤,积郁难平,只能借诗歌抒写怀抱,指刺世间不平,正如姚文燮在《昌谷诗注序》中所说:"贺不敢言,又不能无言。于是寓今托古,比物征事,无一不为世道人心虑。其孤忠沉郁之志,又恨不伸纸疾书。缅缅数万言,如翻江倒海,一一指陈于万乘之侧而不止者,无如其势有所不能也。故贺之为诗,其命辞、命意、命题,皆深刺当世之弊,切中当世之隐。倘不深自叇晦,则必至焚身,斯愈推愈远,愈入愈曲,愈微愈减,藏哀愤孤激之思于片章短什。"于是李贺的诗歌往往造语诡谲难测,文字瑰丽恢奇,并常有"孤坟""冷火"等凄寒意象,故有"诗鬼"之称,其诗歌从语词、用典到意境都刻意追求一种陌生化的审美,这就给读者造成了极大的阅读障碍和理解隔阂。

比如李贺《始为奉礼忆昌谷山居》诗句:"向壁悬如意,当帘阅角巾。"王琦在诗注中首先阐释了这二句诗的主旨皆是表现羁旅无聊的境况,并指出"角巾"一词典出"羊祜角巾"旧事。角巾是晋唐时期士人闲居家中时佩戴的发饰。东晋大将羊祜曾与人言,若有朝一日边疆战事平定,将头戴角巾,向东返归故里。

宰相王导则称如果羊祜平边返乡，便以角巾相赠，迎接其归来。李贺在此用以表达思归之情。而接下来"犬书曾去洛，鹤病悔游秦"二句更是深刻地表达了对于羁留他乡的厌倦以及回归故里的急切。王琦在诗注中指出李贺诗句中运用了"陆机犬书"的典故，曾有友人赠予陆机一只名叫"黄耳"的快犬，陆机后来去了洛阳求仕，将黄耳带在身边。此犬聪明黠慧，能解人语。陆机羁旅洛阳，甚是思乡，就向黄耳笑言道："汝能负书驰取消息否？"黄耳摇尾作声应之。陆机将家书置于竹筒内，系在犬颈上。而后黄耳向陆机家乡吴地奔去，饿了就在草丛中觅食，若途经江河，则耷拉着耳朵，摇头摆尾，向船家求助，就这样跋涉千里，终于到达陆家。黄耳衔来竹筒，并狂吠示意，于是陆机家人打开竹筒阅览书信。黄耳又向人作声，似乎有所求，家人又作回信置于筒内，系于犬颈，黄耳复驰还洛。而"鹤病"则来源于古诗"飞来双白鹤，乃从西北方。十十五五，罗列成行。妻卒被病，不能相随。五里一返顾，六里一徘徊。吾欲衔汝去，口噤不能开。吾欲负汝去，毛羽自摧颓"。王琦指出李贺诗中用此典故，是因为当时李贺之妻卧病在家的缘故。读者初读该诗时，大多茫然，观王琦诗注后可以得知，李贺连用羊祜角巾、陆机犬书与白鹤单飞三个典故，道出其心系病中妻子，期盼得知家中音讯的迫切心情，并追悔此趟宦游之漫无所归，一事无成。

相较于李贺的诡谲难测，晚唐李商隐的诗歌同样晦涩幽渺，正如元好问《论诗绝句》云："望帝春心托杜鹃，佳人锦瑟怨华年。诗家总爱西昆好，只恨无人作郑笺。"李商隐不仅仕途坎坷，个人命运多舛，而且还处在大唐帝国的衰世之际，因此他必须面对的是个人命运与时代环境双重的压抑。于是李商隐在诗中一边表达对中天旭日、繁花似锦的热爱，一边不由得陷入对逐渐消逝的华年光景的沉重悲哀。诗人在一片混乱的局面中追忆往昔繁华，忧虑来日大难，而一时间身世之悲、家国之痛，触绪而来，发为心声。

比如李商隐《富平少侯》一诗，初读来似写富平侯少年得意，富贵满堂。"七国三边未到忧，十三身袭富平侯"，而此处

"以才学为注":中国古代诗歌阐释的传统模式

"七国三边"看似"未到忧",实则忧患重重。冯浩诗注中首先指出"七国"取意于《汉书》景帝时期,吴、胶西、楚、赵、济南、菑川、胶东等七国叛乱的艰难局势。而"三边"则是指边疆。《史记·匈奴传》中称"冠带战国七,而三国边于匈奴"。《史记索隐》认为:三国,燕、赵、秦也;《后汉书》则认为是指匈奴寇三边;《小学绀珠》认为三边即幽、并、凉三州也。总之"三边"即指边疆战事,冯浩有按语云:"七国喻藩镇,三边谓外寇,言年少未遽知忧也。"于是读者可知"七国三边"实际上亦是岌岌可危了,藩镇割据,外寇入侵,内外交困。继而冯浩又引前人徐树毂之语道明作者委婉心曲:"此为敬宗作。帝好奢好猎,宴游无度……《汉书》:成帝始为微行,从私奴出入郊野,每自称富平侯家人。而敬宗即位年方十六,故以富平少侯为比,不敢显言耳。……统观李唐全代,中叶以后,河朔既不可复,诸藩镇屡有擅命,吐蕃、回鹘、党项先后频入寇,盖内外皆不宁矣。而敬宗童昏失德,朝野危疑,故连章讽刺,以志隐忧。"李商隐诗中对内忧外患局面的担忧,对帝君昏聩腐朽的讽刺,虽表达得曲折隐晦,但由于冯浩旁征博引的阐发,使得读者虽隔离重重解读障碍亦能感知诗人千年心曲。

  正是由于文学语言的复杂性、多样性,诗歌的解读与阐释往往具有较大的不确定性,正如伽达默尔所言:"当我写下'能被理解的存在就是语言'这句话的时候,里面就蕴含着以下的意思:凡存在的,绝不可能被完全理解。因为语言所引导的总是超出了陈述中所出现的东西。"因此,理解不只是一种复制行为,更是一种创造性行为,而阐释正是在理解的基础上付诸言辞的一种再创造行为。对于历史上出现千家注杜、百家注苏这类阐释的盛况,正是众多注家以自己认为最合理最贴切的方式去理解并且阐释前人。而这种众说纷纭、莫衷一是的阐释结果,使得对于古代诗歌的理解和阐释被不断地补充、丰富和深化。而诗歌语言本身所具有的生命力和美感,促发我们对于古人诗歌再三解读,并在不断地阐释前人的过程中探寻新的内涵。

司空图诗歌中的生机

李 敏

　　计有功《唐诗纪事》卷六十六云："唐诗自咸通而下，不足观矣。乱世之音怨以怒，亡国之音哀以思，气丧而语偷，声繁而调急。"①这几乎成了唐末诗坛的定论。在动荡不安的时局影响下，唐末诗坛呈现出以悲凉为主的格调，被认为是"典型的衰世之音"②，吴庚舜、董乃斌对此有更明确的说法，他们在《唐代文学史》中概括晚唐文学的特点时指出："这个时期……诗文创作基本上成为作者舒泄内心世界的愤懑和为每况愈下的现实存照的个人活动。国破家亡的不祥预感，使他们的创作充满悲鸣和哀叹，很难看到什么亮色，一种世纪末的惶恐不安的颓丧凄凉，日益成为这个时代诗文创作的主旋律。"③但是，在唐末诗人司空图的诗歌中，我们却能看到一些"生气远出，不著死灰"④的作品，

---

① （宋）计有功：《唐诗纪事》卷六十六，上海杂志公司，1936，第1031页。
② 傅璇琮、蒋寅：《中国古代文学通论》（隋唐五代卷），辽宁人民文学出版社，2005，第114页。
③ 吴庚舜、董乃斌：《唐代文学史》，人民文学出版社，1995，第9页。
④ 祖保泉等：《司空表圣诗文集笺校·二十四诗品（精神）》，安徽大学出版社，2002，第166页。

但这却鲜为人知,关龙艳《论司空图诗》注意到了这一点,指出司空图诗作"字里行间不乏充满生机的字眼"[1],但她仅就晴、暖、春等字眼进行简单的举证,对这一重要特点的发掘还不够,鉴于此,我在此就司空图诗歌中这一特点做进一步分析,以期更好地展现其特点。司空图诗歌通过清新灵动的意象、巧妙的意象组合和静中生动等方式,呈现出一个充满生机、涌动着生命活力的意境,在晚唐"颓丧凄凉"的诗坛上呈现出异样的风采,给人以生气和温暖,成为"不类衰末"[2]的亮色。

一 清新灵动的意象

意象是传递诗人情绪的重要途径。司空图诗歌善于选用清新的、带有自然生机和暖意的意象入诗,嫩草、香荷、绿荷、霁虹、丹桂、明川、暖陂、晴光、新晴、晴午、晴峰、瑞气、红树、早鸿、早露、青山、松日等在诗中洋溢着生机与活力,使诗歌跃动着生命的节奏、韵律,流淌着温暖的色调,流露出和美的生活气息。试看下面的句子:"新霁田园处,夕阳禾黍明"(《河上二首》其二),"数竿新竹当轩上,不羡侯家立戟门"(《涧户》),"水榭花繁处,春晴日午前"(《偶题》),"伏溜侵阶润,繁花隔竹香"(《春中》),"不是流莺独占春,林间彩翠四时新"(《鹍》),"川明虹照雨,树密鸟冲人"(《华下送文浦》),"宿雨川原霁,凭高景物新"(《即事九首》其一),"夕阳照个新红叶,似要题诗落砚台"(《偶诗五首》其一),"何处更添诗境好,新蝉欹枕每先闻"(《杨柳枝二首》其一),"香和丹地暖,晚着彩衣风"(《寄郑仁规》),等等,这里的新霁、新竹、红叶、繁花、新蝉、暖风等意象,带着清新可爱的气息,它们构筑了一个有着"新""晴""暖""香"色调的意境,传递出蓬勃的生命气息。

---

[1] 关龙艳:《论司空图诗》,《北方论丛》2003年第6期。
[2] (明)胡震亨:《唐音癸签》,古典文学出版社,1957,第67页。

我们略举一诗以赏其清新灵动的意蕴。

狂题十八首（十）

雨洒芭蕉叶上诗，独来凭栏晚晴时。
故园虽恨风荷腻，新句闲题亦满池。

这是诗人寓居华阴时所作，诗中给我们呈现了华阴和故园王官谷两组画面。诗人在雨过天晴的傍晚来到小园，独自倚栏凭望。一场小雨过后，一切都显得格外清新，那青绿的芭蕉上残留着雨珠，雨珠滚动着，在夕阳的余晖下闪闪发光，似在芭蕉叶上镌写着诗行。看到如此美好的景色，诗人不由得想起了故园的风光。在王官谷，此时也应是池塘里荷叶高举，随风起舞，引人浮想联翩、诗兴大发的美景了。诗通过思乡之情，组接了两种风光，那青绿的芭蕉、跃动的水珠、闪动的光芒、舞动的荷叶，无不清新可爱，洋溢着生命的活力。

司空图诗歌中还有大量的"春"的存在，他常常把眼光投向美好而充满生机的"春"，他诗中"春"字近50处，如"粉闱深锁唱同人，正是终南雪霁春"（《省试》），"何当回万乘，重睹玉京春"（《庚子腊月五日》），"却缘风雪频相阻，只向关中待得春"（《旅中重阳》），"开尽菊花怜强舞，与教弟子待新春"（《灯花三首》其三），"自怪扶持七十身，归来又见故乡春"（《乙丑人日》），"声貌由来固绝伦，今朝共许占残春"（《偶书五首》其四），"莫愁春已过，看着又新春"（《退居漫题七首》其二），等等。"冬季的诗最动人之处便是已死去的春季重新在梦中复活"[1]，春天是希望，当"大部分冬季诗人都端居在这世界的死巷内……他们的灵魂都或已在痛苦中死去，或已离开他们"[2]的时候，司空图却在这里找寻春天，找寻希望，他用充满生机的春点

---

① 吴经熊：《唐诗四季》，辽宁教育出版社，1997，第90页。
② 吴经熊：《唐诗四季》，第85页。

缀凄冷冰封的世界，给人以温暖和安慰，表现出热爱生命的情怀。我们试从《独望》中来感受春天的气息和诗人的情怀：

> 绿树连村暗，黄花入麦稀。
> 远陂春草绿，犹有水禽飞。

绿树成荫，一直连接到村庄，幽暗的村庄里横贯着长满麦苗的田野。青青麦苗间，零星地夹杂着几朵黄花。远处的山坡上，长满绿油油的青草。在这铺满绿色的大地上，一条小河缓缓流淌，一只水鸟正在河边翩翩飞翔。在这幅布满青绿色的画卷上，黄花在其中闪动，水鸟在其间飞动，于是整个幽暗的世界明亮了起来，跃动了起来，生命的活力也蓬发出来。诗通过绿树、黄花、麦苗、春草、河流、水鸟这些意象，构成一个明丽而充满生机的春天的意境。苏东坡尤赏此诗，以为其"得味外味"①也，其味就在绿树黄花、青草飞鸟构筑的清新灵动的境界里。

司空图诗歌中这些清新的意象，组成了一幅幅生机勃勃的画面，形成司空图诗歌中流动不息的生命气息，给人以活力与希望。

二 巧妙的意象组合

司空图诗歌中也有带着凄冷清幽之感的意象，如幽瀑、幽鹤、幽鸟、孤巢、孤萤、孤帆、残蝉、残阳、残月、荒草、秋钟、杳霭等，它们似乎与唐末诗坛的调子一样，传递出一种凄凉幽寂的情怀，但仔细阅读就会发现，诗人往往把这些意象同具有生机的意象进行对举，并借助动词的巧妙绾系，使之消融在活力中，从而形成一幅生动的画面。如"菊残深处回幽蝶，陂动晴光下早鸿"（《重阳山居》），"残菊""幽蝶"都是衰飒的物象，而

---

① 《苏东坡全集》，北京燕山出版社，1998，第5455页。

把它们处于"晴光"之下，衰飒之气顿减；诗人又通过一个"回"字，营造出蝴蝶眷恋着菊花、翩翩飞舞的动感而温馨的画面，展示出动态的生命力。又如"幽鹤傍人疑旧识，残蝉向日噪新晴"（《喜王驾小仪重阳相访》），"幽鹤""残蝉"表面看来是清幽凄冷的物象，而幽鹤依傍着人行走，他们之间就像是好朋友，这样的情景传递的是温暖的感觉；而且在这里还有蝉鸣，还有声音，虽然是秋日残蝉，是典型的秋天物象，但它并不是在悲鸣，而是大声地吟唱着，呼唤新的一天到来，"噪"和"新晴"使之摆脱了暮秋的凄凉，这样的温情世界里，"残蝉"身上，哪还有凄冷之感？与郑谷诗"一林黄叶送残蝉"（《江际》）比较起来，特点更鲜明。郑谷描绘了一幅典型的暮秋景象：秋风摇落黄叶，落叶扫寒蝉，蝉在秋风中哀鸣，哀鸣之声淹没在萧萧落叶声中，这里蝉成了助悲的意象。两相比较，一个是哀中求生，一个是哀中助悲，境界自别。

　　我们再通过一首诗来看看司空图诗中这种意象对举，从而使诗歌呈现出生机的情况。如《杂题》："孤枕闻莺起，幽怀独悄然。地融春力润，花泛晓光鲜。"诗中刻画了孤独寂寞的诗人心理变化的过程：清晨，诗人孤独地躺在床上，也许是他彻夜未眠，在床上孤苦地捱着时光；也许他刚刚醒来，但不管怎样，那"孤枕"里传递出诗人无限凄凉寂寞的心怀。正当诗人惆怅之际，窗外却传来黄莺的鸣叫，那一声声悦耳动听的黄莺的叫声，打破了沉寂的世界，也打破了诗人寂寞而沉睡的内心世界，给诗人带来了新的希望和对生命的渴望，因而他闻莺而起，感受着春天滋润的风吹醒大地、百花争艳、万物复苏的美好，感受着生命的美好。在这样的景况下，诗人的内心世界早已不再寂寞荒凉，而是浸润在朝气蓬勃的春色之中，跳跃着，欢喜着。诗中"孤枕"与"莺闹"形成鲜明的对照，在"莺""春花""春风"这些意象的衬托下，"孤""幽"的情怀已经消融不见了，全诗呈现出一种生命的律劲，颇有幽致。祖保泉先生认为此诗有胡震亨所谓"意个贯浃"①的毛病,"前后感情色彩不协调：前两句属冷色,后两句属暖色"。②我以为前后感情色彩的不同,正反映了诗人心理由冷变暖的变化过程,体现了诗人人生态度的走向,是诗人向往美好人生的表现,因而不应该受到贬抑。

三 静中出动

司空图的诗歌往往能从静谧中涌出生机与活力,他喜欢"静"的意境,在诗中多处以"静"字入诗,如"地凉清鹤梦,林静肃僧仪"（残句）,"愁看地色连空色,静听歌声似哭声"（《浙上》）,"一行万里纤尘静,可要张仪更入秦"（《寄王赞学》）,"夜深雨绝松堂静,一点飞萤照寂寥"（《赠日东鉴禅师》）,"林鸟频窥静,家人亦笑慵"（《即事九首》其七）,等等。但是司空图诗歌的"静"并不是死寂、枯寂的静,在他静谧的底色上,往往能以动态的生命物象引逗出生机,使之具有生气,如《赠日东鉴禅师》：

故国无心度海潮,老禅方丈倚中条。
夜深雨绝松堂静,一点飞萤照寂寥。

诗中刻画了一位日本高僧鉴禅师在中条山中习禅的景象,诗首先以无心于故国表现鉴禅师高妙的禅心和修行,又以深夜雨过来表现禅堂的清凉肃静,但在这清凉肃静的世界里,却有一只萤火虫飞出,用它微弱的萤光照亮了这一片寂寥,温暖着这个世界。管士铭《读雪山房唐诗序例》曰："司空图《赠日本（即

---

① （明）胡震亨《唐音癸签》曰："司空表圣自评其集,'撑霆裂月,劫作者之肝脾',夸负不浅。此公气体,不类衰末,但篇法未甚谙,每每意不贯浃,如炉金欠火未融。"参见胡震亨《唐音癸签》,第67页。

② 祖保泉：《司空图诗文研究》,安徽大学出版社,2002,第55页。

东）鉴禅师》……骨色神韵,俱臻绝品,可以俯视众流矣。"①我想它的"骨色神韵"不应该是禅师死寂枯竭的禅定,而是从静寂中他感悟到的生命的力。诗在堂静雨绝、万籁俱寂中展现禅境:在入定静观中吐纳万象,在空寂里蕴藏生命律动,动静不二,这正是禅的本色。"飞萤"拯救了深夜之静穆、雨后之清凉、松堂之寂寥,也成就了禅师高妙的修行,使整个清凉的境界有了希望和光明,使诗丛冷寂中走向温暖,呈现出一个静谧中涌出生气的意境。

司空图诗歌静中生动的情况还很多,如《王官二首》其二:"荷塘烟罩小斋虚,景物皆宜入画图。尽日无人只高卧,一只白鸟隔纱厨。"在静谧清新的王官谷,"一只白鸟"活动其间;《涔阳渡》:"楚田人立带残晖,驿迥村幽客路微。两岸芦花正萧飒,渚烟深处白牛归。"傍晚娴静安详的村庄,"白牛"悠悠然走出来;《即事九首》其七:"林鸟频窥静,家人亦笑慵。旧居留稳枕,归卧听秋钟。"静寂的山中,"林鸟"飞动,"秋钟"回荡。这些具有动感或生命的意象点染着整个静的背景,使之具有生气,从而创造出充满生命活力的境界,展现诗人对于人世生活的爱恋和淡雅的情怀。

司空图借助那些清新灵动的意象和巧妙的意象组合,以及静中出动的方式,营造出具有生机和活力的画面,给人以希望和力量,给唐末衰飒凄凉的诗坛带来了一丝光亮。这些生机与希望,是诗人用以救世和自救的武器。司空图生活在唐王朝行将就木的最后时段。他生于唐文宗开成二年(837年),卒于唐亡的第二年——梁开平二年(908年),他生活的七十余年是唐王朝风雨飘零的最后七十余年。在这一时期,唐末王朝处于皇帝大多昏庸无能、荒淫奢侈,中央宦官专权,"万机之与夺任情,九重之废立由己",党争又非常激烈,而地方藩镇割据,剥削严重,经济遭到破坏,百姓无以聊生的境地。随着矛盾的深入,农民纷纷举

---

① 郭绍虞:《清诗话续编三》,上海古籍出版社,1983,第1556页。

行起义,在经历了轰轰烈烈的黄巢起义的打击后,唐王朝加快了走向灭亡的步伐,之后陷入了地方起义不断的漩涡中。在这样的局势下,文人入世无望,理想无法实现,于是只有哀鸣与悲叹。罗根泽先生所说:"第三次的总崩溃(黄巢起义)之后,文章家与诗人大半都放弃救世与刺世,而返回来救自己。"①所谓"返回来救自己",就是选择归隐山林,以保全性命,并寻求心灵的庇护所,而与此相应,"唐末诗坛创作的重要倾向和特征是诗人普遍产生避世心理,着意追求一种平静淡泊的精神境界,其诗作也大多乐于表现冷寂情思和淡泊之境"。②而司空图却在这里充当着救世主的角色,为人们扒云拨雾,期望用那些生机给人一线希望和慰藉。司空图的这种勇气与他所感知到的晚唐残存的政治希望和他相对顺畅的人生经历有关。司空图出生于一个仕宦之家,祖辈仕途通达,母系乃宰相之家,外祖父刘㻲是著名宰相李德裕的追随者,而他父亲司空舆与当时卓有政绩的宰相裴休交好,他本人追随正直有才的大臣王凝多年。并且唐末也出现了唐宣宗、唐昭宗这样较为英明的君主,这些君主与大臣让司空图看到一些光明,自然胸中也就怀揣着复兴的希望。他本人仕途也较通达,曾做过中书舍人、户部侍郎、兵部侍郎等高官,进入政治上层,这是当时出生寒门、蹭蹬于科场、久困于功名仕途的士人所不能企及的,相对而言,这样的人生经历给了他多于时人的信心和对于唐王朝的眷念、期望,这也是他最终"不食而卒"③,以死殉唐的一个重要因素。所以当人们纷纷对唐王朝失去信心,对国家、对人生失去信心的时候,司空图还能坚持他的信念,传递信念和希望,给人以慰藉。

司空图在企图慰藉别人时,也在给予自己慰藉,对此,朱东润先生这样说道:"盛唐诗人身处太平之时,胸中之趣,自有得

---

① 罗根泽:《中国文学批评史》,上海书店出版社,2003,第466页。
② 马现诚:《司空图诗论及其诗歌的佛禅内蕴》,《广西民族学院学报》(哲学社会科学版)2002年第1期。
③ (宋)欧阳修等:《新唐书》卷一百七十,中华书局,1975,第5574页。

于意之表者。元白之时，天下已乱，发而为新乐府，讥刺讽谏，犹冀得当局之垂听，谋现状之改进。及于表圣，时则大乱已成，哀歌楚调，同为无补，于是抹杀现实而另造一诗人之幻境，以之自遣。"①"造一诗人之幻境"，以排遣内心的痛苦，弥合心灵的伤痛，那些生机就是一种幻境，一种自慰。

当然，司空图诗中所展示出的生机也与其他因素有关，如佛教禅宗的影响、诗人的诗歌理论主张等。佛教禅宗喜爱和迷恋自然，认为自然包含着宇宙人生的真谛，具有生机勃勃、生生不息的特点，孙昌武在《佛教与中国文学》中讲禅宗顿悟境界的特征时就说："禅表现在生活之中，体现禅趣的境界又必然是生机勃勃的，而不是僵死枯寂的。"②这必然会影响信奉佛教禅宗的司空图的审美趣味和心态。司空图是著名的诗论家，其以《二十四诗品》为代表的诗歌理论总结了唐代诗歌的成就，提出了著名的意境论、风格论、韵味说等理论，其中就有"生气远出，不著死灰"这样的创作理论，这自然也会成为诗人对自己创作的要求。

总的来看，司空图的诗歌突破了唐末时代的局限，展现出生活的生机与活力，给唐末以冷寂为主调的衰飒的诗坛带来了一丝亮色。不管是出于救世还是出于自慰，他都给动荡不安的唐末社会带来了一线生机和希望。

---

① 朱东润：《中国文学批评史大纲》，上海古籍出版社，1957，第99页。
② 孙昌武：《佛教与中国文学》，上海人民出版社，1988，第107页。

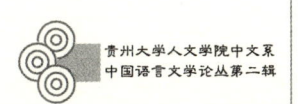

贵州大学人文学院中文系
中国语言文学论丛第二辑

中国现当代文学

毛泽东文艺思想的现代性新探

魏家文

对于 20 世纪中国文学史的反思和研究来说,毛泽东文艺思想及其指导下的文艺实践是一个绕不开的话题。自从 1942 年 5 月毛泽东发表《在延安文艺座谈会上的讲话》(以下简称《讲话》)以来,对毛泽东文艺思想的研究就一直是理论界关注的一个重要话题,同时也是一个不断引起争议的话题,争议的焦点是对毛泽东文艺思想现代性的评价问题。有学者认为,毛泽东时代的"中国文学主潮不仅没有走向现代,反而后退了",还有人认为新中国成立后的"十七年文学"不属于"现代文学",只能称得上是"新古典主义文学"。这些观点显然没有充分认识到毛泽东文艺思想的现代性特质以及对中国文艺现代化转型的重大意义。事实上,毛泽东思想不是凭空产生的,它的产生与中华民族为建立一个现代化的民族国家的奋斗历史是密不可分的,只有把毛泽东思想放在自近代以来就开始的现代民族国家建构的大的历史语境中,才能对其文艺思想的现代性的一面有充分的认识。

一 研究毛泽东文艺思想现代性的新视角

毛泽东的文艺思想,不仅集中体现了毛泽东本人对文艺的看法，同时也代表了中国大多数知识分子对现代化的一种文学想象。要充分发掘毛泽东文艺思想的现代性特质，只有把它放在毛泽东思想的总体框架中，放到自近现代以来中国社会所开始的现代化的历史进程中，才能做出客观的评价。事实上，"作为马克思主义与中国实际，与中国文艺实际相结合而产生和发展的毛泽东思想、毛泽东文艺思想，以及毛泽东思想与中国革命、建设实践，毛泽东文艺思想与中国文艺实践，也必然在总体上，在许多基本原理、方法上，在文艺思潮和创作潮流上或直接或间接地反映和体现了上述中国现代化的历史主题"。①这也就意味着，要充分认识毛泽东文艺思想的现代性的一面，只有突破传统的研究方法的束缚，在大历史的视野下，将它放在自近代以来就开始的现代民族国家建构的大的历史语境中，才能对其文艺思想中所蕴含的现代性的一面有充分的认识。

中国自近代以来的历史，实际上是一部探求民族独立与民族富强的奋斗史。晚清以降的洋务运动、戊戌变法、辛亥革命、五四运动，其共同目标都是建立一个独立富强的现代民族国家。从总体上看，这一奋斗历程贯穿了近现代以来中国历史发展的基本进程。虽然其间涌现了各种各样的思想斗争和政治斗争，但其最终目标都指向现代民族国家的建立这一共同的奋斗目标。从大历史的观点来看，毛泽东所从事的革命事业同样应该被视为"中国革命过程中的一环"。②在这个意义上，无论是毛泽东所领导的中国革命还是毛泽东思想本身，都应该在这一大的历史背景下对其进行评价。因此，不论是《讲话》本身，还是在《讲话》指引下的解放区文艺运动，都应该被视为这一历史过程中的有机重要组成部分，其宗旨并没有背离现代化这一大的历史方向。

不可否认，中国自近代以来的历史是一部民族的屈辱史，同

---

① 黄曼君：《论毛泽东文艺思想的现代性特征》，《西北大学学报》2001年第1期。

② 黄仁宇：《中国大历史》，生活·读书·新知三联书店，2002，第302页。

时也是一部民族的抗争史。从 20 世纪中国的语境来看，无论是在思想层面还是在社会层面，"民族比较生存是现代中国思想的基本处境，亦是中国现代性思想的基本问题所在。中国现代化过程的开端和现代性问题的起点都是从民族比较开始的"。①中华民族在与西方民族的生存比较中，"中国问题"日益凸显，成为时代的最强音和知识分子共同关注的中心话题。所谓"中国问题"，"它指晚清士大夫看到的中国所谓三千年未有之大变局；中国社会制度和人心秩序的正当性均需要重新论证"。它主要表现在以下三个方面："在历史事功层面，问题是中国作为一个民族国家单位如何富强，在国际（国族）间的不平等竞争中取得强势地位；在生活秩序的价值理念问题是，中国传统的价值理念与西方价值理念和冲突如何协调，民族价值意义理念和相应的知识形态如何获得辩护；在个体安身立命的意义层面，问题是如何维护中国传统终极信念的有效性。"②这样，寻求"中国问题"的解决之"道"，自然成为自近代以来各种思想革命和社会革命角力的主要话题。在各种各样的你方唱罢我登场的解决方案中，毛泽东思想以其高瞻远瞩的理论视野和行之有效的解决方案，在竞争中脱颖而出，成为对"中国问题"的最好回应。

虽然知识分子对何为"中国问题"的看法并不完全相同，但他们在寻找解决"中国问题"的"道"时，"以西方的知识工具担华夏之'道'，是现代中国知识人的共同点"。③究其原因，在于中国是在西方列强枪炮的威逼下被迫打开国门，中华民族在昔日的辉煌与今日的没落的强烈反差中所引发的强烈的民族情结，促使中国知识分子很自然地选择了"以其人之道还治其人之身"的方式，毛泽东则是其中的杰出代表。在毛泽东的内心深处，"恢复华夏帝国的历史威望和贵位始终是他萦绕于怀的意望"④，

---

① 刘小枫：《现代性社会理论绪论》，上海三联书店，1998，第 194 页。
② 刘小枫：《现代性社会理论绪论》，第 195 页。
③ 刘小枫：《现代性社会理论绪论》，第 196 页。
④ 刘小枫：《现代性社会理论绪论》，第 422 页。

这一包含强烈的民族情结的革命理想几乎伴随着毛泽东的整个革命生涯,使得他所从事的革命事业带有强烈的理想色彩。正如毛泽东所说的那样:"我们不但要把一个政治上受压迫、经济上受剥削的中国,变为一个政治上自由和经济上繁荣的中国,而且要把一个被旧文化统治因而愚昧落后的中国,变为一个被新文化统治因而文明先进的中国。"①

这样看来,毛泽东所要建立的新中国(现代民族国家),是一个既超越中国传统,又超越西方的崭新的国家形式。这一革命目标的确立,同样受制于 20 世纪中国思想的基本语境。也就是说,毛泽东本人同样受到这种基于东、西民族间生存比较时所独有的强烈的民族情结的影响,这一共同的民族心态直接影响了毛泽东对"道"的选择。这是我们在当下评价毛泽东思想的现代性的一个基本出发点,其文艺思想中所蕴含的现代性的一面也只有在这一历史语境下才能得到彰显。

二 毛泽东文艺思想的现代性特质

事实上,毛泽东思想不是凭空产生的,它是中华民族在追求现代化的历史进程中的必然产物。因此,有论者认为,"毛泽东思想是对五四新文化运动的继承,同时又是对它的变易与更新,这一思想体现了中国现代化进程在当时的文化要求"。②这说明了部分学者已经发现了中国现代化的历史进程与毛泽东思想之间的内在逻辑关联。

既然贯穿 20 世纪中华民族的基本历史语境是现代民族国家的建立,那么中国自近代以来的历史进程则从根本上受制于这一历史语境。当闭关锁国的晚清政府被迫和西方列强同台竞争时,中华民族在东、西民族间生存比较中所引发的民族屈辱,使得

---

① 《毛泽东选集》第二卷,人民出版社,1991,第 663 页。
② 李书磊:《1942:走向民间》,山东教育出版社,1998,第 1 页。

"救亡图存"成为时代的共识。为了挽救民族的危亡，知识分子纷纷"别求新声于异邦"。①这一被迫向西方学习的过程，使得中国的现代性追求从一开始就带有强烈的民族情结。现代性"在中国语境中，它则有了新的独特的含义：主要指丧失中心后被迫以西方现代性为参照系以便重建中心的启蒙与救亡工程"。②但由于中国人文化传统中没有真正强烈的宗教信仰，出于"实用理性"的考虑，中国知识分子习惯于用基于经验论的理性精神作为行动的指南。

因此，源自西方的各种社会革命理论在中国的现实命运，在根本上取决于它与中国传统文化心理结构中的"求现实生存、肯定世俗生活并服务于它的实用理性"③相符合，也就是取决于该理论能否为解决"中国问题"提供切实可行的行动方案，那就是尽快实现现代化，建立一个能与西方抗衡的现代民族国家，而"现代化的第一个阶段应是高度的社会整合与民族国家的建立"。④在此过程中，作为马克思主义普遍真理和中国革命实践相结合的毛泽东思想，在实践中被证明是解决"中国问题"的最好方案。由此可见，毛泽东思想是在中华民族追求现代化的历史进程中产生的，而作为毛泽东思想有机组成部分的文艺思想，它的形成与传播同样具有历史的必然性。

早在1940年1月发表的《新民主主义论》中，毛泽东心目中的新民主主义文化是这样的："所谓新民主主义的文化，就是人民大众反帝反封建的文化。"⑤其形式就是民族的形式。在这里，毛泽东对新民主主义文化的特质做了这样的规定：从内容上讲，新文化要反帝反封建，在形式上要求民族形式。在毛泽东看来，

---

① 《鲁迅全集》第一卷，人民文学出版社，2005，第68页。
② 谢冕、张颐武：《大转型——后新时期文化研究》，黑龙江教育出版社，1995，第3页。
③ 李泽厚：《中国现代思想史论》，天津社会科学院出版社，2003，第144页。
④ 李书磊：《1942：走向民间》，第2页。
⑤ 《毛泽东选集》第二卷，第698页。

新民主主义文化所要承载的主要任务，是为建立新中国（现代民族国家）的革命目标服务的。1942年5月的《讲话》，全面系统阐释了毛泽东对文艺的看法。虽然《讲话》从不同层面全面阐释了毛泽东对文艺的看法，但其核心观点应该是对文学革命功利主义的强调。在不少研究者那里，《讲话》最受人诟病的地方在于毛泽东过分强调了文艺的功利性而忽视了文学的审美性，并以此作为否定其现代性的主要依据。因此，对功利性的重新认识，是解决这一问题的关键所在。

首先，要充分认识到《讲话》所提出的对文艺功利性要求的合理性和历史必然性。既然毛泽东所领导的革命的最终目的是建立一个现代化的民族国家（新中国），20世纪40年代解放区所开展的文学运动，其目的在于为这一目标的实现提供强大的精神动力。其偏颇之处在于过分强调了文学的功利性，从而将"实用理性"的原则发挥到极致，但不能由此否认其历史的合理性。这是因为在40年代的解放区，"在外有日本侵略者，内有国民党和共产党的对立，国家本身的前途处在危机中，同胞们不断被杀害的时刻，仅仅文学要与政治无关、高高在上是不可能的。与内外的敌人作战的人们想到把文学也用于战争之中是极为自然的结果。……为此，就必须写人民大众懂的、能产生共鸣的作品。这不能敷衍了事，必须彻底地深入到人民之中，与人民一起喜怒哀乐，必须有共同的语言"。[①]正是在这样一个特殊的历史时期，毛泽东适时发表了《讲话》这篇指导解放区文学发展的纲领性文件。毛泽东明确指出召开座谈会的目的是研究文艺工作者和一般革命工作的关系，求得革命文艺的正确发展，求得革命文艺对其他革命工作的更好的协助，借以打倒我们的敌人，完成民族解放的任务。因此，它首先要求明确的是文艺为什么人服务的问题以及作家的立场问题、态度问题，其次是文艺的普及与提高、文艺

---

① 〔日〕近野直子：《有狼的风景——读八十年代中国文学》，人民文学出版社，2001，第45页。

批判的政治标准和艺术标准问题，以及结成文艺界统一战线的问题。《讲话》中所提出的所有问题，实际上都指向一个中心，那就是充分发挥文艺的宣传教育作用，为完成民族解放的目标服务。因此，从当时的时代环境来看，毛泽东对文学功利性的强调和要求，具有现实的合理性和历史的必然性。

其次，毛泽东文艺话语是不是一种现代性的话语。对此，李陀以丁玲为例，在分析《讲话》对知识分子具有巨大的感召力的原因时指出，正是毛泽东话语本身所具有的现代性特质，从内心深处契合了广大知识分子对现代民族国家的文学想象。因为在当时大多数知识分子眼里，"毛文体或毛话语从根本上看是一种现代性话语———一种和西方现代话语有着密切关联，却被深深地中国化了的中国现代性话语"。①这说明《讲话》对知识分子的巨大的感召力，并非出于外在的强制力，而是出于毛泽东话语本身所具有的现代性品格。既然长期的革命实践证明了毛泽东思想是对"中国问题"的最好回答，其文艺话语同样应被视为一种现代性的话语。从总体上看，《讲话》的最终目的是充分发挥文艺的作用，尽快取得抗战救国的胜利，为现代民族国家的构建提供强大的精神动力。从这个意义上讲，"工农兵方向"的提倡，是对实现民族国家建构主力军的革命主体的明确化；而"社会主义现实主义"的创作原则，则是在艺术手法上体现出对文学传统的继承和创新；把政治标准作为文学批评的首要标准，则是为了保持正确的政治方向；"普及"基础上"提高"的方向提出，则是为了最大限度满足革命主体的精神需求。毛泽东本人并不否认这种做法本身的功利性，认为世界上没有什么超功利主义，在阶级社会里，不是这一阶级的功利主义，就是那一阶级的功利主义。并公开承认：我们是无产阶级的革命的功利主义者。这是完全从现实

---

① 李陀：《丁玲不简单——毛体制下知识分子在话语生产中的复杂角色》，《今天》1993年第3期。

的政治军事斗争出发的功利主义的文学观,因此,《讲话》所得出的"文学服从于政治""文学是服务于政治的""是螺丝钉"的结论也就不足为奇。

最后,要充分认识到20世纪40年代解放区现代性的内涵复杂性。对于中国这样一个"后发外生型"国家而言,现代性的第一步是要尽快实现"现代化",其前提条件是实现民族国家的独立,并在此基础上实现国家的工业化;另外,由于中国是在传统文化完全失去现实效用的情况下被迫接受西方的现代化的,因此,中国知识分子在接受西方的现代性时,如何保留自身的民族性,始终是知识分子关注的重要话题。这样,中国知识分子在接受西方的现代性时,就陷入一种悖论状态,这就使得"对现代性的质疑和批判本身构成了中国现代性思想的最基本特征"。①从这个意义上看,《讲话》中对"中国作风和中国气派"的强调,就不仅仅是一个简单的回归传统的问题,而且是在对"五四"以来新文学历史经验总结的基础上,以现代民族国家的建构为根本出发点,对既有的文化资源进行整合,创造出一种与新中国(现代民族国家)相适应的具有普范性的现代民族形式。在这样的视野下,"文艺的大众化、通俗化并不仅仅是一个普及和动员的问题,同时还必须与建立独立的现代民族国家这一目标联系在一起"。②这一行为本身,应该被视为一种为即将建立的现代化的民族国家构建新的艺术样式的努力,是一种试图打破传统/现代、东方/西方的对立,创造出一种既超越西方,又超越传统的新的文学样式,其行为本身对现代性的追求并没有停止,只是以一种特殊的形式表现出来。

---

① 公羊编《思潮:中国"新左派"及其影响》,中国社会科学出版社,2003,第10页。
② 贺桂梅:《转折的时代——40~50年代作家研究》,山东教育出版社,2003,第331页。

结　语

　　总之,毛泽东文艺思想作为毛泽东思想的一个重要组成部分,要充分认识到其现代性的一面,只有将它放在中国自近代以来就开始的现代民族国家的建构过程中来考察,才能对其对功利性的强调有正确的认识,《讲话》的主要目的是为现代民族国家的建立提供强大的精神动力,而现代化的前提条件是实现现代民族国家的独立。从这个意义上看,《讲话》所蕴含的现代性的一面理应得到应有的肯定。

王小波"时代三部曲"中的性

魏家文

捷克作家米兰·昆德拉在其名著《小说的艺术》中发表了这样的看法:"发现唯有小说才能发现的东西,乃是小说唯一的存在理由。"①这就意味着,小说家的主要任务在于"发现"而非简单再现或者虚构现实,究其原因在于"小说审视的不是现实,而是存在。而存在并非已经发生的,存在属于人类可能性的领域"。②在众多的反思"文革"的作品中,王小波对"文革"荒诞性的揭示,不再局限于常见的政治视角,而是另辟蹊径,以"性"为主要切入点,以戏谑的语言、荒谬的故事从多个侧面描绘了人在特殊境遇下的种种生存状态。正如作者所说的那样,该小说的"真正的主题,还是对人的生存状态的反思"。③实际上,王小波"时代三部曲"中的"性",并非仅仅是一个吸引读者的噱头,而是"一个占有重要地位的、具有重大意义的生命过程和

---

① 〔捷〕米兰·昆德拉:《小说的艺术》,董强译,上海译文出版社,2004,第6页。
② 〔捷〕米兰·昆德拉:《小说的艺术》,第54页。
③ 王小波:《我的精神家园》,《王小波全集》第二卷,云南人民出版社,2006,第64页。

生活事件，它不是被特意加进去的，更不是阅读调剂，而是内蕴极为丰富的人类问题"。①

一 "公"与"私"错位：谈性色变的年代里性的异化与复归

"性"作为人的自然本性之一，原本是一个生物学的命题。但在现实生活中，性不仅仅被视为人的自然属性，而且被赋予更多的社会属性。福柯在谈到选择"性"作为自己研究对象的原因时说："性从来就像一个议事厅，我们种族的前途和我们人类主体的'真理'在那里得到决定。"②这说明现代人在谈论性时，所涉及的就不仅仅是一个有关个体存在的私人话题，而是一个关涉社会群体存在的公共话题，"性"也就从一个显现个体存在状态的私人空间，转变为显现群体存在状态的公共空间。正是在"文革"这一谈性色变的特殊历史时期，王小波发现了政治权力的无所不在导致的性的自然属性逐渐丧失以至于被淡忘，以及"性"如何从一个生物学的命题转变为一个社会学命题的荒诞现实。

从总体上讲，王小波的小说都涉及"性"的话题，虽然"思想是无性欲的"③，但王小波小说中的思想却带有明显的"性欲"色彩，这是因为作家创作关注的焦点是"性"。对此，王小波解释说："这样写既不是为了找非议，也不是为了媚俗，而是对过去生活时代的回顾。众所周知，六七十年代，中国处于非性的年代，在非性的时代里，性才会成为生活的主题，正如饥饿的年代里吃会成为生活的主题。"④正是在"文革"这一政治权力无所不能的年代里，个体生命的价值和尊严丧失殆尽。在这种非人的环

---

① 朱大可等：《十作家批评书》，陕西师范大学出版社，2000，第122页。
② 〔法〕福柯：《权力的眼睛——福柯访谈录》，上海人民出版社，1997，第36页。
③ 〔法〕乔治·巴塔耶：《色情史》，刘晖译，商务印书馆，2003，第13页。
④ 王小波：《我的精神家园》，《王小波全集》第二卷，第63页。

境下，个体要想从生活中找到生命的乐趣，唯一可以利用的只有自己的身体。在王小波的笔下，男女主人公在远离文明地带的深山老林里极尽鱼水之欢，用随心所欲的性爱方式来冲破权力的桎梏，从而使得被政治权力异化的性得以以一种特殊的方式复归。

这种复归在"时代三部曲"中的女性身上得到了充分的体现。这些女性在性的问题上都一反传统女性的矜持与被动，在男女关系上，她们大多数是性爱的主导者。她们和男性在一起，往往以性爱作为确证自我存在价值的手段，在性爱中尽量释放被压抑的生命激情。《黄金时代》里被下放到农场的医科大学生陈清扬被人们无缘无故称为"破鞋"，其理由是她虽然结了婚，但"脸不黑而且白，乳房不下垂而且高耸"。①虽然她一度想极力证明自己的清白，后来发现这是徒劳的。既然无法证明自己不是"破鞋"，那就下定决心做一名真正的"破鞋"。在此后陈清扬和王二所上演的一系列惊世骇俗的性爱故事中，陈清扬都显得积极主动，有时甚至有点迫不及待。这些性爱场面呈现在读者眼前的不是单纯的肉体感官刺激，而是一种脱去了肉欲的甜美和自由："我和陈清扬在蓝黏土上，闭上眼睛，好像两只海豚在海里游动。"②这是一曲爱与自由完美交融的生命赞歌，它使得被权力异化的性以激情的方式浪漫复归。

除了对性爱动作的大胆描写之外，"性"在王小波的小说里还扩散开来，深入每一个故事情节之中，成为一种独特的叙事模式，具有某种象征意味。在"三部曲"中，除了随处可见的关于性的戏谑性话语之外，作家还酷爱描写大阳具、阴毛、衰败的乳房等性器官以及无端勃起、自慰等异常性行为，甚至连批斗会、帮教会、忆苦思甜会这些带有政治色彩的事件都被赋予某种性的意味。在"三部曲"中，作家对"性"的描写不再仅仅聚焦于男

---

① 王小波：《黄金时代》，《王小波全集》第六卷，云南人民出版社，2006，第4页。
② 王小波：《黄金时代》，《王小波全集》第六卷，第34页。

女下体之间，而是扩展开来，成为可以脱离男女关系、单独起舞的快感元素。这种独特的"性"思维方式，在某种程度上可视为一种"从性中解放人性"的另类实践，其目的在于使在"公"与"私"错位的年代里，被政治权力异化的人性得以复归。

二 "血"与"性"的混杂：权力运作下性的屈服与抗争

从"时代三部曲"描写的时代跨度上看，"三部曲"之外的《万寿寺》《红拂夜奔》《寻找无双》中对人肉体惩罚的描写占了很大的篇幅，字里行间充满了作家对古代刑罚的想象和戏剧化的血腥书写。而在《黄金时代》里，对人身体的处置则是以一种规劝与惩罚相结合的现实场景出现的，如批斗会、帮教会等。《白银时代》和《黑铁时代》中权力的魔爪则控制了从个人到社会的每一个角落，每个人的言行都处在他人的监视之中，个人的话语领域和性的领域都被纳入权力的看管范围。权力在"三部曲"中的表征正像福柯所说的那样，从古典的"血"向现代的"性"进行着转变。在王小波的笔下，"血"和"性"虽然同样混杂在一起，但在表现方式上却显示出王小波独特的个性特点。

在王小波的笔下，"文革"政治斗争的描写被推到幕后，他所关注的焦点是"革命时期的爱情"，作家借此想要表达的是权力轮盘的永恒运转以及它的无所不在。革命时代的爱情必然打上革命的印记，因为当时流行的理论是"假如一种饭不涉及新社会/旧社会，一种性爱不涉及革命/反革命，那么必定层次很低"。[①]这样的理论必然导致禁欲主义的盛行。但是，人的本能欲望并没有因此而降低，反而空前高涨并衍生出种种变态行为。

王小波在《黄金时代》里，用调侃的语言描写了人们对性话语表面上的厌恶躲避以及实际上的趋之若鹜的变态心理，以至于

---

① 王小波：《黄金时代》，《王小波全集》第六卷，第279页。

斗"破鞋"成为当地传统的娱乐活动。革命群众用绳子给陈清扬穿上紧身衣，在批斗中使劲揪着她的头发往四下看，并不是出于阶级斗争的仇恨，而是因为她是所有被批斗的"破鞋"中最漂亮的一个。这样做的目的是让她丰满的身体曲线毕露，方便让革命群众清楚地看到一切，从而满足革命群众的偷窥欲。而在当事人王二眼里，参加斗争会则被视为出"斗争差"，因为这同样是革命群众的需要。也就是说，任何荒唐的事情，只要打上革命的旗号，就会立刻变得合理合法。这样，在王小波的笔下，对"血"与"性"的复杂关系的揭示，表现为通过对"性"的合理合法的公开打压的描写来揭示其背后"血"的无所不在。政治权力的运作方式，其重心已经从传统的"血"转到现代的"性"，但二者在本质上是一样的。尤其是在"革命"年代，对"性"的公开惩罚被赋予某种革命的正当性，成为当权者滥用权力、满足自己私欲的绝佳舞台。

　　这种运作是在"审讯与招供"的互动结构中展开的。这里，"性"与"权力"并非毫不相关，它本身就是权力的一个组成部分，和权力是一种相互依存、相互激发的关系。小说一开始就出现了"破鞋"事件。一个女人被众人称为"破鞋"，这并不是一件仅仅关涉个人道德品质的"风流事件"，而是一件权力运作下的"公共事件"。王二和陈清扬之所以发生性关系，并不是男女之间感情自然发展的结果，而是因为"陈清扬找我证明她不是破鞋"。这件事的开端是因为"权力"，而它的实际发生也是"权力"激发的结果。如每次批斗会之后，"陈清扬必要求敦伟大的友谊"①，多数情况都发生在王二写交代材料的那张桌子上，时间和地点的选择上都显示出某种反讽的意味。小说通过对革命群众在"批斗会"上生理反应的细节描写（"在场男人的裤裆都凸起来"），对"文革"时期弥漫在整个社会的禁欲主义思想和假道学的虚伪嘴脸进行了辛辣的讽刺。虽然王二和陈清扬在批斗会上每

---

① 王小波：《黄金时代》，《王小波全集》第六卷，第38页。

次都任由革命群众处置，不做任何反抗，但在批斗会后，"陈清扬都性欲勃发"①，以"敦伟大友谊"的性爱方式，直接指向军代表、人保组、团领导等当权者，将这些人内心深处的虚伪和肮脏暴露无遗。在带有荒诞色彩的抗争背后，隐藏着作家本人对个体生命存在价值的独特思考。

在王小波眼里，人的存在实际上是一种欲望的存在，体现生命价值的东西不在身体之外，而是在身体之中，尤其是作为生命象征的生殖器："在我看来，这东西无比重要，就如我存在本身。"②这一惊世骇俗的宣言，充分体现了作家对人的生命欲求的充分肯定。在物质生活极端贫乏、精神荒芜的时代，王二以离经叛道的性行为和性话语来挑战"文革"期间的主流话语，把性爱作为确证自我和反抗权力的最好方式。与众多反思"文革"作品的思路不同，作家从全新的视角对那个荒诞的岁月进行了全新的阐释，"从男女之间荒诞的性关系和性意识来透视一种乌托邦式的政治现实，这正是王小波小说中性描写的目的和价值所在"。③

三 噩梦与理想的变奏：知识分子处境的现在与未来

"时代三部曲"的主人公大多数是知识分子。王小波笔下的知识分子，不再是心怀天下、温文尔雅的文人雅士，而是"面色焦黄，嘴唇干裂。上面沾了碎纸和烟丝，头发乱如败棕，身穿一件破军衣，上面好多破洞都是橡皮膏粘上的，跷着二郎腿，坐在木板床上，完全是一副流氓相"。④这种对知识分子形象的颠覆性描写，在以往文学中是完全无法想象的，而这一切都与那个荒诞

---

① 王小波：《黄金时代》，《王小波全集》第六卷，第36页。
② 王小波：《黄金时代》，《王小波全集》第六卷，第6页。
③ 朱栋霖等：《中国现代文学史 1917－2000（下）》，北京大学出版社，2008，第314页。
④ 王小波：《黄金时代》，《王小波全集》第六卷，第4页。

的年代有关。

王小波笔下的知识分子生活在一个是非颠倒的年代，遭受到精神和肉体的双重打击。那些在运动中幸存下来的知识分子不再以维护既定的社会秩序为己任，而是以颠覆者的面目出现。既然无法证明自己的清白，那就索性坏一坏。因此，出现在"三部曲"中的知识分子不再是理想主义者，也不是通常意义上反抗社会的英雄，他们大多厚颜无耻，自甘堕落。这是因为王小波对"文革"时期虚假的道德宣传不以为然："有人认为，人应该充满境界高尚的思想。这说法听上去美妙，却让我不解。因为高尚思想和低下思想的总和就是我，若去掉一部分，我是谁就成了问题。"[①]因为对真正的知识分子而言，"真正打动我的是我能真正选择支持的理念与观点，因为他们符合我所相信的价值和原则"。[②]正是因为坚持知识分子的理性立场，所以王小波拒绝让自己的大脑成为某种政治宣传的跑马场，而是用知识分子的理性，正视人性的丰富性和复杂性，从而保证了自身人格的独立和完整，这在他小说中的知识分子身上得到了充分体现。

王小波笔下的知识分子总是有些想入非非，不务正业。他们集大智大勇与痴迷散漫的天性于一身，在那个疯狂的年代，充分发挥想象的力量，在自由创造中寻找生命的存在价值。《革命时期的爱情》中的王二就是一个发明迷，他曾用拣来的废铜烂铁做蒸汽机，用缝纫机的线轴和皮筋做能走的车，用废气炉子造出了汽油发动机，用自行车上的零件做火药枪……他最成功的发明是在"文革"两派大学生在校园内武斗期间，用所学的现代科技知识发明了一台科技含量很高的投石机，帮助自己所在的一派取得了斗争的胜利。这件事被王二视为人生中的头等大事，自己活了

---

① 王小波：《思维的乐趣》，《王小波全集》第一卷，云南人民出版社，2006，第17页。
② 〔美〕萨义德：《知识分子论》，单德兴译，生活·读书·新知三联书店，2002，第76页。

那么大，"只有一件真正属于自己的东西，就是那台投石机器"。①王二从自己的创造发明中感受到生命的存在价值，而其间知识的力量带给他的是一种"美"的享受。在王二眼里，"最美好的事物则是把一件美好的东西造出来时的体验"。②与此同时，他们在从事自己喜爱的工作时，总是全身心投入，显得特别专注与痴迷，《我的阴阳两界》中的李先生就是这样一个人。李先生的本职工作是俄文翻译，但他却迷上了一种现在已经无人认识、笔画很多并且也不能为他带来任何实际好处的西夏文，他研究的原因是他为能读懂别人不懂的文字而感到快乐。虽然他的研究并没有得到人们的承认，但他却完全沉迷于其中而无法自拔："他在研究西夏文时，你就是在他眼前放鞭炮他也听不见。"③李先生为此丢了工作，被迫提前退职，靠偶尔翻译稿子为生。李先生的研究不是出于现实的功利目的，而是纯粹为了获得一种创造性的精神享受，是为了满足人天性中的求知欲。

王二和李先生的遭遇表明，虽然知识分子生活在一个荒诞的年代，连最基本的人身安全和生活必需品都无法得到保证，但他们身上依然保留着知识分子身上的固有天性。在极端困苦的生活环境下，知识分子对自由、创造、理性的追求始终没有放弃。在王小波看来，一个正常的社会不仅要满足人的物质需求，而且要为满足人的精神需求提供必要的保障。就知识分子而言，个人的幸福不仅仅停留在现实的物质层面上，更体现在生命的自由创造上，体现在"思维的乐趣"上。

结　语

王小波的"时代三部曲"并非简单的政治寓言，它所探讨的

---

① 王小波：《黄金时代》，《王小波全集》第六卷，第248页。
② 艾晓明、李银河编《浪漫骑士》，中国青年出版社，1997，第16页。
③ 王小波：《黄金时代》，《王小波全集》第六卷，第306页。

也不是某一时代某一个体的生存悲剧，而是以"性"为切入口，对人的生存状态进行全面反思。作家所要探讨的是人类社会发展历史进程中那些永恒的人性因素。面对生存的困境，王小波把"自我"拯救放在首要地位，他认为"在这世界上的一切人之中，我最希望予以提升的一个，就是我自己"。①因此，他的拯救之路是从自我拯救开始的，而不是从拯救他人开始的。王小波的拯救方式，既不同于"五四"知识分子批判国民性的启蒙叙事，也不同于此后新文学所宣传的依靠社会的解放来实现个人解放的宏大叙事，这正是王小波的独特之处。王小波在小说中所表现出的人文关怀，以及对自由、理性、创造精神的张扬，为审视中国当代文学提供了新的研究视角，这正是王小波小说的当下价值所在。

---

① 王小波：《思维的乐趣》，《王小波全集》第一卷，第12页。

启蒙视角与蹇先艾乡土
世界的审美构成

罗绂文

"我们要对种族有个正确的认识,第一步先要考察他的乡土"①,如果说作为外在形态,20世纪的中国政治革命是在经历以城市为中心的挫折之后,才找到以农村包围城市的正确途径的话;然而作为内在精神意识形态的小说,在20世纪的自觉批判的初始期便直指乡村,充分显示出文化批判的清醒与活力,其中以鲁迅为最杰出的代表。他以敏锐的触觉迅速而准确地把握住乡村这个传统文化的集结地,凭借其卓越的创作实绩和深邃的理论洞见,确立了现代中国乡土小说的审美元素的基本构成——作家的主体观念、地理风貌、乡风民俗和范式。直至今天,乡土小说的这种审美形态仍在鲁迅开掘的模式中阔步前进,成为中国现当代文学中不可忽略的耀眼一环;同时也给我们界定、研究乡土文学带来了诸多启示和方便,正如来自法国的艺术史家丹纳所说:"要了解作品,这里比别的场合更需要研究制造作品的民族,启

---

① 〔法〕丹纳:《艺术哲学》,傅雷译,安徽文艺出版社,1998,第275页。

发作品的风俗习惯，产生作品的环境。"①

一 启蒙与时代悲剧

在鲁迅的影响下，启蒙与革命成为 20 世纪 20~30 年代乡土小说作家群所持的主流话语，他们在创作的主体观念上采取了功利主义审美态度，从文化变革和民族救亡的动机出发，把乡村看作传统落后文化的集结地和时代变革的前沿阵地。鲁迅说："我生长于都市的大家庭里，从小就受着古书和师傅的教训，所以也看得劳苦大众和花鸟一样。有时感到所谓上流社会的虚伪和腐败时，我还羡慕他们的安乐。但我母亲的母家是农村，使我能够间或和许多农民相亲近，逐渐知道他们是毕生受着压迫，很多苦痛，和花鸟并不一样了。不过我还没法使大家知道。"②鲁迅道出对待劳苦大众的三种姿态——冷漠、羡慕、同情并告知。冷漠是贵族的，他把劳苦大众看得和花鸟一样；羡慕是古典士大夫的，他们在乡村寄托闲情以显其志；只有启蒙者才能同情大众，并设法告诉他们怎样的生命才是真正的生命。鲁迅选择了小说，"说到'为什么'做小说罢，我仍抱着十多年前的'启蒙主义'，以为必须是'为人生'，而且要改良这人生。……所以我的取材，多采自病态社会的不幸的人们中，意思是在揭出病苦，引起疗救的注意"。③以启蒙的视角来处理现实生活题材的思想担当，使以鲁迅为代表的乡土小说成为时代精神的表征，如鲁迅抨击传统的"瞒"和"骗"文艺，要求写出他们的血和肉就是鲜明的代表。而同时期的胡适，也认为"团圆的迷信"乃是中国人"思想薄弱的铁证"，而对其进行激烈批判，说国人"闭着眼睛不肯看天下的悲剧惨剧，不肯老老实实写天公的颠倒惨酷，他只图说一个纸

---

① 〔法〕丹纳：《艺术哲学》，第 279 页。
② 鲁迅：《英译本〈短篇小说选集〉自序》，《鲁迅全集》第七卷，人民文学出版社，1981，第 389 页。
③ 鲁迅：《英译本〈短篇小说选集〉自序》，《鲁迅全集》第七卷，第 389 页。

上的大快人心"。①可以这样说,启蒙的思想意识成为20世纪20年代乡土小说乃至那个时代的知识分子之基本思想观念。

　　主体的启蒙意识一旦成为现实社会生活中的革命追求,其命运往往是悲剧的。这对二三十年代乡土小说的整体悲剧性的审美风貌产生决定性影响:乡村生命在启蒙和革命批判视域下,往往呈现为暴戾和无自我的愚钝两种状态。就生命个体存在的外围来说,残杀和残害是此时乡土小说开拓的两个基本表现模式。《阿Q正传》是从被杀者的角度写出生命的渺小甚至虚无,而王鲁彦的《柚子》则从杀人者的角度写出生命的残忍,蹇先艾的《水葬》、台静农的《新坟》、沙汀的《兽道》《代理县长》等都基本遵循着这种模式。虽然30年代一些阶级自觉的作家如叶紫对这种模式加以发挥和变形,但总体上表现的仍是生命价值的毁灭。就内在来说,乡村生命处于原始的愚钝状态,他们像动物一样,没有自我意识,命运完全被他人拨弄,而又为代代相因的历史沉疴所奴役。冥婚表现的是人们对生命所做的原始的神秘假想,具有撼人心魄的惊惧,而《怂恿》则是对愚昧的无价值生命的展示,吴组缃的《樊家铺》在更高层面上表现出道德伦理在外在力量压迫下的扭曲和变形。作家们"将乡间的死生,泥土的气息,移在纸上"②,低劣粗陋的生命形式、破败凋敝的生活环境、麻木愚钝的灵魂透射出强大的悲剧力量。陈继会在分析这一时期乡土小说整体的审美倾向时说:"20年代'乡土小说'在整体上给人以一种感伤、压抑的感觉。而在30年代乡土小说中,一扫这种感伤气息,呈现出壮美的风貌。"③20年代乡土小说画出的是"沉默的国民",而30年代是觉醒了的农民,小说是壮美,是"力"的悲剧。丁帆与之相反,认为乡土小说在开创者鲁迅那儿获得最

---

① 胡适:《文学进化观念与戏剧改良》,《胡适学术文集·新文学运动》,中华书局,1993,第81页。
② 鲁迅:《〈中国新文学大系〉小说二集序》,《鲁迅全集》第六卷,人民文学出版社,1981,第255页。
③ 陈继会:《中国乡土小说史》,安徽教育出版社,1999,第181页。

高悲剧成就,其后"乡土小说流派"只是对他的继承和模仿。鲁迅的悲剧有尼采式的哲学高度,"在充分肯定个体人生和个体生命由痛苦的毁灭而达到'形而上'的意志永恒升华过程中,鲁迅所表达的是超越常人的与痛苦相嬉戏的悲剧审美意识。而'乡土小说流派'的众多作家只是站在普泛的人道主义视角上,对苦难和人生的作常态的描述"。①陈继会和丁帆评价的差异正说明这一时期乡土小说的复杂性。我认为,这种复杂性取决于作家的文化身份、心理结构和艺术着力点,原因是单一的启蒙动机或革命动机都会削弱悲剧力量甚至导致叙述的失败:启蒙者往往以引路人的身份,居高临下,从一个形而下的乡村事实引出形而上的哲学思考,通过对现实的否定和超越指向生命本体;而革命文化观的作家则以参与其中的同情态度,通过对现实的肯定而达到对生命的确证,在对立中否定一种生命形式,同时主观展示了一种生命形态。如果说前者是跳出乡村的局外人,后者是与之同呼吸共命运的参与者,局外人清醒冷静,同情者狂热激烈;前者的心理距离是疏远,因而往往讽刺,后者的心理是亲和,因而着眼于揭露。任何一种偏执都不可能达到理想的高度,30年代许多创作失败的例子都说明这一点。比如阳翰笙的《地泉》被瞿秋白批评为"正是新兴文学所应当研究的:'不应当这样写'的标本"。②鲁迅的成功就在于他的多重身份动机的综合与嫁接。

作家不同的文化身份、心理结构和艺术追求决定了二三十年代乡土小说悲剧效果的丰富多样性。鲁迅在《〈中国新文学大系〉小说二集序》中这样解释:"蹇先艾叙述过贵州,裴文中关心着榆关。凡在北京用笔写出他的胸臆来的人们,无论他自称为用主观或客观,其实往往是乡土文学。"③蹇先艾的《水葬》"展示了'老远的贵州'的乡间习俗的冷酷,和对于这冷酷中的母性之爱

---

① 丁帆:《中国乡土小说史论》,江苏文艺出版社,1992,第244页。
② 瞿秋白:《革命的浪漫谛克》,《瞿秋白文集》(文学编第一卷),人民文学出版社,1985,第457页。
③ 载《鲁迅全集》第六卷,第247页。

的伟大"。①裴文中的《戎马声中》"记下了游学的青年,为了炮火下的故乡和父母惊魂不定的实感"。②他们的作品,又都"隐现着乡愁"。虽然,鲁迅对于乡土小说的审美特征并没有进行规定性的论述,但是通过他对蹇先艾和裴文中的具体作品的概括,透露出他对乡土小说的审美精神具有敏锐的感觉和深邃的理论洞察。

二 环境与气候:荒寒的自然世界

鲁迅所提及的蹇先艾,正是这一时期涌现出的一位杰出的乡土小说作家。他以启蒙的视角和满怀着对家乡的热情,叙述着贵州独特的自然风貌、"黑暗"现实与蒙昧文化对人性的摧残、戕害,展现在贵州恶劣自然与人文环境中的底层百姓的贫苦生活,从而能够激发人们正视现实,起来推翻旧的制度。蹇先艾(1906~1992),贵州遵义人,15 岁的时候到北京求学,16 岁考入北京师范大学附中就读。他在京期间,父母相继去世,依靠族中长辈才得以继续旅居北京,延续自己的求学生涯。蹇先艾幼小时就在私塾读书发蒙,加上父母的教育,从小就培养了对文学的爱好和打下了扎实的国学功底。抵京之后,受到了新文学思潮熏陶,得到了一些文学大家的指引,成为 20 年代有影响的新文学作家。在他的作品中,成就最高的当属那些叙写"黔北世界"的乡土小说。蹇先艾极为熟悉这块土地,"我的小说取材于贵州的较多,因为我对我的家乡比较熟悉"③;他最有感情的也是这块土地,因为这里有他快乐的童年、挚爱的亲人,还有每一个游子都具有的故乡情结。作为一个具有人道主义者,蹇先艾始终为全国的军阀混乱和无序而悲痛、愤慨;但相比之下,作为启蒙者的蹇先艾,

---

① 鲁迅:《〈中国新文学大系〉小说二集序》,《鲁迅全集》第六卷,第 246 页。
② 鲁迅:《〈中国新文学大系〉小说二集序》,《鲁迅全集》第六卷,第 246 页。
③ 蹇先艾:《山城集·后记》,《蹇先艾文集》第三集,贵州人民出版社,2004,第 382 页。

家乡人民在统治者的蹂躏下悲惨的生活更让他揪心,促其提起笔来揭露黔中大地暗无天日的恶旧习,抨击当权者和剥削者的残忍与暴戾,同情生活在最底层的生命,又对他们的蒙昧倍感无奈。正是在这一点上,他获得了成功,因为他状写的这块土地,他太熟悉了;描写的人物,他太关心了。他并不仅满足于有意识地收集起来的落后"边地"的死故事、死材料,而是以启蒙者的整个身心——理智上的、感情上的、志趣上的,乃至潜藏在文化下意识里的种种因素去感受、去体验、去发现、去表达。正因如此,蹇先艾在叙述其家乡的物、人和事的时候,才能如此深刻和准确地为我们展示出一个不一样的贵州,想象之外的"黔北世界"。

说起贵州,首先想到的就是独特的自然环境和地理风貌,人们最常听到的就是这样一句描述贵州的话:"天无三日晴,地无三里平,人无三分银。"不管其用意是褒是贬,对于蹇先艾笔下的穷山恶水来说显得十分恰切:

> 多年不回贵州,这次还乡才知道川黔道上形势的险恶,真够得上崎岖鸟道,悬崖绝壁。尤其是踏入贵州的境界,触目都是奇异的高峰,往往三个山峰相并,仿佛笔架,三峰之间有两条深沟,只能听见在沟内有水活活地流,却望不见半点水的影子。中间是一条一两尺宽的小路,恰容得一乘轿子通过。有的山路曲折过于繁复了,远远便听见大队驮马的过山铃在深谷中响动,始终不知道它们究竟还在何处。从这山到那山,看看宛然在目;但中间相距几百丈宽的深壑,要经过很长的时间才能达到对面。甚至于最长的路线,从这山出发的清晨,到那山得已经是黄昏时分了。天常常酝酿着阴霾,山巅笼罩着一片一片白毂的瘴雾,被风袅袅地吹着,向四处散去。因为走到这些地方,也许几天才能看见一回太阳;行客则照例都很茫然于时间的早晚,一直要奔波到夜幕低垂才肯落下栈来。(《在贵州道上》)

对于中国现当代众多的乡土小说来说，最值得赞许的首先往往是通过自然环境、地貌风貌的描摹来呈现出乡土特色。《在贵州道上》虽为小说，但这段纪实性的环境描写正是起到了这样的作用：一方水土养一方人，也就是"人从自然界中感受得来的行动，会继续下去，因为自然界固定在人身上的才能与倾向，正是自然界每天予以满足的才能与倾向"。①正是这险峻、恶劣的自然环境阻止了人们同外界的交往，形成了一个与世隔绝的"小天地"，进而形成了"固定在人身上"的蒙昧、蛮荒的人文世界。这里作者以沉重和悲凉的笔触，来着力描写贵州道上的崎岖与险恶，生活于其中的高山峡谷的人们，正涕饥号寒，挣扎在死亡线上，展现了僻壤山区乡民生活的悲与凉，构成了"瘴雾"和"阴霾"弥漫于人间的荒寒世界与恐怖心理。

如果说《在贵州道上》是从地理环境上来展现人们生活于"穷山恶水"中的荒寒与恐怖，那么《乡间的悲剧》中，蹇先艾则从气候恶劣的角度，将人物的情绪起落、命运的无常和气候的瞬息变化情景交融地化合在一起，渲染了别样的黔中大地：

> 零零落落的偏东雨一刹那便过去了，太阳偷偷地在云影中探望，灰絮拥挤着天空已经镶起一块一块的蓝色。石板上的水迂回流向山沟里，发出汩汩的声音。这样轻微的雨量是这村中的庄稼人最喜欢不过的，今年的丰收大约不成问题了吧。遍野遍山的罂粟花开得十分茂盛，它们在微风中摇摆着，似乎也和人们一样充满了喜悦。滂沱大雨谁也不希望它再来。

这"零零落落""偏东"的太阳"雨"过后是明亮、清新和充满乐感的山涧景象，在作者的勾勒中鲜明地再现出来了；同时映衬着主人公祁大娘高高兴兴地进城时候的心境和对生活的憧

---

① 〔法〕丹纳：《艺术哲学》，第 296~297 页。

憬。然而待她无意中从朱老奶那里听到被丈夫遗弃的消息,"太阳又在黑云团里出没无定了,燕子也穿梭着在天空的猎场里打围。牧童们全都牵着水牛躲到大树荫郁的山崖底下来了,他们的山歌的声音在坡脚回荡着"。送火炭梅的祁大娘这时从城里回来了,垂头丧气的样子,走路十分蹒跚,身体虚飘飘的,耳朵好像聋了一样,神魂不定的身影在那里徘徊,像被风雨扫着的落叶那样不由自主,充满了幻觉。随着祁大娘受到这不幸的消息的打击,被遗弃的妇人的滋味沉重地笼罩在她的头上,小说并没有进行语言刻画或者心理描写,应运而生的是独特的气候变化——更大的风雨袭来了,像祥林嫂一样被完全摧垮了精神支柱的祁大娘对生活已经绝望,最终在风雨中走向死亡:

  雨又沙沙地下起来了。她在雨中大踏步地向前走,不走回自己的家,却转了弯,奔向山谷。她没有戴斗笠,头发和衣服全被雨水淋湿了。田垅上的人们,甚至于鸡犬都躲得看不见踪影,雨点漫天地狂扫下来。

  稍微了解贵州自然气候的人都知道,在黔中的崇山峻岭中这种"零零落落"、时断时续的"太阳雨",总是不期而遇、捉摸不定。蹇先艾借助黔中大地"太阳雨"的乡土特色,将现实中的自然气候的特点与人物的命运变化完全地融合在一起,形成了乡土文学叙述的典范。
  "最难能可贵的,是在自然环境的描写上也能表现了乡土色彩"①,除了对《在贵州道上》的地理环境、《乡间的悲剧》的自然气候的典范描写之外,蹇先艾写贵州山区地理环境、自然风貌的作品还很多,如写毛毛雨天气的《濛渡》、山区旷野中的月夜之《谜》,都是蹇先艾借地理环境、自然气候来展现"乡土"特色的得心应手之作。除了这些,蹇先艾乡土小说的"乡土特色"

---

① 茅盾:《读〈乡下姑娘〉》,《抗战文艺》九卷一、二期,1944年2月。

更多的是或明或晦地融入、穿插在他的小说、诗歌、散文的细节中,"一个民族永远留着他乡土的痕迹,而他定居的时候越愚昧越幼稚,乡土的痕迹越深刻"①,也许你对丹纳从种族、环境和时代三种力量的共同作用来解释艺术的发展变化有所保留,然而这对于蹇先艾的乡土小说而言是极为准确的。

三 旧俗与方言:"黔北"的人文世界

当我们读完蹇先艾的大部分小说后,往往在心中自然浮现出一个边远山区,那里地势险峻,气候反常,人民受着残酷的剥削与压迫,但他们并没有因此而放弃生活下去的勇气。如果说地理环境、自然风貌带来的乡土审美特色,是"赤手空拳,知识未开的人只能受环境的包围、陶冶、熔铸,他的头脑那时还像一块完全软和而富有伸缩性的粘土,会尽量向自然屈服听凭搓捏,他不能依靠他的过去来抵抗外界的压力"。②这就需要启蒙者的出场与对旧文化的批判。虽然在五四运动之后,新民主思想已传播了大半个中国,但在贵州,由于长期的闭塞,几千年遗留下来的封建残余思想显得更加根深蒂固,人们还看不到一点新文化到来的迹象,乡俗恶习还是束缚着蒙昧的人们。对于一个具有人道主义精神的启蒙者来说,自己家乡的人们却麻木不仁地忍受着原始野蛮的统治,这是十分痛心的;对于一个心系人民的作家而言,这是最痛苦的事。因此,蹇先艾从启蒙的视角出发,运用手中的笔把家乡的落后披露出来,试图唤醒家乡的人们革除陋俗恶习。

贵州自古以来就被认为是落后闭塞的蛮荒之地,也因此遗留了一些暗无天日、形形色色的恶习旧俗,作者对此深恶痛绝,在同情着下层人民所遭受的苦难的同时,也悲哀着他们的愚昧。如《水葬》中的"水葬"习俗:"他们是要说驼毛去水葬,因为他

---

① 〔法〕丹纳:《艺术哲学》,第275页。
② 〔法〕丹纳:《艺术哲学》,第275页。

在村中不守本分做了贼。文明的桐村向来没有什么村长……等等名目,犯罪的人用不着裁判,私下都可以处理。而这种对于小偷处以'水葬'的死刑,在村中差不多是'自古有之'的了。"作者用反语讽刺了桐村的"文明",从表面上看确实是按照"自古有之"的规矩来自行约束。但结果却是保护了有权有势的乡绅地主的利益,不仅如此,他们还能因此更加猖獗地压榨贫苦农民,这实际上是灭绝人性的统治。只是当时当地的人们意识不到而已。对此,作者是抱着一种批判的态度去写的,但对于下层人民的愚昧与无知,作者则感到十分的痛心和悲哀。

　　行列并不是这样的简单;前后左右还络绎的拖着一大群男女,各式各样的人都有,红红绿绿的服色,高高低低的身材,老老少少的形态……这些也不尽是村中的闲人,不过他们共同的目的都是为看热闹而来的罢了。尤其是小孩子,薄片小嘴唇笑都笑得合不拢来,两只手比着种种滑稽的姿势,好像觉得比看四川来的"西洋镜"还要有趣的样子:拖着鞋子梯梯塔塔的跑,有的鞋带被人家踩住了,立刻就有跌到的危险,尖起嗓子破口便骂,汗水在头上像雨珠一般滴下来。妇人们,媳妇搀着婆婆,奶奶牵着小孙女,姑娘背着奶娃……有的抿着嘴直笑,有的皱着眉表示哀怜,有的冷起脸,口也不开,顶多龇一龇牙,老太婆们却呢呢喃喃念起佛来了,然后又斯斯文文底悄悄的慢摇着八字步,显得和大家是不即不离的。被好奇心充满了的群众,此时顾不得汗的味道,在这肉阵中前前后后的挤进挤出,你撞着我的肩膀,我踩踏了你的脚跟……一分钟一秒钟也没有冷静过。一下密密的挨拢来,一下又疏疏的像满天的星点似的散开了。正在像蜜蜂嗡嗡得开不了交的时候,忽然一片更大的嘈杂声从人海中涌出来,这声音的粗细缓急是完全不一致的。

作者以现实主义笔法描写了桐村村民相拥去看驼毛被"水

葬"的场景,其内心是很悲痛的。在这一行人中,有老有少,有男有女,有无事之人,也有教书先生,可以说这就是桐村各阶层人民的一个缩影。此刻他们都站到了一起,为着一个共同的目的——看驼毛"吃水"。对于一个社会而言,在这"看"与"被看"之中最大的悲哀也莫过于此,他们忍受着欺凌和压迫,同时又麻木不仁,还自认为这是"自古有之"的规矩,是不可违背的。

在蹇先艾的小说中,对贵州习俗的描写除了特殊的"水葬"场面之外,还有"定亲"、"谢土"、赶集等"边地情调"极富乡土特色,如写包谷场的集市:

> 虽然已近黄昏,包谷场茶馆栈房都充满了四乡来赶场的人,他们多半是趁这猪肉便宜的机会来多称几斤,或者给囝囝们带点玩意儿回去。街上的石阶沿和木柜台都陈列着红红绿绿的各式各样的货色。卖捞糟的、吠搪人的、卖凉粉凉面的、卖冰粉的、各种挑子摆在大路当中,围着它们的净是些扎红头绳翘尾巴根的小姑娘和光脚板把手指放在嘴里咬着的放牛娃。还有打金钱板的、唱猴戏的、耍把戏的,以及手舞足蹈吹芦笙的苗族在人丛中挤。老孙挂着斗笠在脖子后面,扛起一根捆得有一对草鞋的扁担,口里喊着"撞背"向前走。人们都回头愕然望着他:因为他一没有抬轿,二没有挑着什么很重哟担子,却这样信口乱喊来警人,岂不有点近于戏毛么?(《到镇溪去》)

贵州的闭山塞水限制了人们和外界的往来,更不用说新思想的交流,蹇先艾笔下的人物自然就不知道前面将会是什么样的路。作为启蒙者的蹇先艾往往给他笔下的人物一线希望,尤其是后来成为革命者的蹇先艾在各种修订的选本中,更是直截了当:"周德高狗仗人势,叫老子吃水!他二天也有遭殃的一天!他一样不会得好死!"驼毛从个人的不幸,宣布了和旧势力的势不两立。当草贩子朱二卖草药受到干涉又无端被警察猛踢了一脚的时候，他"激动得股胀着脸了，像一只发怒的虾蟆"，甚至想到"同他拼一下命吧，这狗仗人势的家伙！"（《踌躇》）。这已经不是逆来顺受的顺民。发展到《盐灾》中，当红沙沟和樱桃堡这两个村子因盐商垄断食盐而酿成"盐灾"时，便出现了自发的反抗；农民们打了黄老叶，掀起了抢盐的风潮，吓得臧洪发坐立不安，终于逃进城里……

在丹纳的理论中所谓的"习惯"，除了风俗节日之外，作为乡土审美特色的表征的还有语言，尤其是作家在创作时由于剧情的需要而有意识地使用方言土语来增加文章的乡土气息和现场感。蹇先艾在创作乡土小说时，就有意识地加进了贵州方言，这样一来，文章不仅有了一种陌生的吸引力，全文的乡土性也大大提升了。那作者又是怎样将乡土语言运用到文章中的呢？首先，文中人物的对话大量地使用了方言俚语。

"老实老赵，你前些会不是说家里出了什么事情，你怎么还是这样欢喜法？"

"尔妈，你真是校场坝的土地——管事管得宽，你穿草鞋，又碍啥事！弟兄，你不晓得，我身上这两天干得起灰吗？"

"你帮黄荣发家当长年，好好的惟有又出来了呢？"

"那个日子我过不来：他们吃肉，我们吃猪菜；他们吃米，我们吃糠，出来好久了哟！只有我的婆娘还在他家？"

"不要尽跑，这样拖，我就来不起了，背时鬼。"（《在贵州道上》）

在这几句话中，可以找出很明显的贵州方言："老实老赵"，即"真的，老赵"；"前些会"，即"前些日子"；"这欢喜法"，即"这样地欢喜"，"法"这里是词尾，表示程度；"尔妈"，即"他妈的"，骂人的脏话；"校场坝的土地"，即"校场坝的土地菩萨";"这两天",即"这些天";"干得起灰",即"穷得一个钱都没有";"长年",即"长工";"婆娘",即"妻子";"不要尽跑"即"不要一直跑";"来不起",即"吃不消,跟不上";"背时鬼",即"倒霉鬼"。此外,在别的文章中,此现象也层出不穷。

"孙大哥,要些啥子家事,你老人家?"
"一碟炒豆,两个帽儿头,一碗豆花,——记倒!多要一点海椒蘸水。"(《到清溪去》)
"张大娘,有盐没有?借我一点,二天买来加倍地还你。"
"李大哥,做点好事,盐脚脚都行,并不要好的。"
"难道盐汤汤也没有吗?"
"我只借一撮撮那么点,灰盐也不要紧呀。"(《盐灾》)
"背时的腊妹,你就会吹壳子烤火,也不来给客人端洗脚水。"
"你不要瞒倒我,我听到过好多人说,他们打个鬼仗,日本鬼子来了,跑都跑不赢!"(《春和客栈》)

在这几句话中,"啥子家事""帽儿头""记倒""海椒蘸水""二天""背时""吹壳子烤火""瞒倒""打个鬼仗"等都是黔北周边地区所特有的方言。作者除了在人物对话中使用方言土语之外,在故事的叙述乃至环境描写时也常常会用到一些乡土语言,极富地域性的审美特色。

小耗子王拜着脚走过坟前。
她是村中少见的大脚婆娘,胖胖的脸儿,粗黑的眉毛,高高地挽起一双袖子,大概是刚从地里回来。
特别优待,给一块大板的夫价,到了那里还要打牙祭。
夏胡子因为这好奇的一问,倒有了详细的龙门阵摆。

景致真是有点像四川，有时候跟人家赶趟把船，帮船老板划两手，也是很好耍的事。（《到清溪去》）

只能听见水在沟内汩汩地流。

清晨，算是走了一段平阳大道。

老赵一老一实地说。

我们疑惑她总是到那里去赶场的。

但是不知道她的眼睛为什么突然抬起来，向斜对面在抽着叶子烟的一群人盯着，看起来真入神，连瞬都不瞬。（《在贵州道上》）

摘录的这些句子，只是蹇先艾小说中所使用的方言的一小部分，其中都带有浓厚的方言词语或方言语调，如："拜"即"瘸"；"婆娘"即"已婚女人"；"打牙祭"即是川黔每逢阴历初二、十六时地主多买点猪肉分给家里的佣人吃，俗称打牙祭；"摆龙门阵"是川黔对讲故事的俗称；"趟把"为虚词；"好耍"即有意思、好玩之意；"汩汩"即水流动的声音；"平阳大道"是指平坦的大路；"一老一实"即老老实实的意思。此外，在他的小说中还能看到如"包谷""女客""戏毛""火幺师""圆转转""二昏二昏""粮子""归一""一滴滴个""听左了"这些带有明显地方特色的文字。正如海德格尔的"语言乃是存在的家"一样，蹇先艾大量使用乡土语言，这不仅对小说的趣味性起到了锦上添花的作用，还通过贵州这个特殊的环境下，人们使用的特殊语言，更形象和丰富地展示出当地人的心理世界，使其作品具有了浓厚的乡土特色。

蹇先艾在他的乡土小说中，以启蒙者的姿态，通过对地理风貌、气候环境的荒寒意境、风俗习惯和方言土语的描写，把旧贵州真实地再现了出来，成功地概括了贵州山区各阶层人物快速变化的心理，其中有哀愁，有心酸，有悲痛，也有希望，而这些人物的心理特征又是由长期的历史发展与现实的社会生活造成的。正由于蹇先艾能够以他特有的审美方式把这种"历史"与"现实"展现为"黔北世界",从而保证了他的乡土小说在审美构成中能够独树一帜,并具有了鲜明的独特性:既有别于启蒙与革命阵营中的台静农、王鲁彦、沙汀的审美形态;更有别于以沈从文为旗手,后接汪曾祺、孙犁,乃至新时期的张承志、贾平凹、莫言等人的"诗化乡村"非功利主义审美观,把乡村看作人生理想和文化价值的寄托地,让乡村呈现出一种单纯、宁静、平稳、舒缓的状态,给人以和谐美满、自由轻松的审美享受,充分体现出农耕文明意识和天人合一理想。

非基督教运动对中国现代文学的影响

杨世海

1922年3月,中国爆发非基督教运动,这一运动一直持续到1927年大革命结束方完成。这一运动的爆发有着中国社会排斥基督教的传统惯性,在新的时代背景下又具有更丰富的思想资源,因此影响深远得多,它对中国政治、基督教会、文化教育,尤其是政教关系产生了深刻的影响,甚至是五四启蒙转向的关键一环。该运动对新文学的影响不可小视,但相关研究不多,本文便尝试对此进行探讨。

一

非基督教运动前,中国已经开始了新文化运动。新文化启蒙知识分子"普遍选择了18世纪以来的近代启蒙主义思想文化作为意识形态领域破旧立新的武器"①,但他们吸收的启蒙思想资源是经过他们高度过滤的。的确,欧洲启蒙思想具有反基督教的一

---

① 杨天宏:《基督教与民国知识分子——1922~1927年中国非基督教运动研究》,人民出版社,2005,第53页。

面，但中国启蒙知识分子却没有注意到欧洲启蒙思想家"所反的是 Christendom"，即一种制度化、体制化了的基督教系统，但"几乎都不质疑上帝存在"①，更"忽略了英国和德国的启蒙运动所表现出的寻求理性与信仰相协调的努力，忽略了在基督教文化传统中的启蒙者们对自由、平等、博爱的提倡是建立在对天赋人权的认识上的，他们对人道主义的理解是包含有宗教人道主义这一脉络的"。②当然，他们在 20 世纪吸收西方启蒙思想，再加上当时片面理解尼采对基督教"上帝已死"的宣判，以及 20 世纪初具有基督教传统的欧洲国家呈现危机的现实使得他们否定基督教更加理直气壮。于是，他们割裂启蒙思想，把理性、科学立为标准，排斥它的神学和信仰基础。另外，这一时期帝国主义对中国的威胁并没有解除，中国民族意识觉醒，把反帝国主义与排斥基督教结合了起来。还有，十月革命后，马克思主义开始在中国传播，马克思主义对宗教价值的排斥深合中国知识分子心意，成为批判基督教的思想利器。因此，这一时期的非基督教运动有着比先前更为丰富的思想资源。中国知识界以科学理性主义、民族主义和马克思主义为思想武器，再混合传统反基督教的非理性因素，终于借第 11 届世界基督教学生同盟大会在清华大学召开之际，掀起了轰轰烈烈的非基督教运动。

二

非基督教运动"发动于知识阶级的学生"，"由几个教育家文人领导"，"普及于南北各地"，"在思想方面尽情进攻"③，是一场社会政治运动。从文学角度来讲，当时不少与新文学密切相关

---

① 曾明珠记录整理《启蒙的反思——杜维明、黄万盛对话录》，哈佛燕京学社编《启蒙的反思》，江苏教育出版社，2005，第 10 页。
② 王文胜：《拒绝天城的启蒙之路——论非基督教运动对"五四"启蒙思潮的影响》，《江海学刊》2011 年第 6 期。
③ 王治心：《中国基督教史纲》，上海古籍出版社，2004，第 227 页。

的学者文人直接参与了运动，有的则密切关注，深受其影响。有加入非宗教大同盟反对基督教的，如陈独秀、蔡元培、李大钊、张闻天、茅盾等；有站在基督教一方进行辩驳的，如许地山、冰心、陈衡哲等；有站在中间立场加入论战的，如周作人、胡适、钱玄同等；更多的则关注这一运动，如鲁迅、老舍等。这一运动对他们震动极大，他们对基督教的态度因此或多或少发生变化，影响到他们接受基督教的心理结构和关注角度。

不少作家对基督教的态度就因这次运动而转变，由欣赏走向批判。田汉在1920年还是一个宗教信仰自由的维护者，"弟近又研究 Biblical Literature，有好些喜欢的地方，并且有点爱 Christ 那种伟大崇高的人格呢"。①他反对少年中国学会"有宗教信仰者不得入会"的提案，但运动开始后，他马上响应运动创作《午饭之前》（1922年夏），转而批判、否定基督教。老舍曾受洗入过教，但轰轰烈烈的非基督教运动促使老舍转向对教会腐败黑暗的批判，其国家主义观念也进一步强化，最终慢慢与基督教疏远，很少提他与基督教的瓜葛。张资平从小在教会学校上学，未出梅山之前，对基督教只知赞颂，但在时代潮流的带动下，成为重要的基督教批判者。从小是基督徒的林语堂1923年到北京后，置身于反基督教环境中，让他一度怀疑在中国做基督徒的意义，渐与基督教疏远，直到晚年才重归基督信仰。

一些对基督教价值认信的作家则在运动的冲击下，开始探索基督教与中国传统和现实相协调的路径。许地山是一名受洗的基督徒，运动之时，他正在燕京大学上学，而且作为学生代表参加了那次世界基督教学生同盟大会。他对非基督教运动做了直接回应，写了《宗教的生长与灭亡》②《我们要什么样的宗教》③两篇文章，一方面论证宗教的必要和基督教的合理之处，同时主张"宗

---

① 田汉：《少年中国与宗教问题》，《少年中国》第2卷，1922年8月。
② 许地山：《宗教的生长与灭亡》，《东方杂志》第19卷，1922年10月。
③ 许地山：《我们要什么样的宗教》，《晨报副镌》1923年4月14日。

教的沟通","我信诸教主皆是人间大师,将来各宗教必能各阐真义,互相了解"。面对被非基督教运动所激发的反基督教整体社会氛围,许地山的后期创作隐藏了基督教色彩,却力图让基督教与中国传统文化融合。运动前的《商人妇》《缀网劳蛛》以基督徒的身份直接传达基督教义,而运动后的《解放者》《人非人》《春桃》《东野先生》《铁鱼的鳃》等小说的主人公们就不再具有基督徒身份,但他们面对苦难时,对他人的态度无不浸染着基督教色彩。他努力把基督精神植入现代中国,为中国现代文学加入神圣价值,同时又在这些人物身上融入道家、佛教、儒家精神,这是作家诸教沟通追求的体现。在《玉官》中,许地山更明显地探索基督教本色化道路,小说描写一个满身是缺点的乡下女教士玉官的天路历程,小说中祭祖与敬上帝共存,《易经》与《圣经》同在,他以文学的方式指出,中国人走向天路并不一定要以排斥中国传统文化为前提。宣称"因着基督教义的影响,潜隐的形成了我自己的'爱'的哲学"的冰心[1],在非基督教运动前写了大量直接传达基督教思想的作品,如《超人》(1918年)、《最后的安息》(1921年)、《一个不重要的兵丁》(1921年)、《晚祷》(一、二,1922年)等。但运动后,她的作品加入了对基督教会批判的内容,也探索基督教与中国文化融合的路子,《相片》(1934年)便是这一探索的结晶。小说借李天锡之口批判西方宗教人士的傲慢和虚伪,细致地刻画出传教士施女士内心的自私,还让淑贞和李天锡成为中西文化融合的代表,以西方之自由活力融合东方之贤淑静美。皈信天主教的苏雪林把自己的人生和信仰经历写成《棘心》一书,小说提到:"那时国内排斥宗教风潮甚烈,里昂中国同学也发行了一种反对基督教的杂志。"[2]主人公杜醒秋受风潮影响,一度认为科学与宗教冲突,作为"五四人"理

---

[1] 冰心:《我的文学生涯》,《冰心全集》第3卷,海峡文艺出版社,1994,第8页。
[2] 苏雪林:《棘心》,《苏雪林选集》,安徽文艺出版社,1989,第45页。

所当然应该反对宗教,这成为她皈信天主的巨大障碍,而当她皈信后,许多同学更是无法理解,并极力反对。小说真实地反映了非基督教运动给当时中国人带来的宗教反感情绪,但同时也显示了真信仰的力量所在。小说人物的塑造同样是采取天主教信仰与传统文化相结合的方式,皈依天主的醒秋身上保持了高度的儒家传统孝道气质。

当然,一些对基督教较为了解、抱尊重和同情态度的文人作家对非基督教运动并不支持,甚至直接或间接地有所批判,但运动给他们对基督教的态度还是带来一些微妙的变化。1922年,胡适在席卷全国的非基督教运动中发表《基督教与中国》一文,从理性主义和改良社会的角度,肯定耶稣的道德言训和社会改革,认为在理性尚未完全管治人类之前,这些是可以接受的。他强调宗教自由,劝告人们要容忍基督教,要多认识而不是一味盲目地去反对。①但随着运动的深入,到1925年再发文论及宗教问题时,他虽然并不否认基督教本身,但重点也放在批评基督教传播中的种种弊端上了。②鲁迅基本上没有宗教的背景,但他早期对基督教并不反感,他说:"希伯来之民,大观天然,怀不思之议,则神来之事与接神之术兴,后之宗教,即以萌蘖。虽中国志士谓之谜,而吾则谓此乃向上之民,欲离是有限相对之现世,以趣无限绝对之至上者也。人心必有所冯依,非信无以立,宗教之作,不可已矣。"(1908年)③可以看出他对宗教价值并不排斥,他还说:"马太福音是好书,很应该看。犹太人钉杀耶稣的事,更应该细看。"(1919年)④明确表示对《圣经》没有恶感。他对非基督教运动的态度很有意味,他的言谈涉及非基督教运动的地方有三

---

① 胡适:《基督教与中国》,《生命》第2卷第7册,1922年3月。
② 胡适:《今日教会教育的难关》,《胡适文存》第3册,黄山书社,1996,第577页。
③ 鲁迅:《破恶声论》,《鲁迅全集》第八卷,人民文学出版社,2005,第29页。
④ 鲁迅:《寸铁》,《鲁迅全集》第八卷,人民文学出版社,2005,第111页。

处：第一处是 1925 年关于"五卅惨案","我们确有点慌乱了，反基督教的叫喊的尾声还在，而许多人已颇佩服那教士的对于上海事件的公证；并且还有去向罗马教皇诉苦的。一流血，风气就会这样的转变"①，暗含讽刺，可见他对非基督教运动人士不以为然，对中国人"无特操"不满。第二处是 1927 年《语丝》被禁之后，他感慨："呜呼！回想非宗教大同盟轰轰烈烈之际，则有五教授慨然署名于拥护思想自由之宣言，曾几何时，而自由批评已成为反动者唯一之口号矣。"②对周作人等人《主张信教自由宣言》表示同情。第三处则是 1934 年，鲁迅提到："圣经，佛典，受一部分人们的冥落已经十多年了，'觉今是而昨非'，现在就是复兴的时候。"③从时间上推断，"十多年"指的就是非基督教运动，从语气上来看，他对那场运动还是不认同。但我们从语气中也看出鲁迅对基督教没什么好感了，他对基督教的态度同样因运动起了微妙的变化，鲁迅之后的文章鲜有认可宗教的话语，谈到宗教更多是充满讽刺和揶揄："记得有一种小说里攻击牧师，说有一个乡下女人，向牧师泣诉困苦的半生，请他救助，牧师听毕答道：'忍着罢，上帝使你在生前受苦，死后定当赐福的。'其实古今的圣贤以及哲人学者之所说，何尝能比这高明些。他们之所谓'将来'，不就是牧师之所谓'死后'么。"（1925 年）④"从前海涅以为诗人最高贵，而上帝最公平，诗人在死后，便到上帝那里去，围着上帝坐着，上帝请他吃糖果。在现在，上帝请吃糖果的事，是当然无人相信的了。"（1930 年）⑤在当时非基督教的文

---

① 鲁迅：《忽然想起十一》，《鲁迅全集》第三卷，人民文学出版社，2005，第 97~98 页。
② 鲁迅：《吊与贺》，《鲁迅全集》第四卷，人民文学出版社，2005，第 58 页。
③ 鲁迅：《正是时候》，《鲁迅全集》第五卷，人民文学出版社，2005，第 529 页。
④ 鲁迅：《两地书》，《鲁迅全集》第十一卷，人民文学出版社，2005，第 15 页。
⑤ 鲁迅：《对于左翼作家联盟的意见》，《鲁迅全集》第四卷，第 239 页。

化环境中，这种方式代表了相当一部分文化人的策略。这段记载很能窥见鲁迅他们的心态：1926年，李霁野打算把美国房龙的儿童读物——插图本《〈圣经〉的故事》——译成中文，为此征求鲁迅意见。鲁迅11月回信说："'圣经'两字，使人见了易生反感，我想就分作两份，称'旧约'及'新约'的故事，何如？"① 一方面说明鲁迅本人对圣经的态度变化，另一方面反映了当时大众对基督教的理解和情感已与20世纪之初大不相同，也可看出当时的文化先锋人物对社会心理的敏锐反应。

从新文学发展来看，周作人、钱玄同等人对非基督教运动的反应值得注意。非基督教运动展开后，钱玄同看到非宗教大同盟宣言的措辞："我们深恶痛绝宗教之流毒于人类社会十百千倍于洪水猛兽。有宗教，可无人类，有人类，应无宗教。宗教与人类，不能两立……好笑的宗教，与科学真理既不相容，可恶的宗教，与人道主义，完全违背……信教与非教，中无两可之地。"② 钱玄同感到异常震惊，马上致书周作人："近来有什么非基督教的大同盟，其内容虽不可知，但观其通电（今日《晨报》），未免令人不寒而栗，我要联想及一千九百年的故事了。中间措词，大有'灭此朝食''食肉寝皮''罄南山之竹……决东海之波……''歼彼小丑，巩我皇图'之气概。"③ 这让他想起庚子事变，忧虑运动会给思想自由带来危害。随后，周作人、钱玄同、马幼渔、沈士远和沈兼士联名发表宣言："我们不是任何宗教的信徒，我们不拥护任何宗教，也不赞成挑战的反对任何宗教。我们认为人们的信仰，应当不受任何人的干涉，除去法律的制裁以外。信教自由载在约法，知识阶级的人应该首先遵守，至少也不应该首先破坏，我们因此对于现在非基督教、非宗教同盟的运动，表示反

---

① 鲁迅：《致李霁野》，《鲁迅全集》第十一卷，第630页。
② 《非宗教大同盟公电及宣言》，《晨报》1922年3月21日。
③ 钱玄同：《钱玄同致周作人》，《中国现代文艺资料丛刊》第5辑，上海文艺出版社，1980，第333页。

对。"[1]但这种信仰自由的强调遭到非宗教阵营的痛斥,陈独秀说:"勿拿自由、人道主义许多方面礼物向强者献媚。"[2]周作人等五教授反对非基督教运动,是反对运动中粗暴专制地对待信仰问题,忧虑思想自由失去,所以周再做回应:"我相信这不能不说是对于个人思想自由的压迫的起头了。""思想的压迫不必一定要用政府的力,人民用了多数的力来干涉少数的异己者也即是压迫。"[3]同时还发表了《思想压迫的黎明》,警示世人,如果任非基督教运动的方式方法发展,迎来的不是自由解放,而是专制和压迫。[4]但是这一警示并未得到重视,反在批驳声中被淹没。周作人等人对非基督教运动的反对未对运动本身产生影响,但持自由主义思想的学人开始深思,他们看出陈独秀等人在新文化运动中采取"必以吾辈主张为绝对之是,而不容他人之匡正也"[5]的态度批判旧文学现,在非基督教运动中又以"向强者献媚"的话语批判五教授,缺乏包容,背后隐藏的正是专制与独裁思想,是对启蒙文化的偏离。钱玄同因此提出更新思想方法、倡导包容异见、自由争论的自由主义路线。之后,一些作家坚守自由主义文学方向,可惜这一方向并没得到广泛认同和重视,最后还被残酷地打掉。

三

非基督教运动对中国现代文学影响最为明显的便是,作家们更敏感于基督教的阴暗面,批判基督教的作品大量涌现;在文学

---

[1] 周作人等:《主张信教自由宣言》,《晨报》1922年3月31日。
[2] 陈独秀:《致周作人、钱玄同诸君信》,《陈独秀文章选编》中册,生活·读书·新知三联书店,1981,第172页。
[3] 周作人:《答陈仲甫先生》,《晨报》1922年4月11日。
[4] 周作人:《思想压迫的黎明》,《晨报》1922年4月11日。
[5] 陈独秀:《答胡适之》,《陈独秀文章选编》上册,生活·读书·新知三联书店,1981,第208页。

研究界也开始批判和否定中外文学作品中的基督教因素。

一些作家积极响应运动,用文学的方式表达非基督教运动的基本观点。田汉1922年创作的戏剧《午饭之前》,作品和人物都是观念性的,基督教是"帝国主义"的代名词,上帝是"恶魔",家人的挨饿是上帝带来的:"啊!这是哪里来的话!上帝!你夺去了我们的父亲,现在,现在,又把我们姊妹拆散了吗?我的母亲这样的好人,竟非饿死不可吗?上帝!不,你这恶魔,滚到地狱里去吧!我要复仇!我要踏着他们的血前进,二妹,你的姊姊来了!"①这种偏见和思维误区正来自非基督教运动中的言论。田汉后来也坦言:"写这剧体的时候正是国内反宗教运动高涨的时候,赞成反对两派争辩甚烈,《少年中国》杂志为着这个出了三期专号。这剧中的大姊(基督教徒)与二姊(革命女工)便体现了这个斗争,而结果是大姊的转变。"②郭沫若在小说《一只手》(1927年)中写道:"他们还说什么天,还说什么上帝,这只是有钱人的守护神,有钱人的看家狗,说更切实些就好像有人的田地里面的稻草人。他把地狱的刑罚来恫吓你,使你不要去干犯有钱人的财;他把天堂的快乐来诳惑你,使你安心做有钱人的牛马。好,别人要打你的左颊,你把右颊也拿给他打;别人要剥你的外衣,你把衬衫也脱给他;资本家要叫你每天做十二点钟的工,你率性给他做二十四点,你这样就可以进天国,你的财产是积蓄在天国里面的。"③这正是《非基督教学生同盟宣言》中"而现代的基督教及基督教会,就是'帮助前者掠夺后者,扶持前者压迫后者'的恶魔"④的观念移植。田汉和郭沫若都曾对基督教有过欣赏,但他们对宗教并没有深厚的感情,在强大的反基督教

---

① 田汉:《午饭之前》,《田汉文集》第1卷,中国戏剧出版社,1983,第188页。
② 田汉:《〈田汉戏曲集〉第一集自序》,《田汉文集》第1卷,第454页。
③ 郭沫若:《一只手》,《沫若文集》第五卷,人民文学出版社,1957,第427—428页。
④ 《非基督教学生同盟宣言》,《先驱》第4号,1922年3月15日。

时代氛围的影响下，这种转变是自然的，但这种转变也预示着以后中国现代文学的发展方向——对政治的屈服和依附。非基督教运动给中国社会贡献了一个重要的观念：基督教是文化侵略，是帝国主义侵略中国的工具。"文化侵略"这一概念由瞿秋白在1923年非基督教运动中提出来①，1926年恽代英在《反对帝国主义的文化侵略》中进一步阐述，直接将"文化侵略"指认为"宣传上帝耶稣天堂地狱的迷信，使弱小民族不注意眼前所受切身的痛苦"，"宣传片面的和平博爱的学说，对于帝国主义压迫蹂躏弱小民族的罪恶，则不能而且不敢加以指摘反对"。②基督教是"文化侵略"这一指控在持续几年的宣传运动中，形成了一种深刻的集体记忆，其影响极为深远，直接就投射到文学创作上。臧克家的《罪恶的黑手》（1933年）就直接将反对基督教纳入反对帝国主义文化侵略的重大主题之内，虽然穆木天评价这首诗是"观念的集合""把人物类型化，把事件一般化了""对于工人生活的了解不深切，对于教会的了解更不深切"③，但一点也不影响这首诗的巨大反响，萧乾的《皈依》（1935年）、《昙》（1935年），郭沫若的《双簧》（1936年）也是这一观念的图解。

当然，批判基督教的作品更多则集中在对教会腐败和教义的批判上。老舍的《老张的哲学》（1924年）、《二马》（1931年）、《柳屯的》（1934年），萧乾的《鹏程》（1936年）；沈从文的《蜜柑》（1927年）、《绅士的太太》（1929年）等批判中国教徒的吃教和外国传教士的傲慢和虚伪。张资平的《梅岭之春》（1924年）、《冲积期化石》（1928年）、《上帝的儿女们》（1931年）讽刺基督教会的权力性、殖民性和寄生性。"一句话，虚伪的教徒的生活——不论耶稣教佛教，凡是宗教的奴隶生活，都是

---

① 瞿秋白：《帝国主义侵略中国之各种方式》，《前锋》1923年第1期。
② 恽代英：《反对帝国主义的文化侵略》，《恽代英文集》（下），人民出版社，1984，第823页。
③ 穆木天：《关于〈罪恶的黑手〉》，《申报·自由谈》1934年3月17日。

人工的，伪造的，不自然的！"①萧乾的《蚕》（1933年）质疑上帝观念的可靠性；《参商》（1935年）指出人神冲突，对基督教的爱进行批判。胡也频的诗歌《苦恼》（1926年）、《悲愤》（1926年）、《一个时代》（1927年）、《假使有个上帝》（1927年）等则直接否认上帝，认为上帝无法拯救任何人，所以上帝不能信；小说《圣徒》（1927年）则显示，基督教让人去相信不可验证的事物，比土匪更可怕。在胡也频看来，他不信，别人的信就不真实，进而要求别人也不要信，这种话语霸权意识在非基督教运动中充分显露过。

非基督教运动中批判基督教的态度和方法也渗透到文学批评中来，文学研究界开始对中外文学作品中的基督教因素进行批判和否定。陈独秀曾说："在现在帝国主义资本主义的侵略之下，我们应该为什么人牺牲，应该爱什么人，都要有点限制才对，盲目的博爱牺牲反而要造罪孽。"②陈独秀从现实需求出发，主张把爱限制在一定范围内，限制在一定条件下，实际上是取消了基督教博爱的根本意义，进而认为基督博爱是一种空幻，不切实际，没有用的爱，甚至还是有害的，这一批评话语为批评基督之爱提供了范本。文学研究界以后对冰心根基于基督教的"爱的哲学"的批判就依这一思路进行。阿英在1931年说："她的相爱就足以救治人类社会的主张，其结果，不过是成为一个皮相的空论而已……"③同年，贺玉波也说："她不明了社会的组织和历史，而且不曾经过现社会的痛苦，所以主张用由母爱而发展成的博爱来解除社会上的罪恶，来拯救苦难的众生，在她的作品里只充满了耶教式的博爱和空虚的同情。"④茅盾在1934年说："她的所谓'爱的哲学'的立脚点不是科学的，——生物学的，而是玄学的，

---

① 张资平：《冲积期化石》，上海书店，1986，第69页。
② 陈独秀：《基督教与基督教会》，《陈独秀文章选编》中册，生活·读书·新知三联书店，1981，第168页。
③ 范伯群编《冰心研究资料》，北京出版社，1984，第202~203页。
④ 贺玉波：《现代文学评论·中国现代女作家》，复兴书局，1931，第5页。

神秘主义的。""她这'天真',这'好心肠',何尝不美,何尝不值得称赞,然而用以解释社会人生却是一无是处!"①他们认为基督教对她的影响造成她创作的不足。后来,杨晦批判曹禺的《雷雨》中的基督教因素则更具火药味:"在我们看来,这个十年后的序幕和尾声,是一种累赘,是一种蛇足;而且,我们在感情上,在理智上,在事实上,都不愿意欣赏那种充满殖民地气氛的礼拜堂,那种颂主歌;都不相信在一个家庭的'雷雨'爆发以后,会只剩下一个疯、一个傻的两个老太婆住在医院里,领受姑奶奶的招呼;都不容许只留下一个官僚资本家的周朴园,在这种充满殖民地气氛的医院里进出。"②这正是陈独秀话语模式的延续和极端化。对外国文学的评价上,很多具有基督教色彩的作家作品遭到否定,1928年冯乃超说托尔斯泰是"卑污的宗教的说教人"。③瞿秋白这样看待陀思妥耶夫斯基:"上帝问题确与道德问题相联结,所以朵斯托也夫斯基往往用深刻的文学言语描尽道德律的矛盾冲突。问题是指出来了,可是不能解决——朵斯托也夫斯基寻求上帝,而不能证实。个性意志自由的问题和上帝问题同等地难解决。"④非基督教运动中形成的一些批判话语模式,随着社会政治的发展升格成话语权力,成为批判和否定文学中的基督教因素的利器。

四

往深层里看,非基督教运动对中国现代文学的影响,则是改

---

① 茅盾:《茅盾论中国现代作家作品》,人民文学出版社,1980,第126~127页。
② 杨晦:《曹禺论》,《青年文艺》第1卷,1944年第4期。
③ 冯乃超:《艺术与社会生活》,《创造社资料》,福建人民出版社,1985,第160~161页。
④ 瞿秋白:《托尔斯泰和朵斯托也夫斯基》,《瞿秋白文集》第2卷,人民文学出版社,1986,第198~199页。

变了新文学发展的方向和路径。新文学反对传统载道文学，寻求文学的独立发展道路。但非基督教运动悄然地让这一路径发生偏移。非基督教运动有强烈的政治意旨。起初《少年中国》对宗教的讨论还是学术性质的，体现出民主与宽容，"有宗教信仰者不得入会"的提案也因田汉等人的反对而最终没能通过。但随后的发展，政治倾向越来越强，这"不只是表现在《少年中国》'宗教问题'号录用原则的细小变化上，在用以指导讨论研究的思想理论上，同样可以发现这样的倾向。这突出表现为将反教与宣传社会主义理论密切结合在一起"。①陶飞亚先生在《共产国际代表与中国非基督教运动》一文中指出："非基运动是在共产国际推动下的中共与青年团有计划有组织的政治运动。"②陶文也许过分夸大了共产国际和中共在运动中所起的作用，但运动的政治色彩无可抹杀。非基督教运动以政治运动的方式来处理信仰问题，以政治需要裁决信仰。这种方式很快就渗入文学中，以后不断以政治处理文学问题，正是这一线路的发展。郭沫若在1923年率先提出，"我们反资本主义的毒龙""我们的运动要在文学之中爆发无产阶级的精神""我们的目的要以这生命的炸弹来打破这毒龙的魔宫"。③从此，新文学发展方向偏移，日益向政治靠拢。1930年，冯乃超批判梁实秋是"资本家的走狗"④，左翼人士批评"抗战无关论""反对作家从政""文学贫困论"，批评"自由人""第三种人"，都是以政治需求代替文学规律，以政治批判进行文学批评，党同伐异、断章取义的现象不断，其实就是让文学从属于政治需要，取消文学的独立性。

非基督教运动有苏俄共产国际和共产党推动的成分，"俄共

---

① 杨天宏：《基督教与民国知识分子——1922～1927年中国非基督教运动研究》，第81页。
② 陶飞亚：《共产国际代表与中国非基督教运动》。
③ 郭沫若：《我们的文学新运动》，《创造周报》（第3号），1923年5月27日。
④ 冯乃超：《文艺理论讲座（第二回）——阶级社会的艺术》，《拓荒者》第1卷，1930年第2期。

及共产国际将不断发展的基督教及其事业,以及在中国青年中滋长的亲美思想,视为中国人走俄国革命道路的障碍,因此,发动非基督教运动旨在打击西方在华宗教势力,削弱西方影响,唤起中国青年的民族主义情绪,并且在青年中扩大共产党的影响"。①在运动后,基督教在青年中的影响大大下降,教会学校被视为"文化侵略"的工具,使青年乃至全社会人对教会学校进而对英美式教育抵触,英美文化失去吸引力,为苏俄文化的扩大影响扫清了道路,这种文化选择倾向促使中国现代文学向俄苏"革命文学"倾斜。我们后来看到的左翼作家对林语堂、周作人小品文的围攻,对梁实秋、胡秋原、苏汶、沈从文、朱光潜的批判,都带得有俄苏、英美两条文学路线之争的味道。从此,英美自由主义文学路线节节败退,最终新文学所开创的倡扬个性、个体本位主义的"人的文学"道路被注重群体的无产阶级文学道路所取代,新文学根本转向。

非基督教运动对中国现代文学的影响,最深层的莫过于导致中国现代文学不能正视基督教价值。基督教文化在维护个体尊严、深刻认识人、向人类灵魂深处探求、坚持对世俗(尤其是政治)的警惕和批判、保持文学独立性上具有独特价值,西方文学的价值就建立在此基础上。这些其实也是新文学的价值诉求,现代文学为此开掘出许多深刻的话题,比如国民性批判、维护人性尊严、文学独立发展等,但因缺乏一种超越的神圣价值观照,在发展过程中,这些深刻话题都戛然而止,而被政治内容所取代。其实,在新文学的建设过程中,许多文人作家表现出对基督教的好感,并能认识到基督教的积极意义。周作人倡导人的文学,强调人道主义时就指出:"现代文学上的人道主义思想,差不多也都从基督教精神出来。"②但非基督教运动盲目绝对地排斥基督教,

---

① 陶飞亚:《共产国际代表与中国非基督教运动》。
② 周作人:《圣书与中国文学》,《艺术与生活》,河北教育出版社,2002,第39页。

改变了社会接受心理,基督教价值被遮蔽起来。据研究,许多知识分子反教并不是源于基督教对中国社会所产生的压迫性力量,而是或基于一些政治理论学说的实践冲动,或基于个人记忆中的一种不满情绪。①这种政治冲动与非理性因素使他们无法理智地认识到基督教文化对中国社会有益的方面。

从文学角度来看,中国现代文学"国民性批判"逐渐偏向最后走向中止,与非基督教运动带来的反基督教社会氛围相关。"国民性批判"是中国现代文学的成就之一,"国民性批判"话题很受西方传教士影响,像鲁迅的"国民性批判"思想就很大程度受惠于明恩溥的《中国人的气质》一书。要注意的是,许多传教士对中国弊病的批评并不是以西方文化为参照,就如明恩溥,他并不是以西方文化或他作为美国式的"盎格鲁-撒克逊人"的民族文化作为评价中国文化的参照系,而是从基督教出发,更多地关注中国人对生命、对诚信、对爱及对信仰的态度,他认为中国人"需要把人当做人来同情,她需要懂得,如甘霖一般自天堂洒落的仁爱品质,既祝福行善者,也祝福接受者——这是一种神圣的情感,塞涅卡称之为'心灵的缺陷'"。"中国需要的是正义,为了获得正义,她就绝对必须了解上帝,了解关于人的全新概念,还要了解人与上帝的关系。"②明恩溥所强调的上帝信仰与人的个体价值紧密相连,是为个体价值奠定神圣基础,为个体价值确立优先原则,这正是中国传统,甚至直到今天都十分缺乏而又非常需要的一种现代价值取向。当然,中国现代作家并不欣赏基督教文化,尤其是非基督教运动后,他们不可能把"信望爱"、原罪观等基督教观念与国民性的批判联系起来,把国民性批判推入神圣和人性的深层,却认为国民的弱点只是由封建文化、旧的

---

① 杨天宏:《基督教与民国知识分子——1922~1927年中国非基督教运动研究》;李永春:《〈少年中国〉与五四时期社会思潮》,湖南人民出版社,2005。
② 〔美〕明恩溥:《中国人的气质》,刘文飞、刘晓畅译,上海三联书店,2007,第163、256页。

社会制度对人的束缚和异化造成，这就很容易被转化为政治命题。当革命文学兴起，因政治的需要，"国民性批判"自然会被中止，转向崇拜民众，迅速把人性问题转换为政治问题，文学依附于政治也就不可避免了。在今天看来，"国民性批判"是一个人性问题，是需要恒久深入探讨的。遗憾的是，即便是今天，还是有人对"国民性批判"因受到西方传教士的影响而被认为是西方霸权话语，从而否认"国民性批判"的合理性和必要性。①可见排斥基督教，不认同基督教具有某些普世价值的观念是多么根深蒂固，也可见非基督教运动对中国知识分子的精神结构产生了不可忽视的影响。

---

① 冯骥才：《鲁迅的"功"与"过"——国民性批判之批判》，《收获》2000年第2期。

新时期文学批评反思及新世纪文学批评期待

吴 畏

20世纪80年代是新时期文学的开端,也是文学的繁荣期。那时的文学可谓百花齐放、万紫千红:有痛陈伤悲往事、谴责暴行的伤痕文学,令人同情、警醒;有回顾蹉跎的青春岁月和激情燃烧的青春的知青文学,让人反思、催人奋进;有反映工厂、农村改革的改革文学,让读者看到工厂改革的困境和突破,看到农村走出贫困的希望;有抒写知识分子生活和心灵的知识分子文学,让人读懂了知识阶层的委屈和奉献、良知和责任;还有带着文人文化气息和独到思考的寻根文学。这些作品涉及现实生活的方方面面,触到了人们情感、灵魂的深处,多角度、多层次、多技巧地反映人生,反映真实而丰富的生活。这一文学盛况令人欣慰和兴奋:文学的春天来了!新时期文学生机无限、春意盎然,有正义、有悲悯、有梦想、有思想、有文采,异彩纷呈、精彩无限,充分满足了大众对文学的期待,传承了文以载道的文学传统,完成了文学铁肩担道义的正身塑像。

此刻文学批评也异常活跃,文学理论界群雄并起、名家辈出,并颇有建树。那时的文学批评带着深奥的文学理论知识、新鲜的专业术语、世界的眼光、现代的角度"君临"文学现场,成为学术界的一道靓丽的风景。文学界也对文学批评寄予厚望,遵从它的权威,认同它不可替代的话语权。不容置疑文学作品的优劣高低、价值大小由它裁定。文学界、理论界都曾希望并相信:文学批评能够引领文学塑造出一个个丰饶的、具有鲜活生命质感的艺术形象;引领文学用悲悯的情怀关注众生、指导人生;引领文学陪伴人们笑傲人生、踏上充满希望的未来之旅;引领文学激励人们追求精神的高贵与圣洁,再造文学的辉煌。

可随着"重写文学史"对已有文学价值评判体系的颠覆,"纯文学""向内转"理论的提出和践行,"现代主义""后现代"等多种艺术形式的纷至沓来、热闹登场,文学不仅没有再造辉煌,繁荣的景象无以为继,反被人们冷落、淡忘。文学从生活的中心话题沦落到被生活边缘化的境地,除去外部诸多因素,内在的原因是什么呢?文学价值评判体系的重构、"纯文学""向内转"理论的提出和践行是否可算是重要因素?新时期文学批评是否应该进行一下好好的反思?

首先是"纯文学""向内转"理论的提出和践行在客观上让文学自愿边缘化、玩偶化。这些理论让文学从生活的中心退回到高高的纯学术的象牙塔,强调自己的个人主体意识,絮叨自己纯个人的情感、感悟和所谓的纯粹文学的话语。不屑关注身边真实而鲜活的生活、不愿做时代的传声筒,以迥异于常人的个性特立独行,颠覆崇高、否定英雄,对社会公认的道德理念置之不理,追求空洞无物的唯美和虚空的精神自由。脱离现实、剥离政治,认为形式重于内容,甚至只追求形式不注重内容。文学异化成了不食人间烟火的精怪,这样的文学不能让读者通过它去了解更丰富而有意义的人生,不能帮助人们解除内心深处的现实焦虑并为不幸者寻找苦难生命的拯救勇气,不能给予人们生存的智慧和力量。文学自愿放弃了自己的崇高使命,有为才有位,无所作为的文学自然被国人轻视。文学与其他自然学科不同,不只需要本学科的知识分子去研读,文学需要广大的读者群,需要文学专业以外的普通百姓去阅读，文学需要读者的欣赏和重视。对于普通的读者来说，文学的技巧只是雕虫小技，不读也罢。还是那个道理：谁放逐生活和时代，生活和时代也会将他放逐。所以，是"纯文学""向内转"理论的提出和践行使文学走进了死胡同，使文学自我封闭、自我孤立，由此文学被生活、时代边缘化也就一点也不奇怪了。

最初，"纯文学""向内转"理论及其所代表的文学性诉求也有其积极意义，它"为文学本体开拓了文学史上文学的本体地位，进而促成了文学史建构模式的拓展"，但是"纯文学"的理念被确认后，立即被推崇为替代原有所有文学理念的最高理念，成为统帅文学、涵盖于一切文学之中的唯一真理，变得至高无上，具有强大的理念排斥力。这就将"纯文学"绝对化，将其推向了极端。"纯文学"的理念"导致文坛格局内部失衡，自伤其根……自弃'文化领导权'"。同时"纯文学"自身也被异化，被严重扭曲。"纯文学"诉求中先锋小说以形式主义为保护伞，对人性恶和各种畸形欲望进行了过度地表现，文学色调变得越来越灰暗、阴冷。随后，"新写实小说""私人化小说"又以另一种狂热的姿态诠释同样的主题。至此，文学的崇高、美好形象荡然无存，文学的尊严尽失，风光不再。

"重写文学史"在对已有文学价值评判体系进行颠覆之后，没有建立起一套公平、公正、能够科学评判文学价值的价值体系。确实，以往的文学价值评判体系在新时期已不能适应社会发展的需要，这时的文学需要新的视角、新的发现和更多的宽容。但新时期文学批评家们在发现了"无产阶级文学"之外的文学作品和作家的价值和意义时，却忽略了"无产阶级文学"的文学作品和作家的价值和意义；在发现了政治之外的诸多文学艺术技巧对作品价值的影响时，却忽略了政治、历史对文学作品价值的影响；在发现了西方的"现代主义""后现代主义"的美学价值时，却忽略了自己的"现实主义"的美学价值和意义。在此顾此失彼、矫枉过正的文学价值评判体系下，评论界削弱"左翼文学"

的文学、历史地位，一味抬高张爱玲、梁实秋、周作人等文人的文学地位；打压"为人生而艺术"，抬举"为艺术而艺术"。在此体系下，现实、历史在文学中的分量变得很轻，甚至可有可无。但现实是每个人都必须面对、无法逃避的。历史是文学存在的真实背景，文学作品的价值只有在具体的某个历史背景下才最为有效。文学只有背靠历史、面对现实，才能全面地解说自己。中国自古以来就是政治的中国，中国古代文人的最高理想不是做文人、写文章，而是做官从政。这样的惯性至今都没发生本质的变化，文学只有与中国人最关心的、也最能决定一个人命运的政治相连才能成为生活的中心。以公正的名义推倒旧的评判体系之后，建立起来的新的评判体系并没有充分显示其公正性。这种文学价值评判体系带来的不可能是文学的丰富和多元，而是单一和抛弃。这种有失公平的文学价值评判体系难道不是从一种政治走向另一种政治？

新时期文学理论名家陈思和在《关于"重写文学史"》中说："对于一个优秀的作家来说，他在文学上所构成的成就，不在于他写什么，更要紧的是他怎么写的，也就是他怎么运用他特殊的艺术感觉和语言能力来表达。"①这一论调在评论界盛行一时，影响巨大。"不少人把注意力集中在狭隘的专业领域……不关注现实，放弃社会批判责任，不对社会承担道义，不为人类净化良知。他们丧失了社会公共代表的角色，被学科体制收编。"③这很好地解释了为什么深受大众喜爱的作家却没有得到评论界公正的评价。如梁晓声曾被全国大学生评为最喜爱的当代作家；他的短篇小说《这是一篇神奇的土地》、中篇小说《今夜有暴风雪》在20世纪80年代连获文学大奖，曾轰动一时；他的长篇小说《雪城》《年轮》分别被改编成电视剧和电影，广受好评。可90年代以后编写的许多当代文学史却不提其名，不述其文，原因就是梁

---

① 转引自1988年陈思和、王晓明联袂在《上海文论》上主持"重写文学史"专栏时语录。

晓声是用传统的现实主义手法写作，没有按评论界的评价标准做艺术手法上的转型。所以，他小说中张扬的理想主义、英雄主义和给人们的那种感动与振奋全被文学史忽略和冷淡。而在文学评论界受到好评的文章，如先锋小说、"新写实小说"、"私人化小说"，大众并不认可，甚至不愿阅读。文学评判标准既然如此，作家们便纷纷按此标准来调整自己的写作。于是缺乏精神高度、俗艳、灰暗、陈腐的东西因其表述的标新立异而大行其道，于是文学的朝气没有了，向上的力量没有了，道德的高度没有了，生命的重量没有了；随之文学的责任没有了，文学的影响力、号召力没有了，灵魂的塑造也与文学无关了。在此文学评论理论的指导下，一批曾在20世纪80年代写过优秀作品的文学大家便也写出了如《废都》（贾平凹）、《檀香刑》（莫言）、《风雅颂》（阎连科）等展示文学贫瘠、无聊和堕落的作品。

在政治不再干预文学的文学生态里，强势的文学批评就是干预文学的政治，它决定文学的前途和命运。文学评论并非完全个人化的学术行为，它离不开学术真理和社会担当。因此，文学批评选取的评价标准既要融入自我的阅读感受与学术追求，更要符合中国当代文学的内在需求以及社会人群的阅读期待。

新时期过去了，新世纪到来了。全社会在对当下文学不满的同时，也对文学的社会价值以及文学打造国民灵魂的功能有了新的期待，重建文学的写作尊严、重拾艺术信仰势在必行。令人欣慰的是新世纪之初，文学开始用关注当下、关注社会、关注民众、关注弱势，重言激情与梦想、英雄与崇高、使命与担当、悲悯与感动、人格与尊严、道德与精神来证明自己，来体现自己的价值、肩负自己的使命。历史没有终结，社会还在发展，文学不能缺位，文学批评也不能失语。新世纪文学也对文学批评充满期待，期待新世纪文学批评建构一套充分体现公平、公正、科学原则的崭新体系，以正确的舆论引导作家，让作家以高尚的精神塑造人，以优秀的作品鼓舞人，让文学作品担负起引导人们精神成长的责任。把作家作品是否拥有精神批判的能力、是否拥有充沛的正气作为优秀与否的重要评判标准。

新世纪中国文学有责任书写庄严与崇高,新世纪中国文学有能力书写光荣与梦想。新世纪文学批评有责任为天地立心,为生民立命,为时代树标杆!

贵州大学人文学院中文系
中国语言文学论丛第二辑

比较文学与世界文学

相似的镜像　别异的风情
——贾宝玉与奥涅金形象比较窥要

刘振宁

一

"多余人"(Superfluous Man)作为一个指符或文学形象，泛指因特定社会历史造就的一类"病态"群像。《文学百科辞典》将其界定为"19世纪俄国文学中的人物典型。通常是聪明并受过良好教育，充满理想主义和善良愿望的贵族。尽管他意识到周围的愚昧和不公，但在人生舞台上始终只是旁观者"。①

文学史上最早被质性式冠以"多余人"名称的作品，当属屠格涅夫的小说《多余人日记》（1850年）。然而，真正意义上的第一个"多余人"形象，甚或被称为"多余人"鼻祖的，则先于《多余人日记》问世，那就是普希金长篇诗体小说《叶甫盖尼·奥涅金》（1830年）中的主人公奥涅金。奥涅金被学界公认为一个既无信念、亦无意志、更无抱负、等闲消磨自己凄凉一生的人物形象。

---

① 杨哲：《文学百科辞典》，知识出版社，1989，第189页。

如此的"颓废无用"形象，常常使国人不由自主地联想到曹雪芹笔下的贾宝玉。李希凡先生认为，贾宝玉"是封建社会中'多余的人'，既不同封建势力合作下去，也远远地避开了人民，而最后导致毫无意义的毁灭道路上去"。①

从表象看，奥涅金与贾宝玉，一个产生于19世纪的俄国，一个出自18世纪中叶康乾盛世之期，由于时代不同、空间遥远、国度相异、文化迥别，二者看似风马牛不相及，然而，透过表象深入肌理，即可明见彼此间存在着诸多的共相性，不仅同属"生则于世无补，死亦于人无损"的社会边缘人物，而且有着空虚委顿而又"欲罢不能"的人生际遇，在生活中找不到适当的位置，在现实社会中感到沉闷压抑，在精神上焦躁不安又忧郁彷徨。有鉴于此，通过交互往复剖别和比较相互间的共性特质，既可厘析出相似镜像得以形成的社会时代根源，也可部分地求索出文学规律的内在价值。

二

跨文化体系比较研究的学理前提和内在价值，寓于其可比性之中。所谓可比性，指比较研究对象中所存在的一种"可资研究文学规律的内在价值"。②

比较研究的有效性，在于能反映文化根源的异同，能反映类似的历史发展规律，能反映相似或相异的文学规律。简言之，在于能够打通钱钟书先生指出的"东海西海，心理攸同；南学北学，道术未裂"这一"文学文心"的规律认识。

那么，奥涅金与贾宝玉作为多余之士、无为之徒、另类他者，其"多余性"究竟何在，造成其"病态"的特定社会历史与

---

① 李希凡、蓝翎：《红楼梦评论集》，人民文学出版社，1973，第202—203页。
② 陈惇：《论可比性：比较文学的一个重要理论问题》，《文艺理论》2000年第3期。

文化根底是什么呢？

19世纪上半叶，是俄国文学盛产"多余人"形象的时代。先后出现了普希金笔下的奥涅金、屠格涅夫笔下的罗亭、莱蒙托夫笔下的毕巧林、冈察洛夫笔下的奥勃洛摩夫、托尔斯泰笔下的比埃尔以及陀思妥耶夫斯基笔下的梅什金公爵等。群像中的奥涅金，则被称为"19世纪青年"的典型形象，"是俄国农奴制度崩溃过程中的社会产物，是贵族阶级走向没落衰败过程中分化出来的'既非孔雀，又非乌鸦'的中间人物"。①

作为"年轻的浪子"的奥涅金，是在灯红酒绿、声色犬马中长大的，曾一度有过欢乐而奢华的童年。后来，他学会了用法文谈吐和写作，学会了精心打扮自己，学会了上流社会的交际礼节。到了"心猿意马"的年龄，他每天不是沉湎于剧院和饭店之中，就是消磨在舞会和酒宴之上，矫揉造作地逢场作戏，在醉生梦死中消磨时光。"成为擅长'挑动老练风情女子的心'的花花公子。但奥涅金终于对醉生梦死的贵族生活'提不起精神'，得了'俄国人的忧郁病'。"②无论事业、爱情或者友谊，一事无成。成了语言的巨人、行动的矮子，在生活中始终找不到自我的位置，沦为了社会的"多余人"。

奥涅金性格的两重性概括了19世纪20年代俄国贵族先进青年的典型特征：那就是"聪明的废物"和没有出路的探索者。既愤世嫉俗，忧虑俄国前途，探讨社会改革出路，又缺乏毅力和信心，毫无实际工作能力；既不随波逐流，也不奋起战斗；既接受了启蒙影响，想有所作为，又不能克服贵族的专横秉性和懒散恶习；既聪明而有教养，自视清高，跟周围人格格不入，但又不打算面对现实、深入实际；既企图超越贵族阶级，但最终还是回到那恶浊的生活圈里，从而构成一种生命的"悖论"，恰如赫尔岑

---

① 郭伟华：《俄国现代化冲撞下的"多余人"形象探因》，《安徽文学》2008年第7期。

② 蒋承勇：《世界文学史纲》，复旦大学出版社，2009，第128页。

所言,"永远不会站在政府方面",也"永远不能够站在人民方面",成了风云变幻时代由贵族知识分子组成的苦闷彷徨、冷漠无情、玩世不恭和无所适从的"多余人"。

上流社会的风花雪月、逢场作戏也造成了奥涅金性格的异化,玩世不恭成了他叛逆的支点。"上流社会的欢乐使他腻烦/美人儿也不能那么长久地使他日夜不断地思念/屡次变心实在令人懊丧/朋友和友谊也使他厌倦""他已患上了一种病症……简单说/俄国人的忧郁病/已经逐渐缠上他的身""什么也不能打动他的心/什么也不能引起他的注意"。[①]此时的奥涅金,可以说是百无聊赖,全然迷失了生活的方向。到乡下居住的日子似乎一度给予了他转变的机会,最初时,他也曾考虑过进行一系列的改革,但这种改革的尝试却被周围的农奴主所排斥,他们也因此开始排斥奥涅金。这使得奥涅金在失望与孤独中,叛逆性更是进一步强化,最终导致他毫无理智地调戏达吉雅娜的妹妹并于意外中结束了连斯基的生命。可以说,奥涅金的这种叛逆,不仅给他自己,也给亲近于他的人带来了许多的痛苦。而这一切,也最终将他的灵魂带向了一条孤寂无助的不归路。

其实,早在《叶甫盖尼·奥涅金》问世之前,在遥远东方的大清帝国里,就业已产生了一个同奥涅金不仅相似而且神似的人物形象,那就是《红楼梦》中的贾宝玉。

贾宝玉生于"钟鸣鼎食之家,翰墨诗书之族",终以"蓬牖茅椽,绳床瓦灶",落魄潦倒,无缘补天,胸中郁积着满腔怨愤。这个"衔玉而生,顽劣异常,不喜读书,最喜在内帏厮混;外祖母又溺爱,无人敢管"[②]的"富贵闲人",是"从'温柔富贵乡'中败落下来的贵族子弟,不堪回首以往,放眼前程又一片迷惘,

---

① 〔俄〕普希金:《叶甫盖尼·奥涅金》,冯春译,上海译文出版社,1982,第28~29页。

② (清)曹雪琴、高鹗:《红楼梦》,中华书局,2005,第19页。

在哀怨与抑郁之中,难免会觉得世事如梦,万境皆空"。①

当然,贾宝玉这个角色内涵太深广,这个形象不同凡响,意蕴非常,远非一言半语所能道明。就其界定和命名,"仅《红楼梦》小说里的人物,就给他许多种评论。在父亲贾政眼里,他是个'不肖的孽障';在母亲王夫人眼里,他是个永远的'孩子';在警幻仙姑眼里,他是个'天下第一淫人';在众人眼里,他是个'呆子';在探春眼里,他是个'卤人';在宝钗眼里,他是个'富贵闲人';在皇帝眼里,他是个'文妙真人';在妙玉眼里,他应是和自己一样的'槛外人';在林黛玉眼里,他大约是个'知音人''知心人'。"②在这为数众多的名号与标签中,"富贵闲人"的"雅号"和"槛外人"的命名,让人叫绝也甚觉契合。

贾宝玉和奥涅金,在物质生活上,生来便远离了要为柴米油盐操心的普通人生活。然而,偏偏就是这样拥有世俗人所渴望的生活的两个人,在社会精神生活世界里,常常被视作旁观者或局外人,并未从中获取多少幸福感与满足感。相反,他们对周遭的一切,感到了强烈的厌恶与排斥。可以说,叛逆性是贾宝玉和奥涅金所共同具有的非常突出的特质。

18世纪的中国封建社会,参加科举博取功名,可以说是每一个封建文人的理想和追求。贾宝玉拥有着进入仕途的良好条件,他生在"昌明隆盛之邦、诗礼簪缨之族、花柳繁华地、温柔富贵乡"③,周围环境的许多条件都在逼迫着他走向一条封建阶级的世俗的道路。可他偏偏就对那些"沽名钓誉"之事感到十分反感。一看见四书五经就头痛,一听见为官作宰就厌恶。因此,当他听到薛宝钗和史湘云等劝他读书上进、走仕途经济的道路时大为反感,认为"好好的一个清净洁白女儿,也学的钓名沽誉,入了国

---

① 章培恒、骆玉明:《中国文学史新著(下)》,复旦大学出版社,2007,第378页。
② 刘再复:《贾宝玉论(上)》,《读书》2013年第3期。
③ (清)曹雪芹、高鹗:《红楼梦》,第1页。

贼禄鬼之流"。①他不好好追求功名，只是一味地成天"在内帐厮混"，与姐妹们在大观园中饮酒、下棋、联诗、游戏。他不喜欢正统的经书典籍，却对《西厢记》《牡丹亭》一类的"淫书"爱不释手。他不满男子的种种污秽之行，给予女儿很高的评价，说她们是"水做的骨肉"。就连像香菱、四儿之类的下层女性，贾宝玉亦赋予了很多的柔情与关怀。在晴雯被迫害至死后，贾宝玉义愤填膺地为她写下了《芙蓉女儿诔》，他悲愤地指出："毁诐奴之口，讨岂从宽？剖悍妇之心，忿犹未释！"②如此这般的言行举止，无一不体现出贾宝玉对于他所生长其中的封建社会的叛逆情绪。因而鲁迅先生也曾道："悲凉之雾，遍被华林，然呼吸而领会之者，独宝玉而已。"③而这种叛逆情绪的结果，就是使得他陷入一种"与世无争""不合时宜"的生活状态，与传统的对一个有身份的封建贵族子弟出将入相的要求渐行渐远，成了一个在当时的社会价值体系下百般无用的"混世魔王"。

相对于贾宝玉，奥涅金的叛逆性是建立在更为清晰的认识上的。奥涅金的时代，封建贵族阶级的种种弊病已经暴露得非常清晰，奥涅金虽然并不能确切地知道他理想的社会应该是什么样，但他至少对现如今的社会有着很强烈的不满。在他的主观意识里，他是拒斥这样的阶级与社会的。出路虽然不能寻见，但他心里却无时不充满着寻找出路的渴望。奥涅金没有和其他人一样沉溺于上流社会的花花世界，而是对此感到空虚和厌倦，这已经是一种清醒的表现。另外，他能够产生要在自己的农庄"以轻微的租税来替代，古来劳役的重担"④这样的想法，也在一定程度上说明了他是想要把这种叛逆的"愿望"转变为一定程度上的"现实"的。在这一点上，贾宝玉就从来没有过这样的思考和行动。

贾宝玉的叛逆性，似乎从一开始就是要走上一条孤独之路。

---

① （清）曹雪芹、高鹗：《红楼梦》，第260页。
② （清）曹雪芹、高鹗：《红楼梦》，第624页。
③ 鲁迅：《中国小说史略》，东方出版社，2003，第167页。
④ 〔俄〕普希金：《叶甫盖尼·奥涅金》，第45页。

很难说贾宝玉身上可以体现出那个时代的青年的某种共通性,其叛逆性是独特的。这种独特,使他看起来是那么孤独,即便有黛玉这样的知音,有秦钟这样的好友,但这些都远远不能形成一种社会的共性。

然而奥涅金看来似乎要比贾宝玉"幸福"许多了。赫尔岑曾深刻地指出:"奥涅金,这不是汉姆雷特,不是浮士德,不是奥巴曼,不是特伦英尔,也不是卡尔·莫尔;奥涅金,这是俄国人,他只有在俄国才能产生;他在俄国是必然的,你在俄国到处都可以见到他""奥涅金的形象是这样富有民族性,在一切的凡是在俄国多少得到认可的长篇小说和长诗中都可以见到,这不是因为大家想抄袭他,而是因为你经常可以在自己的身边或者在自己本身找到他"。[1]就文学形象看,他是一系列"多余人"形象的典型代表,无论是莱蒙托夫笔下的"当代英雄"毕巧林,还是屠格涅夫笔下的空谈家罗亭,抑或是冈察洛夫笔下的懒汉奥勃洛摩夫,都与奥涅金有着千丝万缕的联系。他们清晰地反映了19世纪前半期先进的贵族青年的精神面貌。他们的叛逆,像候鸟,像预言家,昭示着一个时代变革的来临。而单单就奥涅金本人来说,无论是达吉雅娜,还是他的好友连斯基,都与他有着很多的共同之处。可以说,虽然奥涅金是孤独而彷徨的,但他其实并不是真正地孑然一身,其叛逆性带有一种群像的意义。

三

贾宝玉和奥涅金身上所表现出的诸多惊人相似之处和显著差异,有着深刻的社会与文化成因。

《红楼梦》所反映的18世纪中叶,尽管正值"康乾盛世",封建势力依然占据着绝对主导的地位,表面上国力强盛,一片欣欣向荣,但看似繁华的表壳所掩饰的真相是,统治阶级的许多弊

---

[1] 〔俄〕赫尔岑:《赫尔岑论文学》,上海译文出版社,1989,第63页。

病业已开始暴露,社会各阶层的矛盾也日益激化,新兴资产阶级也还远远没有形成。贾府就是这样一个社会的现实缩影。在这样一个封建大家庭里,在锦衣玉食包裹下的是种种丑恶事物的蠢蠢欲动。经济拮据,精神空虚,道德沦丧,一切美好的事物在这样的环境中都显得那么岌岌可危。"一年三百六十日,风刀霜剑严相逼"[①]的生活,必然使其中的某些还未完全被丑恶同化的贵族青年产生对于这种状态的怀疑与不满。贾宝玉正是这样的一个人。他自幼在"女儿国"中长大,再加上天资纯善,所以受到的污染相对较小。其反抗性也必然会比较强烈。但是,强大的封建压迫使得他根本无法冲破这样的束缚,在这样的窒息的禁锢中,贾宝玉无疑是十分渺小的,且不说进行反抗的能力,就连进行反抗的意识也只是处于十分模糊的状态。因此,他最终只能走向一种自我的放弃和妥协,走向悲哀的沉沦。

而"多余人"所处的19世纪中叶,正是俄国封建农奴制社会行将就木的时期。农奴制度和沙皇专制制度已经成了社会前进的巨大阻力。贵族革命屡屡发生,终于导致了十二月党人的起义。然而这场起义却最终被依然强大的沙皇政府压制下去。主要领导人被绞死,更多的人流放到遥远的西伯利亚和高加索。总而言之,这也是一个黑暗而残酷的时代,人民的生活日渐艰难,而贵族们却依然在醉生梦死地享乐。在这样的环境中,像奥涅金这样,良知还未完全泯灭的贵族青年,自然会对这样的生活感到厌倦,想要摆脱。他们既不甘心就这样沉沦,又无力同本阶级彻底决裂。他们如同在黑暗的大海中航行着的孤舟,找不到自己人生的坐标,茫然无措,郁郁寡欢,无所事事,成了这个时代的叛逆者和"多余人"。

另外一个有趣的现象是,俄国文学中的"多余人",父亲几乎都已去世,从而使得他们在家庭中处于相对独立而自由的地位,没有太多的束缚,自由行动空间较大。这或许只是一种偶然

---

① (清)曹雪芹、高鹗:《红楼梦》,第196页。

的巧合,但贾宝玉却生活在一个异常庞大的封建体系网络之中,头上不仅有至尊祖母,还有严父慈母和管家凤姐,行动非常不自由,局限性很大,命运大都操控在别人手心中,冲出牢笼险阻重重。

此外,在思想文化方面,中国到了18世纪,仍然没有产生像西方那样的文艺复兴运动和启蒙运动,更没有受到西方资产阶级政治和文化方面的影响。因此,对封建社会产生的批判,是非常具有局限性的。在那个时代,不论是政治家、思想家,还是文学家、艺术家,他们对封建社会的揭露和否定,基本都是一种比较表面和直接的出于现实意义上的批判,而很少是从社会制度方面去进行的。这样的一种现象,是那个时代的文化背景所导致的。曹雪芹的伟大就在于,虽然他并没有超越那个时代,对封建制度给予致命的一击,但他无疑是站在了那个时代的最高位置进行思考的。正因如此,比起俄国"多余人"对旧文化的决裂态度来,贾宝玉要软弱得多;也正是这样的文化背景使然,贾宝玉不可能像俄国的"多余人"一样有着坚强的精神支柱和深刻的自我反省。他虽然用种种行为对三纲五常进行挑衅,却找不到真正的立足之境。他从来没有严格地剖析过自我,也没有严格地剖析过社会,更不可能如俄国"多余人"那样进行积极的探索,这不仅是贾宝玉的悲剧,更是那个时代的悲剧。《红楼梦》时的中国文化早已历经宋明之演进,杂糅成了融儒、道、释为一体的理学,但占据核心且具有无法撼动的传统作用的依然是其间的儒学思想。换言之,在大多数国人眼中,修齐治平才是人生的正道、人生的归宿。除此之外,"治心"之佛与"治身"之道,都处于次要位置。梁启超先生曾指出:"若把儒家抽去,中国文化,恐怕没有多少东西了。中国民族之所以存在,因为中国文化存在;而中国文化,离不了儒家。"①无论是帝王将相,还是黎民走卒,他们判定一个尘世之人作为与否、成就与否,甚至"多余"与否,

---

① 梁启超:《清代学术概论》,天津古籍出版社,2003,第105~106页。

也往往以儒家的基本价值评判体系为尺度。所以，像贾宝玉这样一个不能被儒家正统价值观接受的人，最终只能通过佛、道来逃避红尘，逃离现世。

  与中国相比，19世纪的俄国，情况迥异。它和西欧有着很密切的联系，不仅受到了文艺复兴运动和启蒙运动的洗礼，资产阶级的政治、经济、文化也对它产生了深刻的影响。文化领域出现了许多杰出的作家。良好的先进文化思想的熏陶，再加上俄罗斯民族固有的爱国主义传统以及东正教的赎罪精神，使他们对当时的社会进行深刻的反思。莱蒙托夫曾借毕巧林之口说过："我懂得世态人情之后……心里就产生了绝望，不是那种可以用手枪来医治的绝望，而是一种用殷勤和媚笑掩盖起来的冷淡，无可奈何的绝望，我变成了一个精神残废者。"①他的这种痛苦的反省，其实是一种精神的升华，是对那个万马齐喑的时代发出的愤怒的呐喊。由此出发，我们就会感到奥涅金一类的"多余人"的痛苦、孤独和忧虑，其实是与他们内心深处的民族忧患意识息息相关的。他们寻找出路的方法虽然是失败的，但他们的生命却闪耀着某种灵光，预示着一个时代的风云巨变，在悲哀的感叹中却又孕育着希望的力量。正如瞿秋白所说的："每当旧社会崩坏新社会未成的青黄不接的时代，'无用的好人'没有不是多余的，奥涅金的不朽，正在于他警醒社会的意识，使社会自认他的肖像。"②这样的一切，无疑是有着一种振奋人心的力量的。

四

  综上所论，作为时代相异、地域不同的两部经典名著主人公的贾宝玉和奥涅金，在性格和人生境遇上表现出了许多异同之

---

① 〔俄〕莱蒙托夫：《当代英雄》，http://www.xiaoshuo.com/readbook/00146825_20401_35.html。
② 瞿秋白：《俄国文学史及其他》，复旦大学出版社，2004，第56页。

处。他们在现实意义上,绝对不是真正的"多余人",借《红楼梦》言,即是"无为有处有还无"。除了非凡的容貌,还有非凡的心智,并具"济世兼人"的胸襟和期盼。然而,在直面冷酷的骨感现实、文化传统的羁绊和陈规陋习的禁锢时,非凡才智无法施展,满腔抱负无力实现,热情意气无力释放,人生的各种理想遭到阉割和消解,被迫成为他人眼里和心中的无用之徒甚至多余之辈。透过他们,我们看到了一个时代的特殊的社会文化环境以及人类的一种悲剧精神和悲剧命运。他们不单单是两个人物形象,还分别是他们那个时代现实生活中一类人物和现象的缩影,其意义是十分深远的。

权力诱惑下的罪与罚

——从亚里士多德的悲剧观看《麦克白》的悲剧性

王 桢

一 亚里士多德的悲剧观

(一)"净化"乃悲剧的目的与意义

众所周知,古希腊的悲剧艺术已经相当发达,三大悲剧诗人埃斯库罗斯、索福克勒斯和欧里庇得斯创作了足以彪炳千古的杰作。亚里士多德正是在总结古希腊悲剧艺术创作经验的基础上,提出了一套完整的悲剧理论。

亚里士多德为悲剧下了这样的定义:"悲剧是对于一个严肃、完整、有一定长度的行动的模仿;它的媒介是语言,具有各种悦耳之音,分别在剧的各部分使用;模仿方式是借助人物的动作来表达,而不是采用叙述法;借引起怜悯与恐惧来使这种情感得到陶冶。"[①]这是西方悲剧学说史上的第一个定义。

---

① 亚里士多德、贺拉斯:《诗学·诗艺》,杨周翰译,人民文学出版社,1962,第19页。

在这个定义中,"借引起怜悯与恐惧来使这种情感得到陶冶"——希腊文的"陶冶(音译为卡塔西斯)"意思是"净化",是亚里士多德对悲剧功用与意义的阐述,是其悲剧理论的要旨,对相关问题的论述大都以之为旨归。此论即亚里斯士德著名的"陶冶说"。

亚里士多德指出悲剧应该包含"情节""性格""思想""语言""歌曲"和"形象"六个要素。在六个要素中,亚里士多德尤其重视悲剧的情节。他认为悲剧所要模仿的不是人或人的性格,而是人的行动或者生活,而情节就是对行动的模仿。亚里士多德进而提出了悲剧情节的三大要素:突转、发现和苦难。"突转"是指由于意外事件的发生,主人公由顺境转入逆境或者由逆境转入顺境。"'发现',如字义所表示,指从不知到知的转变,使那些处于顺境或逆境的人物发现他们和对方有亲属关系或仇敌关系。"[①]苦难,即主人公的毁灭或招致祸殃。亚里士多德认为,悲剧之所以使人恐惧、怜悯,最重要的是依赖于突转和发现,人物命运的急转直下最能引起观众的怜悯之情。概言之,亚里士多德对悲剧情节的三大要素——突转、发现与苦难——的论述,与其所能引起的怜悯与恐惧是分不开的。

亚里士多德在谈论悲剧诗人应当如何安排情节时,更是以是否引起怜悯与恐惧为取舍的标准:"第一,不应写好人由顺境转入逆境,因为这只能使人厌恶,不能引起恐惧或怜悯之情。第二,不应写坏人由逆境转入顺境,因为这最违背悲剧的精神——不合悲剧的要求,既不能打动慈善之心,更不能引起怜悯或恐惧之情。第三,不应写极恶的人由顺境转入逆境,因为这种布局虽然能打动慈善之心,但不能引起怜悯或恐惧之情,因为怜悯是由一个人遭受不应遭受的厄运而引起的,恐惧是由这个这样遭受厄运的人与我们相似而引起的(怜悯是由不应遭受的厄运而引起的,恐惧是由这人与我们相似而引起的),因此上述情节既不能

---

① 亚里士多德、贺拉斯:《诗学·诗艺》,第34页。

引起怜悯之情，又不能引起恐惧之情。此外还有一种介于这两种人之间的人，这样的人不十分善良，也不十分公正，而他之所以陷入厄运，不是由于他为非作恶，而是由于他犯了错误"。①亚里士多德关于悲剧人物性格的要求与悲剧成因的论述被概括为"过失说"。

概而言之，亚里士多德认为悲剧主角须具有与一般人相似而又善良的特点。一个善良的人因犯过失而陷入厄运，但灾祸不是罪有应得，这样才会唤起观众的怜悯之情，而主人公"在道德品格和正义上，并不是好到极点"的特点，正和我们普通人一样，所以我们会产生害怕遭遇类似的痛苦与不幸的"恐惧"。

综上所述，于亚里士多德而言，净化作用乃是悲剧的目的与意义之所在："过失说"对悲剧主人公性格的要求旨在让观众产生怜悯与恐惧之感，而怜悯与恐惧之感只是通向净化的中介与桥梁。

亚里士多德对悲剧的净化作用的强调有其现实的原因，因为他的老师柏拉图对荷马和悲剧诗人提出了控诉：首先，柏拉图认为模仿艺术显现不出真理；其次，文艺滋长人类低劣情欲，如悲剧中的感伤癖、哀怜癖以及喜剧中的"诙谐的欲念"和"小丑习气"。柏拉图把感情当作人性中的卑劣部分，重视理性认识而轻视感性认识，他攻击诗人逢迎人心的非理性部分，损害了理性，使人失去对感情的控制。或许正是基于此，亚里士多德对悲剧主人公做出了上述界定，对悲剧的功用与意义做出了如上阐述，他曾不止一次地强调"悲剧要满足我们的道德感"。

（二）"过失说"立论之不足

"善良"与"过失"是"过失说"的关键词，其间包含着这样的潜台词：观众不会同情恶人，换言之，性善论是其立论的基础。

---

① 亚里士多德、贺拉斯：《诗学·诗艺》，第38页。

奥地利学者乌克提茨在其著名的论著《恶为什么这么吸引我们》中对人性之恶从社会生物学的角度进行了分析论证。乌克提茨认为恶行其实久已存在，它源于人类的生物本能，只是人类必须发展到一定的阶段，才会产生善恶的观念——按照基督教的观念，是在亚当夏娃偷吃禁果之后——才能对恶行予以界定。"我们必须认识到，就获取资源——空间和食物而言——人类和动物之间并不存在本质的区别。自然界萌生了各种各样的策略，使动物能够战胜与其竞争的同类。最'温和'的方式就是不公开侵略地把对手的食物吃光。最后的手段就是杀死对手，这种行为在许多物种都得到了证实。在这个方面，人类也不例外。叔本华已经意识到了这个问题：'和动物一样，人类主要的和根本的推动力是自私，也就是说对生存和舒适的追求。'"当然，虽然不能否认人类的动物性，但是人类毕竟是万物的灵长，宇宙的精华："这里需要明确一个事实，即人类同所有其他的生物完全不同，人类建立了道德体系，试图以此约束其自私的天性。"总而言之，从社会生物学的角度来说，人类的天性是自私而不是美德，美德乃是人类文明发展到相当高的程度才出现的。[1]

弗洛伊德的理论也佐证了人性之恶的必不可免。

弗洛伊德的心理解剖学说提出人的心理机制由意识、前意识和潜意识三个系统所组成。弗洛伊德认为潜意识包括人的原始本能的欲望与冲动。这些欲望与冲动不见容于人类的风俗习惯、伦理道德和宗教法律，因而受到排斥和压抑而不能呈现于意识，只能活跃于人不能自觉的心理层面。潜意识是人类活动的内驱力，它决定着人的言行举止，决定着人的全部有意识的活动。前意识是潜意识和意识之间的中间环节，防止潜意识的本能和欲望侵入意识之中。但是被压抑的本能或欲望可以改头换面而偷偷地进入意识。意识则是人可以觉知的心理活动。弗洛伊德认为在人的精

---

[1]〔奥〕弗朗茨·M.乌克提茨：《恶为什么这么吸引我们》，万怡、王莺译，社会科学文献出版社，2001，第14~15页。

神活动中意识所占的比例十分有限，处于心理表层；无意识才是人的精神主体，处于心理深层。

弗洛伊德的人格结构论提出人格由本我、自我和超我三部分组成。本我是人格的基础，为人的整个心理活动提供能量，是本能和欲望的体现者，是非道德的，遵循趋乐避苦的"唯乐原则"。自我形成于对现实限制的了解与接受，遵循"现实原则"，是本我与外部世界的中介，协调本能欲望冲动与现实社会要求之间的不平衡。虽然自我迫于现实的压力抑制本能以适应现实，但其最终的指向仍然是快乐。超我是从儿童时期所受的奖惩中形成的良知和自我理想，超我的主要功能是控制人的行为，使其符合社会规范的要求。

依据弗洛伊德的理论，无论是人的心理机制，还是人格结构，都包含着非道德的部分，而且是异常强大的部分，就如同每个人的身心之中都拘囿着一头蛮力巨大的笼中兽。这也解释了为什么一些平日老实巴交的老好人会犯下令人难以置信的罪恶，善恶之别往往只在一念之间，这样的例子在现实社会中屡见不鲜。另一方面，在两次世界大战——特别是第二次世界大战中，人性之恶的大规模呈现令人毛骨悚然，足以佐证那头笼中兽的存在。

歌德在《莎士比亚的命名日》中辩证地指出："我们称为罪恶的东西，只是善良另的一面，这一面对于后者的存在是必要的，而且必然是整体的一部分，正如有一片温和的地带，就必须有炎热的赤道和冰冻的拉普兰一样。"[1]

黑格尔说："唯有人是善的，只因为他也可能是恶的。善与恶是不可分割的"。[2]黑格尔还说："人们以为，当他们说人本性是善的这句话时，他们就说出了一种很伟大的思想；但是他们忘记了，当人们说人本性是恶的这句话时，是说出了一种更伟大得

---

[1] 杨周翰：《莎士比亚评论汇编》（上），中国社会科学出版社，1979，第292页。
[2] 〔德〕黑格尔：《法哲学原理》，范扬、张企泰译，商务印书馆，1961，第144页。

多的思想。"

以上论述都辩证地说明了恶的存在的必要性与必然性。当然，对个人来说，行为的善或恶是自觉选择的结果，"恶的本性就在于人能希求它，而不是不可避免地必须希求它"。因此每个人都必须对自己的选择负责。

既然人性之恶的存在毋庸置疑，建基于性善论的"过失说"就有着先天的不足。即便是在古希腊时代，"过失说"与悲剧艺术的实情也不尽然相符。欧里庇得斯的杰作《美狄亚》的同名女主人公，一个性如烈火的女子，为了报复抛弃自己的丈夫，不仅谋杀了丈夫的新娘及其父亲，还手刃了自己两个天真无知的儿子，恐怕在远不止一种文化语境下她会被视为恶人——道德评判总是与特定的文化密切联系的。古希腊悲剧对人性恶有所揭示，但处于神话氛围的笼罩之下，虽有对人性之恶的表现，却无对人性之恶的反思。亚里士多德的悲剧理论同样如此。

二 《麦克白》的悲剧性

《麦克白》与《哈姆雷特》《奥赛罗》《李尔王》并称为莎士比亚著名的四大悲剧。其他三部悲剧的主人公都符合亚里士多德对悲剧主人公的要求：一个犯了过失的好人。唯独麦克白是个例外，他是一个双手沾满无辜者鲜血的篡位者，是一个罪不容赦的恶人。显然，他不符合亚里士多德悲剧理论对主人公的要求。那么麦克白何以会成为一部杰出悲剧的主人公呢？

或许我们首先应该回答为什么如此为非作歹的恶人的毁灭会在观众心里激起惋惜和同情。比较一下《麦克白》与莎士比亚的历史剧《理查三世》将有助于回答这一问题。《理查三世》同样描写一个暴君从篡权到被推翻的过程，其情节要素与《麦克白》别无二致：弑君、篡位、动乱、征讨逆贼；但是两部戏剧的主人公却有着极大的不同。葛罗斯特，即理查三世，对自己的罪恶行径抱持一种无赖式的洋洋自得，不但没有丝毫的愧疚，反而因为他能把他人——包括与其有着密切血缘关系的人玩弄于股掌之中，操纵他们的生死而流露出强烈的优越感。

麦克白则对自己的罪恶有着十分清晰的自我意识，因而他的作恶总是伴随着深深的恐惧，那强烈的恐惧甚至使之一度显出精神错乱的症候："那打门的声音是从什么地方来的？究竟是怎么一回事，一点点的声音都会吓得我心惊肉跳？这是什么手！嘿！它们要挖出我的眼睛。大洋里所有的水，能够洗净我手上的血迹吗？不，恐怕我这一手的血，倒要把一碧无垠的海水染成一片殷红呢。"①他屡屡谈到自己良心上"负着重大的罪疚和不安"："为什么我们要在忧虑中进餐，在每夜使我们惊恐的恶梦的谑弄中睡眠呢？我们为了希求自身的平安，把别人送下坟墓里去享受永久的平安，可是我们的心灵却把我们磨折得没有一刻平静的安息，使我们觉得还是跟已死的人在一起，倒要幸福得多了。"②

麦克白的内心似乎为两种相反的力量所左右，一种是显性的力量，支配他的行动，那就是渐趋疯狂的权力欲；另一种力量时常处于隐性的状态，但并不因此而衰弱，那就是道德的力量。在为其疯狂的权力欲所攫取的过程中，麦克白偶尔会处于一种"出神"的状态。虽然悲剧一开始就由女巫预言了麦克白的命运，但是悲剧所表现的不是命运而是选择，在非同寻常的功业与同样非同寻常的罪孽之间的选择，在伟大的巨人与邪恶的巨人之间的选择。女巫所说的那句令人费解的"美即丑恶，丑即美"，或许就是暗示麦克白的选择对其自身拥有的力量所具有的决定意义。对权力的炎炎欲火驱使麦克白投身罪恶的洪流，但是在其"出神"状态下，他对与此相反的选择不是没有丝毫的留恋与缅怀。

人们发现国王邓肯惨遭谋杀的时候，麦克白所说的一番话是一个典型的例子："要是我在这件变故发生以前一小时死去，我

---

① 莎士比亚：《莎士比亚全集》（8），朱生豪译，人民文学出版社，1978，第332页。

② 莎士比亚：《莎士比亚全集》（8），第346页。

就可以说是活过了一段幸福的时间；因为从这一刻起，人生已经失去它的严肃的意义，一切都不过是儿戏；荣名和美德已经死了，生命的美酒已经喝完，剩下来的只是一些无味的渣滓，当作酒窖里的珍宝。"①这一番话与现实情景颇为不合调，不免令听者感到奇怪。无疑，使其人生失去严肃意义，使荣名和美德死去的，不是国王的死，而是他本人对国王的谋害。经历了犯罪时异常强烈的恐惧，麦克白在此一瞬间处于"出神"的状态。很难把这一番话仅仅视为麦克白的掩饰之词，因为对罪行的义愤填膺的谴责无疑是比这番话更好的掩饰。

我们还可以再举一个例子。麦克白得知虽然班柯已被杀死，但是班柯的儿子弗里恩斯却逃走了，他说："我的心病本来可以痊愈，现在它又要发作了；我本来可以像大理石一样完整，像岩石一样坚固，像空气一样广大自由，现在我却被恼人的疑惑和恐惧所包围拘束。可是班柯已经死了吗？"②这一番话表面上看起来是假设弗里恩斯没能逃走，他麦克白就能"像大理石一样完整，像岩石一样坚固，像空气一样广大自由"，但是这样的理解未免失之简单。因为女巫预言班柯的子孙将为君为王，杀死弗里恩斯对麦克白的确至为重要。另外，如上所述，麦克白对自己的罪恶有着充分的自我意识，对犯罪的恶果也是如此。早在犯罪之前，他就思量过犯罪的恶果："可是在这种事情上，我们往往逃不过现世的裁判；我们树立下血的榜样，教会别人杀人，结果反而自己被人所杀；把毒药投入酒杯里的人，结果也会自己饮酖而死，这就是一丝不爽的报应。"③而且犯罪的时候麦克白就被一个声音告知"麦克白已经杀害了睡眠""麦克白将再也得不到睡眠"。如此看来，麦克白十分清楚即便能如其所愿地杀死弗里恩斯，他也断然不可能"像大理石一样完整，像岩石一样坚固，像空气一样

---

① 莎士比亚：《莎士比亚全集》(8)，第336页。
② 莎士比亚：《莎士比亚全集》(8)，第350页。
③ 莎士比亚：《莎士比亚全集》(8)，第324页。

广大自由"。从麦克白强韧的个性来看,他并不是一个自欺欺人的人,因而最为合理的解释是遭遇的挫折——弗里恩斯逃走——使麦克白又一次处于"出神"的状态,这番话里潜藏着意味深长的停顿与转折,即对"本来"的深切缅怀。

  麦克白的悲剧是人性的悲剧,是人性恶毁灭人性善的悲剧。麦克白由最初为恶时的犹疑惶惑发展到后来肆意杀戮时的暴虐疯狂,人性善被毁灭殆尽。与此同时,他的精神痛苦也日益深重以至于麻木而丧失生的意趣。麦克白犯罪伊始所流露的惆怅与其最终毁灭前夕所流露的绝望形成了呼应:"明天,明天,再一个明天,一天接着一天地蹑步前进,直到最后一秒钟的时间;我们所有的昨天,不过替傻子们照亮了到死亡的土壤中去的路。熄灭了吧,熄灭了吧,短促的烛光!人生不过是一个行走的影子,一个在舞台上指手划脚的拙劣的伶人,登场片刻,就在无声无臭中悄然退下;它是一个愚人所讲的故事,充满着喧哗和骚动,却找不到一点意义。"①尤其值得注意的是其时麦克白还不知道勃南的"树林"已经向着邓西嫩而来,更不知道麦克德夫乃其母剖腹产出而非妇人所生;换言之,此时麦克白还深信自己是不可战胜的。

  这一顶窃来的王冠没有给麦克白带来丝毫的快乐,反而使他的内心丧失了生机与活力。最有力的一个证明是当麦克白被告知王后死了时,他的反应十分冷漠:"她反正要死的,迟早总会有听到这个消息的一天。"麦克白不仅杀害了睡眠,而且杀害了自己内心所有的爱与温存。以前麦克白夫妇是彼此相爱的,麦克白称妻子为"最亲爱的亲人",他们的感情甚至还保持着一些恋爱的热度,麦克白曾经是一个急欲得到妻子夸赞的丈夫,而且也从妻子那里寻求精神力量。正因如此,麦克白夫人舌尖上的勇气才能对麦克白犯下弑君大罪起到催化剂的作用。尽管麦克白夫人是个心如蛇蝎的女人,但是难以否认他们夫妻之间的感情曾经是十

---

① 莎士比亚:《莎士比亚全集》(8),第 386~387 页。

分真挚的。

有论者称"我们怜悯的对象并不是作为'恶人'的麦克白，而是他所代表的挣脱了宗教、传统和道德束缚后，陡然迷失在高度张扬的自我之中的人性，而这种迷失反映了文艺复兴末期人文主义者的信仰危机"。[1]可是作为悲剧的观众，我们能很清楚地感觉到我们怜悯的对象是一个具体的人而非抽象的人性。麦克白的确是恶人，但是我们对他的确不无怜悯。我们的怜悯或许反证了人性之恶。我们之所以会怜悯恶人，是因为我们和他们一样，内心深处也拘囿着一个魔鬼，只是我们比他们幸运，我们没把魔鬼放出来，所以不必经受那么痛苦的精神折磨，因而可以坦然享受安恬的睡眠，享受阳光雨露、鸟语花香。麦克白受了女巫预言的蛊惑，他释放了心中的魔鬼，就如同从所罗门王印封缄的瓶中钻出的魔鬼一样，转瞬之间已为庞然大物，挥舞屠刀，肆意为恶。而为恶总是要遭受惩罚的——最可怕的惩罚并不是来自他人而是来自自己的良知。正是内心的矛盾冲突，正是麦克白所遭受的精神痛苦，使观众在痛恨其恶行的同时对他深怀惋惜与同情。麦克白的悲剧是一出人性恶毁灭人性善的悲剧，毫无疑问它能对世人起到极好的警醒作用，使欲望极度膨胀的人们看到"罚"与"罪"如影随形，须臾不分。

亚里士多德的悲剧理论是对古希腊悲剧的总结。处在人类文化早期发展阶段的古希腊悲剧惯常把人作为一个单一色调的心理整体而非矛盾对立的统一体加以表现——欧里庇得斯的《美狄亚》在很大程度上是个例外。时至文艺复兴时期，人们对人自身的认识要远较古希腊时代深刻丰富，人类灵魂深处美丑善恶的斗争在戏剧舞台上得以充分的表现。另外，古希腊时代人对自身的认识尚处于起步阶段，还难以深刻认识人性之恶，因而亚里士多德的"过失说"以性善论为其立论的基础。但是恶人同样可能激

---

[1] 刘戈:《〈麦克白〉的悲剧感与文艺复兴宇宙观危机》,《国外文学》2009 年第 4 期。

起观众的同情与怜悯,同时其罪恶以及罪恶招致的惩罚则引起观众的恐惧,从而导向亚里士多德以为悲剧功用与意义的净化作用。《麦克白》虽然不符合亚里士多德的"过失说",却完全符合其"陶冶说"。再有,人们对悲剧的认识随着时代的变迁而发展,鲁迅先生对悲剧的本质所做的概括——"悲剧是把人生有价值的东西毁灭给人看",正可以用来说明麦克白的悲剧性。

贵州大学人文学院中文系
中国语言文学论丛第二辑

贵州地域文化及其他

明清诗歌与黔东古驿道[*]

谭德兴

明清时期,黔东古驿道沿途的文学创作十分繁荣。黔东古驿道上的文学作品生动记录了大量政治、经济、军事以及文化活动之内容。特别是许多文人政客在古驿道上留下的诗歌,更是多视角鲜活再现了黔东古驿道昔日的辉煌。这些诗歌可以称得上是明清时期贵州文化发展演变的活化石。黔东古驿道是入黔出黔以及贵州文化输入输出的重要通道。研究黔东古驿道上的诗歌作品,不仅可以深入探析明清时期贵州与外界在政治、经济、军事以及文化等方面的具体交融状况,而且对从微观层面理清贵州文化的来源以及把握贵州文化的特质均有十分重要的意义。

一 惊物候催生古道浓郁诗情

黔东古驿道,是贵州联系荆楚、中原以及中央王朝的主要通道。明清时期,这条古驿道上的主要邑、镇和卫所有平溪(玉屏)、思州(岑巩)、清浪(青溪)、㵲溪、镇远、偏桥(施秉)、

---

[*] 本文为贵州省省长资金项目,项目合同编号:黔省专合字[2008]21号。

兴隆（黄平）、重安、清平（凯里）等。民国《黄平县志》卷二十五载龚淡泊《重安江漫兴》云："潺潺绿水动诗情，信笔题诗句亦清。"又载蔡槼《晚次马场街》云："晚景催诗忙吮笔，写成丽句不需题。""绿水动情""晚景催诗"，这些充分说明黔东古驿道上的风物对诗情的深刻催发。黔东古驿道风光秀丽，奇特的自然风物令人倍感惊奇，使人性情摇荡，也因此催生了驿道上无数南来北往之羁旅行役者的浓郁诗情。下面，我们自东至西举例说明黔东古驿道上之风物与诗歌创作的关系。

平溪是入黔的第一卫，其独特的自然风光往往令无数首次进入贵州的外省人士倍感惊异，从而诗情涌动。乾隆《玉屏县志》卷十载陈雍《平溪道中桃花盛开追和李太白二月见梅花韵》：

樱桃几株红间白，似向春风试颜色。
斯地斯花何太早？路畔娉婷诧行客。
上有松柏当隆冬，青青不妒白与红。
饱含霜雪祇自若，略无纤态迎春风。

陈雍，浙江余姚人，明弘治进士，于正德九年（1514 年）新春赴贵州任左布政使，途经平溪，创作此诗。诗人初次入黔，惊异于贵州初春的物候，盛开的樱桃花与白雪覆盖的青松构成了一幅奇异的图景。诗人十分好奇，为什么此地此花开得如此之早？路两旁婷婷摇曳的美丽身姿竟令过往的行客如此惊诧！"诧行客"似乎不仅是平溪风物的基本特征，也是整个黔东古驿道上物候之特点。

乾隆《玉屏县志》卷十载史申义《平溪》：

回峰复岭路周遮，尽领朝烟与暮霞。
山鹊雨御乌桕子，溪鸥晴傍白苹芽。
邮亭下马看题壁，寺院逢僧少视茶。
今日竹郎祠下过，始惊使节绕天涯。

史申义，江都（今江苏扬州）人，清康熙时进士。诗人于康熙晚期典试云南乡试，路过平溪驿，有感而作。诗篇八句，前七句均是对平溪独特风物之描述，而最后一句，作者用一个"惊"字，深刻抒发了对异乡奇异风物之特殊感受。

类似地，乾隆《镇远府志》卷二十二载黄嘉谷《舞溪登舟即事》：

> 黔山尽处楚溪头，举棹身如天上游。
> 断续猿声连野啸，微茫渔火隔中流。
> 且将破浪观湖海，便欲乘槎到斗牛。
> 红叶飞来惊客眼，仙源哪复有春秋。

这里，又是一个"惊"字，把诗人看到舞溪奇异物候的特殊情感心理刻画得淋漓尽致。

再看思州及其附近驿道上的情况。康熙《思州府志》卷八载田榕《思阳道中》（己亥六月）：

> 望望思阳路，肩舆兴不穷。
> 坡陀山罨画，溪涧水叮咚。
> 鱼麦遥村外，鸡豚近局中。
> 酒灰食不酱，一笑夕阳红。

田榕，贵州玉屏人，清康熙举人，历任云南保山、安徽太平、湖北安陆三县知县。《思阳道中》即诗人往来于贵州玉屏和云南保山之间时，在思州府思阳驿道上的创作。思阳为平溪—思州—镇远之间的必经之地。思阳路上，肩舆川流不息，可见当时驿道人气之旺。而路旁溪水叮咚，山川掩映，夕阳西下，远处村墟炊烟袅袅，一派恬静祥和的田园风光。这些秀美的田园风光无疑正是诗人创作灵感之源泉。

从思州至镇远，驿道要经过清浪、焦溪。乾隆《镇远府志》卷二十二载陈宝钥《清浪关》：

> 越了前山日半昏，马头随火急投村。
> 明知夜涉难争渡，不厌残灯且叩门。
> 潕水流长清有味，梅花逐浪白为源。
> 他年布置都迁尽，不守边防守幅员。

周瑛《鸡鸣关》：

> 路同函谷险，江比渭川雄。
> 月白鸡声早，霜清木叶空。
> 宦途方浩渺，彝落少光融。
> 独有朝宗念，随流日复东。

清浪关和鸡鸣关都属于清浪卫。雄峻之关隘，特异之风物，无疑是诗篇《清浪关》《鸡鸣关》发生之根源。乾隆《镇远府志》卷二十二载田榕《焦溪雨泊》：

> 楚江逆溯尽，进艇铁溪东。
> 不断迎梅雨，还飘罨岸风。
> 山连鸡塞险，滩入虎牙雄。
> 百里乡关路，依依叹转蓬。

田榕从玉屏至保山，必经驿道上的焦溪镇。此诗生动描绘了焦溪地理之险峻。清浪、焦溪的梅雨飘风、月白鸡鸣、村野残灯与清霜落叶，无疑正是驿道上文人骚客诗情之最佳触发点。

再看黔东古驿道之重镇——镇远对诗人们创作之影响。乾隆《镇远府志》卷二十二载何景明《镇远》：

地僻先摇落,空庭长绿莎。
山川连蜀道,市井杂彝歌。
旅箧衣裳少,秋程风雨多。
无人相问讯,尽日抚寒柯。

其二:

古郡青山下,经过驻使车。
土官迎诏拜,蛮客望城遮。
叠嶂营孤垒,清江绕百家。
晚来官署里,独坐咏《皇华》。

此两首,描写了明弘治时黔东驿道重镇镇远之繁华景象。古郡青山,使车土官,重峦叠嶂,清江百家。深厚的古镇文化,重要的官驿通道,汉彝文化杂糅以及清江两岸百家烟火的总总繁盛,使诗人不得不吮笔而作。

乾隆《镇远府志》卷二十二载徐九皋《镇远署》:

僵佪沅浦曲,转入夜郎天。
路出浮云上,山悬飞盖前。
烟霏开远戍,林薄带长川。
羽檄宵来急,横戈欲按边。

徐九皋,浙江余姚人,进士,曾为按察使副使。此诗描绘了诗人由楚入黔后的所见所闻。显然,古夜郎地界的物候令诗人叹为观止。

黄平及其附近驿道上的诗歌创作亦十分繁荣。嘉庆《黄平州志》卷十一载王阳明《题兴隆卫壁》:

> 山城高下见楼台，野戍参差暮角催。
> 贵筑路从峰顶入，夜郎人自日边来。
> 莺花夹道惊春老，雉蝶连云向晚开。
> 尺素屡题还屡掷，衡南那有雁飞回。

王阳明，于正德三年（1508年）至正德五年（1510年）被贬为贵州龙场（修文）驿丞。王阳明乃开贵州理学思辨风气之人，其"知行合一"学说即完成于贵州。也可以说是贵州的奇山异水催化了王学之诞生。兴隆（黄平）卫乃前往龙场的必经之所，黔贵夜郎奇异的风物样样令王阳明惊异，其特异风光催发了一代巨儒王阳明的诗情。

类似地，嘉庆《黄平州志》卷十一载夏言《重安江晚渡》：

> 重安江色清可怜，江头下马渡江船。
> 黄茅野屋淡秋日，粉蝶山城愁暮烟。
> 朱旗邮兵走相报，绣衣使者来行边。
> 故人经年不见面，何得万里同尊前。

王杬《飞云崖》：

> 仙人窟宅海龙宫，酝酿精奇迥不同。
> 叠嶂谽谺云似墨，孤峰拔起气如虹。
> 他山漫拟堪为错，列子真成可御风。
> 不用蓬莱觅三岛，夜郎佳胜在黔东。

以上各篇，有描写重安江晚渡之秋日暮烟，有刻画飞云崖仙境之云海叠嶂，数不完的胜景，催生了写不完的诗篇。黔东古驿道上的旖旎风光令人流连忘返，真可谓"不用蓬莱觅三岛，夜郎佳胜在黔东"。显然，奇异的风物催生了黔东古驿道上大量的优秀诗篇。

二 叹流转平添驿途恬淡哀愁

驿道者,古代交通的主要通道。黔东古驿道上,东来西往之行人络绎不绝。驿途之艰辛与际遇之愁苦往往互相交织,演绎出一首首优秀的篇章。

前文所引诗篇中,已经不同程度地涉及这些内容。例如,周瑛《鸡鸣关》"宦途方浩渺,彝落少光融。独有朝宗念,随流日复东",此无疑表达出诗人内心的一种愁苦。作为莆田人的周瑛,虽官为镇远府知府,但身处西南僻壤却愁思满腹。在周瑛看来,仕宦之途正如鸡鸣关的驿道一样,浩远渺茫,险峻无比,真不知前方何处有坦途,何时见光明。尽管这样,周瑛回到京师的念头,却仍如驿道上的江水一样日夜不停地向东奔流。又如,何景明《镇远》"无人相问讯,尽日抚寒柯""晚来官署里,独坐咏《皇华》",这些抒发了诗人在异域他乡举目无亲、羁旅行役的孤独与寂寞。再如,田榕《焦溪雨泊》"百里乡关路,依依叹转蓬",诗人深刻描写了驿途之艰辛与奔波之劳苦。

驿道上特殊的物候,往往也是诗人思考人生与际遇的催化剂。乾隆《玉屏县志》卷十载杨慎《野鸡坪》:

> 野鸡坪边饶杂花,幽兰石竹交山茶。
> 可怜春色浩无主,徒使骚人恼鬓华。

乾隆《玉屏县志》卷一:"野鸡坪,城西五里。明时为滇黔大路,地颇平衍。元时,思州军民长官司驻此。"玉屏的野鸡坪实乃明代由楚入黔至滇的必经要道,且自元代就已经发展成为重要的政治辖邑。杨慎,这位曾授翰林院修撰、充经筵讲官的状元郎,在途经平溪野鸡坪时,已是落魄失意的遭贬之人。嘉靖三年(1524年),因"大礼议"事件,杨慎被贬谪至云南永昌卫。此诗,正是杨慎由黔至滇永昌卫时途经平溪所作。野鸡坪浩荡无主的绚丽春光深深触动了杨慎那内心深处的凄苦愁情，看到物能尽性自由地舒展生长，而联想到人却被皇权紧紧地束缚着，不能主宰自己的命运而背井离乡，物我相望，倍感伤怀。

类似地，乾隆《玉屏县志》载申大成《闰中秋过平溪》：

> 今宵仍是中秋夜，两渡清晖百感生。
> 山色乍晴还乍雨，溪光宜雨更宜晴。
> 峰头再见嫦娥影，峡里重闻玉杵声。
> 一曲霓裳天半落，蟾宫又庆月华明。

诗人往贵阳赴任，乘船过平溪，适逢闰八月十五日夜。由于诗人一年两次中秋均在旅途船上渡过，两度望月，百感交集，故抒怀而作。

嘉庆《黄平州志》卷十一载汪蛟《旅次咏孤雁》：

> 自从侣伴失，只与野寒俱。
> 残照一身影，天风吹欲无。
> 鸣哀听不尽，讬审下仍孤。
> 惊彻羁人泪，遥情共客途。

此篇中，诗人咏孤雁只是表象，其实质是在咏叹自己。野寒残照，孤雁哀鸣，游子清泪，几番凄凉，个中滋味恐怕只有曾经天涯漂泊沦落之人才会明了！

同样的山水，往往因行役者际遇不同而生出的情感也迥异。民国《施秉县志·艺文志》载张一鹄《偏桥至镇远》：

> 有水可乘筏，其如难渡河。
> 不辞车马惫，还怯虎狼过。
> 楚水偏桥尽，黔山平越多。
> 城阴最惨淡，一路少田禾。

张一鹄,清代著名画家、诗人。松江朱泾(今属上海金山)人。于顺治十五年(1658年)中进士,授职云南推官。康熙元年(1662年)夏,遭贬谪回乡。此诗当作于其遭贬东归之时。偏桥—镇远,乃张一鹄自云南东归的必经之路。此诗基调凄凉,皆因诗人心情低落,故眼中的驿道风物无不带上惨淡的情感色彩。

民国《施秉县志·艺文志》载郭子章《偏桥新河成放舟东下》:

> 桥畔孥舟一叶轻,扬帆穿树入篷瀛。
> 悬崖直下瞿塘路,瀑布遥飞雁荡声。
> 白鸟青猿争出没,山花岸柳迭逢迎。
> 自从诸葛征南后,千载谁人向此行。

郭子章平定播州(今贵州遵义)土司杨应龙反叛有功,于万历三十五年(1607年)回籍养亲,此诗即作于回乡之驿途中。篇中除洋溢着难以掩饰的兴奋之情外,更彰显出一股居功自傲的霸气。同为返乡,郭子章与张一鹄二人因心境不同,则眼中驿道山水折射出的情感色彩也迥异。二人都是通过描写驿途景物来抒发人生感悟,但不同的境遇与驿道山水相碰撞产生的思想情感则完全不同。

三 敦教化叙说羁旅奇异风俗

黔东古驿道沿途苗汉杂居,水土各异,故风俗亦多姿多彩。民国《施秉县志·艺文志》载无名氏的《过偏桥驿题壁》:

> 排云城堞雄横空,葺屋萧疏一望中。
> 汉郡唐州粗可考,苗风汉俗不相同。
> 东连楚泽江流远,西接滇池地势雄。

> 田赋无多农力苦，十年五熟岁犹丰。

"苗汉风俗不相同"，这实际上是整个黔东古驿道民风民俗之写照。但随驿道文化交融，苗汉风俗之间互动杂糅也是十分明显的。乾隆《镇远府志》卷九《风俗志》：

> 自宋元以前，胥属化外生苗，礼乐声教未及土著，皆苗人不通言语。一二杰出者，乃他乡寄籍，故明永乐年间革宣慰司而郡县之，蛮境一新。

此云"蛮境一新"，即政治文化之质变。明永乐间贵州建省，这不但是黔东，也是整个贵州文化发展之分水岭。贵州文化发生质变的根本原因是外来文化之输入，而外来文化输入的重要路径之一便是黔东古驿道。康熙《思州府志》卷一《风俗志》：

> 民性刚悍，祭鬼弭灾。彝风丕变，弦诵洋溢。俗近醇庞，人知畏法，无大奸顽士类，彬彬有文于内地。按思地贫瘠，吉凶诸礼大概俭朴从事，惟初丧在殡，彻夜歌呼，吊者必醉饱而去。此苗俗之难变者耳。都坪属后山洞苗，男人略与汉人相似，女人多穿青衣花裙，婚嫁不凭媒妁，姑家之女必字舅氏之男，名曰酬婚。不论男女长幼，近奉示革，苗俗渐易。

显然，明清以来，苗风有巨变者，亦有难变者，但随官方力量之介入，特别是学校教育之展开，苗俗渐易无疑成总体发展之趋势。这些皆能从诗歌作品中得到反映。乾隆《镇远府志》卷二十二载薛士礼《舞阳清明郊行》：

> 轻寒轻暖暮春天，士女纷纷踏墓田。
> 纸纵烧能成白镪，酒谁洒得到黄泉。

> 荒烟蔓草埋翁仲，细雨斜风叫杜鹃。
> 路上行人看古塚，至今犹在说生前。

这样的清明节，实际上与中原无异，实乃黔东民俗汉化之表现。这样的风俗无疑属于巨变者。民国《施秉县志·艺文志》载杨名胜《丁巳春日诸葛洞小集和壁间韵》：

> 春山处处足清游，风景依稀忆旧秋。
> 波浪拍天渔子下，干戈满地旅人愁。（原注：距洞二十余里名新路河匪常劫船）
> 皮林讨后仍多事，诸葛名来应有由。
> 七纵雄声能继起，不教金鼓逼神州。（原注：洞有碑记郭子章讨皮林事）

施秉诸葛洞为黔东古驿道必经之地。正是那剽悍之民风方才演绎出诸葛南征与郭子章伐黔之战事。"民性刚悍"似乎属于难变之俗，而"民性刚悍"有时更是可直接导致社会动乱。乾隆《镇远府志》卷二十二载贺绪番《戊戌九月旁海苗乱书事》：

其一：

> 穷篝孤火化为烽，甲不曾周劫再逢。（原注：黔东人语苗恒六十年一叛）
> 祸本都从一阛市（原注：作乱由争场起），官中厚养两年痈。
> 秋风江上传新警，丛菊尊前暗旧容。
> 谁信铜章百里宰，州金一舸早潜踪。

其四：

> 祸机深伏信无端，林木池鱼一例看。

海外痴情犹太教，蛮中碧血远人棺。（原注：谓重安江因乱戕英国教士明某，明犹太人）
　　兼容未必危乡国，一逞何曾与治安。
　　四大强州正环视，杞忧胡以笑艰难。

　　此描写的是同治施秉苗乱。诗人不仅仅停留在以诗叙史层面，而是深入探析发生动乱之原因。"六十年一叛"似乎成为黔东苗民之习性，似乎是绕不开的社会历史规律。但在诗人看来，民谚背后所折射出来的本质问题却是民俗文化差异所导致的民族矛盾激化。其中，有本土民俗文化矛盾问题，如作乱的直接导火索即争场，这正是民性刚悍之体现。也有与异域文化矛盾的问题，如与基督教冲突。清代贵州的教案很多，异域文化首先从饱受经济苦难的西南僻壤渗透，不可避免地要与本土少数民族文化争夺资源，而民性刚悍在不同文化的斗争中更因缺乏一种有效的力量引导而直接导致社会灾难。

　　贵州少数民族风俗文化往往以很强的封闭性和排他性艰难演进着，这在黔东古驿道沿途表现得尤为明显。虽然由于驿道的开辟，输入了不少中原文明与汉文化，同时也带来官学（特别是苗民义学）与儒学，但少数民族民俗文化的改变，有时很难用"教化"二字来简单描述。虽然古驿道上文化交融频繁，但黔东古驿道沿途民风民俗的"民族"色彩依然十分浓郁。民国《施秉县志》载何景明《偏桥行》：

　　　　城头日出一丈五，偏桥长官来击鼓。
　　　　山南野苗聚如雨，饥向民家食生牯。
　　　　三尺竹箭七尺弩，朝出射人夜射虎。
　　　　岂中无房亦无堵，男解蛮歌女解舞。
　　　　千人万人为一户，杀血祈神暗乞蛊。
　　　　沙蒸水毒草根苦，上山下山哪敢度。
　　　　蠢尔苗氏尔无侮，虞庭两阶列干羽。

此诗对驿道要邑施秉的民风民俗做了详细描绘，真实记录了明代弘治年间黔东古驿道的苗族风情。不过，诗人是站在天朝王庭征服教化的视角审视，故在诗人眼里，这些民风民俗，除了怪异就是野蛮与落后。嘉庆《黄平州志》卷十一载王坛《祀鬼》：

> 不信医兮祇信巫，杀生救死甚糊涂。
> 可怜昨夜篱边犊，未毕耕耘又被屠。
> 村中铜鼓应如雷，木棬长腰两下摧。
> 最是牂江风景异，蛮花棘鸟闹春杯。

嘉庆《黄平州志》卷一《风俗志》云："颇信巫鬼。"《祀鬼》描述的乃黔东少数民族最原始的信仰与习俗。

笙歌曼舞是黔东古驿道苗俗文化之标志，也是最具民族特色之风俗，这在诗歌中也得到充分体现。民国《黄平县志》卷二十五载李承栋《上高坡》："苗俗，每季春月兴登高山为乐，男则吹笙，女则和舞，极具欢娱，谓之上高坡。乙未岁，余馆龙姓，得见斯俗，因作是词。"

> 谁家少妇年十六，生长夷乡服夷服。
> 青衫袖小双纤手，蛮布裙宽两赤足。
> 更有头妆复别样，银花大插发茎上。
> 乌髻不减远山青，金冠直合秋月亮。
> 弯弯蛾眉掩秋波，浓浓胭颊粉红拖。
> 身疑飞燕轻还减，怨拟明妃愁更多。
> 铜鼓一声天地惊，窄衫舞出麝兰芬。
> 逐波游鱼穿云雁，行行不止复行行。
> 长杨枝弱腰娜娜，蛱蝶迎风翻不了，
> 清歌曼舞谁得知，佳人归后云还绕。
> 几回春艳几回欢，惆怅云山不忍还。

> 鹧歌唱上绿杨道，梦魂愁住白云间。
> 我来正值清明节，喜逢嘉会上高坯。
> 要知此处有笙歌，自我凿开混沌穴。

从明清时期黔东古驿道上的诗歌创作中不难发现，古驿道的开通，不但带来政治、经济、军事以及文化上的重要影响，也对贵州地域文学发展产生了十分重要的推动作用。同时，随驿道文人政客之往来穿梭，也使得贵州的民风民俗为更多山外世界所认识和了解，加速了苗汉文化之间的互动。

四　悯世道关注边地民生疾苦

明清时期，黔东古驿道承载了太多的悲欢离合，见证了频繁的社会动荡与水深火热的民生疾苦。而羁旅行役的文人政客，往往以诗志史，对黔东古驿道沿途的社会民生表现出极大关注。乾隆《玉屏县志》载葛一龙《次平城》：

> 言从撷香芷，五日溯江路。
> 倾危赴偃仰，逼仄谢回顾。
> 深林雨濯濯，隔水山个个。
> 亦有不耕人，木末营茅蕝。
> 自谓巢居尊，罔知夜郎大。

作者自北京往贵州赴任，途经平溪，创作此诗。诗篇具有强烈的批判现实色彩，深刻揭露不劳而获的士大夫们，只知道一味在山中建造自己的别墅，而不以百姓和天下为忧，只知道贪图享乐，狂妄自大。这与诗人不辞辛劳为国事奔波形成鲜明对照。

查慎行《雪后平溪道中》：

> 马足声坚冻未融，楚南晴雪照黔东。

百家废井悬军后，一路啼猿灌莽中。
斑白逢人愁铤兽，萑苻何地集哀鸿。
书生亦有伤时泪，袖湿征鞭裹朔风。

吴三桂于康熙十二年（1673年）叛清，贵州成了两军交战场所。玉屏乃滇楚之间要道，饱受战事之苦。康熙十九年（1680年）清军收复贵州，作者于此时出使贵州，途经平溪，看到战乱后一派荒芜，哀鸿遍野，伤时伤事而作此诗。查慎行《舟发沙井》亦曾云："我是沅南留滞客，旧游一一总关情。"这无疑表达出作者对社会民生疾苦之深切关注。

康熙《思州府志》卷八载陆世楷《清丈至各土司境四首》：

数载孤城卧，动寒历远村。荆榛山路断，风雨野烟昏。
俗异情难悉，期严事较敦。驱驰兼夙夜，坐席岂能温。
竟日行荒岭，披荆复扪萝。山村烟屋少，溪路石田多。
土旷牛常卧，仓空雀不过。穷乡兼俭岁，未忍说催科。
更入穷荒境，高平聚仡苗。未能通嗜欲，渐可服征徭。
骇鹿投深莽，饥鹰逐迅飚。不毛今古地，谁与问乌芜。
山川经阅历，触景总堪愁。家似鹡鸰寄，身随虎豹游。
冈峦分孔道，溪涧杂良畴。若效监门绘，应劳当宁忧。

康熙《思州府志》卷二《职官志》云："陆世楷，平湖人，贡生，康熙二十三年任，治思日值吴逆甫平，居民流散，田土荒芜，奉旨长田则坏成赋。曾修《思阳志略》。"上四首诗篇，充分表达了作者对乱后黔东民生疾苦之深深忧虑。

社会动荡，为黔东常有之事。民国《施秉县志·艺文志》载蒋光涛《施秉城陷悼殉难诸乡人》就描写了同治年间施秉苗乱之社会现实：

肃杀动金天，刀兵满万千。三更闻鼓角，合邑起烽烟。

御变无长策，逃亡有壮年。人家虽犬尽，碧血水溅溅。

七月为夷则，刑官杀戮时。红羊当此劫，黄口似先知。尽节刘公苦，巡防汛守亏。年年逢晦日，追悼有余悲。

草泽竟称兵，戎官复破城。劫遭夷乱夏，人幸死逃生。玉石焚灰烬，乡民血战争。神威叨保障，占笔写分明。

景物太凄凉，平沙古战场。鸿嗷哀失所，蚁聚喜旋乡。周甲干戈起，呼庚米粟荒。廿年离乱久，身世感沧桑。

戡乱中兴主，边民引领望。军麾临席帅，逆焰扫黔疆。再睹冠裳会，重开黍稷场。肃清无以报，同治颂君王。

血流成河，民不聊生；背井离乡，死里逃生。作者用亲身经历，以诗歌形式，娓娓叙说那段苦难的时光。同时，表达出平息动乱、期望太平的强烈愿望。类似蒋光涛经历的诗人显非个案，嘉庆《黄平州志》卷十一载朱如旭《避苗行》：

尧舜正当阳，蠢尔宜敛手。谁激犬羊辈，跳梁乱黔首。惊闻邛水破，孤城岂能久。兵单难应敌，郭圻不足守。悠悠谁与谋，挈眷从西走。逆炬乱飞烟，狂腥衡南斗。破城如摧枯，杀人若屠狗。骨肉惊离散，夫妻伤失偶。性命分俄顷，遑问家在否。日午犹未食，面垢不言丑。夜坐蔓草中，加之风雨吼。倾盆彻五更，肚饥衣湿透。雨泪两交流，最苦白头叟。遥传城已破，粮食尽乌有。州牧持大义，七尺碎虎口。混遭屠戮者，黑冤谁为剖。岐路将何之，儿佩淮扬绶。乱离去乡井，安全仗神佑。何日返故园，团圆慰衰朽。

嘉庆《黄平州志》卷十一载曹抡彬《纪苗患诗十首并序》："乙卯春，余内艰服阕，偕眷北上，行次舞水，传闻苗掠八弓，渐延镇远，居民奔窜，莫可御止。余亦有戒心，仓猝觅舟而下。时四月中浣也，警报日甚。远尔闻风落胆。山路奔驰，日不下万计……"

骤惊烽火举家奔,挈子携妻判死生。
一路闻风人夺魄,相逢面对语吞声。
峥嵘峻岭侵星涉,惨淡荒郊带月行。
最是可怜垂白老,扶藜饮泣独伤情。
……

　　社会动荡,民不聊生。国难当头,这些诗人最难能可贵的是,心志所忧虑的不仅仅局限于自己的小家和一己哀愁,而是将人文关怀洒向整个社会,体现出一种"先天下之忧而忧"的大我精神。诗人在逃难的惊魂动魄中,仍能以诗志史,用笔记录下那一幕幕深刻惨痛的社会悲剧,充分体现出诗人们深深的忧患意识,彰显出明清黔东古驿道上文人骚客们强烈的社会、历史责任感。

石韫玉而山晖,水怀珠而川媚[*]
——论清代贵州妇女的诗歌创作

谭德兴

清代贵州妇女的诗歌创作十分繁荣。据民国《贵州通志》卷十八《艺文志·闺秀集》所录,清代闺秀诗歌作品集共 32 部,作者 30 人。可实际上民国《贵州通志》对清代贵州妇女诗歌作品集的收录还遗漏甚多。这涉及的还仅仅是有诗集传世者,而据贵州方志等文献所载,喜好吟咏且有作品传世,但无诗集的女性就更多了。这说明,清代贵州妇女的诗歌创作较为普及,且形成了一个十分庞大的特殊作者群。为什么清代贵州女性的诗歌创作会如此兴盛?这显然是一个值得深入探究的课题。下文拟从思想内容、艺术特色以及兴盛原因等方面对这个问题做些探讨。

一 清代贵州妇女诗歌创作的思想内容

清代贵州妇女的诗歌创作题材多样,思想内容丰富,涵盖了

---

[*] 本文为贵州省省长资金项目,项目合同编号:黔省专合字 [2008] 21 号。

清代贵州社会生活的方方面面。从这些女性诗人笔下，我们可以进一步认识清代西南僻壤贵州的历史文化发展状况。

1. 描写自然与人文风光

不同的地区，有不同的民风民俗。清代贵州不同地区的妇女诗歌作品共同绘成了一幅生动的历史画卷。

道光《贵阳府志》卷八十六载：

> 许秀贞，字芝仙，税课大使廷瑶女，外委胡凤翔妻，工诗书。《春阴》云："忍寒人半著春绵，茶灶犹温柿叶烟。最爱花朝三月半，欲晴欲雨杏花天。"《黔灵山》云："树黑凝藏虎，潭腥欲起龙。"《秋登南岳山》云："云迷山色千重翠，树绕人家一带黄。"《暮春》云："游丝也解留春住，故向风前绊落花。"《寿父》云："棋酒一生惟好客，诗书万卷不知贫。"《水仙》云："只缘素质能医俗，自有冰心可遇寒。"其妹遇贞，字瑞仙，县学生李景煊妻。《竹露》云："修竹绿成荫，叶叶重清露。凉月到前轩，珠光寒薄暮。"《黔灵山》云："碑同没字摹难识，山纵能灵语讵通。"《盆内假山》云："峭石势嵯峨，宛然林壑景，洞穴透玲珑，中有仙人境，水木湛清华，烟云锁幽静，何用十洲游，蓬莱等清冷。"淑贞，字兰仙，贡生陶允升妻，著有《茗香楼集》，早卒。《怀姊云》："踏月满阶花影瘦，壁云千里雁书迟。"《山霁》云："雨余药院苔痕滑，路转茅亭花影深。"梦贞，字蝶仙，县学生张烷室。《水口寺》云："寺门烟树清于洗，水阁风花晚更凉。"《武侯祠》云："三分魏武偏遗恨，终古高文想出师。"芳欣，字红榭，秀贞之姪，周士景妻，士景早卒，矢志守贞。《即景》云："高楼人去茶烟细，小径风来麦饵香。"其《吊李烈女诗》尤哀怆，所谓因人作哭也。芳晓，字碧榭，乃秀贞姪也。诗集尤多。《大雪》云："冷人风声忙玉蝶，寒邀月影到梅花。"《扶风山》云："花雨沾衣红欲滴，松风掠鬓翠生寒。"《黔灵古碑》云："山深自老一卷石，字古全封

五朵云。"《甲秀楼鉎柱》云:"漫比六州空铸错,尽教一柱永铭功。"《吊李烈女琼芝》云:"从此永诀,以礼为归,女亦不计礼,但随雄以飞。"持论最正。芳盈,字莺榭,芳晓之妹。《初夏》云:"一院竹烟凉枕簟,半帘蕉雨润琴书。"芳素,字竹榭,芳晓之妹。《春阁》云:"好鸟似怜春欣半,催人妆罢看花开。"《水月寺》云:"古殿窜苍鼠,深林啼午鸡。"同时并以诗著。里人周际华与廷瑶善赏,为汇叙其诗为一集,以兰闺竞秀题之。①

　　许秀贞、遇贞、淑贞、梦贞姐妹与侄女芳欣、晓芳、芳盈、芳素等,形成了清代贵州贵阳地区较大的一个女性家族创作群体。在这个群体的诗歌作品中,清代贵阳地区的风光尽收笔下。如描写贵阳春景的《春阴》《暮春》《春阁》等,将贵阳春天那种欲晴欲雨、乍暖又寒的气候刻画得淋漓尽致。又如描写黔灵山的《黔灵山》《黔灵古碑》,描写扶风山的《扶风山》以及《水仙》《竹露》《山霁》《大雪》《即景》《初夏》等作品,将贵阳最著名的自然风光生动地呈现眼前。再如《水口寺》《甲秀楼鉎柱》等,叙说的是贵阳著名的人文风光。《盆内假山》《寿夌》《吊李烈女琼芝》等叙说的是清代贵阳人的日常生活景象。读这些诗歌,就宛如在欣赏一幅幅清代贵阳的历史画卷。

　　贵州其他地区的女性诗人,也是各尽其能,用诗歌讴歌各自家乡秀美的风光。《播雅》中收录遵义地区7位女诗人共58首作品,其中不少作品就是对遵义地区秀美田园风光的描写。

　　例如,绥阳康熙朝贡生陈讦妻高氏,《播雅》收高氏诗12首,分别是《送春》《舟中》《画眠》《雨花》《春雨》《偶题》《题古》《春思》《梨花》《少年行》《夏日》和《咏雪》。从这些诗歌题目便可感知其中浓郁的田园气息。请看其中几首:

---

① (清)周作楫修,萧琯等纂《(道光)贵阳府志》,黄加服、段志洪主编《中国地方志集成·贵州府县志辑》,巴蜀书社,2006,第598页。

石韫玉而山晖，水怀珠而川媚

《春雨》：

> 林西飞瀑雨声来，洗得残红满砌苔。
> 老去东风吹亦倦，落花扶上读书台。

《夏日》：

> 流莺几度弄金梭，两岸晴峰拂薜萝。
> 漠漠村烟迷旧路，白云深处唱樵歌。

《梨花》：

> 狂风阵阵搅梨花，粉落墙隈与水涯。
> 玉减香消何处觅，空余粉蝶过邻家。①

　　这是清初遵义地区的风光，田园色彩十分浓郁。春雨绵绵、梨花粉落、彩蝶翩翩、流莺鸣叫，物候的变迁似乎在提醒着人们时光的流逝。清澈的江水倒映两岸葱翠的山峰，一条蜿蜒的小路伸向远方的村寨，村墟中升起袅袅炊烟，日暮时分，大山深处传来阵阵归家樵夫的山歌。这是一幅何等闲适、恬淡的田园风景。

　　又如，铜仁地区女诗人许韵兰、喻桂云、申辑英、骆冰梅等，不但均有诗集传世，而且各自在诗集中都有大量篇幅描绘家乡的美丽风光。请看许韵兰《晚眺》：

> 极浦层楼俯，秋光入画中。烟波双鸟白，夕照片云红。
> 岩阔天低树，潮平水接空。不须愁暮色，月上海门东。②

---

① （清）郑珍编辑，唐树义校订《播雅》，《巢经巢全集》，贵州印刷所承印，民国29年（1940年）。
② （清）喻勋纂辑《（光绪）铜仁府志》，贵州民族出版社，1992，第292页。

喻桂云《晚霁》：

> 一雨树如沐，凉阴小院低。余花香跃跃，细草色萋萋。
> 壁润留蜗篆，栏歌上蚓泥。绣成无个事，坐听子规啼。①

又如，女诗人陈枕云的《滴碎愁心集》、安履贞的《圆灵阁遗草》、周婉如的《吟秋山馆诗钞》、明巧铖的《怀翠楼诗稿》等，对黔西大定、毕节等地的自然与人文风景均有大量描写。如周婉如《登文龙浮图绝顶》：

> 磴道梯天阙，苍茫一望中。乱峰横夕照，绝顶抚清穹。
> 槛落松潭影，窗开竹径风。俯虚心自远，回首万缘空。②

再如，《黔诗纪略后编》卷二十九载镇远女诗人杨林贞的《六盘山》：

> 铎声响郎当，无语车中坐。听说六盘山，险峻真无那。
> 试从帘隙窥，俨然在目左。万仞势嶙峋，层层白云锁。
> 驱车登山岭，不见云一朵。想彼山下人，见云不见我。③

欣赏这些诗篇，仿佛在听一个温柔贤淑的女子娓娓述说清代贵州的那山那水与那人。

2. 叙说家庭与伦理亲情

男主外，女主内。中国古代，妇女的主要职责就是操持家务，侍奉公婆，相夫教子。因此，家庭在清代贵州妇女心目中无

---

① （清）喻勋纂辑《（光绪）铜仁府志》，第 293 页。
② 李芳：《（民国）大定县志》，贵州省大方县志编纂委员会办公室重印，1985，第 604 页。
③ （清）莫庭芝、黎汝谦、陈田编纂《黔诗纪略后编》，清宣统三年（1911 年）刻本。

疑是摆在第一位的。

例如，光绪《铜仁府志》卷十四载：

> 周绍轩妻梅氏：梅翘楚女弟也，以行字四姑，号澹云，赋性沈静，幼读书。稍长，昼习女红，夜则涉猎经史，至宵分不倦。母氏郑常诫之曰："女子不必以才见也，奚俟此为？"十五岁遭父丧，母以忧伤致疾，甚殆，医药罔效。氏于夜半焚香祷神明，刲左股一片肉羹进母食之，寻愈。初家人不知，及见袖有血痕，诘之始得其故。于归后，绍轩获列胶庠，然癖好叶子戏，怠于家政。氏奉翁姑木主正言责之，继以泣。绍轩感悟改行，可谓能相长夫者矣。自经离乱，十余载归宁不得。有寄家诗五首，为时传诵。①

在此则材料中，梅澹云割股救母、规劝夫君，可谓妇德之楷模。在一个"女子无才便是德"的时代，梅氏还"昼习女红，夜则涉猎经史，至宵分不倦"，颇有些巾帼不让须眉。特别是在十余载的社会动乱中，梅氏对亲人魂牵梦绕地思念，并把所有的情感寄托于诗歌作品中：

《忆母》：

> 世乱离家倍感伤，久违定省意凄惶。
> 苍天不假归宁日，空堕思亲泪几行。
> 干戈未定痛儿肠，想像慈闱发须苍。
> 惟有思亲无远近，梦魂夜夜到家乡。

《忆兄》：

> 鹡鸰音断自悲嗟，西望家园夕照斜，

---

① （清）喻勋纂辑《（光绪）铜仁府志》，第294页。

记得推敲忘夜永,一钩新月堕窗纱。

《忆二姊三姊》:

曾记春回大有情,妆楼同看柳条新。
关山间阻今相忆,对此亭亭更惨神。①

不难看出,梅氏诗中充满浓郁的伦理亲情,这就是一个在辛勤操持家务之余的清代贵州普通家庭妇女内心丰富情感的真实写照。

又如,遵义学正王德洵妻刘氏《悼亡》二首之一:

泉壤茫茫黯不明,痛苦撒手似长征。
凄凉夜雨蛩声苦,渐飒秋风蝶梦惊。
蕙帐空悬神渐杳,书囊欲启泪先盈。
幸饶室内天伦乐,绕膝儿孙慰我情。②

悼亡诗在中国诗歌史上源远流长,但清代贵州女诗人的悼亡诗却颇具地域特色。刘氏《悼亡》诗中,除了叙说阴阳两隔的痛苦,更多的是叙说女诗人茕独孤身的凄苦。凄凉、夜雨与寂寥的蟋蟀声映衬出守寡女人的内心痛苦,抒发对亡夫的深切思念之情,也充分体现了清代贵州妇女的忠贞与诚挚。诗篇末尾,诗人跳出悲伤的阴影,用一份天伦之乐,告慰在另一个世界的丈夫。全篇情真意切,朴素自然,爱情与亲情交织,凸显清代贵州妇女诗歌中浓厚的伦理内涵。

3. 关注社会与民生疾苦

虽然,清代贵州的妇女们常常足不出户,但这并不等于她们

---

① (清)喻勋纂辑《(光绪)铜仁府志》,第 294 页。
② (清)郑珍编辑,唐树义校订《播雅》,《巢经巢全集》。

两耳不闻窗外事。尤其在晚清时期，贵州社会动荡不安，国难当头，这些女性诗人最难能可贵的是，心志所忧虑的不仅仅局限于自己的小家和一己得失，而是将人文关怀洒向整个社会的民生疾苦，体现出一种"先天下之忧而忧"的大我精神。例如，遵义教谕陈许妻高氏，其《咏雪》云："昨日枯木尽粉妆，梅花犹自拗春芳。堆银积玉知多少，不济贫夫一颗粮。"天寒地冻，大雪纷飞，女诗人似乎并没有怀着喜悦的心情来欣赏雪景，而是对正在挨饿受冻的下层百姓充满担忧。又如，骆冰梅《十五岁避难柳溪题壁》：

鼙鼓声声动地来，降旗飘飐禁城开，
黄堂战死军民散，总为笔刀起祸胎。
生长深闺十几年，那曾经过此山川，
知心惟有邮原草，月夜临风泣杜鹃。
盈盈弱质困风沙，脉脉柔情怨暮笳。
莫唱江南肠断句，天涯零落一枝花。
角声吹动聚黄巾，历尽风波受苦辛。
白刃林中心似铁，红裙著地下沾尘。
流贼猖狂众口喧，王师何日降戎轩。
驿亭空有思乡泪，惊破啼声是夜猿。
绿杨堤下水宗宗，孤月怜人影堕窗，
归梦不知乡国远，夜深犹自渡寒江。
云鬟乱挽下高楼，送别江头动远愁，
万里关河频怅望，计程应已到杭州。
细雨如烟自掩门，杏花深处立黄昏，
旁人莫问春何似，憔悴东风杜宇魂。[①]

此篇描写的是同治年间，贵州铜仁地区社会动乱之现实。诗

[①] （清）喻勋纂辑《（光绪）铜仁府志》，第292页。

人年纪尚幼,即逢此劫难。在逃难的惊魂中,用笔记录下了那一幕幕深刻的社会惨痛现状。后文所引明巧铖《难后抒怀》以及陈枕云《甲子仲冬随兄避兵入蜀途遇苗氛阻十余日感赋》皆与此类似。这无疑充分体现出诗人深深的忧患意识,也彰显清代贵州女诗人强烈的社会、历史责任感。

二 清代贵州妇女诗歌创作的艺术特征

1. 铺陈直叙,以诗志史

清代贵州的女性诗人们,以自己独特的视角,用典型的文学样式——诗歌,为后人描绘记录下一幕幕贵州社会历史发展的场景。在这些女性诗歌作品中,没有太多的华丽辞藻,也没有太多的渲染与煽情,有的只是娓娓叙说,一首诗就是一个历史镜头。如上引骆冰梅《十五岁避难柳溪题壁》,此乃典型的以诗志史。又如明巧铖《难后抒怀》:

> 孤身无奈出施城,琐尾裙钗泪自倾。万户悲声天地惨,一场鏖战鬼神惊。难从烽堠藏人面,姑托湘阳寄此身。弱女羞看今古史,低头愧见木兰英。他乡惨动罹妖氛,良玉苦同并石焚。满眼户骸宁忍见,回头手足渺无闻。五旬白发伤遭害,十七红颜惨破分。弱女孤儿无限恨,嗷嗷声带雁离群。①

此篇描写的是清代贵州施秉苗乱之情景。"万户悲声天地惨""满眼户骸宁忍见",遭此劫难,作为弱女子的明巧铖尽管亦孤独无助、眼泪自倾,但仍能以诗人之道义,用手中的笔抒发对遭受苦难民众的同情与悲悯。再如陈枕云《甲子仲冬随兄避兵入蜀途遇苗氛阻十余日感赋》:

---

① (清)白建鋆修,谌焕模、刘德铨纂《(光绪)黔西州续志》,黄加服、段志洪主编《中国地方志集成·贵州府县志辑》,第349页。

兵灾频惊感伙离,中途忽又阻行期。荒山路险何由达,故国巢空不忍思。暮雪飞花敲战鼓,寒鸦如墨乱征旗。高堂回首遥挥泪,梦绕牵衣告别时。①

动乱频仍,骨肉分离,一幕幕惨痛的社会现状呈现在诗人面前,令人不得不思,令人不得不叹。这充分体现出诗人对处在灾难中的国家与百姓的深深忧虑。

清代贵州妇女的以诗志史,还更多体现在对女性群体生存状况之记录。例如,道光《思南府续志》卷六载:

彭冉氏,郡暮溪人,继勋妻,举人思孝孙媳。幼通小学,诵唐诗,解执笔,年二十适继勋,继勋殁于水,时氏年三十岁,哭之有诗云:"夫婿逢场入市来,暮溪渡口一船开。只言暂别寻常事,谁想沦亡永不回。终日思君痛妾心,百年长恨泪沾襟。人人尽说湘妃怨,妾比湘妃怨更深。年荒独力实难支,痛断肝肠枉费思。愁似陌头杨柳絮,微风吹动乱如丝。遥瞻渡口水漫漫,惆怅夫君欲见难。自是残魂无术返,痴心犹想梦中看。"中秋悲夫诗云:"独坐空房思悄然,推窗对月涕涟涟。当年共赏人何在?度夜依稀似度年。"重九悲夫诗云:"凉风萧瑟动高秋,篱菊飘零分外愁。负债及期人共索,几回谋典嫁时裯。家贫冻饿百忧煎,只影茕茕若个怜。窃幸未亡人尚在,教儿犹剩有书田。"初,彭本巨族,至是家中落,饔飧不继,氏矢志守节,女有习女诫者,师事之,时资赞礼以自给。②

---

① 李芳:《(民国)大定县志》,第603页。
② (清)夏修恕等修,萧琯等纂《(道光)思南府续志》,思南县志编纂委员会办公室,1991,第335页。

此例中的节妇彭冉氏，除了要面对一般节妇所难以消解的孤独、寂寞、残梦等心理愁绪外，她还要面对一系列的家庭经济与社会问题，如偿还到期的债务、独力支撑荒年的家庭困难等。她不得不通过典当嫁妆等来维系生活。封建时代本该由男子来承担的家庭社会责任全部落在了节妇肩上。而这些晚清贵州妇女的生存状况，被诗人自己用诗歌做了生动翔实的纪录。

2. 融经为文，书卷味浓

清代的贵州，虽然女性没有机会像男性一样到书院读书，但在儒学极盛的氛围中，耳濡目染，使得不少女性对读书充满向往。不少人在家中完成了男性的功课，一些佼佼者甚至超过男性，在社会中产生了很大反响。自幼读书、嗜好读书的女性诗人不少。例如：

《续遵义府志》卷二十四：知县赵懿妻华氏。氏名璿，字玉芙，遵义华正伦之女，华联辉之姪，适赵懿，性沉静笃厚，自幼喜读书史。懿豪于诗，璿常吟咏，每深夜不息烛，所作诗颇有温柔敦厚之意，著有《问字楼诗稿》。①

民国《贵州通志》卷十八：锦英，字花如，贵阳人，顺昌知县赵国霖长女。幼习经史，娴吟咏，适同里候选知县朱振沅，振沅卒，氏以节旌。是书为其子树勋以优贡为湖南知县，萃其遗诗为一卷、词数阕附之。②

走出家门，传道授业的女性也有之。例如，光绪《同仁府志》卷十四说骆冰梅：

摒挡家事之暇，辄与古人相对，久遂淹贯群籍。工吟

---

① 周恭寿修，赵恺、杨恩元纂《（民国）续遵义府志》，黄加服、段志洪主编《中国地方志集成·贵州府县志辑》，第266页。
② 刘显世、谷正伦修，任可澄、杨恩元纂《（民国）贵州通志》，黄加服、段志洪主编《中国地方志集成·贵州府县志辑》，第52页。

咏，巡道陈枚知其文而贤，聘为女公子傅，次年母殁，枚赠金治丧，典礼无缺，一时称之，有"生男何如生女"之言。著有《冰梅诗草》。①

显然，"力学"已经成为清代贵州妇女的一种生活追求，正如周婉如《自箴》所云：

> 萧萧白日驰，华驹逝不歇。
> 目穷古人书，勿负古人说。
> 身虽束闺阁，志岂逊前哲。
> 心如履薄冰，宁为守其拙。
> 力学如积丝，积丝当成疋。
> 富贵夫何益，人生重行节。
> 惟以崇令名，万岁终难灭。②

其《秋闺杂咏》亦云：

> 浣花笺冷写闲情，风物凄凉境亦清。
> 最是夜来萧瑟甚，寒蛩声和读书声。③

清代贵州妇女忙完家务，闲暇之余，就只有"寒蛩声和读书声"。饱读诗书，这无疑为清代贵州女性的文学创作奠定了重要基础。经学与文学之间，本就没有绝对的界限。特别是《诗经》等经典，对这些女性的文学创作无疑产生了直接的影响。其他经典的文化以及文体内涵，也对贵州女性的创作产生了深刻影响。因此，在题材以及思想内容等方面，可以明显感觉到清代贵州妇

---

① （清）喻勋纂辑《（光绪）铜仁府志》，第292页。
② （清）周婉如著，盛郁文注评《吟秋山馆诗钞词钞》，贵州人民出版社，1995，第12页。
③ （清）周婉如著，盛郁文注评《吟秋山馆诗钞词钞》，第13页。

女诗歌创作的经学基础。例如,《播雅》卷二十三载张睿妻王氏《绝命词》:"自尤妾命薄如笺,暂赋《桃夭》失所天。未老姑嫜还有托,纲常岂独让人先。"王氏,乃绥阳张睿妻,幼聪颖,通《诗》《书》,年二十而嫁,未期,睿死,题《绝命词》自缢以殉。①王氏《绝命词》中用到了《周南·桃夭》。《毛诗序》云:"《桃夭》,男女以正,婚姻以时,国无鳏民。"②诗篇以桃花之茂盛,描写正当青春年少的女子获得了美满幸福的婚姻。但这只能成为王氏心中永远无法实现的一个美梦了,因为未婚夫张睿在婚期即将来临之际死去,这给憧憬幸福婚姻的王氏以沉重打击。最后,在清代浓郁的贞节思想氛围中,王氏选择以身殉节。显然,《诗经》对于王氏,不仅仅表现在诗歌创作的引经据典,而且还体现在思想观念的深刻影响。

无独有偶,对《诗经》中美好夫妇生活的憧憬,也成为周婉如的美梦,请看其《夫子省试别后作》三首之一:

潇潇瘦骨病难支,别绪无端绕乱丝。
犹记篝灯分影处,焚香共读《二南》诗。③

夫妻分别后,婉如愁病无绪,整日沉浸在对远行丈夫的思念中,而最慰藉其心灵的还是在淡淡的檀香中,夫妻共读《二南》的情景。读《诗》的回忆,以及《二南》中那美好的夫妇关系,成为婉如的情感支柱,也成为其思夫诗篇的主要素材。

3. 善用比兴,意境清幽

比兴所构成的基本审美特征就是温柔敦厚、含蓄隽永。这是中国诗歌的艺术传统。而这一点,在清代贵州女性的文学作品中得到了不断发展。在清代贵州妇女的诗歌创作中,温柔贤淑的人

---

① (清)郑珍编辑,唐树义校订《播雅》,《巢经巢全集》。
② 阮元:《十三经注疏》,中华书局,1980,第279页。
③ (清)周婉如著,盛郁文注评《吟秋山馆诗钞词钞》,第7页。

品与含蓄隽永的诗品，往往通过比兴艺术恰如其分的有机结合。例如，周婉如《秋夜》：

> 夜静篱蛩吟，轻寒逼袂襟。
> 潇潇窗外雨，滴不尽愁心。①

诗篇虽然简短，但其中兴象丰富——静夜、虫鸣、轻寒、秋雨、愁心，一连串的意象流过，构成一幅生动的《秋夜》画卷。清幽意境，映衬出诗人高洁的志趣与淡泊名利的节操。

正是由于这种人品与诗品的有机结合，形成了贵州妇女文学作品中的特殊意境。这些意境，往往带有一些十分明显和突出的审美倾向，那就是缠绵、凄苦、清冷。

例如，道光《思南府续志》卷六载：

> 郭刘氏，郡阜民场人，拱璇妻，幼读书，解吟咏，年十八归璇，织纴之余，翻阅经史，尝有归宁诗云："天将阴雨复晴朗，曲径凉风扑面生。行到玉屏知屋近，遥闻人语杂鸡声。"思亲诗云："忆昔萱闱永别离，此生愁绪有谁知，哀猿午夜惊残梦，风雨寒窗泪欲垂。寂寞空庭映夕阳，慈颜久别往何乡。几回梦里从相见，便洒离愁泪两行。"后璇卒，无子，继侄为嗣，晚年犹喜元理，手书《道德经》若干卷。②

郭刘氏熟读经史，尤能写诗，字里行间宣泄着一个节妇的内心情怀。诗篇的意象营构十分独特：午夜哀猿、风雨寒窗、夕阳空庭，衬托出一个愁苦、残梦、垂泪、寂寞之凄美妇女形象。愁苦、残梦、垂泪与寂寞一直陪伴节妇几十年，这就是清代贵州妇女们的心路历程。其中的痛苦也只有节妇自己心理最清楚。与其

---

① （清）周婉如著，盛郁文注评《吟秋山馆诗钞词钞》，第1页。
② （清）夏修恕等修，萧琯等纂《（道光）思南府续志》，第335页。

说这是一种刻意的文学营造，倒不如说这是内心情愫的自然流露。这些诗歌就是清代贵州妇女生活的真实写照。

三 清代贵州妇女诗歌创作繁荣的原因

1. 社会氛围之影响

贵州一直就有诗歌创作的传统。在明代，贵州的诗歌创作就十分繁荣，诞生了一批在全国有重要影响的诗人。据《黔诗纪略》，共收录241人的2406首作品，其中如孙应鳌、谢三秀、杨文骢、吴中蕃等，更是在明代诗坛上占有十分重要地位。清代贵州的诗人与诗集就更多了，诸如郑珍、莫友芝等更是成为近代中国诗坛的领军人物。而明代，就已经有不少贵州女性从事诗歌创作。《黔诗纪略》收林指挥晟母蔡氏一首、周参将镇妻汪氏《雉经歌》八章、刘山松妻吴氏一首。正是基于自明代以来这种创作传统的影响，清代贵州的妇女创作不断继续发展。例如，《播雅》卷二十三载刘之征妻李氏的《绝命词》八首，并云："李氏，遵义刘之征妻。之征康熙十一年拔贡，官部主事。李自家往京师，值吴逆贼叛沉湘间，贼军猖獗。行至澧州，不能进退，将幼子避古寺中，度势终不免，赋《绝命词》，遂自尽。"①绝命词者，乃作者临死前的绝笔。李氏为保名节，不受强人侮辱，毅然选择死亡，且临终以诗明志。这种视死如归的凛然大气，真可谓惊天地、泣鬼神。而这种类似的故事，却在李氏之前的明代就已经发生过了。《黔诗纪略》卷三十一载有《烈愍周参将镇妻汪氏》八首，与李氏《绝命词》八首的创作背景相似。《黔诗纪略》云："（汪）氏与夫镇俱遵义县人，氏幼通经史，能诗。镇历功任北直遵化参将，汪偕之任。大清兵入大安口，力战死。汪闻变，洒血

---

① （清）郑珍编辑，唐树义校订《播雅》，《巢经巢全集》。

作《雉经歌》,偕其姑及夫妹若嫂投缳自尽,阖室俱焚。"①汪氏的《雉经歌》八章,内容风格与李氏《绝命词》八首基本一致,皆为叙说生离死别之情,表明以死殉节之心。同为遵义人,很难说汪氏的《雉经歌》没有对李氏的《绝命词》产生影响。也许,正是因为有前人的故事,才促使后人效仿。

清代贵州妇女创作,同时期女性作者相互间的影响也很大。光绪《铜仁府志》卷十四载,喻蕙若,为喻宗长女。时女士骆冰梅有才名,蕙若过之,面投一绝云:"冰雪心肝差可拟,梅花骨格略相同。今朝得入班昭座,如醉春风化雨中。"冰梅深服其敏,不敢以凤望傲之。②像这样的,俱有诗名的女性之间相互切磋与唱和,在清代的贵州并非个案,如遵义学正王德洵女的《次雷表妹看花韵》、孙诵昭《左卿妹以诗见寄次韵答之》、许韵兰《次句容骆佩香女史西湖原韵》等。这说明,社会氛围对清代贵州女性诗人的创作有十分重要影响。

2. 家庭氛围之影响

贵州妇女的诗歌创作,有一个明显的特征,那就是呈家族式发展。有父(母)女皆喜作诗者:

> 《播雅》卷二十三:王氏德洵女,适绥阳诸生陈煩农,生子良璋、良均,并诸生。氏幼慧,母刘教以诗,颇具风格,年七十终,著有《绣余集》。③
>
> 《国朝闺秀正始集》卷七:陈氏,贵州安平人,巡道法女,诸生周承元室。按:法,字定斋,康熙癸巳进士。氏承庭训,雅擅诗名,实为黔阳翘楚,惜年远稿佚,仅传《思乡》一绝。辛卯秋,氏姪孙石藩大令,出家藏小册相质,因

---

① (清)唐树义审例,黎兆勋采诗,莫友芝传证《黔诗纪略》,贵州人民出版社,1993,第1260页。
② (清)喻勋纂辑《(光绪)铜仁府志》,第294页。
③ (清)郑珍编辑,唐树义校订《播雅》,《巢经巢全集》。

并录此存之。①

　　光绪《铜仁府志》卷十四：庠生陈旭妻喻氏。氏名桂云，字月芬，为喻焘姊，生而颖异，幼敏于言。母氏沈知书。氏甫学语，即教以古诗。著有《雅香楼小草》。②

以上，女子擅诗、工诗，或从父训，或以母教，父母的言传身教，是其创作的巨大推动力。

有兄妹均擅长作诗者。如大定陈枕云与陈世彬不但兄妹情深，且二人均擅诗。陈枕云著有《滴碎愁心集》③，陈世彬亦著有《诗集》一卷。④

有夫妇皆嗜好作诗者：

　　《黔诗纪略后编》卷二十九：国子生徐燊妻许氏。氏名韵兰，字香卿，海宁人，适同仁徐燊，燊博雅好事，夫妇唱和，香卿有句云："幼惭书未读，近喜婿为师。"又云："试笔朝临帖，挑灯夜课诗。"黔人传为佳话。有《听春楼诗》六卷。⑤

　　民国《大定县志》卷二十：《吟秋山馆诗钞》二卷，《词钞》二卷。黄育德妻周婉如撰。婉如，毕节周凤冈刺史女，适育德后，闺房唱和，称佳偶焉。诗亦清丽可喜。既卒，子锡彭为校刊行世。⑥

夫妇唱和，亦成为清代贵州妇女创作的一大特点。

有姐妹热爱作诗者，如前文所引道光《贵阳府志》卷八十六

---

① （清）完颜恽珠：《国朝闺秀正始集》，道光辛卯红香馆刻本。
② （清）喻勋纂辑《（光绪）铜仁府志》，第293页。
③ 李芳：《（民国）大定县志》，第509页。
④ 李芳：《（民国）大定县志》，第505页。
⑤ （清）莫庭芝、黎汝谦、陈田编纂《黔诗纪略后编》。
⑥ 李芳：《（民国）大定县志》，第509页。

所载贵筑女士许秀贞、遇贞、淑贞、梦贞姐妹等。

这种家族式的诗歌创作,既是贵州文学发展的重要特征,也是清代贵州妇女文学创作的基本特点。

3. 外来文化之影响

清代贵州的女性诗人里,有两类属于外来文化者。

其一,随父宦游至贵州者。这些女性的文化素养和诗歌创作可能在她们来贵州之前就已经有很深的基础。在贵州的居住,让这些女性的原有文化和文学基础与贵州地域文化发生碰撞,不断催化诗歌创作的火花与激情。例如,道光《贵阳府志》卷八十六:

> 刘起凤,贵阳人,幼读书,工吟咏,著有《小窗吟稿》。随父游宦,舟过武昌,《咏黄鹤楼》云:"鄂清夸名胜,仙人此旧游。三城烟火簇,千载汉水流。云影白疑鹤,山光青入楼。我来思借笛,吹散古今愁。"《游某夫人花园》云:"不期城市得山林,位置亭台见匠心。曲径折花宜泛酒,太湖移石可眠琴。座间风月长为主,江上烟波总入吟。更有假山高瞰极,未妨扶婢一登临。"《署内红梅》句云:"点额巧妆疑醉酒,巡檐索笑欲餐霞。"《绛梅》句云:"疏影漫疑红粉退,暗香浮动素心知。"①

刘起凤随父游宦,不断创作,最后卒于贵阳,其诗歌创作属于典型外来文化与贵州地域文化交融之产物。据道光《贵阳府志》卷五十三,《小窗吟稿》附于许秀贞《枣香山房诗集》后。又如,光绪《黔西州续志》卷六:

> 氏姓明,辛酉孝廉明修围孙女,因乃祖教授施秉、山西

---

① (清)周作楫修,萧琯等纂《(道光)贵阳府志》,黄加服、段志洪主编《中国地方志集成·贵州府县志辑》,第598页。

宦回，遂留寓城中，苗逝入寇，复转家围，毛君仙樵聘之为室，雅好吟咏。其胞兄心斋自京宦回，为辑其诗，乱后诗多散失，欲代付梓，未行，心斋遽殁。兹姑就心斋所钞存者录之。①

光绪《黔西州续志》卷六录明巧铖诗四首，分别是《春日即景》《官署偶吟》《难后书怀》和《哭伯母熊氏孺人殉难》。明巧铖的创作也是典型的外来文化与贵州地域文化交融之产物。

其二，从外省嫁入贵州者。例如，光绪《铜仁府志》载，许韵兰，字香卿，钱塘人。氏幼在闺中，即熟典籍，工吟咏。嫁入贵州铜仁后，有诗集《听春楼遗稿》。请看其中几首：

《寄闺中旧侣》：

离情别绪不禁秋，为忆深园祇自愁。
那得此身如旅雁，一年一度向南游。
燕云越树碧迢迢，乡思逢秋未易消。
欹枕萧萧风雨夜，梦中同看浙江潮。②

《舟至辰溪入铜仁河赠外》：

扁舟过辰溪，溪澄秋见底。一棹沂溪源，都是婿乡水。③

显然，贵州铜仁的风光与亲情，激发了初到异域的女诗人的创作灵感。又如，民国《贵州通志·列女传》：

孙诵昭，字班卿，金陵人，举人王青藜继室，淑婉而

---

① （清）白建鋆修，谌焕模、刘德铨纂《（光绪）黔西州续志》，黄加服、段志洪主编《中国地方志集成·贵州府县志辑》，第349页。
② （清）喻勋纂辑《（光绪）铜仁府志》，第292页。
③ （清）莫庭芝、黎汝谦、陈田编纂《黔诗纪略后编》。

文，夫卒尽焚生平诗稿，不复吟咏。其妹左卿检自邮寄旧作，萃为《静宜室剩草》一卷。静宜者，班卿所居室也。其《供菊》云："采得东篱菊，萧疏插案头。影描半窗月，根老一瓶秋。径僻难成赏，香寒为久留。多君矜晚节，人意淡相伴。"《残照》云："不道黄昏近，难留是夕晖。曲穿芳径去，平护晚鸦归。色艳争红叶，光低隔翠微。天然图画好，欲倩彩豪挥。"其《望月怀两姑》《弹琴》诸作俱佳。①

基本上可以肯定，这类女性诗人在入黔前已经具有深厚的文化素养和丰富的创作经历。而入黔后的生活使得这些外来女性的诗才迸发，留下宝贵的文学遗产。

---

① 刘显世、谷正伦修，任可澄、杨恩元纂《（民国）贵州通志》，黄加服、段志洪主编《中国地方志集成·贵州府县志辑》，第508页。

地方政府在集中资源办学过程中的作用分析[*]

张业强　杨　兰

1986年《中华人民共和国义务教育法》颁布实施后,中国进行了一次较大规模的农村中小学布局调整,其思路是全民办学,村村有学校,通过调整,初步整合了当时的农村教育资源。

2001年,国务院针对农村学龄儿童人数减少、税费改革以及农村城镇化进程等实际情况对农村基础教育的挑战,颁布了《国务院关于基础教育改革与发展的决定》,将调整农村中小学学校布局列为一项重要工作,并指出应"因地制宜地调整农村义务教育学校布局,按照小学就近入学,初中相对集中,优化教育资源配置的原则,合理规划和调整学校布局"。[①]

2006年,《教育部办公厅关于切实解决农村边远山区交通不便地区中小学生上学远问题有关事项的通知》中强调:各地教育

---

[*] 本文为教育部2012年规划基金项目(12YJA880145)"'撤点并校'产生的教育资源配置均衡问题及其对策研究——以贵州省为例"及贵州大学校基金项目"贵州省农村教育资源配置均衡问题研究"阶段性成果。

[①] 吉林教育督导网:《国务院关于基础教育改革与发展的决定》,2001年5月29日。

行政部门要进一步加强对农村边远山区、交通不便地区中小学校布局调整、寄宿制学校建设等方面的调查研究工作,慎重对待撤点并校,确保当地学生方便就学。各地政府要对本行政区域内农村边远山区、交通不便地区的教育发展状况、人口变动情况和人民群众的承受能力进行全面、细致、深入的调研,对中小学校的布局、学生的分布情况、道路交通、学生的需求、群众关注的问题等要做到心中有数。农村中小学和教学点要在方便学生就近入学的前提下适当合并,在交通不便的地区仍需保留必要的教学点,避免儿童失学,避免增加农户教育负担,该就近入学的必须就近入学,防止因布局调整造成学生辍学。学校布局调整要与危房改造、规范寄宿制度、城镇化发展、人口减少等统筹规划。因此,自2006年起,各地政府纷纷制定本地区的农村中小学布局调整规划,新一轮的集中资源办学工作在全国范围内有目的、有计划、有步骤地广泛开展起来。①

2012年9月7日,《国务院办公厅关于规范农村义务教育学校布局调整的意见》正式出台,重申保障适龄儿童少年就近入学是义务教育法的规定,县级人民政府要制定农村义务教育学校布局专项规划,合理确定县域内教学点、村小学、中心小学、初中学校布局以及寄宿制学校和非寄宿制学校的比例,保障学校布局与村镇建设和学龄人口居住分布相适应,明确学校布局调整的保障措施。规范农村义务教育学校撤并程序,在完成农村义务教育学校布局专项规划备案之前,暂停农村义务教育学校撤并。坚决制止盲目撤并农村义务教育学校,办好村小学和教学点,解决学校撤并带来的突出问题。认真落实《校车安全管理条例》,切实保障学生上下学交通安全。要通过增设农村客运班线及站点、增加班车班次、缩短发车间隔、设置学生专车等方式,满足学生的

---

① 教育部网站:《关于实事求是地做好农村中小学布局调整工作的通知》《关于切实解决农村边远山区交通不便地区中小学生上学远问题有关事项的通知》,2006年6月12日。

乘车需求。公共交通不能满足学生上学需要的,要组织提供校车服务。严厉查处接送学生车辆超速、超员和疲劳驾驶等违法行为,坚决制止采用低速货车、三轮汽车、拖拉机以及拼装车、报废车等车辆接送学生。高度重视并逐步解决学校撤并带来的"大班额"问题。各地要通过新建、扩建、改建学校和合理分流学生等措施,使学校班额符合国家标准。班额超标学校不得再接收其他学校并入的学生。对教育资源较好学校的"大班额"问题,要通过实施学区管理、建立学校联盟、探索集团化办学等措施,扩大优质教育资源覆盖面,合理分流学生。并且对农村义务教育调整进行专项督查。[①]

一 我国农村集中资源办学的背景

所谓集中资源办学,就是指农村中小学在哪里办学更能够有效利用教育资源的问题。合理的学校布局能够使教育资源得到充分有效的利用,但在哪里办学不是静止不变的,而是要随着经济社会的发展,特别是人口的年龄结构和空间分布变化而不断调整[②],并且都是在特定的历史背景下逐步进行的。

(一) 农村教育均衡发展的直接要求

我国的教育面临着发展不平衡的问题,主要表现在各个学校的办学条件、教学质量和教育公平等方面。在构建和谐社会与建设社会主义新农村的过程中,政府开始注意教育发展和资源投入中的差距,重视区域内中小学教育的均衡发展,使区域内的普通中小学在办学经费投入、硬件设施、师资配置、办学水平和教育

---

① 中国教育和计算机科研网:《规范农村义务教育学校布局调整的意见(征求意见稿)》,2012年7月23日。
② 中西部地区农村中小学合理布局调整结构研究课题组:《我国农村中小学布局调整背景、目的和成效——基于中西部地区省区38个县市177个乡镇的调查与分析》,《华中师范大学学报》(人文社科版)2008年第4期。

质量等方面大体上处于一个比较均衡的状态，与中小学教育的公共性、普及性和基础性相适应。

（二）农村适龄儿童人数减少的客观要求

20世纪90年代中后期，由于计划生育政策的落实，农村人口出生率下降，农村学龄儿童数量减少。但是，"麻雀虽小，五脏俱全"，只要是办学，一些固定投入一样不能少。如教学楼的建设、师资的配备等。结果班额不足，教育资源得不到充分利用，造成师资和其他教育资源的严重浪费。农村的教育投入本来就严重缺乏，很多县级财政财力不足，教育所占的比重达60%以上，无力再增加教育投入。在这种情况下，优化教育资源配置，提高资源利用效率和办学规模效益，节省投入资金，成为各级政府尤其是县级政府进行学校布局调整和集中资源办学的初始动力。

（三）农村城镇化的必然结果

随着城市化的进程加快，人们的生产方式和生活方式开始由乡村型向城市型转化，农村人口大量涌入城市。而这些流入城市的农村人多为已婚或即将结婚的青壮年，他们在城市稳定后将自己的子女带到城市就读，导致了流出地中小学生生源的减少。20世纪80年代村村办小学的模式已经不适应农村人口规模及转移的现状变化，将农村分散的教学点集中到城镇办学成为农村城镇化的必然要求。

二 在农村集中资源办学过程中政府角色的定位

（一）推进农村集中资源办学是政府必须承担的责任

从世界范围内看，推进教育事业的发展是每一个国家的政府责任，这种责任与国家的历史积淀、经济的发展状况、政府的政策导向有密切关系。中国是发展中的社会主义国家,发展教育特别是推进农村教育更是政府义不容辞的责任。

1. 政府必须为农村中小学教育提供公共物品

中小学教育具有纯公共产品性质,公共产品是指那种向全社会成员共同提供的、且在消费上不具有排他性的物品,一般是有政府向全民投资的各种服务的总称。[①]中小学教育属于义务教育,义务教育的公共产品属性体现在接受义务教育的人不直接付费,而维持这些教育服务的费用则由政府的财政部门承担,不享用这些教育服务的人也需要为此支付费用。

义务教育是通过立法规范受教育者家庭以及各级政府的行为,由于公共产品的特殊性,政府对于公共产品的生产和供给起到主导作用,这是政府的社会管理职能和公共服务职能的体现。尤其是农村基础教育,政府要充分认识到自己是办学主体,创造良好的社会环境和经济条件,改善和保障学校的硬件设施,合理配置各种资源,投入充足资金,使每个适龄青少年都能比较平等的接受义务教育,发挥政府的主导作用,确保整个国家国民素质的普遍提高,这是政府责无旁贷的责任,而公共物品的不排他性和非竞争性也决定了必须由政府来提供服务。

2. 促进基础教育的均衡发展是地方政府的责任

目前我国仍处于社会主义初级阶段,农村中小学教育的基础相对薄弱。由于我国地区之间经济社会的不平衡和长期以来城乡二元结构的影响,以及政府教育职能的缺失等多种原因,目前在农村中小学的师资质量、生源质量、经费投入等资源配置和质量水平等方面存在着巨大的地区差异和城乡差别,校与校之间的发展也很不平衡。

基础教育的均衡发展主要是义务教育的均衡发展,这种均衡"不仅表现于反映其数量特征的结构、布局的平衡,也表现于反映其质量特征的绩效、结果的平衡,还表现于反映其运动状态的

---

① 王丽慧:《政府在义务教育均衡发展的职能定位》,《才智》2008年第11期。

速度和规模的平衡"。①但是撤点并校加剧了义务教育城乡之间、强势学校与弱势学校之间的差距,布局结构不平衡,导致了二者发展和生存的矛盾。

正视这种矛盾,分析存在这种差距的原因,并制定措施缩小这种差距是我国政府和各地方政府首要的责任。因为教育是立国之本,特别义务教育是培养合格社会公民,延续国家文明的保证,政府应根据社会公益的要求,承担保证公民享有一定程度义务教育的权利。否则,儿童因为贫穷而无法接受初等义务教育,贫穷将被"世袭",美国学校教育制度中的"工厂—地板"文化将被重演。②

《国家中长期教育改革和发展规划纲要（2010~2020年）》提出教育公平的战略规划,包括加快缩小城乡差距,建立城乡一体化义务教育发展机制,对农村边远地区实行倾斜政策。因此,地方政府在促进"基础教育均衡发展"方面大有可为。

3. 社会主义制度下的教育应该体现出公平性

在中国,自从清朝政府颁布《强迫教育章程》,开始提出义务教育以来,旧中国历届政府都提出过"普及教育"或"义务教育"的口号,但是由于政治腐败、经济落后等原因,"义务教育"实际上成为官样文章,接受教育是权力阶层的特权,普通民众没有受教育的权利。中国自1956年确立了社会主义制度,明确提出教育为人民服务、面向最广大的人民群众后,彻底改变了旧教育为剥削阶级和少数人服务的特征。社会主义制度在中国已有60年的发展历史,这一制度以为大多数人谋利益、实现平等为目标,与资本主义制度相比,在教育问题上,社会主义制度自身的目标趋向应该更能够体现教育公平,为公民提供平等地接受教育的机会。

---

① 杨颖秀：《基础教育均衡发展得政策视点》，《教学与管理》2002年第22期。
② 钱民辉：《论美国学校教育制度的实质》，《北京大学学报》（哲学社会科学版）2001年第2期。

(二) 农村集中资源办学过程中的地方政府责任

1. 切实落实教育优先发展的战略

改革开放 30 多年来，我国对教育优先发展战略地位的认识和定位经历了不断深化的过程，教育发展战略地位的确立逐渐明朗化、清晰化，各级政府逐渐意识到教育是发展科学技术和培养人才的基础，在现代化建设中具有先导性和全局性作用，必须摆在优先发展的战略地位。要切实落实教育优先发展战略地位，在教育理念上各级政府要提高对教育基础性、先导性、全局性战略地位的认识，把实施科技兴国、开发人才资源作为发展先进生产力根本的、首要的条件。在财政支出上必须调整和优化财政支出结构，加大财政对教育特别是农村教育等公共物品的投入力度，促进科教兴国战略和可持续发展战略的实施。在教育资源的配置上，应当按教育的公共物品性质强弱排序，应首先普及基础教育，必须明确财政投入是我国农村基础教育投入的主体，并通过更多的渠道增加农村基础教育的投入力度，真正将基础教育发展特别是农村基础教育发展摆在国家财政分配的重要位置上。

2. 改革教育资金投入机制

在对教育优先发展战略地位认识的深刻程度和国家宏观决策的水平上，我国与发达国家相比并不落后，关键是执行力差。其突出表现是教育经费特别是农村教育经费投入严重不足，各级政府单纯以经济指标考量政绩，教育的发展指标仅是附加条件，甚至可以忽略不计。为了改变农村基础教育的弱势地位，必须增加农村基础教育中财政投入的比例，首要的是需要提高财政对教育的整体投入力度。一方面，提高国家和省一级财政的教育投入比重，必须确保现有预算口径的教育支出稳定增长，各级财政部门要不断加大对教育事业的投入力度。另一方面，要坚持基础教育经费由政府承担，非基础教育的办学经费由政府、受教育者和社会共同分担的教育资源分配原则，调整公共教育经费在三级教育中的比例，切实提高国家资源用于义务教育的比例。

(三) 政府对农村集中资源办学的预期和动力

农村集中资源办学是一个持续、渐进的过程。每一次中小学的布局调整都有其特定的行为预期，这种预期成了每次农村中小学布局调整和集中资源办学的动力。

1. 实施素质教育是地方政府集中资源办学的初始动力

2001年我国开始实行"以县为主"的教育财政和管理体制。"以县为主"的教育财政和管理体制实质上是将对义务教育的投入责任以及重要人事管理责任由乡级政府移交给县级政府。这一体制确实给县级政府和教育部门带来了相当大的压力，相当一部分县，特别是中西部地区以农业为主的县长期存在的财政能力薄弱问题更加凸现。例如，一份调查报告显示，湖北沙洋县地处江汉平原腹地，是一个经济欠发达的农业县，2007年全年财政收入仅有1亿多元，而"普九"负债却高达9000多万元。为了减轻政府财政压力，缓解税费改革后农村教育经费投入不足带来的各种问题，各级政府试图通过农村集中资源办学，实现教育的规模效益和资源的优化配置。因此，追求效益就成为各级政府尤其是县级政府进行农村中小学布局调整和集中资源办学的初始动力。[1]

2. 实现教育均衡发展是政府集中资源办学的直接目的

处于二元社会中的中国，教育发展最突出的问题之一，就是城乡、地区之间，甚至同一社区范围内教育发展不均衡。长期以来所形成的农村过于分散的办学模式无法使政府均衡地进行资源投入和师资调配。因此，通过学校布局结构调整，合理配置好公

---

[1] 中西部地区农村中小学合理布局调整结构研究课题组：《我国农村中小学布局调整背景、目的和成效——基于中西部地区省区38个县市177个乡镇的调查与分析》。

共教育资源，适当集中办学，调整和撤消一批生源不足、办学条件差和教育质量低的学校，实现区域（县、市、区）内或更大范围内中小学教育的均衡发展就成了政府工作的重点。

三 对农村集中资源办学过程中政府行为的评价

（一）政府农村集中资源办学达到的成效

1. 农村教师素质得到提高

各地政府和教育部门在农村集中资源办学过程中，通过调整和优化教师配置，补充了一批合格教师，妥善安置了一批代课人员和不合格教师，总体上提高了农村学校教师队伍的整体素质。从表1和表2可以看出，2001~2006年全国农村小学专任教师学历平均合格率由95.96%提高到98.41%，农村初中专任教师学历平均合格率由84.52%增加到94.85%。由此可见，农村教师队伍建设和整体水平发生了新的变化。

表1 2001~2006年全国农村小学教师学历变化情况

单位：%

	农村小学专任教师学历合格率				农村小学高一级专任教师比例			
	2001年	2002年	2004年	2006年	2001年	2002年	2004年	2006年
全国平均合格率	95.96	96.70	97.78	98.41	20.15	25.07	40.30	53.79
东部	97.91	98.26	98.86	99.24	24.20	29.92	45.40	58.29
中部	96.87	97.51	98.29	98.79	20.67	25.19	37.99	50.48
西部	93.10	94.20	96.23	97.21	15.58	20.06	37.50	52.58

资料来源：何卓，《对我国农村中小学布局调整的思考》，上海市教育科学研究院网站，http://www.cnsaes.org/homepage/saesmag/jyfzyj/2008/1/gj080108.htm。

表2　2001~2006年全国农村初中教师学历变化情况

单位:%

	农村初中专任教师学历合格率				农村初中高一级专任教师比例			
	2001年	2002年	2004年	2006年	2001年	2002年	2004年	2006年
全国平均合格率	84.52	86.43	91.32	94.85	9.15	11.12	19.00	29.87
东部	87.44	88.94	92.89	95.96	10.50	12.59	21.24	34.45
中部	84.71	86.99	91.01	94.20	10.07	12.56	19.16	29.15
西部	81.40	83.35	90.07	94.39	6.88	8.20	16.46	26.02

资料来源：何卓：《对我国农村中小学布局调整的思考》，上海市教育科学研究院网站，http://www.cnsaes.org/homepage/saesmag/jyfzyj/2008/1/gj080108.htm。

另外，从表1中我们还可以看出，2001~2006年农村小学专任教师学历合格率东部提高了1.33%，中部得提高了1.92%，而西部提高了4.11%；从农村小学高一级专任教师比例看，东部提升了34.09%，中部提升了29.81%，西部则提升了37%，大大高出了东、中两部的提升比例。从表2看，西部地区的农村初中专任教师学历合格率提高了12.99%，比东部的8.52%高出了4.47个百分点。由此可见，当前的农村中小学布局调整使农村地区的教师队伍素质得到了很大提高，教师队伍也在慢慢壮大。

表3　2000~2006年全国农村小学学校达标率变化情况

单位:%

	2000年				2006年			
	合计	东部	中部	西部	合计	东部	中部	西部
体育运动场面积达标率	49.19	61.99	52.49	36.99	51.60	58.52	49.91	48.90
体育器械配备达标率	48.95	63.03	52.04	36.06	44.00	51.67	41.50	41.68
音乐器械配备达标率	39.69	53.67	39.35	30.36	38.75	45.20	36.51	36.94

续表

	2000 年				2006 年			
	合计	东部	中部	西部	合计	东部	中部	西部
美术器械配备达标率	37.48	51.60	37.41	27.79	37.26	44.09	34.90	35.33
自然实验仪器达标率	43.34	54.70	44.11	34.70	49.61	53.02	45.01	52.30

资料来源：何卓：《对我国农村中小学布局调整的思考》，上海市教育科学研究院网站，http://www.cnsaes.org/homepage/saesmag/jyfzyj/2008/1/gj080108.htm。

2. 推动了农村学校办学基本条件的改善

各地在集中资源办学和学习布局调整过程中集中有限财力，通过改造、新建一批学校以及集中配置教育教学资源，改善了农村学校的办学条件，逐步配备了实验室、图书室、远程教育设施以及学生基本生活设施。调查显示，2000~2008 年，农村小学生生均校舍面积从 4.5 平方米增加到 6.7 平方米，农村初中生生均校舍面积从 4.8 平方米增加到 8.7 平方米。农村教育和乡村学校的面貌得到显著改善。从表 3 我们可以清楚地看出，2006 年我国西部地区的体育运动场面积、体育器械配备、音乐器械配备、美术器械配备和自然实验仪器的达标率都比 2000 年有了很大提高。也就是说，无论是中央政府，还是地方政府，通过统筹的办法，合理分配东、中、西三地区的有限财力，扶持推动了贫困地区的教育发展。

3. 政府对农村教育行政管理工作逐步规范化

管理可以出效率，严格而科学的管理，可以调动人员的积极性，使人、财、物得到合理而充分的利用，既能减少消耗，又能增加产出。原来分散的教学网点，不便于管理，分散的小规模学校教师也很分散，部分学校只有几个教师，教育行政部门受交通、时间和精力的限制，对教师队伍不能够进行常规的规范管理，对学校的管埋也很不方便。集中资源办学后学校数量减少，教师相对集中，有利于进行规范的管理和培训，学校的管理工作也逐步规范。

4. 寄宿制学校得以建立和发展

集中资源办学后,出现了大部分学生上学路途较远、浪费学习和休息时间并容易产生交通安全问题,因此各地针对这种情况,纷纷建立了寄宿制学校。实施农村寄宿制学校建设工程,学校的办学条件得到较大的改善,尤其是学生养成了良好的生活习惯,独立生活能力明显增强,同时也有利于"留守儿童"的教育,为"留守儿童"提供良好的教育、学习、生活环境,促进他们的健康成长。

(二) 地方在农村集中资源办学过程中存在的问题

农村集中资源办学在提高教育资源利用效率、促进教育均衡发展和提高教育质量以及优化师资队伍等方面取得了显著成效,但就当前发展现状来看,也存在不少问题,如果不重视这些问题,集中资源办学将很难达到预期的目标。

1. 安全措施落后导致安全隐患的存在

集中资源办学后,学校覆盖的教育区域增加,最显著的变化就是学校尤其是村寨里的小规模学校减少了。例如,2011 年贵州有小学 12008 所,比上年减少 414 所,教学点 3404 个,比上年减少 241 个。[1]其结果是家庭和学校之间的距离大大增加了,使得许多农村中小学上学路途遥远,一些农村中小学生往返要步行十几里甚至二三十里。全国人大教科文卫委员会在贵州、宁夏、甘肃等地的调研表明,有近 1/3 的学生每天单程超过 3 公里,近 1/8 的学生单程在 5~10 公里;有的孩子才七八岁,每个星期日下午都要背着书包,拎着够一个星期吃的米和菜,翻过几座山,到十多里外的乡中心小学上学。[2]因特殊的地理地貌和交通条件制约及

---

[1] 贵州省统计局、国家统计局:《2011 年贵州教育年鉴》,中国统计出版社,2011。

[2] 《农村中小学布局政策之 10 年反思》,旗帜论坛,http://forum.home.news.cn/thread/85918245/1.html,2011 年 7 月 2 日。

安全措施落后，路途中安全隐患增加。

2. 农民实际负担并没有减轻

农村集中资源办学使个人教育成本超出了农户对孩子上学所愿意和能够承受的教育投资范围，尤其是边远贫困山区的贫困农民家庭的成本更高。一方面许多家长考虑到孩子上学路途的艰辛和安全，不得不让孩子在学校寄宿，孩子在校寄宿直接导致农民承担的教育经费成倍地增加；另一方面增加了个人教育的机会成本。孩子在家附近上学时，可以帮助家里照看年幼的弟妹，还可以帮家里干家务活。孩子一旦寄宿，这些原本由孩子帮忙做的农活和家务全部都得由家长承担。而且目前农民增收困难，教育支出货币化已成为部分农民的"心病"，这样容易导致贫困家庭被迫做出辍学的选择。

3. 撤并学校遗留资产浪费严重

学校的资产是学校开展教育和教学活动的重要物质基础和技术基础。进行集中资源办学后，被调整的学校机构不复存在，学校剩余资产也就无人管理，校舍逐渐破损，教学设施严重流失，学校资产被私分、乱用，造成教育资源的巨大浪费。这种现象在广大农村地区普遍存在，有的学校资金甚至被私分、挪用。有些学校管理者为了平息集中资源办学引发的思想动荡和平衡失落感，再加之上级主管部门监督不到位，便出现集中资源办学过程中以各种名义把来之不易的学校资金花光、用光的情况，导致学校资金的流失。

4. 目前的寄宿制学校建设还存在问题

农村学校寄宿制，一般是把生源少和过于分散的农村完小或教学点撤并起来集中办学。在这一过程中，有些地方没有因地制宜，量力而行，只是一味地追求规模效应，忽视了办寄宿制学校所必须具备的条件，使寄宿制学校面临诸多尴尬，具体表现在硬件设施薄弱、后勤人员少、后勤工作难以保障、低龄寄宿生的管理问题突出、卫生安全状况堪忧等多方面，这些问题还有待相关部门的进一步解决。

5. 地方政府对农村集中资源办学的资金投入不足

城乡二元社会结构导致了有些地方政府无视城乡差别的基本事实,重视城市教育,忽视农村教育,把有限的教育经费的大头投入到城市教育,而忽视对农村教育的投资。以河北省为例,从表4和表5我们可以看出,初级中学生均教育经费是1926.30元,而农村同等类型的却只有1486.65元,两者相差439.65元,农村初级中学生均教育经费远没有达到全省初级中学平均水平。同样,全省普通小学生均教育经费是1561.81元,而同等类型的农村却只有1326.31元,两者相差235.50元,农村小学生均经费也是远远低于全省普通小学的平均水平。从人均预算内教育经费来看,全省初级中学的生均预算内教育经费支出为1296.36元,而农村同等类型的只有1101.32元,全省平均水平是农村的1.18倍。同样,全省普通小学的生均预算内教育经费支出为1159.33元,而农村同等类型的只有1035.27元,全省平均水平是农村的1.12倍。

表4 河北省2004年义务教育生均教育经费支出

单位:元

学校类别	教育经费支出	事业性经费支出	基建支出
初级中学	1926.30	1816.03	110.27
农村地区初级中学	1486.65	1429.16	57.49
普通小学	1561.81	1506.63	55.19
农村地区普通小学	1326.31	1287.55	38.75

资料来源:《中国统计年鉴》,中国统计出版社,2005,第163页。

表5 河北省2004年义务教育生均预算内教育经费支出

单位:元

学校类别	生均预算内教育经费支出	事业性经费支出	基建支出
初级中学	1296.36	1367.72	75.33
农村地区初级中学	1101.32	1073.68	27.64

续表

学校类别	生均预算内教育经费支出	事业性经费支出	基建支出
普通小学	1159.33	1129.11	30.22
农村地区普通小学	1035.27	1013.80	21.48

资料来源：《中国统计年鉴》，中国统计出版社，2005，第164页。

通过以上分析，我们可以看出，不管是生均教育经费支出还是生均预算内教育经费支出，农村中小学都比同类型的学校要低。因此，要改变农村地区中小学的落后现状，地方政府必须在政策允许范围内加大农村基础教育的投资力度，这样才能进一步达到集中资源办学的目的。以下数据则显示教育投入城乡失衡东西差距大的现实。①

表6　2011年生均公共财政预算教育事业费

单位：元

	全国平均	北京	河南	贵州
普通小学	4966.04	18494.11	2736.91	3419.25
普通初中	6541.36	25828.16	4563.99	4134.17
普通高中	5999.60	28533.85	4025.99	4857.87
中职学校	6148.28	18673.63	4956.20	4921.87
普通高校	13877.53	44073.80	8699.04	10140.61

注：教育事业费指国家用于发展社会各种教育事业的经费支出，主要是各级各类的学校人员经费和公用经费。

表7　2011年生均公共财政预算公用经费

单位：元

	全国平均	北京	河南	贵州
普通小学	1366.41	8719.44	1135.09	834.21

---

① 胡印斌：《教育投入提高关注均衡发展城乡失衡东西差距大》，《新京报》（微博）2013年3月15日。

续表

	全国平均	北京	河南	贵州
普通初中	2044.93	11241.78	2104.73	1371.52
普通高中	1687.54	13612.11	1625.56	1121.61
中职学校	2212.85	9096.94	2190.87	1641.77
普通高校	7459.51	26455.43	4768.50	4330.00

注：公用经费，指保证学校正常运转所需费用，业务费、公务费、设备的置费、修塔费和其他属于公用性质费用等。

数据来源：2011年全国教育经费执行情况统计公告。

（三）地方政府在集中资源办学过程中存在问题的原因分析

农村集中资源办学的出发点无疑是好的，但是为什么就是这样一个原本有利于农村义务教育改革与发展的政策在推行的过程中，会产生如此多的问题呢？可从以下四点进行分析说明。

1. 地方政府对集中资源办学政策的理解与执行失当

农村集中资源办学的根本目的在于对农村教育资源进行合理配置，促进农村义务教育的持续、健康发展。但一些地方政府对集中资源办学的认识模糊甚至片面，将"学校布局调整"简单地理解为"撤并"或"缩减"农村中小学，将集中资源办学的目标错误地等同于在一定年限内（甚至在短期内）撤减一大批农村中小学。因而导致了集中资源办学的简单化、形式化与"一刀切"，出现城镇学校、中心学校超大班额化、小规模学校消亡化、学生上学安全隐患增大等现象。

2. 地方政府对遗留校产处置不合理

随着农村集中资源办学和中小学布局调整步伐的加快，一些农村教学点被撤销后，校舍和教学设备等成了闲置资产，妥善处置好这些学校资产，防止国有或集体教育资产流失，有助于弥补农村中小学布局调整经费不足。但由于撤并过程中许多地方长期没有出台被撤销学校资产处置的具体意见和办法，各地在学校闲置资产处置问题上无据可依，处置办法五花八门，极不规范，造成学校闲置资产的浪费和流失现象相当严重。

3. 地方政府对农村义务教育投入严重不足

自 20 世纪 90 年代中期以来，我国县级财政赤字一度高达 40%，2002 年和 2003 年仍分别高达 35.2% 和 36.1%，这种状况在我国越往西部赤字越大，有的省份赤字甚至高达 60% 以上。而且由于经济发展的不平衡，中国有相当一部分县，尤其是中西部以农业生产为主的县，教育经费在县财政支出中的比例非常高，常常占到一半以上，像 2003 年江西省婺源县的教育事业费占其支出总额的 38.41%，同期行政管理费支出占支出总额的 23.86%；德兴市的教育事业费占其支出总额的 34.07%，同期行政管理费支出占支出总额的 20.45%。[①] 这就要求政府要加大对贫困地区的经济扶持，同时地方政府也要适当增加当地义务教育经费。

虽说税费改革后上级政府对农村义务教育转移支付了大量资金，但这些资金难以解决农村义务教育中存在的经费缺口。用于教育的转移支付资金总量不足，难以充分化解矛盾。在 20 世纪 90 年代末期，为了实现普九目标，不少农村地区举债进行学校建设，使农村义务教育除了拖欠教师工资外，还承受着巨大的建校债务。税费改革以后，乡镇政府不承担义务教育的财政支出责任，另外向农民收费又不可能了，凭学校自身根本无法消化这部分债务，高额的债务失去了偿还来源。

4. 教师编制标准不符合农村教育的实际情况

2001 年，国务院办公厅转发中央编制办、教育部、财政部《关于制定中小学教师编制标准的意见》，其中对中小学教职工的编制标准规定如表 8。

[①] 汪柱旺、蒋敏：《农村义务教育投入机制再探》，《企业经济》2004 年第 10 期。

表8　中小学教职工的编制标准

	城市	县镇	农村
初中	1:13	1:16	1:18
小学	1:19	1:21	1:23

注：①"城市"指省辖市以上大中城市市区；②"县镇"指县（市）政府所在城区)。

资料来源：罗银利：《农村中小学布局调整的问题、原因及对策研究》，华中师范大学硕士学位论文。

从表8我们可以看出城市中小学师生比要远大于农村中小学的师生比，这显然不符合城乡中小学的教育实际。城市里的每个中小学教师都有固定的学科和班级，教学时间和精力相对可以得到保证，但是大部分边远农村学校虽然学生数少但班级却不少，这种配备标准必然使很多农村教师必须采用复式教学的形式进行跨学科跨年级的教学，甚至有些班级因缺少教师而无法开课。在农村寄宿制学校和实施国家营养午餐的农村学校，教师身兼多职，不仅要教书还要当后勤人员。

在我们调查的不少地方，老师们坦言，在这种情况下首先考虑的是学生寄宿生活和食品的安全，教学质量是其次的。

受管理体制和经济状况的制约，农村学校的教师基本上处于单向流动状态，即农村向城镇流动、小城镇向大中城市流动、低收入地区向较高收入地区流动。很多农村大山里的学校，没人愿意进去，学生也出不来，只能靠老师一个人勉强支撑，造成身心健康的严重透支，从而也造成了教学质量的下降。因此这种脱离城乡教育实际的师资标准严重影响了农村教育，使城乡学生处在不平等的起跑线上，加大了城乡教育的差距和教育不公平。

四　针对问题所提出的对策措施

从上述对农村集中资源办学的背景、地方政府在集中资源办学过程中取得的成效、地方政府对集中资源办学的预期以及当前还存在的问题等各方面的分析，我们可以看出农村地区集中资源办学是适应社会经济发展的要求，顺应城镇化的趋势，也是积极推进素质教育、实现教育均衡发展、提高教育质量的有力措施，它是一项实践性很强的系统工程。只有认真分析、科学规划、稳步实施学校布局调整，才能有助于普及九年义务教育，巩固提高"普九"成果，才能集中有限的教育资金，实现规模办学，更大程度提高办学效益。

（一）切实解决农村中小学学生的安全问题

农村学生往返家校所遭遇的困难，是集中资源办学过程中学校布局调整后的突出问题，如不妥善解决，不仅不利于保障农村学生的身心健康和人身安全，而且可能加剧农村义务教育阶段的辍学现象。因此，在农村集中资源办学过程中，各地政府应高度重视学校布局调整后农村学生的交通问题。

首先，各地政府应在制定学校布局调整规划前，充分考虑和深入调研当地的地理情况、受教育人口的分布状况和学校的服务半径，在一些交通不便、路途遥远、偏僻又无法解决用校车接送的农村地区，应暂缓集中办学，适当保留一些必要的教学点。其次，实现了村村通公路的农村地区，可实行校车接送制，规范校车的管理，避免黑校车带来的安全事故隐患，切实解决农村中小学生上学难的问题。

（二）加大农村教育经费投入并改革其投入机制

地方政府是义务教育办学的第一责任人。集中资源办学必须强化政府作用，特别是地方政府的责任，才能保证学校布局调整工作的顺利实施。强化政府的责任，可以从以下四点进行说明分析。

首先，要增加国家对教育的投入。公共教育经费不足是长期困扰我国教育发展的重大问题，财政性教育经费长期低于GDP比例的4%，2012年财政性教育经费首次达到了占GDP比例4%的要求，但是却仍然低于发达国家的水平，甚至低于印度 2001 年公共教育经费占 GDP 比例 4.1% 的水平。面对我国城市化进程中教育需求急剧扩张，农村撤点并校布局失当遗留的小规模学校消亡、辍学率反弹、安全事故率上升的新问题，随着我国经济的快速发展，政府对教育投资的能力越来越强，中央应当在稳定教育投入占 GDP 的比重的前提下，着眼考虑增加比重的问题，以适应缓解教育供求矛盾。2011 年贵州教育投入已经达到了 GDP 的 6.8%，但正如表 9 显示的，投入最大的还是高等教育。

表 9 贵州省 2011 年各类学校的教育经费投入

单位：元

	人均预算教育事业费		人均预算内公用经费	
	金额	比上年增长	金额	比上年增长
幼儿园	2308.93	33.5%	670.58	241.47%
小学	3419.25	23.95%	834.21	44.01%
初中	4125.55	28.75%	1363.01	64.77%
普通高中	4867.87	46.75%	1121.61	23.33%
中等职业	4921.87	23.84%	1641.77	0.36%
普通高校	10140.61	14.93%	4330.00	4.06%

资料来源：贵州省教育厅：《2011 年贵州教育年鉴》，贵州教育厅网站，http://www.gzsjyt.gov.cn/Item/27253.aspx。

其次，要加大上级转移支付力度。要增加中央和省级财政对农村中小学教育投入的份额，并在转移支付资金中专门划出一定资金用于农村集中资源办学和中小学布局调整，这样才能更好地解决农村集中资源办学过程中面临的设点学校校舍建设、危房改造、设备添置等资金不足的问题。

再次，要合理使用上级转移支付资金。在管理和使用上级转移支付资金上，应采取县级政府统筹支配和使用教育转移支付资金的办法，充分发挥有限教育经费的使用效益。农村集中资源办学涉及撤小校并大校、增添教学与生活用房、新建学校等工作，只有将有限的转移支付资金集中捆绑起来，统筹使用，才能发挥出使用效益。

最后,增加小规模学校发展资金。除合理使用上级转移支付资金投入到小规模学校的发展上外,需要申请国家专项资金恢复必要的教学点,对教学点的校舍重建维修改造、远程教育设备、师资配置进行投入。

(三) 依法合理管理处置农村撤并学校资产

《国务院关于基础教育改革与发展的决定》中规定:"调整后的校舍要保证用于发展教育事业。"2002年《教育部关于加强基础教育办学管理若干问题的通知》对校产处置做了更细致的规定:"中小学布局调整后的公办学校闲置资产,由教育行政部门进行统筹,继续用于举办基础教育或社区教育机构。确需进行置换的,必须在保证公有教育资金不流失的情况下,经县级以上人民政府批准,并报上级教育行政部门备案方可实施。校产置换所得资金必须全部用于基础教育。"[1]为防止校舍等固定资产的闲置,地方政府和教育行政部门要本着明确产权、落实责任、盘活存量、优化配置、促进发展的原则,必须加强对农村中小学场地、校舍管理,制定农村撤并学校资产管理的办法,防止教育资产流失。[2]比如充分利用已撤并学校A、B级闲置校舍资源,并维修加固已撤并学校C级危房,根据农村村落和人口分布的特点,用于兴办乡村学前教育和农民技能培训。

(四) 加强完善农村寄宿制学校的建设管理

农村寄宿制学校的建设,是伴随着农村地区集中资源办学、进行学校布局调整而出现的。建设农村寄宿制学校不仅是要解决学生上学难的问题,更重要的是要解决如何向学生提供优质教育

---

[1] 《教育部关于加强基础教育办学管理若干问题的通知》,中国教育网,http://www.edu.cn,2006年2月21日。

[2] 罗银利:《农村中小学布局调整的问题、原因及对策研究》,华中师范大学硕士学位论文。

的问题。由于寄宿制这种办学模式在我国广大农村地区出现的时间较短,目前还处于探索阶段,存在着不少问题,特别是寄宿制学校内部的管理问题尤其值得关注。寄宿制学校要规范学校内部的管理机制,积极探索构建规范的现代学校制度,规范学校各项章程,从内部管理的改善来提升寄宿制学校的办学效益。

1. 进一步规范寄宿制度

首先,依法治校。学校要依据法律法规制定各种规章制度,作为寄宿学校办学活动的重要依据。俗话说"没有规矩不成方圆",严格的校纪校规,是学生形成良好行为习惯的有力保证。农村寄宿制学校师生几百人在一起学习生活,必须要有一系列规章制度的约束,使学生个人、班级集体、寝室集体都有章可循、有据可依,极大地促进学生生活自理能力的提高。

其次,以人为本。不同经济、家庭和成长环境的学生在实行封闭式管理的寄宿制学校集体生活时,难免会出现人际交往心理方面的问题,应充分重视寄宿学生个性发展,以学生的身心健康成长作为学生管理的立足点,为学校开展因地制宜的心理健康教育提供资源支持,从师生关系与同伴交往上留住学生。

2. 加强学校的设施建设

对寄宿制学校要加大投入,在建设学校教学楼的同时,积极落实学生吃、住等生活方面的配套设施,从最基本的改水、建厕、建食堂和澡堂等工作做起,完善学校的基础设施建设,切实保障学生和教师的最基本生活。

(五) 加强教师队伍的建设

集中资源办学后,由于学校的减少,农村教师在总量上出现了富余,但在学科结构上却出现短缺,导致当前农村教师队伍存在着富余与短缺并存的矛盾现象。为了解决集中资源办学后的师资优化配置问题必须制定相应的应对措施。

1. 深化农村教育人事制度改革

由于现存的教育人事管理体制的弊病,造成了农村教师的聘用和晋级出现了很多问题,也使得农村教师结构和区域分布很不合理。要解决这些问题,就要从以下几个层面入手。

从观念上来说,就是要充分认识到推进和深化农村中小学人事制度改革,是促进农村基础教育持续健康发展的迫切需要。

从操作层面上来说,就是要以实行聘任制和岗位管理为重点,深化农村中小学人事制度改革,推行教师聘任制,建立能进能出、能上能下的教师任用新机制,进一步完善中小学校长负责制,改进并规范校长的任用和管理,在完善中小学工资保障机制的基础上,建立起重能力、重实绩、重贡献的分配激励机制,促进人才合理流动,建立起公平竞争与有序流动相结合的中小学人员流动机制。

2. 改革教师编制制度

现行的中小学教师编制标准基本上是按照师生比进行核算的,没有充分考虑到农村地区的实际。与城市相比,农村地区地广人稀,居住分散,学校的布局也自然相对分散,学校规模较小,但"麻雀虽小,五脏俱全",仅以师生比来决定农村教师编制配额,有失公允。

农村中小学教职工编制核定工作,是关系到深化农村教育改革、加强农村中小学教师队伍建设的一项重要工作。在这项工作中,要从加强社会主义新农村建设、统筹城乡教育、促进均衡发展、落实科学发展观出发,充分考虑农村中小学区域广、生源分散、教学点多等特点,注意向农村和边远地区倾斜。调整城乡师生比例标准,不仅落实教育部提出的"不足百人按100人划拨生均经费"的要求,同时建议在生源少班级多的学校,考虑按班级数增加教师职数比例,以保证农村教育的基本需要。

3. 优化城乡教师资源配置

由于多方面的原因,乡村优秀教师都往城镇学校挤,县(市)域范围内城乡之间教师资源差异越来越大。以小学教师为例,四川省教育厅提供的资料显示,近35%的教师集中在占学校总数不到12%的城镇学校,近43%的教师集中在占学校总数

18%的乡中心校，而占学校总数70%的村小只有不到22%的教师。[①]造成这种状况与教育主管部门在教师资源配置时的不合理和把关不严有关。因为一般情况下教师的配备都是先城镇后乡村，城镇中小学缺教师都从村中小学选调，机关事业单位缺人也从农村中小学借用。所以作为县教育主管部门，要把好教师交流关，促进教师的双向流动。

---

① 梁伟：《农村中小学教师队伍现状调查》，《中国教师》2006年第8期。

试析"宗教"概念与宗教政策

陈 龙

何谓"宗教"？这是一个"宗教学"学科研究的基本问题，也是"宗教学"——研究"宗教"之"学"得以成立的基本前提。但是，这个基本问题，迄今为止，尚无一个定义得到学界广泛认可。而且，更值得关注的是，对于"宗教"的不同理解，涉及政府有关部门对宗教政策的正确制定和执行，并且社会普罗大众对宗教的认识所可能产生的宗教性①行为，客观上也会触及政府对宗教的看法和认识，从而导致政策制定的偏差，是故，对于"宗教"概念的认识，在中国显得非常重要，值得讨论。笔者不揣浅陋，抛砖引玉，以期贤者更好的意见。

---

① "宗教性"或"宗教的"这样的说法，是根据加拿大学者史密斯在《宗教的意义与终结》一书中批判"宗教"一词后，所提出的拒绝"宗教"这一术语，但可以保留其形容词形式。史密斯认为，宗教性的生活是人的一种属性，这不是因为人们参与到了某种被称为"宗教"的实体之中，而是因为他们参与到了超验者之中。详见〔加〕威尔弗雷德·坎特韦尔·史密斯（Wilfred Cantwell Smith）:《宗教的意义与终结》，董江阳译，中国人民大学出版社，2005，第196页。

一 西文"宗教"概念及其批判

众所周知,现代汉语中的"宗教"概念是对译的西文"religion",为了更清楚认识"宗教"概念的来源,我们必须回溯其西文"religion"的字源。

笔者以加拿大学者威尔弗雷德·坎特韦尔·史密斯(Wilfred Cantwell Smith)在《宗教的意义与终结》一书中所做的词源学考察为依据,对西文"religion"概念的嬗变做一简要梳理。来看看:在西方,今天的"宗教"观念是何时何地如何兴起的?它对人们的生活世界产生了怎样的影响?它在历史上起到了什么样的作用,是积极的还是消极的?它又是如何进一步演化成今天这个影响我们既深且广并不假思索的"宗教"概念的。

(一)古罗马时期

"宗教"最初起源于拉丁词语"religio",后来在多重含义上被使用。西方学者主要在两点产生争议,即它究竟是一种外在的具有赏善罚恶、强迫人们行动的力量,还是指一种人们在面对这种力量时所产生的内在情感?换言之,"religio"从词源而言,具有内、外两个向度。这一点就为后来"宗教"在西方历史中的演变埋下了伏笔,即"外倾"与"内倾"两种倾向,要么或偏向于"外在化"(如卢克莱修),要么偏向于"内在化"(如西塞罗),这样两种彼此对立的阐释之路,而到了近现代则更多地偏向于"外在化"解释。

(二)早期教父时期

基督教早期教父阿诺比乌斯创造了两组相互对立的短语"nostra religio"(我们的崇拜方式)与"vestra religio"或"vestrae religiones"(你们的崇拜方式),与之相对照用得更为客观性的术语是"religio Dei"与"religio deorum",史密斯说后一个可译为"对诸神的崇拜",前一个相应的就是"对唯一神的崇拜",这或许就是基督教"唯一神"概念,排他主义的先声之一。总之,"新的界限观念开始逐步成型:一个群体的'religio',明确而完全地有别于在这个团体之外的人的'religiones'"。①接下来拉克坦修引入了"vera religio"和"falsa religio"这组短语,表示的是"真实的宗教"与"虚假的宗教"的对立观念。可见,宗教的排他性已经比较明显。不过,史密斯引用这些词语,最重要的并非要表达宗教观念的排他观念的出现,而是要提醒我们注意,这些作者头脑中对"宗教"这个词语的内涵并无一种清晰明了的概念。他在尾注中写道:"正确地领悟到这些词语的意思是一件极其微妙和精细的事情,人们也许永远都不能确定自己是否真正把握住了一个作者或(这可能是不同的)其早期读者的思维中所想要表达的真正含义。至少我们应当,不要太多地看重我们20世纪的概念,而是要对那些流行于所探讨的这种用法之前的概念给予更多的关注。"②

这一时期,还有两位人物值得提及,一位是哲罗姆,另一位是奥古斯都。哲罗姆在仪式的意义上使用"religio"这个词语。奥古斯都有一部书则名为"De Vera Religione",在英语世界,对这部书名的理解,不应该加定冠词"the",不是"On the True Religion",而是"On True Religion",并且该书没有提及"基督教"。在奥古斯都这里,"宗教"也并不是什么仪式或信仰的体系,"它毋宁是与神的荣光和爱的一种生动真切的、个人性的相遇"③,"religio"是将人与神联结在一起的纽带,而人的真正本质是在个人与神圣的紧密结合中实现的。但是,奥古斯都这个观念并未受到人们的重视,反而是他所提及的"真正的宗教"的观念(虽然他并未声称基督教是真正的宗教)促成了后来把"宗

---

① 〔加〕威尔弗雷德·坎特韦尔·史密斯:《宗教的意义与终结》,第27页。
② 〔加〕威尔弗雷德·坎特韦尔·史密斯:《宗教的意义与终结》,第60页。
③ 〔加〕威尔弗雷德·坎特韦尔·史密斯:《宗教的意义与终结》,第29页。

教"制度化的意义转变。对此,史密斯有深刻的分析:"由于它是一种柏拉图式的形式,所以即便它是极为个人化的东西,它也仍然是普遍性的并在某种意义上是可以转移的;而这也许就使得其他的人在后来把它理解成了某种一般性的社团所有物,并最终是可以与一种公开的制度性的现象等同在一起的东西。这最终就导致了'一种宗教(在后来的意义上)为真,余者为假'的观念——这是人类历史上的一个重要转折点。"① "宗教"从此具有了实体的意味。

(三) 中世纪

到了中世纪,"religio"这个词从"仪式"这个意义上有了派生发展,成为一种修道生活的专门化指称。这一时期,对教会而言,最重要的词语一直都是"信仰"。在托马斯·阿奎那的著作中,对"religio"这个词的使用主要在三种场合下:①信仰的外在表达;②朝向崇拜神以及崇拜本身的内在的动机;③将灵魂与上帝联系在一起的纽带。

(四) 文艺复兴与宗教改革时期

史密斯指出,近代对我们而言具有重要意义的"religio"一词,其肇始于文艺复兴时期,延展于宗教改革时期,转变于启蒙运动时期,并在19世纪得到发展。

文艺复兴时期,在思想家马尔西利奥·费奇诺那里,"religio"对人而言是普遍性的,它是人区别于他物的根本特征,是内在的、自然的、根本性的,它是神授的天赋,是使人成为人并借以认识与崇拜神的本能。

宗教改革时期,马丁·路德的重要概念是"信仰",他似乎没有关注过"宗教"这一概念。在瑞士新教领袖茨温利那里,"religio"是指一种人与神之间的关系,他引入了一种"虚妄宗

---

① 〔加〕威尔弗雷德·坎特韦尔·史密斯:《宗教的意义与终结》,第30页。

教"的概念,来描述人们将其忠诚奉献给了宗教而不是神的倾向。在加尔文那里,"religio"不是指"诸宗教之一",也不是指一种公开的、制度化的宗教,亦非一种抽象的体系,而是促使人去崇拜神的"虔敬"意识,是一种内在的个人性的态度。

要之,在上述三位宗教改革家看来,他们在说到"religio"一词的时候,所指的乃是某种个人的、内在的以及与超验对象相关的事物。在现代英语中,与之最为接近的或许就是"虔敬(piety)"一词。

(五)启蒙运动时期

启蒙运动时期,"宗教"这个术语表现出了理性化的趋势,它指向了抽象的观念,所指称的是一种观念或信仰的体系。譬如在切尔伯里的赫伯特勋爵那里,宗教就是教义,而这也正是今天"宗教"的内涵之一。此外,天主教徒引入了"religio"的复数形式以及"世界诸宗教"这一短语,"religio"这个术语具有了更为具体的指涉,即宗教生活的外在模式。史密斯指出,这一时期宗教领域充满着争执与冲突,宗教作为一个体系性的实在或实体,成为辩论学和护教学的概念,宗教已经成为一种客观化的概念。由此,带来了两种发展变化,一是作为复数形式的"诸宗教"的发展;二是类属性的"宗教"概念的发展。

(六)19世纪

到了19世纪,经过德国三位著名学者——施莱尔马赫、黑格尔与费尔巴哈的发展,造就了"宗教"今天的面貌。

施莱尔马赫拓展了"宗教"的概念,使它作为一个理智概念,从此能够将非理智成分与理智成分一同包含在其内涵中。黑格尔则是第一位动态地理解宗教的人,他首创了"宗教哲学"这一短语,还将"宗教"设定为一个"概念",一个某种超验而自足的观念。换言之,人们"在社会中所看到的宗教是某种其自身为真的东西,是某种人们不得不加以考虑的重要的实在,是某种先于它的一切历史表现形式的事物"。①史密斯评论说,从此,欧洲思想开始将单数形式的"宗教"当作社会科学的一种概念而非人文学科的概念。②黑格尔的杰出弟子路德维希·费尔巴哈写作了《宗教的本质》与《基督教的本质》两书。从书名即可知道,费尔巴哈认为,宗教或某种宗教具有"某种本质",而这个本质又是外在地、固定地、体制化地存在于社会历史之中。从此,"宗教"这个外在的客观化的概念的"幽灵"就一直萦绕在人们脑际,人们开始普遍接受了这样一种观念——宗教是一种具有明确和固定形式的东西,而这即是我们今天"宗教"定义的问题。自此以后,多少聪明的头脑都在围绕着"宗教的本质"这一问题绞尽脑汁,却言人言殊,莫衷一是,然而学者们却仍然以为,宗教的背后有所谓的"本质"依然等待着我们去探索和发现。③

通过上述对"宗教"概念的词源学考察,史密斯总结说,我们通常在四种意义上来使用宗教这一术语。第一,一种个人性的虔敬的意义。第二和第三,一种公开的体系——信仰的、仪式的、价值的或其他诸如此类的体系。不过,这里面存在两种相互对立的含义:一是作为一种理念的体系,二是作为一种历史的与社会学的经验现象。第四,作为类属性的总和的"宗教"或"一

---

① 〔加〕威尔弗雷德·坎特韦尔·史密斯:《宗教的意义与终结》,第47页。
② 〔加〕威尔弗雷德·坎特韦尔·史密斯:《宗教的意义与终结》,第47页。
③ 这不能不令人想起金庸的武侠小说《侠客行》。小说里面有一个"侠客岛",侠客岛上有一个石室,石室里面有一块打磨光滑的大石壁,壁上刻有图画和文字。武林众多高手云集于此,各人囿于门派所学,从自己武功体会出发,有人认为应该这样解,有人认为应该那样解,各执己见,没有定论。唯有那个不识字的石破天,因为不识字,不被文字表相所迷,最后一壁的《太玄经》文字,在他眼中呈现出来的乃是灵动的、活灵活现的蝌蚪,其身体内息随蝌蚪游动轨迹而动,未料由此而修成绝顶武功。把"宗教"视为我们认识的客体对象,认为其背后一定存在所谓的本质,这种想法,或许就好比侠客岛上那些白首《太玄经》的武林高手,苦苦思索,妄图追寻宗教现象背后的本质,而忽略或遗忘了现象本身。

般性的宗教"。①最后史密斯明确提出了自己的看法：人们应当抛弃这个术语和概念。他认为，"宗教"这个概念会导致混淆与误解，是含混不清、毫无必要和扭曲失真的。

接续对"宗教"概念的词源学考察，史密斯考察了其他的文化、"诸宗教"现象。他发现，无论是古希腊，还是古代埃及，印度、中国以及日本等文明，都没有现代学者所描述的"宗教"。在史密斯看来，"某某教"这个术语是一个尤其错误的概念化的产物，明显与世界各地世居人民的宗教观不符，是一个局外人所构造的概念。比如印度人、中国人，对他们的宗教性现象，你不能简单地加以标签。在印度人看来，有"印度教徒"，但没有一个叫"印度教"的东西；在中国人那里，往往一个"儒教徒"同时也是"佛教徒""道教徒"，而现代西方人不可能想象一个人怎么可能"同时"隶属于三种不同的宗教。②

通过研究，史密斯发现，"宗教"这个概念误导了人，使人与神疏离，"当基督徒热衷于基督教之时，他们对于神的信仰就削弱了；当他们转向宗教来寻求慰藉之时，他们与基督的个人性的关系实际上就衰退了"。③人应该直面神，"人的信仰越是直接、迫切和深刻，他也就越是关注那远远超越于一切能够被称之为宗教的东西之上的'某物'或'某人'。'宗教'这个概念对他的宗教性来说基本上是一种分散或扰乱"。④

因此，史密斯认为，从根本上来讲，是局外人命名了一种宗教体系，是旁观者将一种宗教概念化为了一个可指称性的存在物。若人们不理解从内部与从外部所观察到的宗教生活是有所不同的，那么人也就不能够理解人的宗教生活。换言之，局内人与

---

① 〔加〕威尔弗雷德·坎特韦尔·史密斯：《宗教的意义与终结》，第 48~49 页。
② 〔加〕威尔弗雷德·坎特韦尔·史密斯：《宗教的意义与终结》，第 135~139 页。
③ 〔加〕威尔弗雷德·坎特韦尔·史密斯：《宗教的意义与终结》，第 283 页。
④ 〔加〕威尔弗雷德·坎特韦尔·史密斯：《宗教的意义与终结》，第 284 页。

局外人眼中的宗教生活是不同的,对于局外人而言,他是外在的旁观者;对于局内人而言,他是内在的参与者。参与者是主客交融的关系;旁观者是主客对立的关系。参与者关注的是"神"(超验者),旁观者关注的是"宗教"。天堂和地狱,在参与者眼中,是超验的存在;在旁观者眼中,则是信仰者头脑中虚幻的产物。不过,必须指出的是,在史密斯的分析框架下,他的视角仍然是西方的,在东方人看来,宗教生活的参与者关注的并非是"神",参与者关注的是"自我的觉悟与解脱",在东方宗教生活中,并没有"神"这个实在,超验不可对象化,一旦对象化,就是有限,不可能得到终极解脱。

为了更好地研究人类的宗教生活,史密斯扬弃了"宗教"等概念,对此,他提出两点理由。

第一,"宗教""诸宗教"这些概念内在地与必然地是不充分的,关于这一点可以从神与历史事实来证明。史密斯指出,"宗教"的概念对于信仰者来说是不充分的,对于不信仰的局外人而言只能是误导性的。"内在的参与者能够洞若观火地发现,外在的旁观者或许对一种宗教体系了解得'头头是道',然而却完全不得其'要旨'。"[①]局外者在理智上可以掌握局内人宗教生活的外在表现的一切详情细节,但却根本不可能触及其核心部分。"宗教"的诸具体化概念,如"佛教""道教"之类的术语,通过凝固僵化人的宗教性的那种天生属于个人性的、活生生的性质而歪曲了它,更关键的是,忽略了信仰的生命力,忽略了与超验者的关系,然而,"宗教生活的全部精髓却在于它与那无法观察得到的东西的关系之中"。[②]所以,史密斯认为,我们如果要理解某地人们的宗教生活,必须真正进入他们的生活世界,而非戴上有色眼镜,带着成见去观察,或是验证某种既定的知识结论。我们所要考察的不应是他们的"宗教",而应是他们的"宇宙",并

---

① 〔加〕威尔弗雷德·坎特韦尔·史密斯:《宗教的意义与终结》,第290页。
② 〔加〕威尔弗雷德·坎特韦尔·史密斯:《宗教的意义与终结》,第292页。

要尽可能地去透过他们的眼光去看待这一切。直到我们也能够看到"那种东西"之时，我们才可能开始领悟到他们生活的宗教性。

史密斯所指出的这一点，其实也是学术界关于宗教研究的一个难点或是困境，即研究宗教的人，究竟是否应该信仰宗教？研究宗教，是以一个参与者的身份进入，如成为佛教徒、基督教徒，还是为了保证所谓"研究的客观性"而保持一种距离，以一种旁观者的身份去观察？而这其中的一个关键因素，恐怕是是否承认人的生活中存在着一种超验的维度。

第二，通过历史的考察来看待。史密斯指出，通过一个世纪所积累起来的知识，尤其"宗教史"的研究成果，已经使得关于"宗教""诸宗教"的"本质"变得更加不确定了，宗教现象的丰富性，以及不断参与者对历史传统的继续丰富，远非所谓的本质可以界定。

是故，史密斯总结，"宗教与诸宗教的概念，在实践上正在被部分地予以放弃，而在原则上则应当被完全地予以放弃。"完全地放弃的目的（end），是对人的实际生活的一种更真实的理解。"end"这个词，一语双关，终结了概念化的"宗教"，目的乃是开启了一种新的理解，即让神回归，让现代已经远离了神的人不再做旁观者，而重新进入宗教生活，重新以参与者的身份，通过虔敬，与超验勾连。

那么，通过对"宗教"概念的词源学考察与批判，放弃了"宗教"以及"诸宗教"等概念，史密斯又是如何来看待和研究有关"宗教的"现象呢？

史密斯提出了两个重要的概念来替代既有的"宗教"等概念，这就是"累积的传统"和"信仰"。二者之间的联结点则是活生生的人。关于这点，我们在后文再述。

二 现代"宗教"概念在中国的形成

了解了西文"religion"在西方演变的过程,我们来看看现代"宗教"概念在中国社会的形成。

关于现代"宗教"概念在中国的形成,台湾学者陈熙远《"宗教"——一个中国近代文化史上的关键词》[①]一文有十分翔实的研究,笔者结合自己的理解,在此简要概括阐述。

在20世纪以前,中国本无西方现代意义上的"宗教"可言。现代我们耳熟能详的"宗教"——这个已然融入日常生活的基本词汇,与中国社会传统的"宗教"概念完全不可等同。"宗教"作为对译西方"religion"的新兴概念,19世纪末才开始在中国知识阶层的文化论述中出现。

在1893年举办的世界哥伦比亚博览会期间,举行了堪称"世界宗教交流史里程碑"的首次世界宗教大会。当时清廷驻美参赞彭光誉参会,并发表《说教》一文(后来刊发成书),其文指出,中文传统之"教"不同于西文"religion",略相当于西文之"teach"(动词)或"instruction"(名词)。中文传统之"教",原只指代"礼教",他断言西文的"religion"在中国应称为"巫",指各种神职人员,相当于中文的"祝"。彭氏此论,乃是站在中国传统儒生、士大夫之立场,用今日之学术术语来说,即是站在精英文化、大传统的立场,俨然是以传统的"华夷"观去看待西方的"religion"。所以陈熙远评论说,彭氏的类比不免有鄙夷西教之嫌,并进一步认为他是将西方之"religion"与中国历史经验之"邪教"相互比义,这就更是带有价值评判的意思在里面了。引申而言,彭氏是以传统"礼教"立场作为比较对象,置西方之"religion"以他者地位,通过格义比附式的研究来看待

---

① 陈熙远:《"宗教"——一个中国近代文化史上的关键词》,《新史学》13卷4期,2002,第37~65页。下文所引陈熙远说法皆出该文,不详注。

西文之"religion"的。这与西方以"基督教"立场为本位来看待其他文明的"宗教性"现象，又何其相似？

陈熙远由此进一步梳理了"教"之本义与衍义，认为清代康熙年间的朱彝尊《原教》一文，即言辞激烈，严厉批判指出真正的"教"乃是儒家五伦之教，非释道二氏之教。雍正年间的名儒李绂也撰写了《原教》一文，阐释了类似的观点。乃至嘉庆皇帝更以皇帝之尊亲敕颁《原教》一文，阐述"教"意，并"正教""邪教"同举，指出"三纲五常之外，别无所谓教"，标举儒家人伦教化为"教"之原意，"儒教不仅是'原教'的典范，更是'正教'的判准"。①由这些士大夫乃至皇帝反复强调"教"之原意，可见传统的"教"义已不断越界外延，不仅"三教"之名已经深入人心，民间"小传统"的各类信仰组织也往往冠以"教"之名，作为塑造"大传统"精英文化的士大夫对此已然不能容忍，故不断予以"正名"，乃至将不符其心目中之"教"直接冠以"邪教"，从舆论上予以封杀，及至从政治上给予直接暴力镇压。

太平天国运动更是假借"拜上帝教"（基督教的中国变种）之名掀起了反清的大旗，这正反映出儒教已经长期脱离草根民众，故使得耶教能够在乡土中国深耕易耨，广为传播。因此，陈熙远指出，晚清的保教运动，实际不仅是策略性地回应西方基督教文明向中国基层社会的渗透，毋宁有更积极的社会改造意图。乃至到康有为等大张旗鼓地提出保教诉求，强化儒教的制度性功能，都与此有关。事实上，后来的新儒家，乃至现在国内学界不少持儒家立场的学者，比如张祥龙，在今天所提出的建立"儒家文化保护区"②的主张，又何尝不是"保教"的延续？

现代汉语中，作为对译"religion"的"宗教"一词，移嫁自

---

① 陈熙远：《"宗教"——一个中国近代文化史上的关键词》，第43页。
② 张祥龙：《给中国古代濒危文化一个避难所——成立儒家文化保护区的建议》，《现代教育报》2001年7月20日B1版。

日文"宗教"一词。但具体而言,现代之"宗教"概念从日本传入中国,并形成今日之格局有一个曲折的过程。

首先,关于"宗教"是否是日语传统所原有,或是日人借用古代汉语对"religion"的翻译,学界存在两种看法:其一,高名凯、刘正埮的《现代汉语外来词研究》将"宗教"视为"纯粹日语来源的现代汉语外来词",又周振鹤、游汝杰的《方言与中国文化》亦视"宗教"一词属于"表示日本固有事物和概念的纯日语词汇,他们与西洋文化无关";马西尼、刘禾虽然通过对现代汉语的整理研究,特别强调许多过去以为借自日语的词,其实最初是由传教士和其中国助手选字拼合而成,之后传到日本再回流中国。可是,对于"宗教"一词,他们还是沿袭旧说,并未指出古代汉语中即已存在"宗教"一词,是日人借用古汉语用词的意译。①其二,陈熙远通过考证,认为现代汉语"宗教"一词既非"纯粹日语来源的现代汉语外来词",亦非传教士等选字拼合后传入日本再回流中国,乃是属于高名凯、刘正埮所做分类的第二项:日人用古代汉语原有的词去意译欧美语言的词,而汉人再据以习用而成。

其次,据陈熙远考证,"宗""教"两字连缀成词,并非日本传统所独有。清代史家刘锦藻即已指出,古无所谓"宗教","宗教"乃是佛教传入中国,时至六朝方有此说。换言之,古代汉语中"宗教"这个词是外来语,是佛教典籍中的用语。后来,随着历史的变迁,"宗教"一词不再仅限于佛教文本,儒生亦从佛教典籍中借用,地方志中甚至用"宗教"一词指称地方民间信仰组织,该词具备了概括诸教各派的范畴性质。但无论怎样,古代汉语中的"宗教"并不具备现代"宗教"一词之概念用法。而日本学界对译"religion"一词之"宗教"概念,可溯源至明治二年(1869年)日本与"独逸国"(德意志)北部联邦所签署的日、德、英三种文字的《修好通商航海条约》。除了此词,明治时期

---

① 陈熙远:《"宗教"——一个中国近代文化史上的关键词》,第46页脚注。

的思想家,还尝试以"宗门""宗旨""宗旨法教"等不同词汇拟译"religion"。一直到明治七年(1874年)森有礼在《明六杂志》发表了《宗教》一文,同时他选译了《万国公法》一书中关于"宗教法规"的讨论,此后对应于西文"religion"之"宗教"一词的译法,才渐为学界所沿用。

追溯汉语学者首次采纳日文译语"宗教"一词,一般皆以黄遵宪《日本国志》(完稿于1887年,出版于1895年)为定论。但据陈熙远考证,黄遵宪使用此词并不表示他认为"宗教"即对应西文"religion",而是沿用日文汉字成说。同样的情形,在康有为那里也存在,他在1897年出版的《日本书目志》中专列"宗教门"诸书,但他当时亦并未视"宗教"为一新概念,在其论著中也未刻意使用该词。是故,近代中国士大夫阶层从日文著作中撷取"宗教"一词,最初并未将之与西文"religion"相对应。

今日"宗教"之概念对应于西文"religion"的转折发生于康梁师徒对"儒教宗教性"的争议。梁启超1902年发表《保教非所以尊孔论》,开始以西人所谓"宗教"来质疑将儒教视为宗教的正当性,他说"西人所谓宗教者,专指迷信宗仰而言,其权力范围乃在躯壳界之外,以灵魂为根据,以礼拜为仪式,以脱离尘世为目的,以涅槃天国为究竟,以来世祸福为法门",反观孔教,乃"专在世界国家之事,伦理道德之原,无迷信,无礼拜,不禁怀疑,不仇外道……立教之根柢,全与西方教主不同"[①],这里虽然仍有以传统中国佛道观点比附格义理解西文"religion"之处,但已显示出他对"宗教"一词新内涵的全新认识。然而,在康有为的回应中,他对"宗教"的理解仍然是传统的观点。兹不详述。

现代汉语中大家普遍接受对译"religion"之"宗教"一词,其实也有一个曲折的过程。这与西文"religion"本身的歧义性、

---

① 转引自陈熙远《"宗教"——一个中国近代文化史上的关键词》,第54页。

含混性有关,这一点我们在上文已经清楚看到。严复1902年在翻译亚当·斯密的《原富》一书时,即开始使用"宗教"一词,但并非直接对译"religion",而是用来指称"clergy""church"——教会组织或总称教会的神职人员。换言之,在严复那里,其"宗教"一词的用法,仍是传统用语的延续(前面已提到地方志中用该词指代民间信仰组织),但另一方面也有所突破,即它所指代的内容包涵了作为教会"神职人员"的总称,而无论是"教会"或是"神职人员",它们都是实体,也都涵盖在西文"religion"中。1903年,严复在翻译米勒的《群己权界论》和斯宾塞的《群学肆言》时,直接用"宗教"一词对译"religion"。对此,陈熙远评论说:"姑不论严复译语转变是否有内在因素的考量,但就外缘的语境而言,当时借用日语新词的风气方兴未艾,在日本隔海发声的言论界骄子梁启超发表数篇关于'宗教'的文章躁动一时,更是推波助澜,严复恐怕不得不从善如流,随俗说法了。"[①]

关于西文"religion"在中国的初期接受中,曾经存在误区。彭光誉在《说教》中曾经以为"景教系西方古教,已与今教不同。英文名今教曰'尔厘利景'"。宋育仁在1895年出版的《采风记》中更是错得离奇,竟然说:"'景教'亦曰波斯教,亦曰太阳火教,亦曰火祆教。西语旧称'尔厘利景',入中国以其末字为称,唐时大秦寺碑所谓景教也。"对此,陈熙远评论说,彭、宋两人的成见预示了"religion"在中国初期的吸纳过程中,往往依附于基督教的躯体,也就因此而被局限在基督教所定位的象限中。随着"宗教"与西文"religion"的对应关系逐渐成立,传统"教"义的分判转移成现代"宗教"性质的定位,基督教无疑成为"宗教"论域里的典范。不过,笔者认为,值得注意的是,彭氏的理解虽然有误,但他直接用译音的方式去翻译"religion",或许是他察觉到"religion"这个词内涵上的确在中文中找不到妥

---

① 陈熙远:《"宗教"——一个中国近代文化史上的关键词》,第60页。

当的词去对译，是故仿照佛经翻译中玄奘所提出的"五不翻"原则之"多义故不翻"，直接用音译的方式加以处理。这种处理方式，今日看来，或不无不妥。可惜，今天中国社会已经普遍接受了"宗教"的译法，吾辈也就只能徒叹奈何了。

对于西文"religion"的译名，近代学者北大文科教授朱希祖1919年在《北京大学月刊》中发表《论Religion之译名》一文，特别批评了中文袭用日译"宗教"一词的做法。一方面，他解析了传统的"宗""教"两字，另一方面，他考察了"religion"的西文字源，以为"似有信仰之义"，并引当时西文对"religion"的界说："各种行为或感觉起于信仰世间有一神或多神存在，有超然之权力，管理人事人生或命运者也。"从而主张将"religion"译为"神教"。严复在翻译《法意》时，亦曾采用"神道设教"一词翻译"religion"。可见，他们都看到了"religion"与中文"宗教"并非完全等同，内涵上有实质的区别。而且，诚如陈熙远所言，朱希祖以"神教"而不以"宗教"译"religion"，其背后乃是认为对"religion"的理解只能严格取经于西方，不能与古代汉语之"宗教"混同，其背后实在是用心良苦。[①]

概言之，现代汉语"宗教"一词在中国之形成并未一帆风顺，其中实有若干曲折，其中缘由耐人寻味，值得深思。

[①] 关于这一点，我们看看学界今倡"孔学"而罕言"孔教""儒教"即可知何谓"用心良苦"。其背景正在于：第一，一方面中国已经不可回头地迈入了现代社会，"孔教""儒教"已成为被扬弃的历史名词；另一方面用"孔学"适应了学界以"学"命名一门学问、学科的做法，避免了"儒教是否宗教"的争论。第二，从政治层面而言，现在是政党政治，中国是以马列主义为指导的社会主义国家，意识形态上主张唯物主义，反对唯心主义，不提倡宗教思想，说"孔学"（儒学）而非"孔教"（儒教）在政治上没有争议，便于倡导、宣传，"名正而言顺"，这也许就是提倡"孔学"的潜意识背景吧。是故，贵州省有一个文化大工程——"孔学堂"，既不说"孔庙"，也不说"文庙"，但其实质就是适应当代政治文化生态的变种。兹不详述。

三 中文的"宗""教"及其相关概念字

通过上面两部分的论述,我们了解到在中文中实无单独的词汇可与西文"religion"对应,那么,是不是说中国或中国人就没有西文意义上的"religion"呢?倘若我们认为,中文中虽没有可对应西文"religion"的词,可并不代表中国就没有"religion",那么,中国本土传统意义上相应与西文"religion"的所谓现代词汇中的"宗教"究竟是什么?包含些什么内容?与西文"religion"相关的还有些什么概念呢?

站在上文叙述过的前人研究的肩膀上,笔者试着从字源上加以考察。

(一) 宗

《说文解字》说:"宗,尊祖庙也。"这里根据断句的不同,存在两种理解:第一,"尊祖庙也",尊崇祖先魂灵所在之地,今人李孝定《甲骨文集释》:"示象神主,宀像宗庙,宗即藏主之地。"①意谓宗就是埋藏祖先魂灵的地方;第二,"尊、祖庙也。"《段注》"当云:'尊也,祖庙也'",意即尊崇祖先、祖庙。宗,含有尊崇祖先和祖庙两层意思。

被誉为"日本现代最后的硕学",与我国罗振玉、王国维、董作宾、郭沫若比肩的古文字学家白川静对"宗"如此解释:"宗,会意,'宀'与'示'组合之字。'宀'为祭祀祖先之灵的庙宇房顶之形,义指祖庙。'示'为祭祖时使用的祭桌。摆放有祭桌进行祭祀之处为宗庙,因此'宗'有宗庙、祖庙、灵庙之义。同理,由于祖先在这里接受祭祀,氏族的正宗嫡传称作'本宗''宗家'。'宗'本为与宗族有关的词汇,后来移用于宗教,

---

① 转引自汤可敬《说文解字今释》,岳麓书社,1997,第 1001~1002 页。

于是有了'宗派''宗旨'（宗派的基本教义）之类的词汇。"①

白氏的解释更为清晰，并且联系到了我们所要讨论的现代意义上的"宗教"概念，比较而言，笔者认为，首先，"宗"的本义或曰核心意义乃是家族"祭祀"；其次，与祖先相关，引申而言，与"家"相关联；再进一步引申，孔子说"祭如在，祭神如神在"（《论语·八佾》），祭祀祖先，相信祖先魂灵的存在，那么虔敬是应有之意，因此，含有"虔诚""信仰"之意。而"虔敬""信仰"这些概念恰包含于西文"religion"一词中，这一点我们从前文西文"religion"的词源学考察中可以清楚了解。

同时，段玉裁所说的"宗"含有尊崇祖先和祖庙两层意思，无论是在文献还是当下的日常生活中，我们都还可以看到其实际存在与显现。尤其是在尚未现代化的部分农村，仍然存在着宗祠，逢年过节族人都会在族长带领下到宗祠举行相关的祭祀或庆典活动，类似这样的集体组织的活动形式，其实亦是"宗教性"现象的表现。这种以"宗族"为单位的集体活动，引申开去，"宗"就逐渐具有了宗派乃至学派的含义。中国历史上自先秦开始的各家各派讲究师承关系，儒家讲师法，道教有众多门户派别，佛教传入后讲究宗派法脉传承，可以说，无不与这种与"宗"相关联的祭祀、尊崇、信仰有关系。

（二）教

《说文解字》说："教，上所施下所效也。"说的是，在上位的人施行教导，在下位的人仿效行为。白川静释文："教，会意字，'爻''子''攵'组合之形。'爻'形示屋顶上搭设有'千木'（交叉的木杆）的建筑物，指代学舍。'子'指在此学习的子弟。'爻'与'子'合成的字为'學'之初文。'爻'加'攵'（鞭）表示学舍的长老用教鞭督促学生学习，鞭挞激励。'教'有教导、教诲之义。千木式建筑方式，仍残存于日本的神

---

① 〔日〕白川静：《常用字解》，苏冰译，九州出版社，2010，第198页。

社建筑中,可见其属于一种神圣的建筑。在古代中国,贵族子弟到了一定的年龄,要汇集于这神圣的所在,领受长老们的教诲,学习传统和礼仪。"①礼失求诸野,儒家的很多传承在中国已经没有了,而日本却较好地保留了中国儒家的一些文化因子,诸如建筑等,白氏通过这些残留,加上带有人类学田野性质的对民间传统的考察和文献的配合理解,所提出的关于"教"的解释,是有启发性的。

通过白川静的解释,笔者认为,"教"具有"教化",乃至隐藏着与"神圣"相关联的含义。在先秦文献中,关于"教"义,典型的有《易经·观卦》:"观天之神道,而四时不忒;圣人以神道设教,而天下服矣。"《中庸》:"天命之谓性,率性之谓道,修道之谓教。"这些均显示出"教"与"神"(超验界)与"道"(不可说之神秘)密切相关。

由"教化"引申出了某种学说或学派。如上文已述及佛教传入中国后,六朝以后文献常以佛陀所说为教,以佛弟子所说为宗,宗为教的分派,合称宗教。此"宗教"明显可看出:①尊重学派的创始人,以其所说为"教化"之本,故尊之为"教";②尊重师承关系,师承相传,类似家族相传模式,故以佛弟子所说为"宗",代代相传,绵延以共。此外,不仅佛教如此,在道教,以老子、太上之说为教;在儒教,以孔子所说为教。如此等等。

由"教化"必须在一定的空间发生,其所隐含的"神圣"义,可以引申出与"教"有关联的物质时空架构,也即一种宗教性生活的时间与空间,这就是现代"宗教"概念所包含的宗教时间观念,如藏传佛教中显宗必须在规定时间内完成五部大论的学习;宗教节日,如纪念创始人的生日——佛诞日、圣诞节等;宗教仪式空间,如寺庙、道观、教堂等。

---

① 〔日〕白川静:《常用字解》,第98~99页。

(三) 与"宗教"相关的概念字

在中国人日常生活中所使用的与"宗教"相关的概念字很多,比如家、师、道等。

由"宗"可以联想到"家"。《说文解字》"家,居也。从宀,豭省声",是一个会意兼形声字。白川静释文:"家,会意,从'宀'与'豕'组合之形。'宀'(房顶之形)表示房舍,下置作为牺牲之犬。'家'乃祭祀先祖的神圣建筑物,即祖庙。此类建筑物开工之前,先要埋下牺牲,以免土地神发怒,此为'镇地祭'。①古字形之'犬',表示被杀死之态时,尾要写作下垂之态。现今'家'写作'宀'加'豕',于是'家'被解释为从前家舍中人与猪生活在一起,所谓'家中有猪'。观察甲骨文和金文可以明白,'宀'下为'犬',即建筑前的奠基仪式(镇地祭)时埋入的牺牲。这一点已经很清楚。'家'原指祖庙,但古人的住居围绕祖庙搭建,'家'逐渐演变为住家、家屋。家庭成员生活在'家'中,所以,'家'不仅指建筑物,亦有家庭、家族、氏族之义。"②

白氏的解释非常富有启发性,但其实,即使是作为晚于甲骨文、金文的后起的"家"字,也并不必然就是说"家"的本义是"猪棚"或"有猪之住处即为家",笔者以为,从前面"宗"的释义,我们已知"宀"像宗庙,即已象征或代表了祖庙,含有神圣意义;而"豕"则可表示与神圣事物相关的牺牲,古代有所谓"三牲",《礼记·王制》有云:"天子社稷皆太牢,诸侯社稷皆少牢。"牛羊豕具备就是太牢,只有羊豕而没有牛就是少牢,可见豕一直都是社会上层祭祀必备之物质。即便是不把"豕"理解

---

① "镇地祭是一种巫术仪式。建筑工程开始之前,先要举行镇地祭,祭祀土地神,以求得使用土地的许可,并保证施工的安全和顺利。如今在日本,只要是有建筑共事的地方,就可以在开工前看到这样的仪式。虽然中国现在没有这样的习俗,但著者认为古代中国有过这样的信仰。"——原书注。

② 〔日〕白川静:《常用字解》,第30~31页。

为与神圣事物相关的牺牲,只是简单理解为一般家庭生活所饲养的猪,也不是不可以。同样可以把"家"理解为是超验与经验合一之处所,因为"宀"已然具备了神圣的内涵。是故,"家"和"宗"一样,是一个理解中国宗教性生活的重要概念字。

儒教特别重视"家",五伦中核心部分即是夫妻、父子所构成的家庭关系。由个人开始,以家庭为单位的"宗"的活动,代际相传,延展开去,成为社会的惯例习俗,社会的一切组织皆比附家庭而命名。例如,一个组织的创始人后代称为"师祖",弟子的授业恩师称为"师父",恩师的妻子称为"师母",同门称为"师兄弟""师姐妹"等。是故,传统中国人每家皆有堂牌,上书"天地君亲师"①,以"宗"和"家"整合了天、地、君、亲、师,一切关系皆围绕"宗"和"家"而存在和蔓延。对此,杨庆堃说到,"每一个传统的中国家庭都是一个宗教祭祀的场所,在这里保留着祖宗的神位,家庭供奉神明的画像或偶像"。②可以说,两千多年以来,中国人就这样通过祭祀祖先把个人、家庭、祖先、子孙都整合在了一起,推广到整个社会,就从尊敬祖先、祭祀祖先、崇拜祖先的传统中逐渐发展出特殊的宗教观。这种特殊的宗教观,弥漫于整个社会,形成一种杨庆堃所说的"弥漫性宗教"(diffused religion)③,譬如,行业有行业神,由行业领袖(相当于族长)带领同行祭祀行业神等。以家族为本位,国家是扩大了的家,君臣上下的关系也要依附于家族关系。

---

① 今天农村社会堂屋的这块堂牌文字则变革为"天地国亲师"。用"国"取代"君",乃是现代社会的特征。
② 杨庆堃:《中国社会中的宗教:宗教的现代社会功能及其历史因素之研究》,范丽珠等译,世纪出版集团、上海人民出版社,2007,第31页。
③ 关于"diffused religion",学界有不同翻译,不同的翻译反映出不同的理解,著名人类学家李亦园译为"普化宗教",欧大年教授译为"散开性宗教",瞿海源教授译为"扩散性宗教",范丽珠等综合各家意见,经反复思考分析,认为"弥漫性宗教"更为妥当。笔者亦采用了"弥漫性宗教"的译法。详见范丽珠、陈纳《在跨文化的诠释中确立典范——杨庆堃关于中国弥漫性宗教概念的意义》,《世界宗教文化》2010年第3期。

此外，人们还常常把儒教、佛教、道教也称为儒家、佛家、道家。文献中最有代表性的是西汉时期司马谈的《论六家要旨》，他点评了先秦六派思想学说体系，即阴阳、儒、墨、名、法和道六家。"六家"之说后来为刘向和班固等史家采用。"家"与"教"日常中是混用的。由"家"延伸开去，"师"亦是如此，通过与家的比附，"师"被纳入了中国人的日常关系，师生关系成为重要的伦理关系之一。所以，一个学派、一种宗教的组织结构类似家庭的组织结构，"师"具有了家族长辈的地位，是以，人们常常称呼佛教徒、道教徒为"法师"，基督教传教士为"牧师"等。兹不详述。

以现代"宗教"眼光来看，"道"是理解中国"宗教"的关键概念字之一。是故，我们再以"道"为例，来稍加考察一下。

《说文解字》中有关"道"的字很多。如"道，所行道也。一达谓之道""迪，道也""路，道也""术，邑中道也""径，步道也""街，四通道也""巷，里中道也""馗，九达道也"等。这么多"道"，表现出一种差异性，但不管是"迪""路""术""径""街""巷""馗"，它们又都是"道"，不同的"道"由"道"来解释，表现出一致性，多元而一元，殊途而同归。

在《周礼》中，又有"道""路""途（塗、涂）""径"等的区别。如《周礼·地官·遂人》："凡治野，夫间有遂，遂上有径；十夫有沟，沟上有畛；百夫有洫，洫上有涂；千夫有浍，浍上有道；万夫有川，川上有路，以达于几。"《正义》云："凡道有三塗，川上之路则容三轨，道容二轨，塗容一轨。轨皆宽八尺。"可见，"道"既是总称，又是居于"路"和"塗"之间的一种"道"，此或是后代"中道"之源。

"道"不仅有名词意，还有动词意，灵活而具体，一而二，二而一。如《马王堆帛书·五行》："圣人知天之道。道者，所道也。知而行之，义也。"

"道"如此具体而细微，既可做名词，又可做动词，如此灵动，是以，逐渐有了多种引申义，乃至逐渐抽象化，成为一种学说或宇宙的最高范畴，具有了抽象观念。是故，为了说明"道"，又常用具体的比喻来加以解释。如"夫道，若大路然，岂难知哉？人病不求耳"。（《孟子·告子下》）

"道"是学说，是方法，如"圣人之道，去智与巧，智巧不去，难以为常。"（《韩非子·扬权》）

"道"是宇宙的最高范畴，是万物之源，具有不可捉摸的神秘面貌。在道家文献中，触目皆是，如"道生一，一生二，二生三，三生万物"（《老子·四十二章》）。又如"有物混成，先天地生。寂兮寥兮，独立而不改，周行而不殆，可以为天地母。吾不知其名，强字之曰道"。（《老子·二十五章》）

如是，"道"乃成为"教"，中国独有的"道教"。道无所不在，无所偏狭，不无私覆，不仅名门正派可以冠之以道，就是官方所不认同的邪教组织亦可名道，是故，历史上有所谓的"会道门""一贯道"。

可见，道是理解古代中国人"宗教"观念的关键概念，是古代各家各派的通用概念。其所具有的多义性、多元性，使得其在今天可以用来涵盖和翻译西方与"religion"相关的概念，如上帝、自然、理性、逻辑、道德、原则、规律、主张、法、言等。

上文说了，道具有普遍性、根源性、终极性，这就与超验界相关联，同时，它又是具体的、特殊的以及可成就的方法、道路等。因此，于道，可谓"一致而百虑"，"殊途而同归"，是故，在中国人的眼中，没有唯一神，没有一家独大绝对的垄断学说，"道并存而不悖"。这就是史密斯所说的，今天在西人眼中难以理解的"多元一体"现象。西方人不好理解，但在还具有一定传统文化观念的中国人看来，没有什么不可理解的。

正是"道"的这种特性，使得在中国成就了一种独特的宗教性现象，名目繁多的宗教派别可以并存——"道并行而不悖"，现象纷呈的宗教行为可以同在，各种不同的信仰可以得到尊重，各美其美，美人之美，美美以共，和谐而共荣。

四 对"宗教"概念的理解影响宗教政策的制定

通过上述三个部分的分析阐释,笔者认为,西文"religion"本身即是一个含混而多义、歧义的存在,由于历史的发展,其本身嵌入了以"基督教—神论"为主体立场的比较宗教学立场,以局外人的身份,将"宗教"建构为一个概念实体,一个他者,在这种眼光下去看待其他文化的宗教性现象是存有不少偏颇的。

前面我们指出,史密斯通过对"宗教""诸宗教"等概念的词源学考据分析,解构了现代理论理性所建构的学术话语所可能带来的对"宗教性"或曰"宗教的"现象的误导性研究,为我们指明了对此类现象进行学术研究以及对于宗教政策制定应注意的地方。

史密斯敏锐地发现,作为一个现代的探究者,对于宗教性的现象,当他试图去理解的时候,会存在难以解决的困惑。这即是,在现代处境下,他要么把"宗教"作为一个他者来看待,成为宗教的局外人;要么发现和体验到宗教与其自身相关,成为宗教的局内人。但无论哪种情况,其中都面临传统与现代的困境,包括如何处理超验向度的问题,但正是那神圣的"超验者"(神)才构成了人类一切宗教生活的目的,是故,史密斯的研究工作就是要让人们了解近代理智主义给宗教研究所带来的戕害,希望通过他的研究,让"超验者"(神)回归宗教生活本然的位置,让人们真正了解真实的宗教生活,并让人们由局外人进入局内人,让"信仰"对人们的生活世界真正发生意义。

史密斯还看到,对宗教的学术性研究面临来自三个主要群体的挑战:一类是那些视野比较狭窄,或者认为只有信仰某教才能理解某教的人,史密斯称之为"蔑视比较性研究或经验性研究的人";一类是那些认为只是认识了宗教的外在形式而不能进入宗教内核的人,史密斯将之比喻为"像是爬在金鱼缸外面的苍蝇";还有一类就是宗教信仰者。宗教信仰者坚持认为,"宗教研究者除了应具有客观精确性和对宗教过程的准确的外部认识之外,还应具有富有想象力的同情、欣赏性的理解以及甚或是经验性的参与"①,而这一点,真正的宗教学者应该是具备了的,因为他们是开放的。这一点对于制定宗教政策的政府有关部门的干部而言,也恰恰是最为重要的,因为没有同情的理解,总是以他者的眼光乃至防范的视角去处理有关宗教问题,也许并不是妥当的方式。

此外,如史密斯所说,20世纪的人所面临的两个最基本的问题都涉及宗教,一个是社会层面的,即在群体意义上如何将正在出现的世界社会转变成一种世界共同体;一个是个体层面上的,即在个体意义上个人如何在现代生活中发现意义。

从这两个基本问题出发,人类在这样一个宗教与文化多样性的世界里必须学会伙伴式的共存,个人会面临不同信仰以及如何信仰等问题。而在这个理智的时代,面对宗教的问题,如何实现共存,涉及对不同宗教现象的认识,面对信仰,信仰者自身也不能再含含混混地蒙混过关——"除了自己的宗教以外所有的宗教都可以置之不理;或所有的宗教本质上都是相同的;或除了自己的宗教之外所有的宗教都是荒谬的。"②

史密斯认为,过往的宗教定义并没有一种能够被证明是普遍接受的,没有一种概括或归纳是充分的。要真正认识宗教,必须改变看世界的方式,改变问题的提问方式,即放弃"什么是宗教的本质"这样的问题,"通过修正质询这些问题的整个框架"③,对人类的多样性的不断发展变化的宗教状况的理解才可能取得进展。

换言之,对"宗教"的认识,只有摆脱了近代以来西方理智主义传统的"本质主义观"(或曰"基要主义")才可能得到改变,"宗教"不是一种概念性理解的实在,也不是学者或信仰者

---

① 〔加〕威尔弗雷德·坎特韦尔·史密斯:《宗教的意义与终结》,第7页。
② 〔加〕威尔弗雷德·坎特韦尔·史密斯:《宗教的意义与终结》,第10页。
③ 〔加〕威尔弗雷德·坎特韦尔·史密斯:《宗教的意义与终结》,第12页。

可予以探究或关注的有效"对象",它是活生生的"存在"。是故,我们应该采取悬置的态度,直面现象本身,"对我们的概念化产物予以彻底的重估""对我们的这些预设进行严格的重新审查",这样方有可能突出概念图式的重围,"可能为我们所寻求的某种理解提供一种新的线索"。①

基于此,史密斯才对主宰我们今天基本思维的一些观念起源做了一番历史性的考察。其中,最重要的考察就是上文史密斯对"宗教"以及"诸宗教"等概念的考察。

值得注意的是,史密斯的考察是一种"名—实"关系的动态的历时性的探讨。"名—实"关系,包括了"能指—所指"关系、"词语—对象"关系、"名称—意义"关系等,一般而言,我们普遍都只关注其背后静态的、共时性的方面,而忽略了其动态的、历时性的方面,名—实关系的背后实质是一部观念史,是一部诠释学史。史密斯指出,人的表达存在三个层面:词语本身—头脑中的概念—现实的存在,这三个层面存在着失真现象,同时,我们使用词语的方式构成了我们的思维方式,我们如何说决定了我们如何思,是故,我们应该对我们所使用的术语和概念保持一种批判的眼光,不能不加批判地预先设定我们所使用的词语就是古人所使用的词语之意,词语含义的变迁实质是观念、思想、文化的变迁,蕴含了深刻的"世界观"的变迁。而看世界的方式,决定了我们如何看待、处理宗教性的现象,这也就影响到政策的制定和执行。

正如史密斯所言,在印度人看来,有"印度教徒"但没有一个叫"印度教"的东西。使用"印度教"这个名称来命名印度人的宗教生活,乃是出自旁观者、局外人之手,这不过是为了认识的方便。但这样的做法,最终形成了西方人(作为"某某教"之局外人的西方人)的概念对应物,即将某地人群的宗教实践与仪式、教义、规矩、历史与制度等抽象概括为"诸宗教"之"某某

---

① 〔加〕威尔弗雷德·坎特韦尔·史密斯:《宗教的意义与终结》,第12页。

教"。这样的粗糙、简单化的方式，用在政府的宗教政策的制定上，很容易出现偏差。

明白了这一点，也就理解了，其实在印度和中国这样的东方国家，并未形成某种封闭性的社团，并不具有泾渭分明界限的派别和有关追随者与局外人的非此即彼的意识。而意识到这一点，对于观察中国社会的变迁、学术界所讨论的某些学术问题以及宗教政策的制定极富启发性。

史密斯的观察和分析非常透彻，他看到了把宗教作为一种外化之物的抽象的体系来看待存在着难以避免的理论缺陷。关于这一点，美国华裔学者杨庆堃结合其对中国文化的认识，在其《中国社会中的宗教：宗教的现代社会功能与其历史因素之研究》中，提出了"弥漫性宗教"（diffused religion）的概念，其实就是想要解决或者调适西方"宗教"理论框架下的内在矛盾，但惜乎由于杨氏依然是在既有西方"宗教"理论框架下展开的研究，并未从根本上改变研究范式，所以，他虽然从社会学的视角提出了新的概念，该书也是一部不朽之经典，于学界启发意义颇大，但实质而言，并未突破西方"宗教"研究的桎梏。

通过前面的分析，我们知道，史密斯认为，作为"宗教"的内涵，其构成有两个方面：内在与外在。内在的一面是个人性的信仰层面，外在的一面是信仰的外在表达在历史中的沉淀。

史密斯所谓的"累积的传统"，"指的是这样一种公开的与客观的素材之聚集体——它构成了所要探讨的那一社团以往宗教生活的（可以说是）历史性的积淀：寺庙、《圣经》、神学体系、舞蹈模式、律法与其他社会体制、习俗惯例、道德法典、神话等；指的是任何能够从一个人、一代人传递给另一个人、另一代人的东西以及任何能够为历史学家所观察得到的东西"。[1]

"累积的传统"是史密斯为了概括人类宗教生活的各种外在表达而提出的一个专门术语，其目的可能有两点，一方面是照顾

---

[1] 〔加〕威尔弗雷德·坎特韦尔·史密斯：《宗教的意义与终结》，第334页。

了既有"宗教"概念所包含的可见的（可观察的）物质形态的内容，容易为人们所理解和接受；一方面则是强调了人类宗教生活的历史性积淀，这里既有历时性的连贯一致，也有共时性的世界范围的社会各方面组合而成的宗教文化集合。体现了一种历史传统与当下生活、传统继承与个人创造的叠加。

按照史密斯对"累积的传统"的定义，我们还可以将之理解为两个方面——可见的与不可见的。可见的，包括寺庙、经典等物质层面的内容；不可见的，包括习俗惯例、神话象征等，这些虽然表面可观察，可其内涵却必须深入其中乃可知其实质。换言之，"累积的传统"乃是以物质化或将精神物化的方式传承了先辈的信仰，通过历史沉淀下来，而成为每一代人沉浸其中而不自觉（"百姓日用而不知"）的宗教生活的文化处境。作为宗教生活的人，其身处其中，处于主动与被动、继承与创造、守旧与改良等多重关系之中，一方面个人面对传统被动地接受着、继承着；另一方面个人对传统也有主动的参与创造而使之丰富，因应时代变化而革新的能动性。个人的这种主动性、创造性随着时间的推进，与既有的传统叠加在一起，同时也就累积成了新的传统。是故，"累积的传统"是一个变化的动态过程，不是僵化的，它随着历史时间的流逝，而不断充实或衰退，历史与现代叠加在一起，随时代处境而发生变迁。用史密斯自己的话来说，即是"通过使用'累积的'与'传统'这样的词语，我想要强调的是，这个概念以一种合成性的简略表达方式所指称的是一个不断增长着的事物（子项）的聚集体，其中每一事物（子项）本身都是实在性的；但它们之被放在一起，则是在概念化的思维中通过理智性的抽象化过程而被统一在了一起"。①

相对应于外在的"累积的传统"，更为内在的则是"信仰"。史密斯在分析解剖"宗教"概念的含混性、误导性之时，就不断地提及"信仰"的内在性、个人性及重要性。那么，什么是信

---

① 〔加〕威尔弗雷德·坎特韦尔·史密斯：《宗教的意义与终结》，第345页。

仰？史密斯说："所谓'信仰'，我指的是个人的信仰。……它代表着一个特定的人的一种内在的宗教经验或卷入；代表这超验者对这个人的影响或作用——推定的或真实的。"①

这段话揭示了信仰的几个特征：第一，信仰总是个人的信仰；第二，信仰是人的内在天性，是人的内在经验，即信仰具有普遍性，是人类所共有的宗教性；第三，信仰是个人对超验者的主动参与。

史密斯认为，并不存在什么类属性的信仰，"一个人的信仰只有在它是个人性的时候，才会是活生生的、深刻的和真实的。也只有在一个人已经认识到这一点的时候，这种信仰才会是自觉的。"②信仰一定是具体的、个人性的，只有回归到个体性的信仰，人才能与神沟通，才能与超验者沟通。是故，只有我的信仰，你的信仰，在超验者那里，我们每个人只能直接地、个人性地与它相遇。

史密斯上述对"信仰"的研究，启示我们在看待宗教问题上，要清楚地认识到，宗教总是个人内在的信仰及体验，通过外在强制性的工作是不能解决宗教问题的，因此，在宗教政策的制定和执行方面，我们必须充分认识到这一点。不能采取简单的划一的粗暴的手段去处理宗教信仰问题，要具体问题具体分析，因地因时而制宜。

最后，结合上文我们通过对中国本土传统文化所本然具有的"宗""教"及其相关概念字的考察，以及对"宗教"在现代中国社会的形成史的回溯，笔者认为，现代中国语境下的"宗教"概念，对译西文"religion"本身有其合理性，但亦如光亮总会带来阴影，名词概念本身在开显存在的某些性态的同时，其本身亦可能造成某种遮蔽，尤其在今日这个处于转型期的中国社会，古

---

① 〔加〕威尔弗雷德·坎特韦尔·史密斯：《宗教的意义与终结》，第333~334页。
② 〔加〕威尔弗雷德·坎特韦尔·史密斯：《宗教的意义与终结》，第374页。

今、中西杂糅一体，在对名言存在混沌理解和使用的状态下，更是如此，而对"宗教"概念的理解、认识，在现实层面，却决定了我们看待、处理宗教问题的视角，决定了我们宗教政策制定和执行的效果。是故，笔者不揣浅陋，通过上文的书写，希望我们在看到"宗教"所开显真理之光下，还能看到被遮蔽之阴影，从而使遮蔽得以敞亮。希望我们在政府有关部门工作的干部，在制定和执行宗教政策时，能够"通古今之变、知中西之异"，实事求是，因地制宜，因时而变，能够制定和执行符合中国当下实际情况的宗教政策，从而造福人民。是为吾馨香所祷也。

图书在版编目(CIP)数据

中国语言文学论丛.第2辑/谭德兴,陈龙主编.—北京:社会科学文献出版社,2015.6
 ISBN 978-7-5097-7339-0

Ⅰ.①中… Ⅱ.①谭…②陈… Ⅲ.①语言学-中国-文集②中国文学-文学研究-文集 Ⅳ.①H004-53

中国版本图书馆CIP数据核字(2014)第069783号

中国语言文学论丛（第二辑）

主　　编 / 谭德兴　陈　龙

出 版 人 / 谢寿光
项目统筹 / 仇　扬
责任编辑 / 仇　扬　徐　瑞

出　　版 / 社会科学文献出版社·全球与地区问题出版中心（010）59367004
　　　　　　地址：北京市北三环中路甲29号院华龙大厦　邮编：100029
　　　　　　网址：www.ssap.com.cn
发　　行 / 市场营销中心（010）59367081　59367090
　　　　　　读者服务中心（010）59367028
印　　装 / 三河市尚艺印装有限公司
规　　格 / 开　本：787mm×1092mm　1/16
　　　　　　印　张：35.5　字　数：486千字
版　　次 / 2015年6月第1版　2015年6月第1次印刷
书　　号 / ISBN 978-7-5097-7339-0
定　　价 / 98.00元

本书如有破损、缺页、装订错误，请与本社读者服务中心联系更换

▲ 版权所有 翻印必究